suhrkamp taschenbuch
wissenschaft 1322

Daß die Ehe in der frühen Neuzeit ein zentrales Projektionsfeld für Geschlechterprojektionen darstellt, ist unbestritten. Während neueste Untersuchungen im 15./16. Jahrhundert einen Wandel der Geschlechterbeziehungen erkannten und ihn durch sozial- und mentalitätsgeschichtliche Veränderungen zu erklären suchten, halten die Autorinnen und Autoren der in diesem Band enthaltenen Texte in erster Linie nicht nach historischen Veränderungen und epochengeschichtlichen Zäsuren Ausschau, sondern erproben die Tragfähigkeit einer textwissenschaftlichen Analyse der Kategorie Geschlecht. Unterschiede in den Geschlechterprojektionen werden nicht vorschnell auf außertextuelle Erklärungsmomente zurückgeführt, sondern auf literarische Faktoren und rhetorische Strategien, auf wechselnde Kommunikationssituationen und Gebrauchsfunktionen. So entwirft eine Schrift, die gegen die Abschaffung des Zölibats polemisiert, andere Bilder von Mann und Frau als eine Ehepredigt, ein medizinischer Traktat, andere als ein Erziehungsbuch für unverheiratete Frauen.

Text und Geschlecht

Mann und Frau in Eheschriften der frühen Neuzeit

Herausgegeben von
Rüdiger Schnell

Suhrkamp

Die Deutsche Bibliothek – CIP-Einheitsaufnahme
Text und Geschlecht :
Mann und Frau in Eheschriften der frühen Neuzeit /
hrsg. von Rüdiger Schnell. –
1. Aufl. – Frankfurt am Main :
Suhrkamp, 1997
(Suhrkamp-Taschenbuch Wissenschaft ; 1322)
ISBN 3-518-28922-5

suhrkamp taschenbuch wissenschaft 1322
Erste Auflage 1997

Druck: Wagner GmbH, Nördlingen
Printed in Germany
Umschlag nach Entwürfen von
Willy Fleckhaus und Rolf Staudt

1 2 3 4 5 6 – 02 01 00 99 98 97

Inhalt

Vorwort

Im vorliegenden Band sind die Referate des Kolloquiums »Text und Geschlecht« vereinigt, das vom 9. bis 12. November 1994 im Tagungszentrum Leuenberg bei Basel stattgefunden hat. Auf dieser Tagung wurde ein Frageansatz zur Diskussion gestellt, der zuvor in dem Basler Forschungsprojekt »Darstellung und Reflexion der Geschlechterrollen in deutschen Ehetraktaten von ca. 1470 bis 1580« bereits längere Zeit (seit Frühjahr 1992) erprobt worden war. Ausgangspunkt für dieses von mir geleitete und vom Schweizerischen Nationalfonds finanziell unterstützte Basler Forschungsprojekt bildete der Meinungsstreit darüber, ob und inwieweit sich in der Frühen Neuzeit die Vorstellungen über die (Beziehungen der) Geschlechter und insbesondere über die Frau geändert haben. Es wurde sehr bald deutlich, daß eine Entscheidung in dieser Frage gänzlich vom Vergleichsmaterial abhängt, mit dem jeweils gearbeitet wird. Wer den mittelalterlichen Minnesang mit frühneuzeitlichen Ehetraktaten konfrontiert, kommt zu anderen Ergebnissen als diejenigen, die misogyne Ergüsse mittelalterlicher Kleriker mit reformatorischen Ehepredigten oder aber Sentenzenkommentare des 13. Jahrhunderts mit Prosaromanen des 16. Jahrhunderts auf eine Vergleichsebene stellen. Damit war der Weg für die weitere Arbeit gewiesen: Bei der Frage nach möglichen epochengeschichtlichen Veränderungen in den literarischen Geschlechterentwürfen ist stets die spezifische ›Textualität‹ (Textbeschaffenheit) der verglichenen Texte mitzubedenken. Mit anderen Worten, es gilt die Interdependenz von Textsorte und Geschlechterentwurf zu berücksichtigen.

Daß sich die eingeladenen Referenten und Referentinnen auf den Frageansatz des Basler Forschungsprojektes eingelassen haben, dafür sei ihnen auch an dieser Stelle herzlich gedankt. Die lebhaften Diskussionen auf dem Symposium wurden wesentlich bereichert durch Heide Wunder (Kassel), Susanna Burghartz (Basel), Ina Schabert (München) und Maria E. Müller (Hamburg).

Dem Dank an die Teilnehmer und Teilnehmerinnen der Leuenberger Tagung hat sich der Dank an die Institutionen anzuschließen, deren finanzielle Unterstützung diese Tagung überhaupt ermöglicht hat: dem Schweizerischen Nationalfonds, der Freien Akademischen Gesellschaft Basel und dem Fonds zur Förderung wissenschaftlicher Kontakte der Universität Basel. Die Leuenberger Heimleitung hatte wesentlichen Anteil daran, daß die Tagung in einer freundlich wohltuenden Atmosphäre stattfand. Last, but not least ist Wolfram Schneider-Lastin dafür zu danken, daß aus den Typoskripten der Beiträger und Beiträgerinnen ein Buch geworden ist. Seine Akribie und Kompetenz bei Einrichtung und Satz des Textes waren eine wertvolle Stütze.

R. S.

Rüdiger Schnell
Text und Geschlecht
Eine Einleitung

I

In den letzten zwei Jahrzehnten haben sich die Geistes- bzw. Kulturwissenschaften verstärkt der Frage zugewandt, wie Realität im weitesten Sinn entsteht. Welche Mächte, Faktoren, Mechanismen, kommunikativen Strukturen sorgten und sorgen dafür, daß unsere Realität – unsere Umgangsformen, kulturellen Symbole, moralischen Urteile, nationale Identität, geschlechterspezifische Arbeitsverteilung, unser sprachliches Handeln u. a. – so geworden ist, wie sie sich heute darstellt? Während in den 60er/70er Jahren – in kritischer Abgrenzung von der vorausgegangenen einseitigen Fixierung auf die Geistes- und Ideengeschichte – die sozialen und ökonomischen Faktoren als wesentliche Grundlagen unsres Denkens und Fühlens betont wurden, ist seit den 80er Jahren das Verhältnis von ›Text‹[1] und soziomaterieller ›Realität‹[2] zusehends problematisiert worden und erscheint seitdem komplexer.

Gemeinsam ist diesen neueren Forschungstendenzen die Überzeugung, daß Texte und Bilder in Vergangenheit und Gegenwart die soziale, politische, wirtschaftliche Wirklichkeit nicht bloß passiv widerspiegeln, sondern an der Konstruktion dieser ›Realität‹ mit beteiligt sind. Sprache verweist nicht nur auf ›Rea-

1 Der Textbegriff ist in den letzten Jahren erheblich erweitert worden. In der kulturhistorischen wie diskurstheoretischen Forschung wird er als System komplexer Zeichenordnungen begriffen, zu der z. B. auch Bilder, Symbole und Kleider zählen. Kultur wird dann als Gesamtbestand dieser Zeichenordnungen verstanden. Deshalb kann weiter unten von einer ›Textualisierung‹ von Kultur gesprochen werden.

2 Im folgenden wird der Begriff Realität immer dann mit einfachen Anführungszeichen versehen, wenn damit die umgangssprachliche, meist unreflektierte Bedeutung ›Sichtbares, Materielles, Körperlich-Spürbares‹ gemeint ist. Dadurch soll gerade das, was selbstverständlich (als ›Wirklichkeit‹) erscheint, in Frage gestellt werden.

lität‹ als den einzigen Referenten, sondern erschafft neue, andere Realität. Danach besteht also kein ontologischer Unterschied mehr zwischen sprachlichem Text als bloß nachträglicher Interpretation von Wirklichkeit und vorausgehender historischer Wirklichkeit. So kann beispielsweise, wie Judith Butler zeigen konnte, ein Gesetzestext oder ein richterliches Urteil über Vergewaltigung aufgrund bestimmter sprachlicher Formulierungen und geschlechtsspezifischer Rollenzuschreibungen Männer zu künftigen Vergewaltigungen geradezu ermuntern, indem sie implizit eine Mitschuld von Frauen a priori in Rechnung stellen. Handlung wird durch Sprache (Text) initiiert bzw. ermöglicht.[3] Ebenso können politische Manifeste eine neue Realität schaffen; umgekehrt führen veränderte sozial-politische Bedingungen zu neuen politischen Programmen. Soziokulturelle Realität wird zum ›Text‹, ›Text‹ ein Teil der Realität. Man spricht von *cultural textualism* oder von *poetics of culture* (Stephen Greenblatt). Damit aber wird der soziohistorischen ›Realität‹ der Status einer textunabhängigen Gegebenheit genommen. Statt dessen wird nun geschichtliche Realität als intertextuelles Geschehen verstanden, als etwas, das sich in und zwischen Texten ereignet: Geschichte bzw. der Wirklichkeitsbegriff wird textualisiert; in Texten und durch Texte entsteht soziale und kulturelle Wirklichkeit. »Der Gegensatz und die hierarchische Unterordnung von Realität vs. Text wird hinfällig.«[4] Damit wird aber auch die Vorstellung hinfällig, wonach Geschichte als feste Größe (als ›historischer Kontext‹) poetische Texte bestimme und von uns nur wiederentdeckt

3 Judith Butler, »Kontingente Grundlagen: Der Feminismus und die Frage der ›Postmoderne‹«, in: Seyla Benhabib u. a. (Hg.), *Der Streit um Differenz. Feminismus und Postmoderne in der Gegenwart*, Frankfurt am Main 1993, S. 31–58, S. 51–56.

4 Hubert Zapf, *Kurze Geschichte der anglo-amerikanischen Literaturtheorie* (UTB 1629), München 1991, S. 230 (zum *New Historicism*). Zur neuen Relationierung von *imaginary/real, language/reality, text/social context, textuality/materiality* vgl. auch Gabrielle M. Spiegel, »History, historicism, and the social logic of the text in the middle ages«, in: *Speculum* 65 (1990), S. 59–86; Markus Reisenleitner, »Der Umgang der modernen Kulturgeschichtsschreibung mit Intertextualität in der Frühen Neuzeit«, in: Wilhelm Kühlmann/Wolfgang Neuber (Hg.), *Intertextualität in der Frühen Neuzeit. Studien zu ihren theoretischen und praktischen Perspektiven*, Frankfurt am Main 1994, S. 1–30.

zu werden braucht. Vielmehr muß Geschichte aus Texten ›gelesen‹, d. h. aber auch in Sinnbildungsprozessen erschlossen werden. Geschichte wird von uns also nicht als vom Betrachter unabhängiges Faktum entdeckt, sondern von uns heute geschaffen, indem wir vergangene Texte (die Teil der historischen Wirklichkeit sind) deuten.

Während der mit diesen Stichworten skizzierte *New Historicism* seine Thesen erst noch durch eine größere Anzahl von Detailstudien erhärten muß[5], ist gegenüber einer anderen Forschungsrichtung Skepsis kaum mehr angebracht: gegenüber den feministischen *Gender Studies* und den damit verbundenen poststrukturalistischen und (de)konstruktivistischen Theorien.[6]

Am Beispiel der Geschlechterforschung läßt sich die komplexe Relationierung von ›Text‹ (Zeichensystem) und ›Realität‹ besonders gut verdeutlichen. Vor wenigen Jahrzehnten noch – und vereinzelt bis heute – hat man(n) geglaubt, die Geschlechterrollen seien von der Natur vorgegeben, also überzeitlich: die Zuständigkeit der Frau für Familie, Kinder, Haushalt, Beziehungen; die Berufung des Mannes zu Öffentlichkeit, Politik, Arbeit, Entscheidungen. Gleichzeitig war man überzeugt, daß die sprachlichen Zeichen »Mann«, »Frau«, »männlich«, »weiblich« ihre Bedeutung aus der Realität erhalten. Dem sprachlichen Zeichen »Mann« bzw. »Frau« entspreche ein Referent in der ›Rea-

5 Die bisherigen Studien konnten den Verdacht nicht widerlegen, daß Literatur doch wieder nur als – wenn auch besonders signifikante – Spiegelung sozialer Sachverhalte oder ideologischer Dogmen begriffen wird. Vgl. z. B. Stephen Greenblatt, *Renaissance Self-Fashioning. From More to Shakespeare*, Chicago 1980. Eine Erweiterung des *New Historicism* durch feministische Aspekte, d. h. eine stärkere Berücksichtigung der materialen Bedingungen weiblicher Existenz, fordert ein Judith Lowder Newton, »History as usual? Feminism and the ›New Historicism‹«, in: H. Aram Veeser (Hg.), *The New Historicism*, New York 1989, S. 152–167. Die frauenspezifischen Lebens- und Arbeitsbedingungen ließen sich nicht so einfach unter die androzentrischen kulturellen Manifestationen einer Epoche subsumieren.

6 Gisela Ecker, »Poststrukturalismus und feministische Wissenschaft – eine heimliche oder unheimliche Allianz?«, in: Renate Berger u. a. (Hg.), *Frauen – Weiblichkeit – Schrift* (AS 134), Berlin 1985, S. 8–20; Chris Weedon, *Feminist practice and poststructuralist theory*, New York/Oxford 1987 (Reprint 1989).

lität‹, auf den das sprachliche Zeichen hindeute. Zeichen, Bedeutung und Realität schienen kongruent. Inzwischen ist zunächst durch Studien der Frauengeschichte, dann der Geschlechtergeschichte – ihrerseits beeinflußt von poststrukturalistischen Sprachtheorien – der Glaube an die Referentialität der Sprache vollends verloren gegangen. Es ist hinlänglich klar geworden, daß zwischen sprachlichen Zuschreibungen und ›Realität‹ keine Kongruenz besteht, daß sich also die Rollenverteilung und -zuschreibung nicht nur biologisch-sexuellen ›Tatsachen‹ verdankt, sondern den diskursiven Bemühungen einer patriarchalen Gesellschaft: Nicht die Natur allein ist für die jahrhundertealte Dichotomie von Mann/Vernunft/Öffentlichkeit und Frau/Gefühl/Privatheit verantwortlich, sondern Texte, sprachliche Strategien und die dahinter stehenden kulturellen Überzeugungen. Sie, die Texte und die Sprache, haben geschlechtliche ›Realität‹ produziert, nicht (nur) umgekehrt. Jedenfalls ist erwiesen, daß Texte unsere Vorstellungen über die (angeblichen) typischen Eigenschaften von Mann und Frau geprägt und in Folge davon unsere Alltagswelt mit ihren vielfachen Formen der Geschlechterrelationierungen mitgestaltet haben.

II

Weil unsere Vorstellungen über die Geschlechter so stark von Texten her bestimmt worden sind bzw. werden, bedarf es – will man sich der von Texten geschaffenen Realität entziehen und deren Zustandekommen kritisch hinterfragen – einer Analyse dieser Texte auf verschiedene Aspekte hin: Welche Vorannahmen und Interessen liegen den Texten, in denen die Rollenkonzepte für die Geschlechter entworfen werden, zugrunde? Inwiefern sind Spuren ›weiblicher‹ Weltentwürfe in diese Texte eingeschrieben? Mit Hilfe welcher rhetorischen Strategien gelingt es den Texten, die Geschlechterrelationierung für alle glaubhaft zu vermitteln und dadurch ›männliches‹/›weibliches‹ Handeln zu begründen? Gibt es in der Geschichte der Texte entscheidende Zäsuren, die einen Wechsel in der Geschlechterdiskussion markieren, und wodurch sind diese Zäsuren bedingt?[7]

7 Dieser letzten Frage galt das Hauptinteresse des germanistischen Bas-

Das wachsende Problembewußtsein im Bereich der Geschlechterforschung (*Gender Studies*) – gerade im Hinblick auf das Verhältnis von ›Realität‹ und Vorstellung – läßt sich vor allem an der Diskussion über die Frage ablesen, inwieweit unsere Vorstellungen über ›männliches‹ oder ›weibliches‹ Verhalten, d. h. über geschlechtsspezifische Rollen, Geschlechtszuschreibungen, nicht doch einen Rückhalt in der biologisch-sexuellen ›Realität‹ der anatomischen Differenz der Geschlechter besitzen. Haben biologisch-sexuelles Geschlecht (*sex*) einerseits und soziokulturelle Zuschreibungen von Verhaltensmustern an ›Mann‹ und ›Frau‹ (*gender*) andererseits tatsächlich nichts miteinander zu tun? Auch anhand dieser – innerhalb des theoretisch-philosophischen Feminismus heftig diskutierten – Frage stoßen wir auf die komplexe Interdependenz von ›Realität‹ und Projektionen von ›Realität‹.[8] Mit der Relationierung von ›Realität‹ (biologischem Geschlecht, *sex*) und Konstrukt (Geschlechterrolle, *gender*) ist ein zentrales Reizthema innerhalb der feministischen Auseinandersetzung genannt. Daß es einen anatomischen Unterschied zwischen Mann und Frau gibt, bestreitet niemand. Umstritten ist aber, inwieweit unsere Wahrnehmung und Interpretation die-

ler Forschungsprojektes (1992–1995) zu den Eheschriften des 15. und 16. Jahrhunderts. Vgl. das Vorwort.

8 Die von dekonstruktivistischer Seite aus forcierte Abgrenzung von der Frauenforschung in diesem Punkte wirkt etwas überzogen. Der dekonstruktivistische Feminismus unterstellt der (sog. klassischen, traditionellen) Frauenforschung, sie nehme die Geschlechterdifferenz Männlichkeit/Weiblichkeit als Gegebenheit hin, die durch ein unterschiedliches biologisches Substrat im Körper bestimmt sei. Er selbst nimmt für sich in Anspruch, Geschlechterdifferenz als Ergebnis von Interpretationen, als kulturelle Überformungen des biologischen Substrats zu erfassen. Vgl. Barbara Vinken, »Differenz-Forschung«, in: Renate Kroll/Margarete Zimmermann (Hg.), *Feministische Literaturwissenschaft in der Romanistik. Theoretische Grundlagen – Forschungsstand – Neuinterpretationen*, Stuttgart/Weimar 1995, S. 66–73, S. 69f.; ähnlich Bettine Menke, »Verstellt: Der Ort der ›Frau‹ – Ein Nachwort«, in: Barbara Vinken (Hg.), *Dekonstruktiver Feminismus. Literaturwissenschaft in Amerika* (es 1678), Frankfurt am Main 1992, S. 436–476, bes. 436ff. Damit stellt diese Richtung des Feminismus die *Women's Studies* des 20. Jhs. auf eine Stufe mit der Aufklärung des 18. Jhs., die in einem biologischen Kurzschluß Geschlechterrolle (*gender*) und Geschlecht (*sex*) ineins gesetzt hat.

ser anatomischen ›Realität‹ eben dieser ›Realität‹ gerecht werden oder nicht vielmehr von vorgegebenen Denkschemata gesteuert sind, die es uns unmöglich machen, die biologischen Gegebenheiten so zu sehen, wie sie ›sind‹. Muß man also auch noch die – von der feministischen Forschung der 70er/80er Jahre als neue Erkenntnis gefeierte und heute so oft bemühte – scharfe Grenzziehung zwischen biologischem Geschlecht (*sex*) und soziokulturell geprägter Geschlechterrolle (*gender*) hinter sich lassen und auch *sex* als soziales Konstrukt denken? Dann aber fallen *sex* und *gender*, weil beide als soziokulturelle Konstrukte aufgefaßt, zusammen. In der neuesten Debatte um *sex/gender* steht also nicht mehr und nicht weniger auf dem Spiel als die Neubestimmung der Kategorie ›Geschlecht‹.[9] Ist ›Geschlecht‹ – wie nach postmoderner Auffassung alles in unserem Leben – ein reines Diskursprodukt?[10]

In dieser Frage eine pauschale, für alle Epochen und Kulturen gültige Antwort geben zu wollen, wäre vermessen. Auch wenn die postmoderne Überspitzung der These – es gebe keinen bio-

9 Die Skepsis gegenüber der Kategorie Geschlecht ist mit bedingt durch die postmoderne Kritik an Verallgemeinerungen und Setzungen jeder Art, vgl. Susan Bordo, »Feminism, Postmodernism, and gender-scepticism«, in: Linda J. Nicholson (Hg.), *Feminism/Postmodernism*, New York 1990, S. 133–156.

10 Judith Butler, *Das Unbehagen der Geschlechter* (es 1722), Frankfurt am Main 1991 (amerikanisch *Gender Trouble* 1990) hat die Diskussion um *sex/gender* mit ihrer These angeheizt, wonach auch die biologisch-sexuelle Differenz einer gesellschaftlich-diskursiven Konstituiertheit unterliege. Mit dieser auf einem dekonstruktivistisch-diskurstheoretischen Ansatz basierenden These setzen sich umsichtig-kritisch auseinander die Beiträge in *Feministische Studien* 11 (1993) Nr. 2; kritisch auch Stefan Hirschauer, »Dekonstruktion und Rekonstruktion: Plädoyer für die Erforschung des Bekannten«, in: Ursula Pasero/Friederike Braun (Hg.), *Konstruktion von Geschlecht*, Pfaffenweiler 1995, S. 67–88. Hingegen folgen Butlers Position Regine Gildemeister/Angelika Wetterer, »Wie Geschlechter gemacht werden. Die soziale Konstruktion der Zweigeschlechtlichkeit und ihre Reifizierung in der Frauenforschung«, in: Gudrun Axeli Knapp/A. Wetterer (Hg.), *Traditionen – Brüche. Entwicklungen feministischer Theorie*, Freiburg i. Br. 1992, S. 201–254, indem sie ebenfalls eine starre *sex-gender*-Trennung ablehnen und statt dessen von einer Interdependenz biologischer und kultureller Prozesse ausgehen.

logischen Unterschied zwischen den Geschlechtern, der nicht sozial-diskursiv bedingt sei – nicht zu übersehen ist[11], so darf doch zweierlei festgehalten werden:

1. In vielen Bereichen der Geschlechterforschung – ob dekonstruktivistischer oder klassischer Prägung – ist der Trend unübersehbar, auf eine substantialistische anthropologische Differenzierung der Geschlechter weitgehend zu verzichten.[12] Allerdings schleichen sich im französischen Feminismus immer wieder Zuordnungen von weiblichem Körper (*sex*) und ›Weiblichkeit‹ (*gender*) ein.[13] Überwiegend aber hat sich die Einsicht

11 Von Überspitzung spricht auch Barbara Hey, *Women's history und Poststrukturalismus. Zum Wandel der Frauen- und Geschlechtergeschichte in den USA*, Pfaffenweiler 1995 (Schnittpunkte. Zivilisationsprozeß 18).

12 Als Beleg für eine nicht dekonstruktivistische ›Stimme‹ mag dienen Friederike J. Hassauer-Roos, »Das Weib und die Idee der Menschheit. Zur neueren Geschichte der Diskurse über die Frau«, in: Bernard Cerquiglini/Hans Ulrich Gumbrecht (Hg.), *Der Diskurs der Literatur- und Sprachhistorie. Wissenschaftsgeschichte als Innovationsvorgabe* (stw 411), Frankfurt am Main 1983, S. 421–445. Ann Marie Rasmussen, »Feminismus in der Mediävistik in Nordamerika«, in: *Mitteilungen des Deutschen Germanistenverbandes* 39 (1989) Heft 3, S. 19–27, S. 19, ist der Auffassung, für »feministische Wissenschaftler« gelte insgesamt, daß sie »im Gegensatz zu essentialistischen Ansätzen, nach denen die Differenz der Geschlechter aus biologischen Universalien resultiert«, eine historisierende Perspektive wählten und mit ›Geschlecht‹ (*gender*) eine soziale und historische Konstruktion der Differenz zwischen den Geschlechtern bezeichneten. Vgl. auch Teresa de Lauretis, *Technologies of gender. Essays on theory, film, and fiction*, London 1987.

13 Renate Kroll, »Feministische Positionen in der romanistischen Literaturwissenschaft«, in: Kroll/Zimmermann (Hg.), *Feministische Literaturwisssenschaft in der Romanistik*, a.a.O., S. 26–43, bes. S. 29–34, stellt den französischen dem anglo-amerikanischen Feminismus gegenüber. Für den französischen beruhe die Geschlechterdifferenz auf biologischen, sexuellen, psychischen Unterschieden zwischen Mann und Frau; für den letzteren basiere ›Weiblichkeit‹ nicht auf einem biologischen Substrat, also auf etwas Angeborenem, sondern werde als Produkt historisch-kultureller Zustände bzw. Projektionen betrachtet. Hinter solchen scharfen Abgrenzungen scheinen sich z. T. Schulkämpfe zu verbergen. (Vielsagend ist der Besprechungsessay von Anna Maria Stuby, »›Feminisms‹ – Differenzen in anglo-ameri-

durchgesetzt, daß nicht die biologische Differenz die Geschlechterrollen allein hervorgebracht hat[14], sondern diese meist die

kanischer Literaturwissenschaft«, in: *Feministische Studien* 11 (1993) Heft 2, S. 156–162). Berücksichtigt man neuere Versuche, Luce Irigarays Ausführungen über ›Weiblichkeit‹ nicht biologistisch, sondern metaphorisch zu verstehen, so schwächen sich die Oppositionen ab. (Zu den dennoch verbleibenden Aporien vgl. Jutta Osinski, »Kritik der feministischen Literaturwissenschaft«, in: Johannes Janota (Hg.), *Kultureller Wandel und die Germanistik in der Bundesrepublik. Vorträge des Augsburger Germanistentages 1991*, Bd. 2, Tübingen 1993, S. 35–46). – Gleichwohl soll nicht bestritten werden, daß innerhalb des Feminismus tatsächlich z. T. erbittert darüber gestritten wird, wie die politischen Ziele ›der Frauen‹ am besten erkämpft werden: mit Hilfe des Hinweises auf die Gleichheit der Geschlechter oder aber mit Hinweis auf die – wie auch immer begründete – Geschlechterdifferenz. Vgl. Annedore Prengel, »Gleichheit versus Differenz – eine falsche Alternative im feministischen Diskurs«, in: Ute Gerhard u. a. (Hg.), *Differenz und Gleichheit*, Frankfurt am Main 1990, S. 120–127 (wichtig auch die anderen Beiträge). Historisch aufgearbeitet werden die beiden feministischen Richtungen und mit den Termini ›Individualismusfeminismus‹ bzw. ›Beziehungsfeminismus‹ bezeichnet von Karen Offen, »Feminismus in den Vereinigten Staaten und in Europa. Ein historischer Vergleich«, in: Hanna Schissler (Hg.), *Geschlechterverhältnisse im historischen Wandel*, Frankfurt am Main 1993, S. 97–138. Zur Diskussion um die Differenz der Geschlechter vgl. Elizabeth Abel (Hg.), *Writing and sexual difference*, Chicago 1982; Luce Irigaray, *Die Ethik der sexuellen Differenz* (1984), Frankfurt am Main 1991; Denise Riley, *»Am I that name?« Feminism and the category of »Women« in history*, Minneapolis 1988, bes. S. 96–114; Ilona Ostner, »Differenzen – unendlich ungleiche«, in: I. Ostner/Klaus Lichtblau (Hg.), *Feministische Vernunftkritik. Ansätze und Traditionen*, Frankfurt am Main/New York 1992; Seyla Benhabib u. a. (Hg.), *Der Streit um die Differenz*, a.a.O.; Michael Matlik, *Zwischen Differenz und Gleichheit. Zur Tradition philosophisch-anthropologischer Wesensbestimmungen der Geschlechter*, Würzburg 1996; Henk de Berg/Matthias Prangel (Hg.), *Differenzen. Systemtheorie zwischen Dekonstruktion und Konstruktivismus*, Tübingen 1995; Gisela Anna Erler, *Frauenzimmer. Für eine Politik des Unterschieds*, Berlin 1985.

14 Auch wenn französische Feministinnen ihre Geschlechterentwürfe, vor allem ihre Ausführungen zur Weiblichkeit, zuweilen an biologischen Unterschieden festmachen, so glauben sie doch nicht, daß die überkommenen, patriarchal bestimmten Geschlechterrollen von einem biologischen Substrat herrühren. Vielmehr versuchen sie ein

Folge von Interpretationen der biologischen Differenz sind. (Der Verzicht auf ein festes Repertoire von überzeitlichen und transkulturellen geschlechtsspezifischen Eigenschaften provoziert natürlich um so mehr die Frage nach den historischen Geschlechterentwürfen.) Daß sich die heute immer noch verbreiteten Vorstellungen über das ›Mann‹ und ›Frau‹ jeweils angemessene Verhalten nicht auf anatomische Unterschiede zurückführen lassen, beweist schon der Umstand, daß sich die Geschlechterstereotypen in der Vergangenheit immer wieder verändert haben – trotz gleichbleibender anatomischer Differenz. Überdies haben einige Geschlechtszuschreibungen (z. B. Frauen seien schwatzhaft, Männer handelten nach dem Verstand) mit der biologischen Differenz nichts zu tun.

2. Die Geschlechtergeschichte kann belegen, daß Aussagen über das biologische Geschlecht von dem sozialen Konstrukt *gender* beeinflußt wurden. Ursprünglich vom biologischen Geschlecht abgelöste Geschlechterprojektionen haben – auf diskursiver Ebene – nachträglich die Beschreibung medizinisch-anatomischer Besonderheiten bestimmt. Eine sozial und historisch vorgenommene Konstruktion von Geschlecht im Sinne von *gender* beeinflußt dann die Sichtweise auf die (anatomische) ›Realität‹ *sex*. Realität wird dann nicht so wahrgenommen, wie sie für sich selbst existiert, sondern nur so, wie es unsere Vorannahmen zulassen.

Neuerdings wird die Auffassung vertreten, bis zum 18. Jahrhundert sei die besondere biologische Konstitution der Frau gar nicht wahrgenommen worden, auch nicht von Medizinern, da die Frau infolge soziokulturell bedingter Denkschemata lediglich als eine Variante bzw. als defizitäre Abweichung des Mannes gegolten habe. Die Geschlechtsorgane der Frau seien von den Medizinern bis ins 18. Jahrhundert als bloße Umkehrungen oder

neues (utopisches) Konzept der Weiblichkeit zu entwickeln; nur diese Utopie von Weiblichkeit bringen sie – wenn überhaupt – in Verbindung mit biologischen Gegebenheiten. Das eher rückwärts gewandte historische Interesse der anglo-amerikanischen Feministinnen sollte man unterscheiden von dem utopisch-philosophischen Ansatz der französischen Feministinnen. Dies ließe den fast topos-haften Gegensatz von amerikanischem und französischem Feminismus in etwas anderem Licht erscheinen – eben weil beide Ansätze nur bedingt vergleichbar sind.

Korrespondenzen der männlichen Anatomie interpretiert worden, weil sie von einem einzigen (anatomischen) Geschlecht ausgegangen seien. Erst vom Ende des 18. Jahrhunderts sei der Körper der Frau als kategorial anders als der des Mannes beschrieben worden.[15] In diesem Fall hätte also nicht eine vorgebene ›Realität‹ irgendwelche Projektionen über die Geschlechter veranlaßt, sondern umgekehrt eine soziokulturell verankerte Anschauung (vom *einen* Geschlecht) eine bestimmte ›Realität‹ produziert, insofern am Körper der Frau nur das wahrgenommen wurde, was mit der gedachten Ordnung übereinstimmte. Allerdings sollte – dies trifft gerade auf Judith Butler zu – der Unterschied zwischen diskursiver Inszenierung von *sex* und der (davon unabhängigen) tatsächlich existenten anatomischen Differenz (mit all den dadurch möglicherweise ausgelösten Konsequenzen) nicht übersehen werden.[16] Dem Diskursprodukt *sex* kann erkenntnistheoretisch nicht derselbe Status zukommen wie dem anatomischen Befund *sex*.

Wenn es aber im 18. Jahrhundert zu einer neuen In-Bezug-Setzung von biologisch-anatomischer Differenz und Geschlechterzuschreibungen gekommen sein soll, dann stellt sich um so dringlicher die Frage, warum sich im 18. Jahrhundert trotz gleichbleibender Geschlechtsstereotypen diese neue Sicht auf die

15 Thomas Laqueur, *Making sex. Body and gender from the Greek to Freud*, Cambridge (Mass.)/London 1990 (dt. *Auf den Leib geschrieben. Die Inszenierung der Geschlechter von der Antike bis Freud*, Frankfurt am Main 1992). Laqueur behauptet, vor dem 18. Jh. habe es zwar die Vorstellung von den zwei *genders* gegeben, aber die Auffassung von nur *einem* geschlechtlichen Körper (»one-sex-body«). Erst im 18. Jh. sei dann die Zuordnung des weiblichen Geschlechtscharakters zum weiblichen (biologischen) Geschlecht (*sex*) erfolgt. Deshalb spricht sich Laqueur gegen eine strenge Trennung der biologischen Kategorie *sex* und der soziokulturellen Kategorie *gender* aus. Die beiden Konstruktionen (von *sex* und *gender*) würden nicht unabhängig voneinander stattfinden.

16 Lyndal Roper, *Oedipus and the devil. Witchcraft, sexuality and religion in early modern Europe*, London/New York 1994 (dt. *Ödipus und der Teufel*, Frankfurt am Main 1995), versucht zu zeigen, daß *gender* kein Produkt kultureller und sprachlicher Gewohnheiten, sondern von der sexuellen (körperlichen) Differenz wesentlich beeinflußt sei. Die feministische Geschichtswissenschaft habe den Körper und die sexuelle Differenz zu wenig beachtet.

anatomische Basis herausgebildet hat. Möglicherweise wirkten hierbei Veränderungen des allgemeinen oder aber des medizinischen Wissenschaftsdiskurses mit, vielleicht aber auch das Bemühen, die traditionellen Rollenmuster für ›Mann‹ und ›Frau‹ auf eine ›überzeugendere‹, naturwissenschaftliche Grundlage zu stellen. Projektionen sollten durch ›Realität‹ abgesichert werden. In der neueren Geschlechterforschung zeichnet sich jedenfalls ein Konsens darüber ab, daß erst im 18. Jahrhundert die heute noch wirksamen Geschlechtscharaktere entstanden seien.[17] Dieser These von der ›Erfindung‹ der Geschlechtscharaktere im 18. Jahrhundert ist allerdings mit Skepsis zu begegnen[18], wird sie doch vor allem von denjenigen vertreten, die sich als Spezialisten des 18./19. Jahrhunderts ausgewiesen und vom Geschlechterdiskurs der vorangegangenen Periode kaum Notiz genommen haben.[19] Bei aller Distanz gegenüber der Vorstellung,

17 Karin Hausen, »Die Polarisierung der ›Geschlechtscharaktere‹ – Eine Spiegelung der Dissoziation von Erwerbs- und Familienleben«, in: Werner Conze (Hg.), *Sozialgeschichte der Familie in der Neuzeit Europas*, Stuttgart 1976, S. 363–393; Barbara Duden, »Das schöne Eigentum. Zur Herausbildung des bürgerlichen Frauenbildes an der Wende vom 18. zum 19. Jahrhundert«, in: *Kursbuch* 47 (1977), S. 125–140; Claudia Honegger, *Die Ordnung der Geschlechter. Die Wissenschaft vom Mensch und das Weib 1750–1850*, Frankfurt am Main/New York 1991; Lieselotte Steinbrügge, *Das moralische Geschlecht. Theorien und literarische Entwürfe über die Natur der Frau in der französischen Aufklärung*, Stuttgart ²1992.

18 Vorbehalte äußert Joan Cadden, *Meanings of sex difference in the middle ages. Medicine, science, and culture*, Cambridge 1993, S. 3 unter Hinweis auf vielfältige Konzepte vor und nach dieser Zeit. Kritisch äußert sich auch Annette Kuhn, »Das Geschlecht – eine historische Kategorie?«, in: Ilse Brehmer u. a. (Hg.), *Frauen in der Geschichte IV. »Wissen heißt leben ...« Beiträge zur Bildungsgeschichte von Frauen im 18. und 19. Jahrhundert*, Düsseldorf 1983, S. 29–50, bes. S. 41–46; der begriffsgeschichtliche und sozialgeschichtliche Befund legten Kuhn zufolge nahe, daß die entscheidenden Veränderungen zeitlich früher, d. h. im 16./17. Jh., stattgefunden haben.

19 Mindestens schon in der mittelalterlichen medizinischen Literatur werden unter Hinweis auf die spezifische anatomische Natur der Frau bestimmte Verhaltensmuster des weiblichen Geschlechts begründet. Biologisch-anatomisch begründete Geschlechtscharakterisierungen begegnen also schon im Mittelalter; vgl. R. Schnell, »Mit-

erst der Wissenschaftsdiskurs des späten 18. habe die im 19. und 20. Jahrhundert gültigen Geschlechtscharaktere hervorgebracht, zeichnet sich aber doch ein gemeinsamer Vorgang ab: In Mittelalter wie Früher Neuzeit beeinflussen sich (medizinische) Annahmen über den weiblichen Körper und (soziokulturelle) Konzepte vom Wesen der Frau wechselseitig.[20] Dabei mag dem ausgehenden 18. und dem 19. Jahrhundert zugestanden werden, daß damals in einem bis dahin unbekannten Ausmaß geschlechtsspezifische Rollenzuschreibungen mit (angeblich) biologisch-anatomischen Differenzen begründet wurden. Möglicherweise ist im 18. Jahrhundert ›Weiblichkeit‹ als Sozialcharakter umfassend zu ›Weiblichkeit‹ im Sinne eines Geschlechtscharakters umgeschrieben worden.[21] Inwieweit aber das 18. Jahr-

telalter oder Neuzeit? Medizingeschichte und Literarhistorie. Apologie weiblicher Sexualität in Boccaccios *Decameron*«, in: R. Schnell (Hg.), *›Gotes und der werlde hulde‹. Literatur in Mittelalter und Neuzeit. Festschrift für Heinz Rupp zum 70. Geburtstag*, Bern/Stuttgart 1989, S. 240–287; Cadden, *Meanings of sex difference*, a.a.O., bes. Teil II (S. 167–277).

20 Einige Literaturhinweise mögen genügen: Cadden, *Meanings of sex difference*, a.a.O., bes. S. 169ff., 178f., 197, 226, 244ff., 251, 257 u. ö. (u. a. über den Befund, daß Ansichten der Mediziner und Naturphilosophen über die Bedeutung des biologischen Geschlechts mitbestimmt waren durch damalige kulturell geprägte Auffassungen über die Rolle der Geschlechter; umgekehrt wurden moralische Bewertungen von physisch-biologischen Feststellungen abgeleitet, vgl. Joan Cadden, »It takes all kinds. Sexuality and gender differences in Hildegard von Bingen's *Book of compound medicine*«, in: *Traditio* 40 (1984), S. 149–174, S. 159; J. Cadden, »Medieval scientific and medieval views of sexuality. Questions of propriety«, in: *Medievalia et Humanistica*, n.s. 14 (1986), S. 157–171 (zu den vielfältigen Beziehungen zwischen Medizin und Theologie im Spätmittelalter); Manuel Simon, *Heilige, Hexe, Mutter. Der Wandel des Frauenbildes durch die Medizin im 16. Jahrhundert*, Berlin 1993, S. 12–14 u. ö. (medizinische Vorstellungen über den weiblichen Körper sind von kulturellen Denkmustern geprägt und tragen ihrerseits dazu bei, soziale Rollenzuweisungen durchzusetzen); Ortrun Riha, »Wenn das Denken das Sein bestimmt ... Überlegungen zum Realitätsgehalt der deutschsprachigen Medizinliteratur des Mittelalters«, in: *Mediävistik* 7 (1994) [erschienen 1996], S. 203–221.

21 Laqueur, *Making sex*, a.a.O., meint, *sex* sei vor dem 17./18. Jh. noch eine soziologische, nicht eine ontologische Kategorie gewesen. Aus

hundert als entscheidender Umbruch des Geschlechterdiskurses bezeichnet werden kann, muß in sorgfältigen historischen Studien und Textvergleichen erst noch erhärtet werden. Deshalb darf ein Blick auf Schriften des 15. und 16. Jahrhunderts Aufmerksamkeit für sich beanspruchen.

Die Einsicht in den Konstruktcharakter von *gender* und *sex* hat in der Postmoderne-/Poststrukturalismus-Debatte folgerichtig zu Kritik an der Diskussion um die *sex/gender*-Dichotomie geführt. Denn die Kontrastierung von biologischem Geschlecht und soziokulturell definierter Geschlechterrolle zementiere die Vorstellung, daß es ein von kulturellen Spekulationen unabhängiges biologisches Geschlecht gebe.[22] Folgt man dieser Kritik – und manches (nicht alles) spricht dafür –, dann löst sich der – auch in dieser Einleitung immer wieder suggerierte und doch ständig hinterfragte – Gegensatz von ›Realität‹ und gedanklichen Schemata auf und findet seine Existenz allein noch auf diskursiver Ebene.

III

Wenn nun heutzutage der Konstruktcharakter der Geschlechterrollen festzustehen scheint[23] und wenn erkannt ist, daß das biologische Geschlecht (*sex*) und die soziokulturell bedingte Geschlechterrolle (*gender*) in sehr komplexer Weise aufeinander verweisen und keiner der beiden ›Realitäten‹ absolute Priorität be-

den Sozialcharakteren seien erst im 18. Jh. Geschlechtscharaktere gemacht worden.

22 Doch innerhalb der deutschsprachigen feministischen Literaturwissenschaft wird weiterhin mit dieser Dichotomie von *sex* und *gender* gearbeitet, vgl. Janota (Hg.), *Kultureller Wandel und die Germanistik in der Bundesrepublik*, a.a.O., Bd. 4, S. 247–290 (Forum III: »Ansichten einer feministischen Literaturwissenschaft«), S. 249, 262 u. ö. Auf die angebliche Rückständigkeit der deutschsprachigen Frauenforschung weisen hin u. a. Gildemeister/Wetterer, »Wie Geschlechter gemacht werden«, a.a.O., S. 205–211.

23 Judith M. Gerson, »Sex does not equal gender. Issues of conceptualization and measurement«, in: Marlis Krüger (Hg.), *Was heißt hier eigentlich feministisch? Zur theoretischen Diskussion in den Geistes- und Sozialwissenschaften*, Bremen 1993, S. 121–138.

anspruchen kann, so stellt sich um so dringlicher die Frage nach der Herkunft der Geschlechterkonzepte, die heute noch das wirtschaftliche, soziale und politische Leben prägen. Wenn es so ist, daß nicht soziale ›Realität‹, sondern Interpretationen von ›Realität‹ für die Existenz unserer Geschlechterstereotypen verantwortlich sind, dann muß unser Frageinteresse diesen Interpretationen von ›Realität‹ gelten. Wie, warum, wozu, von wem wurden die Geschlechterrollen konstruiert? Der Ort solcher Konstruktionen von Realität sind aber vornehmlich Texte. Programmatisch – doch überspitzt – formulieren deshalb die Vertreter des Dekonstruktivismus: Weiblichkeit ist keine natürliche Kategorie, sondern eine rhetorische. Sie sei auf kein biologisches Substrat zurückzuführen, sondern existiere nur als *Effekt* kultureller, symbolischer, sprachlicher Anordnungen, nicht als Naturtatsache.[24] Texte seien der privilegierte Ort, an dem die rhetorische Verfaßtheit der Geschlechter lesbar werde.[25] Läßt man(n) sich einmal auf einen solchen Ansatz ein, so ergeben sich für den Literarhistoriker die Aufgaben von selbst: Er hat zu untersuchen, auf welche Art und Weise in Texten der verschiedenen Jahrhunderte Geschlechterentwürfe konstruiert worden sind und wie sich diese Konstruktionen heute dekonstruieren lassen. Es sind die Faktoren zu untersuchen, die für unterschiedliche Konstruktionen der Geschlechter verantwortlich sind.
Die in diesem Band vereinigten Studien versuchen darauf Antworten zu finden. Allerdings erlegen sie sich eine dreifache Beschränkung auf: 1. Sie bevorzugen einen textwissenschaftlichen Ansatz; 2. Der zeitliche Schwerpunkt der analysierten Texte liegt im 15./16. Jahrhundert. 3. Ihr Textmaterial besteht vorwiegend aus Eheschriften. Dies ist nun zu begründen.

1. Der textwissenschaftliche Ansatz

An der Beantwortung geschlechterspezifischer Fragen sind verschiedene Forschungsdisziplinen in unterschiedlicher Weise beteiligt: (politischer) Feminismus, Psychoanalyse, Medizinge-

24 Menke, »Verstellt: Der Ort der ›Frau‹ – Ein Nachwort«, a.a.O., S. 436ff. und 441.

25 Vinken, »Differenz-Forschung«, a.a.O.

schichte, Anthropologie, Kunstgeschichte, Soziologie, Geschichtswissenschaft, Philosophie, Sprach- und Literaturwissenschaft.[26] Mit der wachsenden Einsicht in die komplexe Relation von Realität und Vorstellung und mit der dadurch gestiegenen Komplexität der Fragestellungen ist eine Verflechtung der Disziplinen einhergegangen, so daß die Frage nach der textuellen Konstruktion von ›Geschlecht‹ (und geschlechtlicher ›Realität‹) von Forschungsansätzen angegangen wird, die in höchstem Maße interdisziplinär arbeiten.[27] So verbinden sich in der modernen feministischen Literaturwissenschaft psychoanalytische, philosophische, sozialgeschichtliche, anthropologische und linguistische Erkenntnisse und Methoden.

Obwohl sich – wie zuvor gezeigt – die Geistes- bzw. Kulturwissenschaften der letzten 20 Jahre insgesamt zu ›Textwissenschaften‹ entwickelt haben, insofern sie ›Text‹ als ein System komplexer Zeichenordnungen begreifen, kommt meines Erachtens den Textwissenschaften im engeren Sinne eine besondere Bedeutung zu, wenn es um die Beziehung zwischen Text – nun als einzelner Text verstanden – und Geschlecht geht. Denn ihnen ist aufgegeben, ganz bestimmte Schichten der Konstituiertheit von Texten mit Hilfe spezifischer Methoden zu beschreiben. Dabei sind vor allem drei Aspekte zu unterscheiden: (a) die Produktionsebene (Ist der Autor männlichen oder weiblichen Geschlechts? Inwiefern schlägt sich das biologische Geschlecht des Autors in der Sicht bzw. Ausdrucksweise nieder?)[28]; (b) die Re-

26 Der Sammelband von Hadumod Bußmann/Renate Hof (Hg.), *Genus. Zur Geschlechterdifferenz in den Kulturwissenschaften*, Stuttgart 1995, erweckt zwar auf den ersten Blick den Eindruck, der Diskurs über die Geschlechter sei in verschiedene Disziplinen aufgespalten, weil die an diesem Diskurs beteiligten Disziplinen einzeln vorgestellt werden, doch die Lektüre der einzelnen Beiträge macht rasch deutlich, wie verzweigt inzwischen die heutige kulturwissenschaftliche Forschung zu *sex/gender* ist. Als Beispiel sei genannt der Beitrag von Ina Schabert, »*Gender* als Kategorie einer neuen Literaturgeschichtsschreibung«, S. 162–204.

27 Dies wird deutlich auch bei Renate Hof, *Die Grammatik der Geschlechter. ›Gender‹ als Analysekategorie der Literaturwissenschaft*, Frankfurt am Main/New York 1995.

28 Die Frage nach einer weiblichen Ästhetik (*écriture féminine*) bildet einen der Schwerpunkte feministischer Literaturwissenschaft seit den

zeptionsebene (Inwieweit lesen Männer anders als Frauen? Was kennzeichnet ein *feminist reading*?);[29] (c) Text-/Inhaltsebene (Inwiefern konstruieren Texte vorhandene Rollenzuschreibungen und fungieren als Hypostasien kollektiver Männlichkeits-/Weiblichkeitsvorstellungen? Inwieweit hinterfragen und untergraben sie in subversiver Weise Geschlechterstereotypen und konstituieren so neue ›Realität‹?).

Das Basler Forschungsprojekt hat sich vor allem für die Relation von Produktions- und Inhaltsebene interessiert, dabei aber die Produktionsfaktoren in einer Weise bestimmt, die der Epoche gerecht werden: Die literaturwissenschaftliche Forschung zum Spätmittelalter und zur Frühen Neuzeit hat in den beiden letzten Jahrzehnten zeigen können, daß die Aussagen eines Textes oft nicht in erster Linie durch mutmaßliche persönlich-subjektive Ansichten eines Autors bestimmt sind, sondern durch die Kommunikationssituation, in der er schreibt und in die er hineinspricht. Entscheidend für den Inhalt ist also oft nicht der Autor, sondern die Gebrauchsfunktion eines Textes. Diese läßt sich bestimmen durch die Textsorte (u. a. Gutachten, Predigt, Traktat, Fürstenspiegel, Katechismus); durch den/die Adressaten (u. a. städtisches Patriziat, Kirchengemeinde, Unverheiratete/Eheleute); durch den Anlaß des Sprechens oder Schreibens (öffentlich/nicht-öffentlich; belehrend, seelsorgerlich, drohend, Normen setzend); durch die Wahl der Sprache (Latein/Volkssprache); durch den Sprachstil u. a. Die Gründe für das Auftreten eines bestimmten Geschlechterentwurfes in einem bestimmten Text sind in den verschiedenen textbedingenden Faktoren aufzusuchen.

Bei Textanalysen zeigt sich dann recht bald, daß die in einem Text beschriebenen Geschlechtermodelle sehr oft nicht auf eine soziale Realität rekurrieren, sondern textsortenspezifische Vor-

70er Jahren. Vgl. zuletzt Ingeborg Weber (Hg.), *Weiblichkeit und weibliches Schreiben. Poststrukturalismus, weibliche Ästhetik, kulturelles Selbstverständnis*, Darmstadt 1994.

29 Es wird unter Hinweis auf unterschiedliche Sozialisationen von Mann und Frau und der dadurch vorhandenen unterschiedlichen Lebenserfahrung die These vertreten, Frauen würden einen Text anders lesen als Männer. Dabei wird präzise unterschieden zwischen einem *reading as a woman* (»als Frau lesen«) und *reading like a woman* (»wie eine Frau lesen«).

stellungen tradieren. Man kann tatsächlich von einer ›Textualisierung‹ von ›Geschlecht‹, von Geschlecht als literarischer Kategorie sprechen: Je nach Kommunikationssituation bzw. je nach Gebrauchsfunktion produziert ein Text andere Zuschreibungsmuster für Mann und Frau. Die Geschlechtermodelle sind oft weniger durch je spezifische wirtschaftliche oder soziale ›Realitäten‹ bedingt als durch textspezifische Parameter. Es ist deshalb leicht einzusehen, daß die Geschichte der Geschlechterentwürfe nur in eingeschränktem Maße an die Sozialgeschichte anzukoppeln ist. Ängste, Wünsche, Utopien, Ordnungsbestrebungen, Sehnsucht nach klaren Abgrenzungen gehen nicht immer mit (Veränderungen) der sozialen ›Realität‹ konform.[30] Oft nehmen wir infolge von tradierten Ordnungsmustern die außerhalb der Projektionen existierende Wirklichkeit gar nicht zur Kenntnis.

Die sozialgeschichtliche Forschung zu den Geschlechterbeziehungen hat wertvolle Einsichten über die historischen Veränderungen in den Mann/Frau-Beziehungen gebracht.[31] Doch wurde nicht immer berücksichtigt, daß wir es mit einem dreischichtigen Analyseobjekt zu tun haben: 1. mit der Erforschung der ›realen‹ Geschlechterbeziehungen (soziale ›Realität‹); 2. der Erforschung der projizierten, normativen, idealistischen Geschlechterrollen (mentale Einstellungen, rechtliche Bestimmungen, dichterische Weltbewältigungsmuster); 3. der Erforschung der Bedingungen, die das Reden bzw. Schreiben über die Geschlechterbeziehungen in jeweils anderer Weise steuern (Sprachmedium, Redeanlaß, Gebrauchsfunktion, Publikum).

Das Interesse der sozial-, mentalitäts- und literarhistorischen Forschung richtete sich bislang vor allem auf die zwei ersten Ebenen: Was erfahren wir aus den überlieferten historischen Dokumenten über die tatsächlichen oder vorgestellten Geschlechterbeziehungen? Das Basler Forschungsprojekt hat sich dagegen vor allem mit der grundlegenden dritten Ebene befaßt. Die Ausgangsfrage lautet: Inwieweit sind Aussagen über die Geschlechter(rollen), über tatsächliches oder gefordertes Verhalten von Mann und Frau, abhängig von Faktoren, die nicht mit der historischen Faktizität zu tun haben, sondern die auf der

30 Vgl. oben S. 17.
31 Vgl. unten S. 34f.

Ebene des Redens über diese ›Wirklichkeit‹ liegen? Das heißt, man muß zunächst den Status dieser Bedingungen der Diskursebene selbst bestimmen, um die verschiedenen historischen Zeugnisse zu den Geschlechterbeziehungen überhaupt unter denselben Voraussetzungen miteinander vergleichen zu können. Wissenschaftsgeschichtlich geht es also darum, neben der stark sozial- und mentalitätsgeschichtlich orientierten historischen *Gender*-Forschung einen literaturwissenschaftlichen, insbesondere textfunktionalen Ansatz zu lancieren. Dadurch werden sich einige Modifikationen und Korrekturen bisheriger Positionen ergeben. Weiterführende präzise Ergebnisse sind vor allem von einer Methode zu erwarten, die aus einer Vielzahl von Faktoren, die den Diskurs steuern, jeweils eine Variable ›herausdestilliert‹ und auf ihre Bedeutung hin untersucht. Dies gelingt etwa durch den Vergleich verschiedener Übersetzungen ein und derselben Eheschrift (wo sich eventuell also nur die Variable ›Sprachmedium‹ ändert)[32] oder aber durch den Vergleich derselben Inhalte[33] in unterschiedlichen Textsorten (Sentenzenkommentar, Bußsumme, Predigt). Denn erst ein Vergleich von Texten, die in möglichst vielen textbedingenden Faktoren übereinstimmen, kann das erhellen, wonach wir fragen: die Geschichte der literarischen Geschlechterentwürfe. Meines Erachtens fehlen der Mentalitäts- bzw. Ideengeschichte, die eine historische Entwicklung der Geschlechterentwürfe dokumentieren möchte, bis heute die Grundlagen, die eine textwissenschaftlich operierende Geschlechtergeschichte zu liefern hätte. Nur der Vergleich von Texten mit denselben oder ähnlichen kommunikativen Funktionen kann Auskunft darüber geben, inwiefern sich in den letzten Jahrhunderten die Geschlechtervorstellungen geändert haben.
Freilich soll sich die Textanalyse der Philologen nicht verselbständigen. Sie muß stets auf den sozialen und normativen Hintergrund bezogen bleiben[34]; sie darf sich jedoch gleichermaßen

32 Es wird gefragt, welche Konsequenzen es für die Geschlechterprojektion hat, wenn ein Text in eine andere Sprache und damit in einen anderen Bildungskontext transformiert wird (vgl. Vives, Erasmus von Rotterdam).

33 Zum Beispiel ein und desselben kanonistischen Kasus (Bestimmungen über Ehehindernisse; Anweisungen für die Mutter eines unehelichen Kindes; Gründe für eine Ehescheidung).

34 Deshalb war auf dem Leuenberger Kolloquium das Gespräch mit

von der Sozialgeschichte ihre Einteilungs- und Erklärungsmuster nicht diktieren lassen. Es darf zwar nie ausgeschlossen werden, daß Veränderungen des Redens über die Geschlechter von veränderten sozialen, rechtlichen oder religiösen Bedingungen herrühren. Doch muß die Möglichkeit einer Differenz von Sozial- und Literaturgeschichte als Prämisse der Textanalyse stets mitbedacht werden.

Während poststrukturalistische und dekonstruktivistische Theorie(n) mit ihrer These von der Textualisierung von ›Geschlecht‹ dem vom Basler Projekt verfolgten Forschungsansatz in vielerlei Hinsicht durchaus korrespondieren, weichen sie in einem Punkt entscheidend ab: Sie negieren die Existenz eindeutiger Beziehungen von Signifikat und Signifikant und bestreiten demzufolge, daß sprachliche Zeichen einem eindeutigen Signifikat in der Realität außerhalb des Textes entsprechen. Für sie besteht Realität ausschließlich im Text und durch den Text. Der Text bezieht sich auf sich selbst, wird somit selbstreferentiell.[35] Demgegenüber möchte ich zeigen – und dies sollen auch die Beiträge dieses Sammelbandes belegen –, daß einzelne Aussagen doch durch einen Referenten in der Realität bestimmt sind: allerdings nicht durch einen Referenten, der einem einzelnen Wort zugehört, sondern einen Referenten, der einer ganzen Reihe von Aussagen zugeordnet wird: den Adressaten. Dabei ist in erster Linie an die ›realen‹ Hörer oder Leser gedacht, nicht an das innerhalb eines Textes konstruierte Publikum, das ja als textuelle Kategorie abzugrenzen ist. Je nach Adressat eines Textes verändert sich die Beschreibung der Kategorie ›Geschlecht‹.

Hier ist auf einen entscheidenden Unterschied zwischen (post)modernen Texttheorien und vormoderner Textproduktion hinzuweisen. Da in der Medienwelt des 18. bis 20. Jahrhunderts die enge Bindung zwischen Textproduzent[36] und Lesepublikum

Vertreterinnen der Sozialgeschichte (Heide Wunder, Susanna Burghartz) so wichtig.

35 Drucilla Cornell, »Das feministische Bündnis mit der Dekonstruktion« [1991], in: Vinken (Hg.), *Dekonstruktiver Feminismus*, a.a.O., S. 279–316, S. 282–284: Der dekonstruktive Feminismus wolle deutlich machen, daß die Referenten für das in einem Text Gesagte nicht außerhalb des Textes, sondern im Text liegen, der Referent also textuell sei. So sei ›Frau‹ nur über die Metaphern, Repräsentationen und Fiktionen eines Textes zu erreichen.

36 Um das Reizwort ›Autor‹ zu vermeiden.

weitgehend verloren gegangen ist, können die heutigen Texttheorien den Faktor ›Adressat‹ vernachlässigen und Texte als ausschließlich selbstreferentielle Phänomene analysieren.[37] Im Mittelalter (und z. T. in der Frühen Neuzeit) hingegen erfolgt die Textproduktion viel stärker mit Blick auf eine bestimmte Hörer- bzw. Lesergruppe. Das heißt, die Art und Weise, wie ein Text (auch imaginäre) Realität entwirft, hängt von den jeweiligen Rezipienten ab. Während die weitgehend anonyme Rezeption von Texten im 20. Jahrhundert oft die Gefahr in sich birgt, daß ein Schriftsteller, in Unkenntnis seiner Leser, sich in eine Gedanken- und Sprachwelt ›einspinnt‹, die sich kaum noch an einem Referenten in der Außenwelt orientiert, sind vor dem 18. Jahrhundert die Beziehungen von Textproduzent und Publikum vielfältiger Natur (von der Beschaffung einer Stoffvorlage über den Auftrag zur Bearbeitung bis zur Widmung an den/die Leser). Über den Faktor ›Adressat‹ dringen die Vorstellungen und Erwartungen der Außenwelt in den Text ein. Somit ergeben sich dann Referenzen zwischen der Textualisierung von ›Geschlecht‹ und den Vorstellungen einer ›realen‹ Hörerschaft bzw. eines Lesepublikums.[38]

37 Zu notwendigen Differenzierungen im 19. Jh. Hans-Jörg Neuschäfer, »Das Autonomiebestreben und die Bedingungen des Literaturmarktes. Zur Stellung des ›freien Schriftstellers‹ im 19. Jahrhundert«, in: Cerquiglini/Gumbrecht (Hg.), *Der Diskurs der Literatur- und Sprachhistorie*, a.a.O., S. 556–581.

38 Auch wenn natürlich die in Vorreden anvisierten Leser nicht immer die tatsächlichen Leser sind, so läßt sich doch für die mittelalterliche und frühneuzeitliche Literaturepoche eine größere ›Nähe‹ von Textproduzent und Rezipient ausmachen. Vgl. D. H. Green, *Medieval listening and reading. The primary reception of German literature 800–1300*, Cambridge 1994; Janet Coleman, *Medieval readers and writers, 1350–1400*, London 1981; Joachim Bumke, *Mäzene im Mittelalter*, München 1979. Als Fallbeispiele nützlich Christian Bauer, *Geistliche Prosa im Kloster Tegernsee. Untersuchungen zu Gebrauch und Überlieferung deutschsprachiger Überlieferung im 15. Jahrhundert* (MTU 107), Tübingen 1996; Silvia Huot, *The Romance of the Rose and its medieval readers*, Cambridge 1993; Carol M. Meale, »›Gode men/Wives maydnes and alle men‹. Romance and its audiences«, in: C. M. Meale (Hg.), *Readings in medieval English romance*, Cambridge 1994, S. 209–225.

Trotz der Bedeutung der außertextuellen Kategorie Adressat für die Geschlechterprojektionen eines Textes sind freilich die innertextuellen bedeutungskonstituierenden Elemente nicht zu vernachlässigen. Die Behauptung, daß die Bedeutungen eines Wortes nicht allein durch einen klar definierten Referenten in der ›Realität‹, sondern auch durch die Beziehung zu anderen sprachlichen Zeichen eines Textes bedingt sind (also Kontextualisierung von Bedeutung), behält ihre Richtigkeit. Sie zwingt den Textwissenschaftler dazu, nicht einzelne Sätze oder Passagen zu analysieren, sondern auf größere Argumentationszusammenhänge einzugehen. Für eine Rekonstruktion der Geschlechtergeschichte hätte dies zur Folge, daß eine Textanalyse, die lediglich an den normativen Aussagen weniger Passagen interessiert ist, einem eher deskriptiv-diskursanalytischen Forschungsansatz Platz machen müßte. Oft ist – gerade aufgrund des engen Verhältnisses einiger Texte zum angesprochenen Rezipienten – die Art und Weise des Redens (über Geschlechterrollen) von größerer Bedeutung als die konzeptuelle Quintessenz des Gesagten. Wenn schon so etwas wie eine historische Textpragmatik anvisiert wird, dann wäre hier der Ort, über die Auswirkungen der poststrukturalistischen und diskurstheoretischen Ansätze auf den Textbegriff zu sprechen. Die Thesen von der Heterogenität, von den Brüchen und Widersprüchen eines Textes lassen frühere Vorstellungen von der formalen und konzeptuellen Homogenität eines Textes nicht mehr für alle Texte zu. Überdies macht die These von der Offenheit eines Textes, der mit vielen anderen Texten und Diskursen verflochten sei, die Vorstellung von der Eigenständigkeit bzw. Geschlossenheit eines Textes hinfällig. Demnach bilden Anfang und Ende eines Textes offene Ränder zu vielen anderen Texten. In der Tat erwecken viele Ehetexte der Frühen Neuzeit den Eindruck, sie seien mosaikartig aus anderen Texten zusammengesetzt und reichten mit ihren Querverweisen und Zitaten in viele andere Texte hinein. Diesem Befund tragen die Beiträge dieses Bandes insofern Rechnung, als sie in ihren Analysen nicht auf die (möglicherweise gar nicht relevanten) ästhetisch-rhetorischen Qualitäten eines Textes abheben, sondern vielmehr die je spezifische Relation von Gebrauchsfunktion und Argumentationselementen eines Textes in den Blick nehmen. Die ›Textualität‹ von Geschlecht soll sichtbar gemacht werden.

Neben der Erörterung methodischer Aspekte sind historische Differenzierungen angebracht. Deshalb drängt sich die Frage nach zeitlichen Veränderungen in der Konstruktion von Geschlechterkonzepten auf. Wenn die Kategorie Geschlecht eine historische, soziokulturell bedingte Kategorie ist, muß diese Kategorie in der Geschichte aufgesucht werden.[39]

Das 15./16. Jahrhundert bietet sich als Untersuchungsfeld deshalb an, weil für diese Zeit eine Veränderung der Geschlechterbeziehungen, vor allem eine Höherbewertung ›der‹ Frau behauptet wurde.[40] Seit Jacob Burckhardt (1860) hält sich hartnäkkig die Auffassung, die Renaissance bzw. der Humanismus habe einen gegenüber der mittelalterlichen Frauenverachtung bedeutsamen Wandel in der Frauenbewertung gebracht: Die Frau sei nun als dem Mann gleichwertiges geistiges Geschöpf und als bildungsfähiges Wesen ernst genommen worden. Das Lob be-

39 Einen Überblick und ausführliche Literaturhinweise gibt zuletzt Elisabeth Kuppler, »Weiblichkeitsmythen zwischen *gender, race* und *class. True womanhood* im Spiegel der Geschichtsschreibung«, in: Bußmann/Hof (Hg.), *Genus*, a.a.O., S. 262–291. Zu ergänzen wären u. a. Michelle Perrot (Hg.), *Geschlecht und Geschichte. Ist eine weibliche Geschichtsschreibung möglich?*, Frankfurt am Main 1989 (frz. Original 1984); Herta Nagl-Docekal, »Feministische Geschichtswissenschaft – ein unverzichtbares Projekt«, in: *L'Homme. Zeitschrift für feministische Geschichtswissenschaft* 1 (1990), Heft 1, S. 7–18; H. Nagl-Docekal, »Für eine geschlechtergeschichtliche Perspektivierung der Historiographiegeschichte«, in: Wolfgang Küttler/Jörn Rüsen/Ernst Schulin (Hg.), *Geschichtsdiskurs, Bd. 1*, Frankfurt am Main 1993, S. 233–256; Hedwig Röckelein, »Historische Frauenforschung. Ein Literaturbericht zur Geschichte des Mittelalters«, in: *Historische Zeitschrift* 255 (1992) 377–409; Rebekka Habermas, »Geschlechtergeschichte und *anthropology of gender.* Geschichte einer Begegnung« [Ein Literaturbericht], in: *Historische Anthropologie* 1 (1993), S. 485–509.

40 In ihrem Literaturbericht erwähnt solche Arbeiten Claudia Ulbrich, »Frauen- und Geschlechtergeschichte. Teil I: Renaissance, Humanismus und Reformation«, in: *Geschichte in Wissenschaft und Unterricht* 45 (1994), S. 108–120; vgl. auch C. Ulbrich, »Aufbruch ins Ungewisse. Feministische Frühneuzeitforschung«, in: Beate Fieseler/Birgit Schulze (Hg.), *Frauengeschichte gesucht – gefunden?*, Köln u. a. 1991, S. 4–21.

deutender Humanisten auf einzelne Frauen schien diese Behauptung zu stützen. Inzwischen hat die Forschung zur Frauenauffassung in der Renaissance zunehmend die Doppelbödigkeit des humanistischen Frauenideals erkannt: Humanisten preisen vor allem Frauen, die ›männliche‹ Charakterzüge zeigen wie mutig, klug, gelehrt. Das Lob der männlichen Frau (*femina virilis*) geht zu Lasten des Weiblichen, das damit als Inferiores bestätigt wird. Frauen, die als Schriftstellerinnen (als Intellektuelle) in männliche Bereiche vordringen, bezahlen dies mit weiblicher Selbstaufgabe, mit Ent-Körperlichung, mit Ehelosigkeit, mit Verzicht auf Emanzipation und Sexualität.[41] Von Frauenfreundlichkeit kann nämlich keine Rede sein, wenn eine Frau erst zum Mann werden muß, damit über sie Lobenswertes berichtet werden kann. Nur solche ›Frauen‹ wurden von männlichen Autoren gerühmt, die alles ›Weibliche‹, alle sog. weiblichen Schwächen abgelegt hatten. Als beste Frau gilt somit die zum Mann gewordene Frau. Wo man eine intellektuelle Gleichsetzung von Mann und Frau zu erkennen meinte und von Frauenfreundlichkeit redete, müßten die Bedingungen und Voraussetzungen eines solchen Ideals bedacht werden: die Frau muß zur *femina virilis*, zur *virgo docta* bzw. *sacra* bzw. zur *virago* werden. Ob die Frau in der Renaissance tatsächlich eine ›Wiedergeburt‹ erlebt hat – sei es in der sozialen Realität oder in der Literatur –, wird deshalb heute recht skeptisch beurteilt.[42]

41 Constance Jordan, »Feminism and the humanists. The case for Sir Thomas Elyots's *Defense of Good Women*«, in: Margaret Ferguson u. a. (Hg.), *Rewriting the Renaissance. The discourses of sexual difference in early modern Europe*, Chicago 1986, S. 242–258, S. 252; C. Jordan, *Renaissance feminism. Literary texts and political models*, Ithaca (N.Y.) 1990, S. 16ff.; Romeo De Maio, *Donna e rinascimento*, Milano 1987; Margaret Leah King, *Women of the Renaissance*, Chicago 1991 (dt. *Frauen in der Renaissance*, Aus dem Englischen von Holger Fliessbach, München 1993); Barbara Feichtinger, »Antikerezeption mit Ambitionen. Christine de Pizan's *Livre de la Cité des Dames* und Boccaccios *De claris mulieribus*«, in: Paul Gerhard Schmidt (Hg.), *Die Frau in der Renaissance*, Wiesbaden 1994 (Wolfenbütteler Abhandlungen zur Renaissanceforschung 14), S. 203–221, bes. S. 213ff.

42 Joan Kelly-Gadol, »Did women have a renaissance?« [1977], dt. »Gab es die Renaissance für Frauen?«, in: Barbara Schaeffer-Hegel/ Barbara Watson-Franke (Hg.), *Männer, Mythos, Wissenschaft. Grund-*

Als zweiter Grund für eine Veränderung der Geschlechterbeziehungen im 16. Jahrhundert wurde die Reformation angeführt: Mit dem Kampf gegen den Zölibat und der Aufwertung der Ehe habe sich ein günstigeres Frauenbild eingestellt; auch die Anerkennung menschlicher Sexualität als gottgewollter Existenz sei nicht ohne Einfluß auf die Bewertung der Frau, in der und mit der bislang die Sexualität verdammt worden sei, geblieben; schließlich habe der Entschluß, Ehescheidungen zuzulassen, den Frauen neue Freiräume eröffnet. Doch auch diese positive Einschätzung sieht sich heute einiger Kritik ausgesetzt: Mit der vehementen Bekämpfung des Zölibats und der Propagierung der Ehe als einziger zulässiger Lebensform habe die Reformation den Frauen einen wichtigen Rückzugsraum genommen, nämlich die Möglichkeit, abseits von männlicher Herrschaft in einer religiösen Gemeinschaft dem Dienst an Gott zu leben; die Kritik am Marienglauben habe den Frauen eine wichtige Identifikationsfigur entzogen; überdies habe der reformatorische Ehedis-

lagentexte zur feministischen Wissenschaftskritik, Pfaffenweiler 1989, S. 33–65 (allerdings ist hier eine grobe Verzeichnung der mittelalterlichen Ausgangsbasis zu konstatieren); Ian Maclean, *The Renaissance notion of woman. A study in the fortunes of scholasticism and medical science in European intellectual life*, Cambridge u. a. 1980, S. 1 ff., 25–27, 82 ff. (die Auffassung von der Frau habe sich bis ins 16./17. Jh. kaum geändert, u. a. deshalb, weil die Frau ständig in der Opposition Mann/Frau diskursiviert worden sei), S. 19 f. (vom 16. Jh. an werde aber die Frau eher als Partnerin und Gefährtin denn als Dienerin des Mannes in der Ehe gesehen; das Vergleichsmaterial überzeugt jedoch nicht); Linda Woodbridge, *Women and the English Renaissance. Literature and the nature of womanhood*, Brighton/Urbana 1984 (u. a. über starke Misogynie); David Herlihy, »Did women have a renaissance? A reconsideration«, in: *Medievalia et Humanistica*, n.s. 13 (1985), S. 1–22 (gegen die These eines verschlechterten Status der Frauen); Elisabeth Koch, *Maior dignitas est in sexu virili. Das weibliche Geschlecht im Normensystem des 16. Jahrhunderts*, Frankfurt am Main 1991 (Studien zur Europäischen Rechtsgeschichte 57), S. 179 ff. (die humanistischen Juristen würden festhalten am »traditionellen Bild der mit körperlichen und geistigen Fähigkeiten unzureichend ausgestatteten Frau«); Dirk Sacré, »Die Frau in den Werken des italienischen Humanisten Giovanni M. A. Carrara«, in: Schmidt (Hg.), *Die Frau in der Renaissance*, a.a.O., S. 81–97, S. 92 f. u. ö. (über ganz traditionelle Rollenzuschreibungen an das weibliche Geschlecht).

kurs mit seiner starken Hierarchisierung von Hausvater und Hausmutter den Frauen eine größere Unterordnung gebracht und sie rigider als je zuvor ins Haus verbannt; von einem günstigeren Frauenbild könne keine Rede sein. Ob die Reformation frauenfreundliche Konsequenzen gehabt bzw. die Geschlechterbeziehungen entscheidend verändert hat, ist also pauschal nicht zu beantworten. Die neuere Forschung neigt aber auch bei Detailfragen eher zu Skepsis.[43]

43 Natalie Zemon Davis, »City women and religious change«, in: N. Z. Davis, *Society and culture in early modern France*, London 1975, S. 65–95, bes. S. 86–95 (vor allem zur Frage, inwieweit die reformierte Religion gegenüber der katholischen Religion die Geschlechterbeziehungen verändert hat); Dagmar Lorenz, »Vom Kloster zur Küche. Die Frau vor und nach der Reformation Dr. Martin Luthers«, in: Barbara Becker-Cantarino (Hg.), *Die Frau von der Reformation zur Romantik. Die Situation der Frau vor dem Hintergrund der Literatur- und Sozialgeschichte*, Bonn 1980, S. 7–35 (vor allem zum lutherischen Frauenbild und zur Sozialgeschichte); Jane Dempsey Douglass, *Women, Freedom and Calvin*, Philadelphia 1985, bes. S. 66–82 (vor allem zu theologischen und medizinischen Aussagen zum Status der Frau); Patrick Collinson, *The birthpangs of Protestant England. Religious and cultural change in the sixteenth and seventeenth centuries*, London 1988, S. 65–93 (vor allem zur Familien- und Gefühlsgeschichte); Merry Wiesner, »Women's response to the reformation«, in: R. Po-Chia Hsia (Hg.), *The German people and the Reformation*, Ithaca/London 1988, S. 148–171 (zum Frauenbild Luthers und Calvins und zu den institutionellen und politischen Auswirkungen der Reformation für die Frauen); dies., »Nuns, wives, and mothers. Women and the Reformation in Germany«, in: Sherrin Marshall (Hg.), *Women in Reformation and Counter-Reformation. Public and private worlds*, Bloomington 1989, S. 8–28 (z. T. identisch mit dem zuvor zitierten Aufsatz); Allison P. Coudert, »The myth of the improved status of protestant women: The case of the witchcraze«, in: Jean R. Brink u. a. (Hg.), *The politics of gender in early modern Europe*, Kirksville 1989, S. 61–90 (zum Frauenbild in protestantischen und katholischen Texten); Lyndal Roper, *The holy household. Women and morals in Reformation Augsburg*, Oxford 1989 (dt. *Das fromme Haus. Frauen und Moral in der Reformation*, Frankfurt/New York 1995) (zur stärkeren Einflußnahme obrigkeitlicher Instanzen auf das eheliche Leben); L. Roper, »Was there a crisis in gender relations in sixteenth century« [1992], wiederabgedruckt in: Roper, *Oedipus and the devil*, a.a.O., S. 37–52 (vor allem zur Theologiegeschichte und Psychohistorie).

Auch die Sozialgeschichte des 15./16. Jahrhunderts vermag keine generelle Auskunft darüber geben, ob und inwieweit sich die Beziehungen zwischen den Geschlechtern gerade in diesem Zeitraum verändert haben und ob eine Statusbesserung der Frau eingetreten ist.[44] Wesentliche wirtschaftliche und soziale Veränderungen haben sich schon lange vor dem 15./16.Jh. angebahnt; andererseits scheinen sich gravierende Zäsuren sozialgeschichtlicher Art, die Einfluß auf das Geschlechterverhältnis hatten, erst für das 18. Jahrhundert abzuzeichnen. Die Fülle der zu berücksichtigenden Aspekte läßt ohnehin vorerst nur Detailresultate zu: etwa zur Rolle der Frau auf dem Arbeitsmarkt[45]; zur Position der Frau in der häuslichen Aufgabenverteilung; zum Status von Frauen vor Gericht; oder zum Auftreten von Frauen in der ›Öffentlichkeit‹. Nicht in allen Lebensbereichen erfolgen eventuelle Veränderungen gleichzeitig.

Wie schwierig sich eine Gesamtbeurteilung gestaltet und welche Differenzierungen erforderlich sind, kann eine Studie von Susan C. Karant-Nunn belegen.[46] In dieser sozialhistorischen Skizze werden zwar drei durch die Reformation eingetretene Änderungen (›Besserungen‹) der sozialen Situation von Frauen genannt und für eine Stadt – Zwickau – untersucht: städtisch-weltliche Gerichtsbarkeit über Ehe[47]; Gründung von Schulen auch für

44 Zur Sozialgeschichte des 15./16. Jhs. unter geschlechtergeschichtlichem Aspekt: Heide Wunder, »Überlegungen zum Wandel der Geschlechterbeziehungen im 15. und 16. Jahrhundert aus sozialgeschichtlicher Sicht«, in: H. Wunder/Christina Vanja (Hg.), *Wandel der Geschlechterbeziehungen zu Beginn der Neuzeit*, Frankfurt am Main 1991 (stw 913), S. 12–26; Heide Wunder, Basel – eine Stadt der Frauen, in: H. Wunder (Hg.), *Eine Stadt der Frauen. Studien und Quellen zur Geschichte der Baslerinnen im späten Mittelalter und zu Beginn der Neuzeit (13.–17. Jh.)*, Basel/Frankfurt am Main 1995, S. 1–19 (ein Forschungsüberblick); H. Wunder, *»Er ist die Sonn', sie ist der Mond«. Frauen in der Frühen Neuzeit*, München 1992 (bes. S. 89–117 zu Arbeitsfeldern der Frauen); Merry E. Wiesner, *Woman and gender in early modern Europe*, Cambridge 1993 (nützliche Überblicksdarstellung).

45 Die Frauen scheinen mehr und mehr aus den außerhäuslichen Produktionsbereichen verdrängt zu werden.

46 Susan C. Karant Nunn, »Continuity and change. Some effects of the reformation on the women of Zwickau«, in: *Sixteenth Century Journal* XII,2 (1982), S. 17–42.

47 Ob darin ein Vorteil für die Frauen liegt, mag man in einiger Hinsicht bezweifeln.

Mädchen; Abschaffung der Prostitution. Doch zugleich werden zwei Verschlechterungen festgestellt: die Einschränkung der Lebensräume der Frau (weil keine religiösen Lebensgemeinschaften mehr zugelassen wurden) und eine stärkere Disziplinierung des Sozial- und Sexualverhaltens.[48] Insgesamt sei die lutherische Ehelehre wenig innovativ bzw. sehr konservativ gewesen.[49] Die lutherische Reformation in Zwickau habe traditionelle Auffassungen vom adäquaten Platz der Frauen in der Gesellschaft verfestigt.[50] Allenfalls langfristig habe sich die Frauenauffassung der Kleriker infolge der Heirat von Geistlichen im Luthertum gebessert[51], dies sei aber nur ein psychologischer Aspekt gewesen, ohne Auswirkung in der sozialen Realität.

Wenn heutzutage dennoch immer wieder vom 15./16. Jahrhundert als einer für die Geschlechterbeziehungen entscheidenden Epoche die Rede ist, so sind dafür mangelnde Differenzierungen in Geschichtsbild und methodischem Vorgehen verantwortlich zu machen: 1. die Vorstellung von der Renaissance als einer Art ›Neugeburt‹ der Menschheit, einer Zeit, in der sich alles grundlegend geändert habe, bedingt auch heute noch die Sicht auf das 15./16. Jahrhundert, selbst in den wissenschaftlichen Publikationen der Einzelfächer; 2. die Ebenen, auf denen sich eine Veränderung vollzogen haben soll, werden nicht klar genug getrennt (sozial-, literar-, mentalitäts-, rechtshistorische Veränderungen); so wird oft unreflektiert aus Änderungen auf der einen Ebene, z. B. der Norm bzw. der Dichtung, auf Änderungen einer anderen Ebene, z. B. der Praxis bzw. der sozialen Realität, geschlossen; 3. das mittelalterliche Vergleichsmaterial ist oft höchst fragwürdig, weil einseitig ausgewählt oder aus ganz anderen Quellenbereichen als das frühneuzeitliche Material stammend; 4. eine Geschichtsauffassung, die immer noch a priori von Entwicklungen und Veränderungen ›zum Besseren‹ ausgeht; den

48 Karant-Nunn, »Continuity and change«, a.a.O., S. 26f., 34 u. ö. Zu den disziplinierenden Maßnahmen im Bereich der Ehe vgl. auch Thomas Max Safley, *Let no man put asunder. The control of marriage in the German Southwest. A comparative study, 1550–1600*, Kirksville 1984; Joel F. Harrington, *Reordering marriage and society in Reformation Germany*, Cambridge 1995.

49 Karant-Nunn, »Continuity and change«, a.a.O., S. 28f.

50 Ebd., S. 41f.

51 Ebd., S. 41.

Zwischenraum zwischen einem angeblich frauenfeindlichen Mittelalter und einer den Frauen freundlicher gesonnenen Neuzeit füllt man wie selbstverständlich mit einer Periode, in der es mit der Bewertung ›weiter aufwärts geht‹.[52]

3. Eheschriften

Warum sind gerade Eheschriften, d. h. Texte zur Ehe, als Untersuchungsgegenstand gewählt worden?[53] Obwohl den Ehetexten des 15. und 16. Jahrhunderts seit fast hundert Jahren das (allerdings nicht überwältigende) Interesse der theologischen, pädagogischen, sozial- und literarhistorischen Forschung gilt[54], haben gerade die neuesten Ansätze in der Text- und Ge-

52 Gerade gegenüber einer kulturhistorisch und mentalitätsgeschichtlich verfahrenden und auf Epochencharakterisierung zielenden Geschlechtergeschichte kann der textsortenspezifische Ansatz eine Korrektur darstellen.

53 Als für die Geschlechtergeschichte interessante Textgattungen haben sich auch Autobiographien, Leichenpredigten, Briefe, Prosaromane u. a. erwiesen.

54 Eine der ersten Arbeiten stammt von N. Paulus, »Aegidius Albertinus über die Frau und die Ehe«, in: *Historisch-politische Blätter* 133 (1904), S. 589–604, 646–655; N. Paulus, »Mittelalterliche Stimmen über den Eheorden«, in: *Historisch-politische Blätter* 141 (1908), S. 1008–1024; Richard Koebner, *Die Eheauffassung des ausgehenden deutschen Mittelalters*, Diss. Berlin 1911 (nur Kap. IV); R. Koebner, »Die Eheauffassung des ausgehenden deutschen Mittelalters«, in: *Archiv für Kulturgeschichte* 9 (1911), S. 136–198, 279–318 (Teile I–III der Diss.). Die neuesten einschlägigen Arbeiten sind versammelt in Maria E. Müller (Hg.), *Eheglück und Liebesjoch. Bilder von Liebe, Ehe und Familie in der Literatur des 15. und 16. Jahrhunderts*, Weinheim/Basel 1988 (Ergebnisse der Frauenforschung 14); Hans-Jürgen Bachorski (Hg.), *Ordnung und Lust. Bilder von Liebe, Ehe und Sexualität in Spätmittelalter und Früher Neuzeit*, Trier 1991. Vgl. auch Hans-Günter Gruber, *Christliches Eheverständnis im 15. Jahrhundert. Eine moralgeschichtliche Untersuchung zur Ehelehre Dionysius' des Kartäusers*, Regensburg 1989; Pia Holenstein, *Der Ehediskurs der Renaissance in Fischarts ›Geschichtklitterung‹. Kritische Lektüre des fünften Kapitels*, Bern u. a. 1991 (Deutsche Literatur von den Anfängen bis 1700, Bd. 10); Scott H. Hendrix, »Christianizing domestic relations. Women and marriage in Johann Freder's *Dialogus dem Ehestand zu Ehren*«, in: *Sixteenth Century Journal* 23 (1992), S. 251–266.

schlechtertheorie erkennen lassen, daß die Schätze, die die Eheliteratur der Frühen Neuzeit birgt, noch lange nicht gehoben sind.

Eheschriften wurden vor allem deshalb als Gegenstand gewählt, weil hier nicht nur Frauen-, sondern auch Männerbilder entworfen wurden. Dies ist auf die besondere Funktion von Ehetexten[55] zurückzuführen: Ihre Belehrungen und Ermahnungen zielen auf einen freundlichen, rücksichtsvollen Umgang von Mann und Frau im Ehealltag. Es geht also um ein Miteinander der Geschlechter innerhalb einer auf ein Leben lang angelegten Gemeinschaft. Es wird die Einsicht ausgesprochen, daß nicht die Frau allein die eheliche Harmonie zu gewährleisten vermag, wenn der Mann nicht bestimmte Verhaltensregeln einhält oder nicht die nötige Selbstdisziplin aufbringt.

Infolge dieses Befundes kann der Forderung der Geschlechtergeschichte entsprochen werden, es möge die Fixierung der Frauenforschung auf Frauenbilder und -rollen überwunden werden zugunsten einer Einbeziehung auch der Männerbilder und -rollen.

Es ist zu beobachten, daß sich zahlreiche Texte, die das eheliche Zusammenleben von Mann und Frau thematisieren, von konventionellen Rollenzuschreibungen lösen und zuweilen sogar zu einer geschlechterneutralen Beschreibung ehelichen Zusammenlebens gelangen. Dies ist vor allem in der Textgattung der Ehepredigt der Fall.[56] Während in zahlreichen frauen- und ehefeindlichen Schriften der Jähzorn der Frauen angeprangert wird, vor dem sich der Mann zu fürchten habe, gehen viele Ehepredigten von ganz anderen Voraussetzungen aus: Dort wird beiden Eheleuten der Rat gegeben, jähzorniges Verhalten des anderen geduldig zu ertragen und auf bessere Momente zu warten. Es wird also beiden Geschlechtern gleichermaßen die Neigung zu Jähzorn unterstellt und beiden Geschlechtern zur Aufgabe gemacht, in solchen Augenblicken selbstbeherrscht zu reagieren. Als zentrale Formel begegnet immer wieder »der eine – der andere« (*alter – alter*)[57]: Wenn der eine Ehegefährte sich so verhält, muß

55 Hiermit sind Ehetexte im engeren Sinn gemeint; vgl. unten.

56 Zahlreiche Beispiele bei R. Schnell, *Frauendiskurs und Ehediskurs* (erscheint voraussichtlich 1997).

57 Vgl. auch den Beitrag von R. Schnell in diesem Band.

der andere so und so reagieren. Von geschlechterspezifischen Rollen wird dabei – zumindest für einige ›Szenen einer Ehe‹ – abgesehen. In einigen Passagen dieser Texte (vor allem Ehepredigten und Ehetraktate) scheint es eine Geschlechterdifferenz nicht zu geben. Hinsichtlich ihrer funktionalen Relationierung sind Mann und Frau gleichgestellt. Fast allen Texten, die in dieser Weise traditionelle Geschlechterprojektionen neutralisieren, sind folgende Merkmale eigen: Sie richten sich in seelsorgerischer Absicht an beide Eheleute und zielen mit pragmatischen Anweisungen auf ein friedfertiges Miteinander von Mann und Frau. Dieser Texttyp begegnet vom 13. bis zum 17. Jahrhundert.

Eine gewisse Relativierung von Geschlechterrollen stellt sich auch dann ein, wenn man die für Frauen und die für Männer geschriebenen Texte zusammensieht. Denn das Geschlecht der außertextuellen Adressaten bedingt die jeweils gegebenen Verhaltensanweisungen. So läßt sich zum Beispiel beobachten, daß in Texten, die sich an Frauen richten, vom Jähzorn der Männer gesprochen wird, den es zu ertragen gelte; daß in den für Männer geschriebenen Texten hingegen die Frauen als jähzornig hingestellt werden, die man zähmen oder aber ertragen müsse. Auch hier sind also Faktoren der Kommunikationssituation für die unterschiedlich konzipierten Geschlechterrollen verantwortlich.

Noch auffälliger ist die ›Neutralisierung‹ geschlechtsspezifischer Sexualität in einigen Texten des 13. bis 16. Jahrhunderts. Hier habe ich besonders die Textgattung der Sentenzenkommentare und der Bußsummen mit ihrer kasuistischen Darstellungsweise im Auge. Während in naturphilosophischen, medizinischen, klerikal-misogynen und auch theologischen Schriften immer wieder behauptet wird[58], Frauen seien sexuell unersättlich – ihr kälteres Temperament verlange um so stärker nach den heißeren Säften des Mannes; als bloße Materie strebe sie nach der Form, dem Mann; sie strebe stets nach dem Verbotenen; u. a. –, entwerfen

58 Es handelt sich um Texte, in denen ein männliches Redesubjekt frei über das Objekt ›Frau‹ verfügt, ohne sich Gedanken machen zu müssen, wie angesichts eines in düsteren Farben gezeichneten Frauenbildes ein Zusammenleben von Mann und Frau überhaupt möglich sein soll.

die Sentenzenkommentare ein anderes Bild.[59] Doch meine ich nicht das Gegenbild von der Frau als *virago* bzw. als *femina virilis*, die ihre Eva-Natur zu unterdrücken weiß und ihr sexuelles Begehren völlig unter Kontrolle hat, ein Bild, wie wir es aus Heiligenlegenden oder Viten kennen. Ich meine eine dritte Option: Sie begegnet dort, wo Kasus rechten oder falschen sexuellen Verhaltens in der Ehe angesprochen werden. So ist z. B. von Ehefrauen die Rede, die wenig Interesse am Geschlechtsverkehr – mit dem eigenen Mann – zeigen, ja die ihrem Mann sogar die eheliche Pflicht verweigern. Ist man noch geneigt, eine solche Haltung mit dem ovidisch-augustinischen Erfahrungssatz von der Sättigung durch das Immergleiche zu erklären, so sprechen andere Stellen desselben Textes von der sexuellen Bedrängnis des Ehemannes durch seine Frau, die nicht genug ›kriegen‹ kann. Der Frau werden also zwei völlig unterschiedliche Verhaltensweisen unterstellt: Sie will gar nicht den ehelichen Koitus und verweigert ihn sogar, was getadelt wird; andererseits gibt es Frauen, die allzusehr nach dem Koitus verlangen und dabei den Mann überfordern, was ebenso verurteilt wird. Genauso wird beim Mann von ganz unterschiedlichen Befindlichkeiten ausgegangen: Es gibt den Mann, der sich aus übergroßer sexueller Gier sogar seiner schwangeren Ehefrau nähert, und es gibt den Mann, der aus Ärger, Zorn oder aus irgendeiner Laune keine Lust zum ehelichen Verkehr hat, und es gibt den Mann, der enthaltsam leben will, aber von seiner Frau sexuell bedrängt wird. Hier werden also keine absoluten, generellen Geschlechtscharaktere entworfen, sondern hier wird auf momentanes, situatives Fehlverhalten eingegangen. Dabei verflüchtigen sich – typisch für den Ehediskurs – rigide Abgrenzungen der Geschlechter.[60] Fast alle einschlägigen Belegstellen finden sich in Eheschriften oder in den Ehepartien der Sentenzenkommentare dort, wo die Leistung der ehelichen Pflicht, also die Sexualität, abgehandelt wird. Angesprochen werden folgende Kasus: Sündigt derjenige, der an Festtagen vom Ehegefährten die eheliche Pflicht fordert? Darf eine Frau aus einer starken Religiosität heraus dem Mann die eheliche Pflicht verweigern? Ist der Mann,

59 Innerhalb des Abschnitts über die Ehe: 4 Sent. dist. 26–42, bes. dist. 32.

60 Dazu R. Schnell, *Frauendiskurs und Ehediskurs*, a.a.O.

der dem Verlangen seiner Frau nach Geschlechtsverkehr nicht nachkommen kann bzw. will, schuldig zu sprechen? Bei dieser kasuistischen Erörterung geraten geschlechterspezifische Zuschreibungen in den Hintergrund. Gleichermaßen getadelt werden Männer, die mit ihren schwangeren Frauen verkehren wollen, und Frauen, die trotz einer Schwangerschaft ihre Männer zum Koitus reizen. Entschuldigt wird der Mann, der, erschöpft durch bereits geleistete eheliche Pflicht, den Wunsch seiner Frau nach nochmaliger Vereinigung nicht erfüllen kann.[61] Entschuldigt wird aber auch die Ehefrau, die, weil ihr Mann sie ständig zum Koitus zwingt, keine Gelegenheit findet, zur Kommunion zu gehen.[62]

Für beide Geschlechter wird also dieselbe Skala sexuellen Verhaltens entworfen: vom Wunsch nach keuscher Lebensweise über zeitweilige Verweigerung der ehelichen Pflicht bis zum Wunsch nach ungehemmtem Ausleben der sexuellen Energie in der Ehe. Oft werden sogar dieselben Formulierungen für Mann wie Frau gebraucht.[63] Geschlechterspezifisches ist nicht auszumachen.

Freilich stehen daneben Aussagen, wonach die Frauen schüchtern und zurückhaltend seien und deswegen der Mann den aktiven Part in der sexuellen Beziehung spielen müsse. Doch unübersehbar ist die beiden Geschlechtern unterstellte Vielfalt sexuellen Verhaltens. Von den aus anderen Diskursen und Argumentationszusammenhängen bekannten absoluten Geschlechtercharakteristiken bleibt kaum etwas übrig.

Man müßte nun die Texte, die auf der Konzeptebene solche geschlechterneutralen Szenerien ehelichen Zusammenlebens entwerfen, daraufhin befragen, inwiefern sie durch gemeinsame Faktoren auch auf der Textebene wie Redeanlaß, Redeintention, Redeweise usw. verbunden sind. Damit sind wir bei der Ausgangsfrage nach der Gruppierung vergleichbarer Texte bzw. homogener Textkorpora angelangt.

61 Thomas von Aquin, *4 sent.* dist. 32 q. 1 ar 1; Dionysius Cartusianus, *4 sent.* dist. 32 q. 1; Joh. von Freiburg, *Summa confessorum* II 4,2,36.

62 Nicolaus de Ausmo, *Supplementum*, s. v. *Communicare*, vgl. Thomas N. Tentler, *Sin and confession on the eve of the Reformation*, Princeton (N. J.) 1977, S. 215 ff.

63 Augustin, *De bono coniugali*, VI 5 (PL 40, 377); Thomas von Chobham, *Summa confessorum*, hg. von F. Broomfield, Louvain/Paris 1968, S. 335–337.

Ein weiterer Aspekt kann die Eheschriften als Gegenstand geschlechtergeschichtlicher Analysen begründen: Wenn es richtig ist, daß bei der sozialen Konstituierung von *gender* immer auch Fragen der Macht beteiligt sind[64], dann bietet die Institution der Ehe und der Diskurs über die Ehe einen denkbar geeigneten Gegenstand für die Frage nach der Relation von Macht und Geschlecht. Freilich kann die Analyse von Ehetexten des 15./16. Jahrhunderts auch zu wichtigen historischen Differenzierungen verhelfen. Denn gerade im frühneuzeitlichen Ehediskurs wird zuweilen eine Art von wechselseitiger Verpflichtung gefordert, die die Hierarchisierung der Geschlechter übersteigt oder zumindest in den Hintergrund drängt.[65]

Ein letzter Aspekt: Daß sich eine Geschlechtergeschichte, die an einer Beschreibung und Erklärung historischen Wandels interessiert ist, in ihren Vergleichsanalysen zunächst auf eine einzige Textsorte beschränkt, ist methodisch sinnvoll und notwendig. Doch stellt sich die Frage, ob die Eheschriften von einem textwissenschaftlichen Standpunkt aus überhaupt eine abgrenzbare Textgruppe bilden. Mit dieser Frage hat sich bislang niemand beschäftigt, weil deren Konsequenzen nicht bemerkt wurden. Unreflektiert verglich man Texte aus den unterschiedlichsten Bereichen miteinander: Texte der Frauenkritik mit Texten des Frauenpreises; Erziehungsschriften für Mädchen auf die Ehe hin mit Texten der *Querelle des femmes*; Ehelehren für verheiratete Frauen mit Texten über die Frage, ob man(n) heiraten soll; Hochzeitsgedichte mit ökonomischen Traktaten.[66] Diese unter inhaltlichen Gesichtspunkten vorgenommene Differenzierung von Ehetexten ließe sich verkomplizieren durch eine formale

64 Vgl. Wiesner, *Women and gender*, a.a.O., S. 239–258 (»Gender and power«); Gerhild Scholz Williams, *Defining Dominion. The discourses of magic and witchcraft in early modern France and Germany*, Ann Arbor 1995, S. 65ff. u. 121ff.; Joan W. Scott, »Gender: A useful category of historical analysis«, in: *American Historical Review* 91 (1986), S. 1053–1075, wiederabgedruckt in: J. W. Scott, *Gender and the politics of history*, New York 1988, S. 28–50.

65 R. Schnell, *Frauendiskurs und Ehediskurs*, a.a.O.

66 Den Versuch einer Differenzierung unternimmt Katharina Fietze, *Spiegel der Vernunft. Theorien zum Menschsein der Frau in der Anthropologie des 15. Jahrhunderts*, Paderborn u. a. 1991, S. 84–93. Doch bleiben die einzelnen Rubriken in sich dennoch recht inhomogen.

bzw. funktionale Systematisierung: Haben wir es mit einem eigenständigen Text oder einem Teil eines größeren Ganzen zu tun? Handelt es sich um einen mündlich vorgetragenen Text oder einen zur stillen Lektüre bestimmten Text? Ist der Text an Unverheiratete oder an bereits verheiratete Personen gerichtet? Dient der Text der Belehrung oder der Unterhaltung oder beidem zugleich? Der Kriterienkatalog ließe sich verlängern. Doch muß eine immer weitergehende Differenzierung nicht a priori gegen den Versuch einer Gruppierung von Texten sprechen. Es zeigt sich allerdings, daß auch zwischen Texten unterschiedlicher Textgruppen Übereinstimmungen in einzelnen Punkten (Adressat, Intention, Redeweise, Konzepte, Inhalte, Quellenmaterial u. a.) bestehen. Wie sollen dann klare Abgrenzungen vorgenommen werden? Man wird mit Merkmalsbündeln formaler, inhaltlicher und gebrauchsfunktionaler Art arbeiten müssen, die jeweils eine bestimmte Textgruppe schwerpunktartig charakterisieren. Das Gesamtspektrum von Eheschriften wird dann in mehrere Subtypen von Ehetexten (sog. Textsorten) zu untergliedern sein, die jeweils durch dieselben dominanten Textmerkmale bestimmt sind. Damit wird unverzichtbare Grundlagenarbeit geleistet. Denn ein Vergleich beliebiger Eheschriften des 15. Jahrhunderts mit beliebigen Eheschriften des 16. Jahrhunderts birgt stets die Gefahr, daß diachrone Veränderungen behauptet werden, wo in Wirklichkeit synchrone textsortenspezifische Unterschiede im 15. wie im 16. Jahrhundert vorliegen.[67] Oft sind nicht epochengeschichtliche sozial-, mentalitäts- oder geistesgeschichtliche Veränderungen für unterschiedliche Bilder von Ehe und Familie verantwortlich, sondern die jeweils unterschiedlichen Rahmenbedingungen des Redens bzw. Schreibens: Adressaten, Gebrauchsfunktion, Intention eines Textes, sprachliches Medium. Den medialen Bedingtheiten der Geschlechterprojektionen wurde bislang zu wenig Beachtung geschenkt. Solche die Textebene bedingenden Faktoren herauszuarbeiten und sie in ihren Auswirkungen auf die jeweiligen Konzeptionen zu beschreiben, muß Aufgabe einer textwissenschaftlichen Geschlechtergeschichte sein.[68]

67 Dies trifft etwa auf einen Vergleich von Marcus' von Weida Ehetraktat (1487) mit Vives' *De institutione feminae christianae* (1524) zu.

68 Die Vielfalt der in diesem Band vorgestellten Textsorten soll voreilig formulierten Entwicklungsmodellen entgegenwirken.

IV

Die in diesem Band versammelten Studien widmen sich dieser Aufgabe in unterschiedlicher Weise und Intensität. Es konnte nicht ausbleiben, daß sich neben dem Bemühen, die – durch verschiedene Textfunktionen bedingte – synchrone Vielfalt der Geschlechterkonzepte zu einem bestimmten Zeitpunkt zu demonstrieren, immer wieder auch der Wunsch einstellte, diachrone Entwicklungen zu skizzieren. So stehen z. B. die Ausführungen in Schnells Beitrag über die Ehepredigten im Widerspruch zum Anfangssatz der Studie von Gerhild Scholz Williams (»Das 16. Jahrhundert war das Jahrhundert der Frau«). Solche Reibungen treten zwischen, aber auch innerhalb der Einzelstudien auf, was durchaus dem intendierten Diskussionscharakter des Bandes entspricht. Die Reihenfolge der Beiträge versucht jedoch, der unterschiedlichen Gewichtung von Synchronie und Diachronie in etwa Rechnung zu tragen: Die Anfangsposition der beiden ersten Beiträge (Rubrik I) bedarf keiner weiteren Erklärung (Weigand, Schwitalla); die ersten drei Beiträge des Mittelteils (Rubrik II) erproben am entschiedensten den auf Synchronie ausgerichteten Frageansatz (Brandenberger, Schnell, Puff), während in die zwei daran anschließenden Studien (Hotz-Davies, Berendt) vereinzelt auch entwicklungsgeschichtliche Perspektiven Eingang finden; den Abschluß des Mittelteils bilden zwei Beiträge (Becker, Régnier-Bohler), die sich ganz auf die Besonderheiten eines Einzeltextes konzentrieren und dabei die Dichotomie von Diachronie und Synchronie ausklammern. Im Schlußteil des Bandes (Rubrik III) sind Beiträge plaziert (Scholz Williams, Zimmermann), die explizit dem historischen Wandel der Geschlechterkonzepte nachspüren.
Nach diesem Überblick über die Grobstruktur des Bandes sollen die einzelnen Beiträge kurz vorgestellt werden. In den zwei ersten Beiträgen werden in zweifacher Hinsicht Grundlagen gelegt: zum Thema Ehe und zum Thema Text. *Rudolf Weigand* führt in einige zentrale Bereiche des normativen Ehediskurses ein und fragt, inwiefern bei Verstößen gegen diese Normen im Rechtsalltag vorgegangen wurde. Die Relationierung von ›Text‹ und ›Geschlecht‹ erfolgt hier also auf einer doppelten Ebene: in der normierenden Präskription von Geschlechterrollen sowie in der nachträglichen Beurteilung von Geschlechtsverhalten. Eine

textwissenschaftliche Grundlegung versucht *Johannes Schwitalla*, indem er anhand zentraler vor- und nachreformatorischer Ehetexte nachweist, welche textuellen Verfahrensweisen für die Konstruktion von Geschlechterbeziehungen in der Ehe eingesetzt werden. Hervorzuheben ist dabei, daß bei Luther wissenschaftlich-theologische Lehre und pastoral-seelsorgerlicher Ton nicht mehr nebeneinander stehen, sondern sich durchdringen. Wenn Schwitalla abschließend – bei aller Vorsicht – einige Entwicklungstendenzen in der Textkonstitutierung aufzeigt, so ist dies für die Frage nach möglichen Veränderungen der Geschlechtervorstellungen von besonderer Wichtigkeit: Was wir als konzeptuelle Änderungen fassen, ist möglicherweise auf Veränderungen des ›Redens‹ zurückzuführen.

Den drei folgenden Beiträgen liegt der explizite Anspruch zugrunde, die Abhängigkeit eines Geschlechterkonzepts von kommunikativ-situativen Faktoren nachzuweisen. Sozial-, mentalitäts- und geistesgeschichtliche Einflußnahmen werden zugunsten der Momente vernachlässigt, die einen bestimmten Text in einer bestimmten Redesituation prägnant bestimmen. Aufgrund von unterschiedlichen Redeanlässen kann es sogar in verschiedenen Schriften ein und desselben Autors – Antonio de Guevara – zu unterschiedlichen Geschlechterrelationierungen kommen (*Tobias Brandenberger*). Ebenso lassen sich dadurch die in unterschiedlichen Textsorten – Predigten vs. Sentenzenkommentaren – unterschiedlich formulierten Verhaltensanweisungen für Mann und Frau erklären (*Rüdiger Schnell*). Durch wechselnde Adressaten in ein und derselben Schrift eines Autors – Ulrichs von Pottenstein – sind unterschiedliche Akzentuierungen des Diskurses über die Frauen bedingt. Die textuelle Konstruktion von Geschlecht wird hier transparent (*Helmut Puff*).

In zweifacher Hinsicht schließt der Beitrag von *Ingrid Hotz-Davies* an den von Helmut Puff an: Hier wie dort wird ›Text‹ als ›Intertext‹ aufgezeigt, der mit vielen anderen Texten (mit z. T. unterschiedlichen Geschlechterprojektionen) verknüpft ist und deshalb kaum zu einer kohärenten Ehekonzeption gelangt; überdies wird einsichtig, wie sehr das Geschlecht des ›Autors‹ die Überspitzungen der Frauenrolle nach der negativen – Ulrich von Pottenstein – wie nach der positiven Seite – Margaret Fell – hin bedingt.[69]

69 In den Beiträgen von Ingrid Hotz-Davies und Gerhild Scholz Wil-

Walter Behrendt arbeitet heraus, daß sich die lutherisch-orthodoxen Ehelehren in verschiedenen Textsorten (Haustafelbearbeitungen, Hochzeitspredigten, Ehetraktaten) einerseits nicht unterscheiden, andererseits kann er doch nachweisen, daß die Haustafelpredigt des Aegidius Hunnius die Eheleute nicht aufeinander zu, sondern auf Gott hin entwirft, während zwei Dramenbearbeitungen der Haustafel eine andere Perspektivierung der Ehe erzwingen. Hier geht es eher um ein Gegeneinander von Mann und Frau in der Ehe: Der Kampf der Geschlechter steht im Vordergrund. Daß aber neben textsortenspezifisch bedingten Unterschieden auch textexterne, z. B. frömmigkeitsgeschichtliche Faktoren für mögliche Verschiebungen in der Geschlechterrelationierung verantwortlich sind, deutet Behrendts Schlußbemerkung an: Reformatorischer Eifer schlägt im 16. Jahrhundert zuweilen in Resignation um.
In den beiden folgenden Beiträgen werden zwei französische Texte aus dem Ende des 14. Jahrhunderts in den Blick genommen. Zunächst versucht *Karin Becker* eine Re-evaluation von Eustache Deschamps' misogynem *Miroir de mariage*, indem sie – gemäß der Zielrichtung dieses Sammelbandes – auf die ›Textualität‹, weniger auf die ›Konzeptualität‹ von Deschamps' Schrift abhebt. Nicht so sehr die inhaltlichen Positionen, sondern der ›Prozeß der Poetisierung‹ vorgefundenen topischen Materials interessiert. Karin Becker erklärt die widersprüchlichen Frauenbilder in Deschamps' verschiedenen Dichtungen (Liebeslyrik, Ehetraktat) nicht mit biographischen Vorkommnissen, sondern mit dem subtilen Spiel, das der Autor mit verschiedenen Traditionssträngen und Gattungen treibt. ›Geschlecht‹ wird als literarisch-ästhetische Kategorie sichtbar. In ähnlicher Weise liest *Danielle Régnier-Bohler* die Erziehungsschrift des Chevalier de La Tour Landry (1370) von den die Textstruktur bestimmenden Faktoren her, d. h. ausgehend von den verschiedenen Perspektiven, die in diesen Text Eingang gefunden haben: vom Mann als Ehemann und Vater, von der Frau als Ehefrau und Mutter; von den Erfahrungen des Erzähler-Ichs und von den jahrhundertealten Exempla; von einem normativen und doch emotional aufgeladenen Diskurs; von einem gestrengen und doch fürsor-

liams (s. u.) werden die englischen Originalzitate des 16. bzw. 17. Jahrhunderts nicht übersetzt, da entsprechende Sprachkenntnisse beim Lesepublikum dieses Bandes vorausgesetzt werden dürfen.

genden Pädagogen und schließlich von der sozialen Bedeutung der Familie. Traditionelles und Persönliches gehen eine komplexe Verbindung ein. Während Karin Becker für die Misogynie von Deschamps' Werk einen biographischen Hintergrund ausschließt, glaubt Danielle Régnier-Bohler in dem Text des Chevalier autobiographische Züge ausmachen zu können. So paradox dies klingen mag, gerade wegen dieses biographischen Hintergrunds ist das Misogyne dieser Schrift – in der ein fürsorgender Vater sich an seine Töchter wendet – nicht ohne weiteres, so meine ich, mit sogenannten traditionellen misogynen Schriften gleichzusetzen.

Die zwei letzten Beiträge nähern sich dem Thema »Text und Geschlecht« auf ganz unterschiedliche Weise: *Gerhild Scholz Williams* beschreibt den Diskurs von Männern über Frauen, *Margarete Zimmermann* beschäftigt sich mit Texten von Frauen über Männer und Ehe. Anhand dieses Kontrastes wird noch einmal deutlich, wie sehr die außertextuelle Kategorie ›Geschlecht‹ – des Autors bzw. der Autorin – auf die Inhalte und Formen der Geschlechterprojektionen im Text einwirkt. Gemeinsam ist den beiden Studien, daß sie im Gegensatz zu den anderen Beiträgen thematisch und methodisch weiter ausgreifen und die besprochenen Texte in einem größeren zeitgenössischen (diskurs- und wissenschafts- bzw. geschlechtergeschichtlichen) Rahmen verorten. Beide Studien lassen aber auch erkennen, wie eng die Verflechtungen von Text und Geschlechtergeschichte sind, sei es daß der *Malleus maleficarum* des Heinrich Institoris (1487) eben doch eine ungeheure Wirkung auf spätere Texte und die rechtlich-soziale Realität (von Frauen) hatte (Scholz Williams), sei es daß sich in den Texten der *Querelle des femmes* möglicherweise Veränderungen der Sozial- und Geschlechtergeschichte niederschlagen (Zimmermann). So öffnet sich am Ende des Bandes der Blick wieder auf die Eingangsfrage: In welcher Weise sind (unsere) Geschlechterprojektionen an Texte gebunden und somit die soziale Ordnung der Geschlechter von Texten her konstruiert? Inwiefern haben sich bestimmte Geschlechterdiskurse von der sozialen Realität abgekoppelt? In die komplexe Relation von Text und Geschlecht, von Projektion und Realität neue Einblicke zu vermitteln, ist erklärtes Ziel dieser Publikation.[70]

70 Für eine kritische Lektüre dieser Einleitung danke ich Helmut Puff.

Rudolf Weigand

Zwischenmenschliche Aspekte des Ehelebens in normativen kirchlichen Texten und im Alltagsleben des Spätmittelalters

Einleitung

Ideal und Wirklichkeit des menschlichen Zusammenlebens klaffen oft weit auseinander. Das gilt besonders für das Miteinander von Mann und Frau in der Ehe, einst und jetzt. Wie sah das Ideal, wie der konkrete Alltag im Spätmittelalter aus?

a) Inhaltlich soll diese Fragestellung im folgenden an drei Bereichen untersucht werden, für die uns aussagekräftige Quellen zur Verfügung stehen, die uns die kirchlichen Vorgaben erkennen lassen und auch einen Blick auf die realen Verhältnisse ermöglichen. Näherhin soll geprüft werden: 1. Vorehelicher Umgang der Geschlechter miteinander, das Verlöbnis; Freiheit zur und Form der Eheschließung mit oder ohne kirchliche Beteiligung. 2. Ehehindernis der Impotenz, sein Charakter und Beweismöglichkeiten. 3. Fehlverhalten in der Ehe und Ahndung desselben; Trennung der Gatten bei Aufrechterhaltung des Ehebandes.

b) Die ins Auge zu fassenden normativen Texte sind vor allem kirchenrechtlicher Art: Konzilskanones ökumenischer und partikularer Konzilien bis ins Hochmittelalter, wobei für unsere Frage das 4. Laterankonzil von 1215 besonders wichtig ist, Vätertexte, speziell von Augustinus, und Papstbriefe, die Dekretalen genannt werden. Diese und weitere Quellen hat Gratian in Bologna in seine um 1140 ebendort fertiggestellte *Concordia discordantium canonum* aufgenommen, die für die Folgezeit das maßgebende Rechtsbuch der katholischen Kirche wurde, auch wenn es nie offiziell approbiert wurde. Das Eherecht ist im 2. Teil seines Werkes enthalten, in den Causae 27–36, das sind (konstruierte) Rechtsfälle, die in mehrere Quaestionen, d. h. Rechtsfragen, aufgeteilt sind, zu deren Lösung er die verschiedensten Autoritäten heranzieht und durch seine eigenen Erklärungen gemäß dem programmatischen Titel seines Werkes in Harmonie miteinander zu bringen sucht.[1] Die nach Gratian erlassenen päpstlichen Dekretalen und einige frühere Texte wurden in vielen privaten und wenigen amtlichen Sammlungen zusammengefaßt, bis sie schließlich 1234 durch Gregor IX. als amtliches, authentisches und ausschließliches Gesetzbuch neu publiziert wurden, in dem das Eherecht das vierte von fünf Büchern bildete, die in Titel mit einzelnen Kapiteln gegliedert sind.[2]

Beide Werke wurden vielfach kommentiert, das Dekret durch die Dekretisten, die Dekretalen durch die Dekretalisten, deren Werke nur teilweise gedruckt sind. Vätertexte, vermischt mit zeitgenössischen Erklärungen, wurden seit dem frühen 12. Jahrhundert gesammelt. Am wichtigsten wurden die 4 Bücher der Sentenzen des Petrus Lombardus, Frucht seiner Vorlesungen in Paris, zwischen 1142 und 1158 entstanden, in denen er im letzten Drittel des 4. Buches die Ehe behandelt.[3] Diese Sentenzen wurden bald den theologischen Vorlesungen bis ins Spätmittelalter zugrunde gelegt und in vielen Sentenzenkommentaren erklärt. Eine eigene Literaturgattung bildeten die Pönitentialsummen für die Hand der Beichtväter. Besonders als in Canon 21 des 4. Laterankonzils von 1215 die wenigstens einmal jährlich stattfindende Beichte vorgeschrieben worden war[4], entstanden viele dieser Summen, die häufig abgeschrieben und später auch gedruckt wurden. Für unser Thema erweist sich die mehr theologisch ausgerichtete Summe des Engländers Thomas von

1 Verwendet wird die Ausgabe von E. Friedberg, *Corpus Iuris Canonici, pars prior, Decretum Magistri Gratiani*, Leipzig 1879, Neudruck Graz 1959 (mit Friedberg I und Angabe der Spalte zitiert).

2 Erarbeitet wurde dieses Gesetzeswerk durch Raymund von Peñafort, der sich vor allem auf die *Quinque Compilationes antiquae* stützte; benützte Edition von E. Friedberg, *Corpus Iuris Canonici, pars secunda, Decretalium Collectiones*, Leipzig 1879, Neudruck Graz 1959, zitiert als Friedberg II. Dort sind auch die übrigen Texte des alten kirchlichen Rechts gedruckt, vor allem der *Liber Sextus*, der von Bonifaz VIII. 1298 erlassen wurde, auch in 5 Bücher gegliedert.

3 Verwendet wird die neue kritische Edition: *Magistri Petri Lombardi Parisiensis Episcopi Sententiae in IV libris distinctae*, Ed. tertia, Tom. II, Grottaferrata 1981.

4 Später in den Dekretalen Gregors IX. (Extra: X) 5.38.12, Friedberg II, Sp. 887–8.

Chobham als sehr aufschlußreich. Sie entstand zwischen 1215 und 1220 und wurde bis ins 15. Jahrhundert häufig abgeschrieben.[5]

Einblick in das Alltagsleben, wenn auch nur in Problemsituationen, speziell bei Fehlverhalten, geben uns Visitationsprotokolle und, mehr noch, Gerichtsbücher. Visitationsprotokolle ziehe ich hier nicht heran, zumal sich aus dem deutschen Sprachraum keine mit verwertbaren Aussagen finden. Aus Deutschland habe ich zwei Gerichtsbücher je für ein Jahr genau durchgearbeitet, ein Augsburger Gerichtsbuch für das Jahr 1350[6] sowie das Regensburger Gerichtsbuch von 1490.[7] Für England bietet Helmholz gutes Vergleichsmaterial aus dem 14. und 15. Jahrhundert von mehreren Diözesen.[8] Für Frankreich steuert das Register des bischöflichen Offizialates von Paris 1384–1387, reiches Material bei[9], ebenso die Untersuchung Lefebvre-Teillards über die Diözesen im Nordosten Frankreichs.[10]

5 Moderne Edition von F. Broomfield, *Thomae de Chobham Summa confessorum* (= Analecta Mediaevalia Namurcensia 25), Louvain-Paris 1968. Auf spätere Bearbeitungen (darunter eine Kurzfassung) dieser Summe, die allein in der Staatsbibliothek München in 24 Exemplaren vorhanden ist und den verschiedensten Autoren zugeschrieben wird, habe ich in meiner Besprechung dieser Ausgabe hingewiesen in: *Zeitschrift der Savigny-Stiftung für Rechtsgeschichte, Kanonistische Abteilung* 55 (1969), S. 500–505.

6 Es umfaßt die Jahre 1348–1352, gehörte (bis vor kurzem) zur Fürstenbergischen Bibliothek in Donaueschingen, Signatur 772, jetzt Universitätsbibliothek Freiburg.

7 Ordinariatsarchiv Regensburg, Signatur I 131, siehe R. Weigand, »Die Rechtsprechung des Regensburger Gerichts in Ehesachen unter besonderer Berücksichtigung der bedingten Eheschließung nach Gerichtsbüchern aus dem Ende des 15. Jahrhunderts«, in: *Archiv für katholisches Kirchenrecht* 137 (1968), S. 403–463. Dieser Aufsatz ist gedruckt in meinem Sammelwerk: *Liebe und Ehe im Mittelalter* (= Bibliotheca Eruditorum, Bd. 7), Goldbach 1993, S. 245–305.

8 R. H. Helmholz, *Marriage Litigation in Medieval England*, Cambridge 1974.

9 J. Petit, *Registre des causes civiles de l'officialité épiscopale de Paris 1384–1387*, Paris 1919. Eine gute Auswertung bietet: J.-P. Lévy, »L'officialité de Paris et les questions familiales à la fin du XIVe siècle«, in: *Etudes Le Bras II*, Paris 1965, S. 1265–1294.

10 A. Lefebvre-Teillard, *Les officialités à la veille du Concile de Trente*, Paris 1973.

1. Vorbereitung auf die Ehe und Eheschließung

Von größter Bedeutung für die christliche Eheauffassung waren zwei Stellen aus der Bibel. In dem Segen Gottes über den Menschen im ersten Schöpfungsbericht Gen. 1.28: »Seid fruchtbar und mehret euch« sahen die Theologen und Kanonisten die Einsetzung und zugleich die grundlegende Zielsetzung der Ehe ausgedrückt. In der ganz anders gearteten Weisung des Apostels Paulus in 1 Kor. 7.2: »Wegen der Gefahr der Unzucht soll aber jeder seine Frau haben und jede soll ihren Mann haben« erblickte man eine weitere, ergänzende Zielsetzung und damit ›Einsetzung‹ der Ehe für die Zeit nach dem Sündenfall. Wenn Gratian für diese erste Phase der Ehe (im Paradies) keine Geschlechtslust und für die Frau keine Schmerzen beim Gebären annahm[11], so wirkte damit wie bei den meisten Autoren der Frühscholastik noch die Lehre des hl. Augustinus über die Paradiesesehe weiter, die unter stoisch-manichäischem Einfluß mitverantwortlich war für die negative Bewertung der Geschlechtslust.[12]

In den generalisierenden Aussagen der Kanonisten wird mehr objektiv von den beiden Einsetzungen der Ehe geredet, etwa von Rolandus, der die Fortpflanzung des Menschengeschlechts und die Unterdrückung der unerlaubten Begierden nennt.[13] Rufin verbindet mit der doppelten Einsetzung einerseits die Pflicht zur Fortpflanzung, andererseits den Heilmittelcharakter[14], was man direkt als die gängige Meinung bezeichnen kann.[15] Dieser

11 C. 32 q. 2 p. c. 2: »Prima institutio coniugii in paradyso facta est, ut esset immaculatus thorus et honorabiles nuptiae, ex quibus sine ardore conciperent, sine dolore parerent.« Friedberg I, a.a.O., Sp. 1120.

12 Siehe hierzu M. Müller, *Die Lehre des heiligen Augustinus von der Paradiesesehe und ihre Auswirkung in der Sexualethik des 12. und 13. Jahrhunderts bis Thomas von Aquin*, Regensburg 1954.

13 Zu C. 32 q. 2, in: Fr. Thaner (Hg.), *Summa magistri Rolandi*, Innsbruck 1874 (Aalen 1962), S. 165. Dieser Roland kann nicht mehr mit dem späteren Papst Alexander III. identifiziert werden. Siehe R. Weigand, »Magister Rolandus und Papst Alexander III.«, in: *Archiv für katholisches Kirchenrecht* 149 (1980), S. 3–44.

14 »Matrimonii vero institutio duplex fuit ... Prima ad officium ..., secunda ad remedium propter fornicationem vitandam.« Zu C. 27 pr., in: H. Singer (Hg.), *Rufinus von Bologna, Summa decretorum*, Paderborn 1902 (Aalen 1963), S. 432.

15 Beispiele hierfür in Weigand, *Liebe und Ehe*, a.a.O., S. 6f.

objektiven Zielsetzung der Ehe entsprechen die Hauptmotive für eine Eheschließung auf der subjektiven Ebene, wie sie kurz vor 1140 Walter von Mortagne in seinem Ehetraktat benennt: die Hoffnung auf Nachkommenschaft und die Vermeidung der Unenthaltsamkeit, jeweils unter Berufung auf die genannten Schriftstellen.[16] Als weitere ehrenhafte Gründe für eine Eheschließung nennt der Verfasser von sich aus (er findet darüber nichts geschrieben) die Versöhnung von Feinden und die Wiederherstellung (oder Befestigung) des Friedens (was bei Herrscherhäusern eine sehr reale Angelegenheit sein konnte).[17] Als weniger ehrenhafte Motive führt Walter einmal die Schönheit von Mann oder Frau an, die den Partner zur Liebe entflammt und ihn animiert zu heiraten, um sein Begehren (»desiderium«) erfüllen zu können, ferner das Bestreben nach Reichtum, etwa um eine große Morgengabe (»dos«) zu erhalten oder in ein reiches Haus einheiraten zu können.[18] Die Bedenken einzelner Theologen, daß eine Eheschließung nur aus den zuletzt genannten beiden Gründen ungültig wäre, wird weder von Walter noch von anderen Theologen geteilt.[19]

Der originelle Ehetraktat *Sacramentum coniugii non ab homine*[20] gibt im Anschluß an Isidor von Sevilla vier Gründe für die Wahl des Mannes durch die Frau an: Charakterfestigkeit, Abstammung, Schönheit und Weisheit, während für die Wahl der Frau an erster Stelle die Schönheit, dann Abstammung, Reichtum und zuletzt der Lebenswandel genannt wird.[21] Hier erscheint der Mann als derjenige, der stärker auf den Reichtum aus

16 Gedruckt als 7. Traktat der sogenannten *Summa Sententiarum* in Migne, *Patrologia Latina* (PL), Bd. 176, Sp. 154f.

17 Ebd., Sp. 155. Die ganze Aufzählung der Eheschließungsmotive übernahm Paucapalea wörtlich in seine Dekretsumme zu C. 27 pr., Ausg. J. F. v. Schulte (Hg.), *Paucapalea, Summa über das Decretum Gratiani*, Giessen 1890 (Aalen 1965), S. 110f.

18 Ebd., Sp. 155 bzw. S. 111.

19 Ebd., Sp. 155. Anders wäre zu urteilen, wenn die Nachkommenschaft oder die Einheit oder Unauflöslichkeit der Ehe ausgeschlossen würde, worauf hier nicht einzugehen ist.

20 Etwas näher vorgestellt von Weigand, *Liebe und Ehe*, a.a.O., S. 42–47. Jetzt halte ich es für wahrscheinlich, daß er in der Schule Paucapaleas entstanden ist.

21 Ebd., S. 44.

ist als die Frau, während er gegen Ende bei der Besprechung der »dona sponsalitia« andere Akzente setzt: Diese Gaben werden anläßlich des Verlöbnisses gewöhnlich vom Bräutigam der Braut gegeben, weil nämlich, wie er in polemischer Abwertung der Frauen sagt, diese sehr habgierig und hartnäckig seien und lieber etwas empfangen als geben.[22] Diese misogyne Sicht wird allerdings kurz darauf wieder ausgeglichen, wenn er eine Art Psychologie des Kusses für die Liebenden (noch nicht Verheirateten) bietet: Beim Kuss sei der Mann der Empfangende und die Frau die Gebende; der Mann gehe nach dem Kuß bereichert und beschwingt nach Hause, während die Frau deswegen errötet (sich schämt) und ihre Situation schlechter wird (in Bezug auf die Heiratschancen?).[23] Ein und derselbe Verfasser bietet also innerhalb einer relativ kleinen Schrift sehr unterschiedliche Aussagen über die Frauen und die Vorbereitung der Eheschließung. Eine frühscholastische Sentenz aus dem frühen 12. Jahrhundert, die vermutlich auf Anselm von Laon zurückgeht, jedoch bald Augustinus zugeschrieben und so auch als Zusatz (›Palea‹) ins Dekret Gratians integriert wurde[24], unterscheidet zwischen Verlöbnis und Eheschließung. Als Beispiele für ein Verlöbnis (»fides pactionis«) werden Bedingungen seitens des an der Frau interessierten Mannes genannt, die vermutlich schon damals dem Leben abgelauscht waren: wenn jemand einer Frau verspricht, sie zu heiraten, falls sie ihm den Beischlaf gestattet, oder ihr eine bestimmte Geldsumme bietet.[25] Der Mann war auch bei einem

22 »Genus mulierum auarissimum atque tenacissimum promtius est ad accipiendum quam ad dandum«, zitiert ebd., S. 46 Anm. 53.

23 »Vir osculum dicitur accipere, non dare, mulier dare, non accipere. Set ideo, quia dum mulier osculum prebet, propter erubescentiam durior fit eius conditio, uiri autem melior dum ad propria redit alacrior.« Ebd., Anm. 54.

24 Als C. 27 q. 2 c. 51, Friedberg I, Sp. 1078.

25 »... quod eam ducet, si permiserit ei rem secum habere, vel etiam pro c(ons)ensu«, ebd. Fast in der gesamten späteren Überlieferung heißt es »consensu«, während das »censu« einiger früher Handschriften sicher ursprünglich ist, zumal es besser in den Kontext paßt. Zu diesem Text neuerdings R. Weigand, »Wechselwirkung zwischen Theologie und Kanonistik im 12. Jahrhundert bei der Klärung von Grundfragen des Eherechts«, in: *Theologia et Ius Canonicum, Festgabe für Prof. H. Heinemann*, hg. von H. J. F. Reinhardt, Essen 1995, S. 501–516, mit früherer Literatur.

beschworenen Verlöbnis, das er unter der Bedingung einer bestimmten Dotierung eingegangen war, nur dann zur Eheschließung verpflichtet, wenn das ausbedungene Geld gezahlt war, wie Alexander III. auf eine Anfrage bestätigte.[26] Speziell in Frankreich gab es viele Verlöbnis-Prozesse, bei denen es gelegentlich auch um eine bestimmte Dotierung ging.[27] Die Freiheit der Eheschließenden vor ungebührlicher Bevormundung durch die Eltern oder andere Personen zu sichern war ein wesentliches Ziel der kirchlichen Ehegesetzgebung. Wohl die wichtigste Aussage hierzu stammt von Papst Nikolaus I. († 867), der auf eine Anfrage hin unter Berufung auf das römische Recht erklärte, daß allein der Konsens der Partner maßgebend sei. Wenn dieser fehle, sei alles andere wirkungslos.[28] Diese Entscheidung trug mit dazu bei, daß in der abendländischen Kirche während des ganzen Mittelalters keine absolut verpflichtende Form für die Eheschließung eingeführt und durchgesetzt werden konnte mit der Folge vieler Unsicherheiten, nicht zuletzt bei den sogenannten klandestinen Ehen, für die noch Beispiele angeführt werden sollen. Die genannte Entscheidung des Papstes führte auch dazu, daß bezüglich der Verlöbnisse die (Un-)Sitte der Verlobung durch die Eltern für wirkungslos erklärt wurde, wenn die Betroffenen nicht nach Vollendung des 7. Lebensjahres zustimmten.[29]

Vor allem für die junge Frau bzw. das Mädchen war die Gefahr der Gängelung und Bevormundung groß, weshalb auch vielfach kirchliche Autoritäten hierzu Stellung zu nehmen und Entschei-

26 Dekretalen Gregors IX. (Extra: X) 4.5.3, Friedberg II, Sp. 682. Zur Fragestellung R. Weigand, *Die bedingte Eheschließung im kanonischen Recht, I. Teil: Die Entwicklung der bedingten Eheschließung im kanonischen Recht* (Münchener Theologische Studien III. 16), München 1963, S. 178–181.

27 Näheres bei Lévy, *L'officialité*, a.a.O., S. 1268f. mit Anm. 29.

28 »Sufficiat solus secundum leges consensus eorum de quorum quarumque coniunctionibus agitur. Qui solus si defuerit, cetera etiam cum ipso coitu celebrata frustrantur«. Zitiert nach dem Dekret Gratians C. 27 q. 2 c. 2, Friedberg I, Sp. 1063.

29 Ein wohl im 11. Jahrhundert entstandener, jedoch Papst Nikolaus zugeschriebener Text: »Ubi non est consensus utriusque, non est coniugium. Ergo qui pueris dant puellas in cunabulis, et e converso, nichil faciunt ...« C. 30 q. 2 c. un., Friedberg I, Sp. 1100.

dungen zu treffen hatten, wie etwa die in den Dekretalen unter dem Titel »De desponsatione impuberum« gesammelten 14 Texte zeigen.[30] Eine dieser Entscheidungen durch Alexander III. läßt den faktischen Spielraum für Entscheidungen über das Mädchen erkennen.[31] Als eine Frau, die vor Vollendung des 12. Lebensjahres durch die Eltern verheiratet und an den Mann übergeben worden war, schließlich mit 12 Jahren (nun heiratsfähig) die kirchliche Erlaubnis erbat, einen anderen zu heiraten, da sie nie zum ersten Mann ihre Zustimmung gegeben habe, erlebte sie eine Enttäuschung. Weil Aussage gegen Aussage stand (der Mann behauptete den Geschlechtsverkehr, sie leugnete ihn), wurde der Papst konsultiert, der unter Berufung auf eine Stelle im Dekret Gratians[32] sagte, daß in diesem Fall dem Manne Glauben zu schenken sei, wenn er das beeide und sie im 12. Lebensjahr stehe und mit ihrer Zustimmung (»suo assensu«) verheiratet und vom Mann erkannt worden sei. Dann dürfe sie nicht mehr getrennt werden. Ob der Bischof dann diese »Zustimmung« von ihr nochmals überprüft hat, ist nicht ersichtlich. Daher soll nun an unterschiedlichen Fällen aufgezeigt werden, wie es den Frauen gelang, ihre Freiheit zu wahren. Das kritische, ehefähige Alter war entsprechend dem römischen Recht das vollendete 12. Jahr beim Mädchen, beim Jungen das 14. Lebensjahr. Aus Pisa wurden vom Jahr 1230 drei einschlägige Fälle bekannt, in denen die Mädchen mit 12 Jahren ihre Freiheit behaupteten. In zwei Fällen erschienen sie persönlich vor dem Erzbischof und widersprachen dem Verlöbnis, das der Vormund bzw. ihre Mutter für sie abgeschlossen hatte, was amtlich protokolliert wurde.[33] Im dritten Fall hatten sich anscheinend die

30 Friedberg II, Sp. 672–679. Das cap. 2 ist eine Fortsetzung des vorhin zitierten, fälschlich Nikolaus zugeschriebenen Textes, in dem aus dringendster Notwendigkeit, etwa »pro bono pacis«, eine Kinderverlobung toleriert wird; ebd., Sp. 673.

31 X 4.2.6 nach Norwich in England, Friedberg II, Sp. 674f.

32 Es ist C. 33 q. 1 c. 3, Friedberg I, Sp. 1150, ein Canon des Konzils von Compiegne 757, in dem es zum Problem heißt: »in ueritate uiri consistat, quia uir est caput mulieris.«

33 Gedruckt von G. Dolezalek, *Das Imbreviaturbuch des erzbischöflichen Gerichtsnotars Hubaldus aus Pisa Mai bis August 1230* (= Forschungen zur neueren Privatrechtsgeschichte, Bd. 13), Köln/Wien 1969, Nr. 15 und 17, S. 101–103. In diesem Imbreviaturbuch sind nur ein Dutzend Ehefälle vermerkt.

beiden Jugendlichen selbst verlobt, die Contissa widersprach jedoch mit 12 Jahren, woraufhin ihr priesterlicher Onkel als ihr Prokurator das förmliche Eheverfahren in Gang brachte, das vor dem Erzbischof mit der Feststellung endete, daß keine Ehe bestehe.[34] In Augsburg wurden im Jahr 1350 sieben Verlöbnisse gerichtlich aufgelöst oder für nichtig erklärt, von denen fünf durch die Eltern für die minderjährigen Kinder geschlossen worden waren.[35]

In Regensburg wurden 1490 zwanzig Verlöbnisse gerichtlich überprüft, entweder mit negativem Ausgang oder, falls ein Verlöbnis bestand, auf Antrag der Partner gerichtlich aufgelöst. Drei dieser Verfahren seien aus der Sicht der Frau kurz skizziert: Eine Frau namens Elisabeth wurde am 7. 5. 1490 wegen eines Verlöbnisses beklagt, bei dem sie erklärt hatte: »Ich bin zufrieden, daß du mich heiratest, wenn meine Eltern zustimmen, andernfalls nicht.« Obwohl sie dem Partner die Hand dazu gereicht hatte, war es in ihrer Sicht kein Verlöbnis, weshalb sie auch inzwischen einen anderen geheiratet hatte, vermutlich nur in einer klandestinen Ehe. Das Gericht erkannte trotzdem auf gültiges Verlöbnis, das jedoch auf Antrag der Partner gelöst wurde.[36] In einem am 19. 3. 1490 geführten Verfahren erklärte eine Frau ausdrücklich, daß sie ohne ihren zum Zorn neigenden Vater nichts tun wollte. Wenn der Werber durch Vermittler die Zustimmung ihres Vaters erreichen würde, wäre ihr das recht. Sie selber bemühte sich also nicht darum. Der Ausgang war negativ, der Vater stimmte nicht zu.[37] Es gab damals auch schon relativ emanzipierte junge Frauen. Am 6. 10. desselben Jahres erklärte nämlich eine Frau in einem entsprechenden Verfahren, bei dem der Kläger behauptete, der Vater habe sie ihm versprochen: »Ich lasse mich nicht durch meinen Vater verloben, und wenn er das versuchte, würde ich nicht zustimmen.«[38]

34 Ebd., Nr. 47 S. 133f.

35 *Augsburger Gerichtsbuch*, a.a.O. (Anm. 6), fol. 55^{v}5 u. ö. Siehe auch F. Frensdorff, »Ein Urteilsbuch des geistlichen Gerichts zu Augsburg aus dem 14. Jahrhundert«, in: *Zeitschrift für Kirchenrecht* 10 (1871), S. 1–37, hier S. 30f.

36 *Regensburger Gerichtsbuch von 1490*, I 131, fol. 83^{v}.

37 Ebd., fol. 55^{r}.

38 Ebd., fol. 159^{r}.

Aus sehr vielen Prozessen ist ersichtlich, daß der Wunsch des Mannes nach Geschlechtsverkehr das initiierende Element war, das je nach den Umständen zu vorehelichen Beziehungen ohne rechtliche Konsequenzen oder zu einem bedingten Verlöbnis führte (»Wenn Du mir den Verkehr jetzt erlaubst, werde ich Dich später heiraten«), oder der Mann vertröstete sie: »Wenn ich je heiraten werde, dann dich.« Bei dem am 23. 1. 1490 verhandelten Fall hatte der Mann das Berufsziel, Priester zu werden, weshalb er der klagenden Witwe Barbara keine echten Eheversprechen abgab. Er gestand lediglich zu, ihr in Aussicht gestellt zu haben, wenn er Priester werde, wolle er sie als Köchin einstellen.[39]

Die Freiheit zur Eheschließung in welcher Form auch immer hatte ihren Preis, den überwiegend die Frauen zu zahlen hatten. Als Alexander III. um 1170 von einem Bischof aus England zu entsprechender Gesetzgebung gegen die klandestinen Ehen aufgefordert wurde, sah er sich dazu nicht in der Lage, weil bei geheimer Eheschließung keine Beweismöglichkeit gegeben war.[40] Erst das 4. Laterankonzil verbot in c. 51 alle geheimen Eheschließungen, verfügte die öffentliche Proklamation einer beabsichtigten Eheschließung, um evtl. geheime Hindernisse zu entdecken, und bedrohte Zuwiderhandelnde mit Strafen.[41] Obwohl diese Bestimmungen vielfach in die partikulare Gesetzgebung umgeformt wurden, waren sie nicht voll wirksam, weil als Rechtsfolge nicht die Ungültigkeit der geheimen Ehe deklariert worden war. Ja, das Weiterbestehen des *matrimonium praesumptum* erschwerte die Lage zusätzlich, vor allem weil Gregor IX. verfügt hatte, daß aus einem Verlöbnis mit nachfolgender *copula* eine Ehe als vorhanden vermutet wird, wogegen kein Gegenbeweis zugelassen wurde, so daß eine nachfolgende anderweitige Eheschließung ungültig war.[42] Besonders problematisch waren die ohne Beteiligung der Öffentlichkeit, auch ohne Verwandten, geschlossenen und daher meist kaum beweisbaren Ehen der Partner allein. Für solche Eheschließungen werden (besonders

39 Ebd., fol. 11^{v}. Im Urteil vom 27. 1. wurde wegen mangelnden Beweises weder Ehe noch Verlöbnis festgestellt.

40 X 4.4.2, Friedberg II, Sp. 679.

41 Jetzt Dekretalen Gregors IX. 4.4.3, Friedberg II, Sp. 679f.

42 X 4.1.30, Friedberg II, Sp. 672.

in Prozessen) die vielfältigsten ›Orte‹ genannt, z. B. unter einem Baum (etwa Eiche oder Esche), im Bett, im Garten, einem Laden, auf einem Feld, bei einer Hecke, in einer Schmiede, in einer Küche, in einer Gastwirtschaft.[43]

Die Grundform für das Verlöbnis und die Eheschließung war das Versprechen gegenseitiger Treue, das je nach dem Wortlaut und dem Zusammenhang eine Verlobung oder Eheschließung sein konnte und von beiden Partnern verschieden aufgefaßt werden konnte. Eine solche Eheschließung, bei der nach Aussage einer beklagten Frau sogar ein zweijähriges Rücktrittsrecht vereinbart worden war, wenn nämlich einem eine andere Person besser gefalle, wurde am 13. 2. 1490 in Regensburg als gültige Ehe eingestuft, obwohl es anscheinend zu keiner Kopula gekommen war.[44] Vielfach verband sich damit ein gegenseitiger Handschlag oder ein längeres Ineinanderfügen der beiden Hände, das die gegenseitige Bindung zum Ausdruck bringen sollte. Dieser Handschlag wurde für so wichtig angesehen, daß die Meinung herrschte, ohne ihn gebe es keine gültige Eheschließung. Gelegentlich wurde auch von Laien direkt die Form der kirchlichen Eheschließung nachgeahmt, so wenn ein Laie erst den gegenseitigen Konsens der Partner erfragte und sie dann im Namen des dreifaltigen Gottes für legitim verbundene Eheleute erklärte.

Weitere Symbole sind die Überreichung bzw. das Anstecken eines Ringes, wobei jedoch über die Bedeutung eines solchen Zeichens wieder sehr große Meinungsverschiedenheiten herrschen konnten. Dasselbe ist zu sagen, wenn dem Bräutigam ein Hemd (»camisia«) geschenkt wurde, wie das mehrfach erwähnt wird. Nicht viel anders war es mit der Überreichung eines Gürtels (»zona«), der ebenfalls vielleicht mit anderer Intention gegeben als genommen wurde. Einmal wird auch ein »pannum«, ein Tuch, erwähnt, das von der Frau als Ausdruck des gegenseitigen Ehewillens dem Mann geschenkt wurde, damit er sich davon eine Joppe und Stiefelschäfte anfertigen lassen konnte.[45] In einem Fall aus Xanten erschien um 1500 die Frau mit vier alten

43 Diese Orte nennt beispielsweise Helmholz, *Marriage Litigation*, a.a.O., S. 29 für England.

44 *Regensburger Gerichtsbuch*, a.a.O., fol. 29ʳ.

45 Belege hierfür bei Weigand, *Liebe und Ehe*, a.a.O., S. 272.

Haselnüssen vor Gericht, die ihr der Mann gegeben hatte. Da sie keine weiteren Beweise hatte, mußte sie abgewiesen werden.[46] Einige Zahlen für die vielen diesbezüglichen Verfahren. In Augsburg wurden 1350 allein 100 Verfahren mit dem Ziel geführt, den Ehepartner gerichtlich zugesprochen zu bekommen, davon waren drei Viertel von Frauen initiiert worden. Im Jahr 1349 war bei 111 Verfahren der Anteil der klagenden Frauen noch höher, weil in diesem Jahr nur zehn Männer diese Klage einbrachten.[47] In Regensburg wurden 1490 von Frauen 119 solche Verfahren angestrengt, 47 von Männern. Von diesen erreichten je höchstens 15–20% ihr eigentliches Ziel. Unter den vergeblichen Antragstellern war 1490 in Regensburg auch ein Ministeriale des Herzogs Albert von Bayern. Obwohl der Adelige seiner Geliebten einen Korallengürtel mit einem daran befestigten Bild zweier in sich verschlungener Hände sowie einen goldenen Ring geschenkt hatte, was die Beklagte bestätigte, konnte er sein Begehren doch nur »minus sufficienter« beweisen, so daß eine Freisprechung der beklagten Agnes Mandl von Gmund erfolgte. Trotz mancher Aufenthalte im Hause des Adeligen und seines Werbens wollte sie nicht seine Frau werden.[48]
Die persönliche Freiheit der Eheschließenden war gelegentlich beeinträchtigt. So wurde in Augsburg 1350 eine Ehe auf Antrag der Frau für nichtig erklärt, da sie zur Ehe gezwungen worden war; die beiden von Männern aus dem gleichen Grund eingebrachten Klagen wurden abgewiesen. In Regensburg wurde 1490 in zwei Verfahren dieser Klagepunkt aktuell. Die Klage einer Frau auf Zuerkennung eines Mannes wurde deswegen abgewiesen, weil er von Brüdern und Freunden der Frau auf freiem Feld mit bereitgehaltenen Spießen zur Ehe gezwungen worden war, nachdem sie ihm schon mehrfach zugesetzt hatten.[49] Der andere Regensburger Fall hatte eine ähnliche Vorgeschichte: eine Intimbeziehung beider über mehrere Jahre.

46 J. Löhr, *Die Verwaltung des Kölnischen Großarchidiakonates Xanten am Ausgang des Mittelalters* (= Kirchenrechtliche Abhandlungen 59/60), Stuttgart 1909, S. 220.

47 Frensdorff, *Ein Urteilsbuch*, a.a.O., S. 7.

48 *Regensburger Gerichtsbuch*, a.a.O., fol. $69^v/70^r$. Das Verfahren dauerte vom 2. 4. bis zum 10. 5. 1490.

49 *Regensburger Gerichtsbuch*, a.a.O., fol. 64^r.

Schließlich bestellte die Frau mehrere ihrer Verwandten. Als der Geliebte wieder bei ihr war, holten ihn ihre Verwandten aus dem Bett heraus, bedrohten in nach seinen Angaben mit Beilen, Schwertern und anderen Waffen. Der eigens dafür auch ins Haus bestellte Priester assistierte dann dieser erzwungenen Eheschließung. Da der Mann auch noch eine folgende *copula* zugab, jedoch ferner behauptete, daß die Frau vorher schon mit einem anderen Mann (einem Ritter) aus Kemnat verheiratet gewesen sei, bat er vom Ansinnen der Frau freigesprochen zu werden. Trotz weiterer Recherchen konnte anscheinend das Gericht zu keinem Urteil kommen.[50]

2. Möglichkeiten der Frau bei Impotenz(verfahren)

Das Ehehindernis der Impotenz, des geschlechtlichen Unvermögens, hat eine bewegte Geschichte hinter sich.[51] Nur in seltenen Fällen kam die weibliche Impotenz als Beischlafsunfähigkeit in den Blick, mit der aber bereits im 8. Jahrhundert Gregor II. befaßt wurde, der auf Anfrage des hl. Bonifatius dem Mann eine neue Ehe zugesteht, wenn die Frau infolge Krankheit nicht (mehr) zum Beischlaf fähig ist.[52] In der Regel geht es jedoch um die Impotenz des Mannes, von der die Frau betroffen ist. Bereits Hinkmar von Reims kannte eine relative Impotenz, von ihm »maleficium« genannt, weil sie nicht richtig erklärbar war. In diesem Fall konnten die beiden getrennt werden und mußten später auch nicht zur ersten Ehe zurückkehren, wenn beide mit anderen Partnern Umgang haben konnten.[53] Von entscheidender Bedeutung wurde ein Gregor I. zugeschriebener Text, der je-

50 Ebd., fol. 164r. Das Verfahren begann am 11. Oktober; bis zum 25. Oktober sind mehrere Gerichtshandlungen vermerkt, jedoch kein Urteil.

51 Die neueste Darstellung, auch der Rechtsgeschichte, bietet W. Kursawa, *Impotentia coeundi als Ehenichtigkeitsgrund* (= Forschungen zur Kirchenrechtswissenschaft, Bd. 22), Würzburg 1995.

52 Von Gratian in sein Dekret integriert als C. 32 q. 7 c. 18, Friedberg I, Sp. 1144–45. Innozenz III. gesteht dem Mann einer »mulier arcta«, die zum Beischlaf unfähig ist, eine Trennung (und neue Eheschließung) zu: X 4.15.6, Friedberg II, Sp. 706–707.

53 Bei Gratian C. 33 q. 1 c. 4, Friedberg I, Sp. 1150.

doch erstmals Mitte des 9. Jahrhunderts auftauchte und den schließlich Gratian in sein Dekret integrierte.[54] Wenn die Frau wegen der Impotenz des Mannes ein Verfahren einleitet und sagt, sie wolle Mutter werden und Kinder bekommen, dann haben beide Partner mit je sieben Glaubwürdigkeitszeugen zu schwören, daß sie nicht ein Fleisch werden konnten, und danach kann die Frau eine neue Ehe eingehen. Falls jedoch später der Mann sich als potent erweist, müssen die Schwörenden Buße tun und die erste Ehe muß wiederhergestellt werden.

Mit Gratian war die Impotenz (des Mannes) als Eheauflösungsgrund anerkannt: »Ecce quod impossibilitas reddendi debitum uinculum soluit coniugii.«[55] Weil aber Gratian auch die alte Synodalbestimmung tradiert, daß bei unterschiedlichen Aussagen von Mann und Frau die Aussage des Mannes vorgeht[56], spielte künftig die Frage des Beweises eine besondere Rolle. Gregor VIII. entschied, daß dann sogar der beeideten gegenteiligen Aussage des Mannes kein Glauben geschenkt wird, wenn die Frau durch ihren Eid bezeugt, daß kein Verkehr stattfinden konnte und ihre Aussage durch die Untersuchung durch sieben ehrenwerte Frauen bestätigt wird, die sie noch als *virgo* befunden haben.[57] Zwar ist die Triennalprobe hier nicht erforderlich, Honorius III. verlangte sie und verschiedene zusätzliche Beweiselemente dennoch, obwohl die Ehe nach Aussage der Frau schon acht Jahre bestand. Der Mann bekannte zwar, daß er diese Frau nicht erkennen konnte, jedoch (angeblich) eine andere. Weil sich das nicht erhärten ließ, stimmte der Papst dann einer Auflösung der Ehe zu, wenn beide wirklich mindestens drei Jahre zusammengelebt hatten und die Unmöglichkeit des Verkehrs durch ihren Eid und (je) sieben weitere Eideshelfer eindeutig feststehe.[58] Bezüglich des erforderlichen Zeitraums mach-

54 C. 33 q. 1 c. 2, Friedberg I, Sp. 1149. Zur Identifikation dieses im Dekret Burchards vorhandenen Kapitels 9.44 siehe M. Kerner u. a., »Textidentifikation und Provenienzanalyse im Decretum Burchardi«, in: *Studia Gratiana* 20 (1976), S. 19–63, hier S. 30–32.

55 C. 33 q. 1 p. c. 3, Friedberg I, Sp. 1150; vgl. auch C. 27 q. 2 p. c. 28, Friedberg I, Sp. 1071, wo Gratian einem solchen Mann ausdrücklich eine neue Eheschließung verwehrt.

56 »in ueritate uiri consistat«, C. 33 q. 1 c. 3, Friedberg I, Sp. 1150.

57 X 2.19.4, Friedberg II, Sp. 307, aus dem Jahr 1187.

58 X 4.15.7, Friedberg II, Sp. 707–708.

te bereits um 1164 Rufin darauf aufmerksam, daß die im Codex Justinians (Cod. 5.17.10) geforderten zwei Jahre durch die später in den Novellen bestimmten drei Jahre abgelöst wurden, was jetzt zu beachten sei, also müßten von der Eheschließung ab mindestens drei Jahre vergangen sein.[59]

Die Kanonisten haben zu diesen bisher aufgeführten Beweismöglichkeiten außer der Untersuchung des Mannes durch einen Arzt keine Neuerungen beigebracht. Wirklich schöpferisch war dagegen Thomas von Chobham in seiner bald nach 1215 fertig gestellten Pönitentialsumme, die jetzt noch in mindestens 135 Handschriften aus dem 13. bis 15. Jahrhundert vorhanden ist.[60] Die Bedeutung Chobhams für unsere Frage hat kürzlich J. Murray erkannt.[61] Nach Thomas hat zwar auch (theoretisch) die Aussage des Mannes das größere Gewicht, weil der Mann das Haupt der Frau sei (vgl. Eph. 5.23), jedoch nicht, wenn die Frau ein »verum iudicium, id est inspectionem corporis« fordere. Dann müßten nämlich weise (»sagaces«) Frauen ausgewählt und vereidigt werden, damit sie die Geschlechtsorgane des Mannes untersuchten, und je nach ihrer Aussage über das Glied des Mannes sei das Urteil zu fällen.[62] Wenn auch diese Prüfung zu keinem eindeutigen Ergebnis führe, seien Mann und Frau nach gutem Essen und Trinken in ein Bett zu legen und die »weisen Frauen« haben in mehreren Nächten dabei zu sein, um festzustellen, ob der Mann potent sei oder nicht; in letzterem Fall könnten sie geschieden werden.[63]

59 Zu C. 33 q. 1, Ausg. Singer, a.a.O., S. 497; es ist Nov. 22.6 gemeint, zitiert nach den Authentiken 4.1.6.

60 Ausgabe F. Broomfield, a.a.O. (s. Anm. 5).

61 J. Murray, »On the origins and role of ›wise women‹ in causes for annulment on the grounds of male impotence, in: *Journal of Medieval History* 16 (1990), S. 235–249, besonders S. 242f.

62 »Unde debent eligi sagaces matrone et iurare debent inspicere membra genitalia, et secundum hoc quod ille matrone dixerint, scilicet quod ille vir habeat membra idonea coeundi vel non habeat, stabit iudicium.« Broomfield, a.a.O., S. 184f.

63 »Si vero mulier dicat virum esse frigidum et vir dicat se esse potentem, et non possit fieri probatio per inspectionem corporis, tunc post cibum et potum collocandi sunt in uno lecto vir et mulier, et adhibende sunt sagaces mulieres circa lectum illum per plures noctes. Et si semper fuerit inventum membrum viri inutile et quasi mortuum, bene poterunt separari.« Ebd., S. 186.

In der späteren, vor allem in Deutschland verbreiteten Vulgatfassung dieser Summe wird im wesentlichen der ursprüngliche Text zum Problem geboten, auch zum *maleficium* die mit magischen Elementen angereicherte Geschichte einer ›Verhexung‹ in Paris erzählt, wo ein Mann eine Zeitlang impotent und nach Beendigung des ›Zaubers‹ wieder potent war.[64] Dann wird aber ein zusätzlicher Abschnitt geboten, warum beim *maleficium* zuerst gewartet werden muß (ohne genaue Zeitangabe), ob Heilung erfolgt. Wenn nicht, kann die Trennung erfolgen und dann muß auch nach einer geglückten Beziehung des Mannes mit einer anderen Frau die erste Ehe nicht wiederhergestellt werden, weil sie nicht gültig war.[65] Wie jedoch genau das *maleficium* von einer aus anderem Grunde vorliegenden (heilbaren) Impotenz unterschieden werden kann, wird nicht gesagt, auch nicht in anderen Werken. In der Kurzfassung dieses Werkes werden fast die gesamten ungewöhnlichen Aussagen über die Aufgabe der »weisen Frauen« gestrichen, vielleicht deswegen, weil das in Deutschland nicht praktikabel schien.[66]

In seiner am weitesten verbreiteten Pönitentialsumme unterscheidet der hl. Raymund von Peñafort[67] nach 1234 ebenfalls sehr klar zwischen Impotenz und *maleficium* mit den unterschiedlichen Rechtsfolgen. Bei den Verfahren ist er im Unterschied zu anderen, die bei Impotenz eine sofortige Feststellung durch kör-

64 Ebd., S. 184.

65 In den zwei von mir untersuchten Handschriften der Vulgatfassung in der Staatsbibliothek München Clm 7693, fol. 63rb und 28871, fol. 69va, ebenso in Würzburg, M.ch.f. 243, fol. 46va heißt es schließlich: »Cum enim maleficiatus esset quantum ad ipsam, ratum numquam inter eos fuit matrimonium, cum secunda uero circa quam maleficiatus non fuit ratum fuit et stabile matrimonium.«

66 Von den fünf Handschriften der Staatsbibliothek München, die sicher diese Fassung bieten, habe ich Clm 5896, fol. 111ra und 16100, fol. 39vb verglichen. Der gesamte einschlägige Text lautet hier nur: »Debent eligi sagaces et inspicere membra genitalia et secundum eas membra idonea coeundi vel non habeat stabit iudicium.« Man vergleiche den Text in Anm. 62 und 63.

67 M. Bertram hat auf dem Kanonistenkongreß 1988 in San Diego eine Übersicht gegeben, die leider nicht gedruckt wurde. Danach sind vom Dekret Gratians und der Summe Raymunds je mindestens 500 Handschriften bekannt. Einzig von den Dekretalen Gregors IX. sind mit etwa 680 mehr Handschriften bekannt.

perliche Untersuchung und Trennung für möglich halten, der Meinung, daß wenigstens in der Regel für beide Arten die Triennalprobe abgewartet werden müsse, wozu er sich auf kirchliches und römisches Recht beruft.[68] Angesichts dieser für den nachfolgenden Beweis offenen Fragen läßt sich die unterschiedliche Vorgehensweise einzelner Gerichte angesichts der eingereichten Klagebegehren von betroffenen Frauen durchaus verstehen. Klagen von Männern gegen eine »mulier arcta« sind mir in den Gerichtsbüchern kaum begegnet. Anscheinend kamen solche Frauen von vornherein (fast) nicht zu einer Eheschließung.

Für die Menschen der damaligen Zeit war eine Ehe ohne Kinder kaum vorstellbar, zumal die eigene Versorgung im Alter nur durch eine angemessene Zahl von Kindern gesichert werden konnte. Besonders die Frauen hatten ein elementares Interesse an Kindern, obwohl sie im Zusammenhang mit Schwangerschaft und Geburt die besonders Gefährdeten waren. Einen Niederschlag dieses Bestrebens nach eigenen Kindern bilden die Impotenzprozesse. Sie sind bei allen Gerichten in relativ großer Zahl festzustellen, wobei stets die Frau als Klägerin auftrat. Für Augsburg sind z. B. im Jahr 1350 allein zehn derartige Verfahren belegt, von denen acht zur Nichtigerklärung der Ehe führten. Dabei wurde vielfach allein aufgrund der beeideten Aussage der Frau und der Feststellung vereidigter Hebammen, das Hymen der Frau sei noch unverletzt, die Impotenz des Gatten und damit die Nichtigkeit der Ehe erklärt. Manchmal wurde auch der Mann von einem Arzt untersucht und/oder der Siebenhändereid gefordert.[69] In einem früher entschiedenen Fall, bei dem vielleicht relative Impotenz vorlag, hat der Mann später mit einer anderen Frau fünf Kinder gezeugt. Daraufhin wurde das frühere Urteil kassiert und die beiden ehemaligen Gatten ange-

68 X 4.15.5. und 6, Friedberg II, Sp. 706–707; Novellen Justinians 22.6. Ausg.: *Summa Sancti Raymundi de Peniafort*, Roma 1603 (Farnborough 1967), Buch 4.16.5, Ausg. S. 561.

69 *Augsburger Gerichtsbuch*, a.a.O., fol. 49^r4 und 50^v1, 60^v2, 66^v4, 69^r4, 73^v1, 80^r3, 82^r5, 83^r4. Einen Fall vom 17. 12. 1348 dokumentiert Frensdorff, a.a.O., S. 23. Ebd., Anm. 20 dokumentiert er die Klage eines Mannes aus dem Jahr 1351, daß die Frau »nimis arcta« sei. Die Klage wird nach Untersuchung der Frau durch vereidigte Hebammen und deren Zeugnis abgewiesen.

wiesen, wieder das Eheleben aufzunehmen. Die Grundlage für die damalige Entscheidung war die beeidete Aussage der beauftragten Hebammen, die Frau sei noch Jungfrau gewesen. Ob es sich um eine relative Impotenz (»maleficium«) gehandelt hat, wird vom Gericht nicht in Erwägung gezogen. Gegen das Urteil appellierte der Mann.[70] Schließlich war die Ehe eines Kastrierten (»spado«) am 9. 3. 1350 zu überprüfen, die vom zuständigen Pfarrer angezweifelt worden war. Auf Grund der Aussagen beider Gatten über den erfolgten Verkehr kam das Gericht zur Entscheidung, daß die Ehe gültig sei, und das Gericht befahl dem Pfarrer, die Ehe zu dulden, den Gatten die Sakramente zu spenden und diese Entscheidung öffentlich bekannt zu geben.[71]

Auch in Pisa ist 1230 unter den wenigen dokumentierten Fällen die Auflösung einer Ehe wegen Impotenz des Mannes erfolgt. Beide »Gatten« beeideten die vergeblichen Versuche während sieben Jahren, »ein Fleisch zu werden«; der Erzbischof verfügte in einem Brief an den Pfarrer, daß die Frau außerdem von sieben oder fünf ehrenhaften Frauen zu untersuchen sei, wie es in solchen Fällen üblich sei. Nach der formgerechten Mitteilung dieser Untersuchung erklärte der Erzbischof diese Ehe für ungültig.[72] In Regensburg wurde bei den acht im Jahr 1490 geführten Prozessen aus diesem Grund stets gefordert, daß die Gatten erst die Triennalprobe beendeten, also drei Jahre zusammenlebten. Körperliche Untersuchungen wurden von diesem Gericht nicht angeordnet. In einem Fall hatte die Frau bereits nach acht Wochen Eheleben geklagt, weil trotz aller Versuche ein Verkehr nicht möglich war. Sie wollte jedoch »causa solacii« erkannt werden und auch Kinder haben. Der Mann behauptete, in erster Ehe bereits ein Dutzend Kinder gezeugt zu haben. Er fühlte sich von der Frau »malefiziert«, was wohl bedeutete, daß es in diesem Verhältnis um eine relative Impotenz ging.[73]

70 Dokumentiert von Frensdorff, ebd., S. 25.

71 Gedruckt von Frensdorff, ebd., S. 24. Erst Sixtus V. hat 1587 in seinem Schreiben *Cum frequenter* die zeugungsunfähigen *spadones* für eheunfähig erklärt. Siehe Kursawa, *Impotentia coeundi*, a.a.O, S. 179–182.

72 Dolezalek, *Das Imbreviaturbuch*, a.a.O., S. 154.

73 Dokumentiert von Weigand, *Liebe und Ehe*, a.a.O., S. 250f. und 278.

In entsprechenden Verfahren in England scheint der Siebenhändereid zur Bekräftigung der Aussage der Frau, deren körperliche Untersuchung sowie die Untersuchung des Mannes durch erfahrene Männer (Ärzte) selten vorgekommen zu sein.[74] Der Regelfall, wenigstens in den Metropolitangerichten von York und Canterbury, scheint eine Fortentwicklung der von Chobham vorgeschlagenen Potenzprüfung des Mannes durch weise Frauen gewesen zu sein.[75] Vom 13. bis 15. Jahrhundert wurden dort von Amts wegen mehrere ehrenhafte Frauen zu dem der Impotenz verdächtigen Mann geschickt, um seine Potenz zu prüfen. Mindestens eine von ihnen ließ ihren *sex appeal* spielen, entblößte die Brüste, manipulierte mit ihren eigens gewärmten Händen an seinen Genitalien, umarmte und küßte ihn.[76] Wenn sich nach einer gewissen Zeit beim Manne nichts regte, hatte er damit die Prüfung nicht bestanden. Die Frauen beschimpften ihn (»tunc una voce maledicebant«), weil er es gewagt habe, eine junge Frau zu heiraten und sie so zu betrügen, obwohl er gewußt habe, daß er dieser Frau keine Kinder schenken konnte.[77] Danach wurde dem Gericht das Ergebnis mitgeteilt und die Ehe annulliert, damit die Frau in einer anderen Ehe zu Kindern kommen konnte.

In Paris wurden zwischen 1384 und 1387 beim Offizialatsgericht nur zwei Fälle von Impotenz anhängig, die beide mit der Ungültigkeitserklärung der Ehe wegen Impotenz des Mannes endeten. Beweismittel waren ärztliche Gutachten über den Mann, in einem Fall auch der Eid der Frau sowie fünf oder sechs Glaubwürdigkeitszeugen, jedoch keine Untersuchung der Frau.[78] Anders und penibler waren die geforderten Beweise

74 Siehe Helmholz, *Marriage Litigation*, a.a.O., S. 89 Anm. 55.

75 Helmholz (ebd., S. 89) kennt offensichtlich die Aussagen Chobhams noch nicht, dessen Summe sechs Jahre vor dem Erscheinen seiner Studie gedruckt worden war.

76 »Ipsa iurata ostendebat mammillas suas denudatas ac manibus suis calefactis virgam et testiculos dicti Johannis palpavit et tenuit ac eundem Johannem amplexabatur et sepius osculabatur ac eundem Johannem ad ostendendum virilitatem et potentiam suam in quantum potuit excitavit, precipiendo sibi quod pro pudore tunc ibidem probaret et redderet se virum.« Helmholz, ebd., S. 89 Anm. 53.

77 Ebd., S. 89 Anm. 54.

78 Lévy, *L'officialité*, a.a.O., S. 1267 Anm. 9. Im zweiten dieser Fälle

beim Offizialatsgericht von Lausanne zwischen 1396 und 1400, wo von acht Eheverfahren die Hälfte Impotenzverfahren waren.[79] Damit ja keine Ehe aus diesem Grund vorschnell für nichtig erklärt werde, forderte der Offizial praktisch additiv alle Beweise einschließlich der Mittel gegen *maleficium* (Gebet und Sakramentenempfang) und der von Chobham vorgeschlagenen Anwesenheit weiser Frauen im nächtlichen Schlafzimmer (im französischen »procédure de« bzw. »du congrès« genannt). Letztere wurde nur im ersten Fall nicht gefordert. Hier sei der zweite Fall näher skizziert, der vom 26. 6. 1397 bis zum 10. 4. 1399 dauerte.[80]

Die Klägerin Margerite erschien persönlich vor Gericht und forderte, daß ihre Ehe mit Gerard aufgelöst werde, die vor zweieinhalb Jahren geschlossen worden war, jedoch nicht vollzogen werden konnte. Weil sie Mutter werden und Kinder haben wollte, möchte sie erneut heiraten. Beide werden genau vernommen, wobei der Mann im Alter von etwa 16 Jahren behauptet, schon mehrmals sexuelle Beziehungen mit Frauen gehabt zu haben (relative Impotenz?). Zunächst müssen beide ein weiteres Jahr im Haus der Klägerin zusammen wohnen. Weil sie in diesem Jahr nach ihren beschworenen Aussagen nur fünf- bis sechsmal vergeblich den Verkehr versucht hatten, müssen sie weitere sechs Monate ›experimentieren‹, wieder ohne Erfolg. Im Januar 1399 bestreitet der Mann seine Impotenz erneut, woraufhin er von einem Mediziner untersucht wird. Nach diesem Gutachten ordnet der Offizial an, daß beide drei Nächte lang beieinander wohnen, nachdem der Mediziner dem Beklagten sexuelle Stimulantien verabreicht hat. Als auch das nicht zum Erfolg führt, müssen beide drei weitere Nächte in einem Bett »nudus et nuda« in Anwesenheit zweier Matronen miteinander verbringen, die wieder ihr Gutachten abzugeben haben. Als das auch zu keinem eindeutigen Ergebnis führt, wird die Untersuchung der Kläge-

hatte die Frau Ehebruch gestanden, bei sechs Jahren Dauer der Ehe; die auferlegte Strafe sollte ihr erlassen werden, wenn sie ihren Komplizen heiratete.

79 Siehe J.-F. Poudret, »Procès matrimoniaux à la fin du XIVe siècle selon le plus ancien registre de l'officialité de Lausanne«, in: *Zeitschrift für Schweizerische Kirchengeschichte* 86 (1992), S. 7–46, S. 35–46 Druck der Impotenzprozesse.

80 Ebd., S. 27–29 und 38–41.

rin durch die beiden Matronen angeordnet, ob sie noch Jungfrau sei und überdies fähig zum Geschlechtsverkehr. Als alle diese Maßnahmen erfolgt und vor Gericht bewiesen waren, gab der Mann seinen Widerstand auf, und beide erbaten das endgültige Urteil, das am 10. 4. 1399 erfolgte: Die Ehe zwischen beiden wird für nichtig erklärt (»dissolvimus ipsosque ... separamus«), die Frau kann erneut heiraten, der Beklagte muß ihr alle Prozeßauslagen erstatten, die vom Gericht noch festzusetzen sind. Ähnlich waren die Schritte in den beiden folgenden Prozessen, auch wenn diese nur drei bzw. fünf Monate dauerten, weil die ersten langen Fristen wegfielen.[81]
Aus der Mitte des 15. Jahrhunderts ist das Urteilsbuch des Offizials von Brüssel (1448–1459) erhalten, das vor kurzem vollständig ediert wurde.[82] Aus der eherechtlichen Auswertung dieses Urteilbuchs[83] ergibt sich, daß dort in diesem Zeitraum vier Prozesse wegen Impotenz des Mannes geführt wurden, von denen zwei (1450) erst durch Anwendung der *procédure du congrès* entschieden werden konnten, d. h. daß beide für eine bestimmte Zeit (einige Nächte) den Beischlaf versuchten in Anwesenheit von »certi testes«, deren Gutachten den Prozeß entscheiden half.[84] Aus nordfranzösischen Prozessen um 1500 geht hervor, daß die Anwendung der *procédure du congrès* auch auf die Initiative der klagenden Frau zurückgehen konnte, wenn sie sich beschwerte, daß ein medizinisches Gutachten allein über die Beschaffenheit der männlichen Genitalien nicht genügen könne, um ein Urteil zu fällen. Es komme auf die Funktionsfähigkeit an.[85] Daher wurde der Beklagte beauftragt, mit seiner Frau acht

81 Ebd., S. 29–33 und 41–46.

82 C. Vleeschouwers/M. van Melkebeek, *Liber Sentenciarum van de officialiteit van Brussel 1448–1459*, t. I (1448–1454), t. II (1455–1459), Bruxelles 1982–1983.

83 Siehe M. Vleeschouwers/van Melkebeek, »Aspects du lien matrimonial dans le *Liber sentenciarum* de Bruxelles (1448–1459)«, in: *Tijdschrift voor Rechtsgeschiedenis* 53 (1985), S. 43–97.

84 Ebd., S. 74–92, teils in Auseinandersetzung mit Lefebvre-Teillard, die diese beiden Prozesse etwas anders interpretierte.

85 »Actrix dixit quod rapportus medicorum non est sufficiens ut dominus sententiam exinde ferre valeat ... quod solummodo loquetur de superficie membri virilis et testium naturalium et nullactenus de potentia vel impotentia naturali et presertim super erectione virge

Tage (bzw. Nächte) zu schlafen in Anwesenheit einer bestimmten zuverlässigen Frau.[86] Auf deren gutachterliche Stellungnahme hin wurde dann das Urteil gefällt.
Diese Prozedur war nicht unumstritten. Von den großen Kanonisten erwähnte sie anscheinend zuerst Johannes Andreae im 14. Jahrhundert unter Berufung auf den französischen Kanonisten Abbas (»antiquus«), indem er diesen Wahrheitsbeweis vorschlägt bei unterschiedlichen Behauptungen von Mann und Frau, wobei wie bei Thomas von Chobham nur Frauen als Fachleute zugezogen werden.[87] Thomas Sanchez, der Klassiker des kanonischen Eherechts, lehnte um 1600 diese Methode als eine »res turpissima« ab, weil sie die anwesenden Frauen oder den Mann selbst zur Libido reizen könnten (das ist ja gewünscht), oder – und das ist wahrscheinlicher – »forte prae pudore membrum virile contraheretur, nec ad coitum erigi posset«.[88] Trotzdem wurde diese Methode in Frankreich auch im 16. und 17. Jahrhundert angewandt, bis sie das französische Parlament am 18. Februar 1677 nach dem berühmten Prozeß des Marquis de Langey verbot, der in 2. Ehe dann sieben Kinder bekam und dieses Verbot anstrebte.[89] Jedenfalls sehe ich in der ›Erfindung‹ und so langen Anwendung dieser Beweismethode ein so nicht zu erwartendes, unkonventionelles Entgegenkommen kirchlicher Gerichte den Frauen gegenüber, was sich allerdings im

quare dixit quod dictus Thomas debet experiri.« Lefebvre-Teillard, a.a.O., S. 109 Anm. 109.

86 »... demum ordinatum quod cubaret cum eadem francisca per octo dies et cum quadam matrona quid fecit.« Ebd., Anm. 110.

87 »... et si iurat quod possit, cogetur sustinere quod mulieres hoc inspiciant tempore coitus ...« Johannes Andreae, *In quartum Decretalium librum Novella Commentaria, de frigidis et maleficiatis* cap. 5 (X 4.15.5 n. 5), Ausg. Venetiis 1581, fol. 48[b].

88 *De sancto matrimonii sacramento*, Antwerpen 1607, lib. VII. disp. 109 n. 15.

89 Vleeschouwers, a.a.O., S. 89 unter Berufung auf P. Darmon, *Le tribunal de l'impuissance*, Paris 1979, S. 219–223. Dieses Buch Darmons, das sich nur auf Sekundärliteratur stützt, wurde 1985 in London in englischer Übersetzung gedruckt: *Trial by impotence*. Darmon spricht sogar von einer Verfolgung der impotenten Männer durch die Kirche (übersieht jedoch die evidente Sehnsucht der betroffenen Frauen); siehe Murray, *On the origins*, a.a.O., S. 241.

konkreten Fall zuungunsten des Mannes auswirken konnte und mußte. Daher sollte das Gerede über eine generelle Schlechterstellung der Frau durch die mittelalterliche Kirche allmählich revidiert werden und einer sachgerechteren Beurteilung Platz machen.

3. Verhalten in der Ehe und Ahndung von Fehlverhalten

Für das Verhältnis von Mann und Frau in der Ehe waren und sind verschiedene Bibelstellen von Belang, darunter aus dem zweiten Schöpfungsbericht in Gen. 2.18–24 der Bericht über die Erschaffung der Eva als einer Gehilfin für den Mann (»adiutorium simile sibi«). Gegen Ende wird in Vers 23 die Gleichheit beider mit der Ähnlichkeit der Namen beider sowie mit dem Ein-Fleisch-werden betont (Vers 24), was im Neuen Testament mehrfach zitiert wird. Beachtlich ist jedenfalls die theologische Ausdeutung der Erschaffung Evas aus einer Rippe Adams durch Petrus Lombardus, der damit ihre Gleichheit mit dem Mann angedeutet sieht; denn sie wird erschaffen »ad coniugalem societatem«. Sie soll weder Herrin noch Dienerin des Mannes sein, weswegen sie auch nicht vom Kopf oder Fuß des Mannes gebildet worden sei.[90] In Verbindung mit dem früher zitierten Text betont Paulus die wechselseitige Verpflichtung von Mann und Frau, einander auch leiblich verbunden zu sein, weil jeder dem anderen die Pflicht zu leisten hat: »debitum reddat« (1 Kor. 7.3), da jeweils Recht und Pflicht der Gatten einander entsprechen.

Während hierin keine Abwertung des Geschlechtlichen zu sehen ist, hat eine Aussage Gregors I. in seinem großen Schreiben an Augustin von England negativ gewirkt. Im Blick auf die römische Gepflogenheit, daß sich der Mann nach dem Verkehr mit seiner Frau wäscht und ein wenig mit dem Besuch der Kirche wartet, bemerkt er, daß die Lust nicht ohne Schuld sein kann, wozu er noch auf den Psalm 50(51).7 verweist: »In Schuld bin ich geboren.«[91] Von anderer Art sind die Anweisungen des Tho-

90 Sententiae 4.28.4.1, Ausg. a.a.O., II S. 435.

91 Im Dekret Gratians als C. 33 q. 4 c. 7 enthalten: »quia voluptas ipsa sine culpa esse nullatenus potest«. Friedberg I, Sp. 1249. Auch von

mas von Chobham für das Verhältnis von Mann und Frau, die der Beichtvater ihnen vermitteln soll. Nach dieser Sicht sollen die Frauen Predigerinnen (»predicatrices«) für die Männer sein, was ihnen direkt als Buße aufzuerlegen sei. Die Frau soll sogar im Bett während der Umarmungen den Mann von seinen Fehlern abzubringen suchen, etwa einen harten oder geizigen Mann zum Wohltun anregen usw.[92] Der Mann ist zu belehren, daß er seine Frau gut behandele und ihr die geschuldete Ehre wie einem Teil seines Leibes erweise; wenn sie töricht sei, solle er sie mäßig zurechtweisen und, wenn nötig, züchtigen. Nichts dürfe ihm aber teurer sein als seine Frau.[93] Ein Züchtigungsrecht des Mannes über die Frau sieht also Thomas (im Notfall?) gegeben, stellt es aber nicht auf eine Stufe mit dem Züchtigungsrecht der Eltern ihren Kindern gegenüber.[94]

Für das Verhältnis der beiden Gatten ist der eheliche Umgang von höchster Bedeutung. Vermutlich beeinflußt von der erwähnten Paulusstelle ist dabei in unseren Quellen kaum einmal von der Liebe die Rede, sondern mehr von der gegenseitigen Pflicht und der moralischen Bewertung des ehelichen Umgangs. Nach Gratian ist der Verkehr zur Erzeugung von Nachkommenschaft gut, der zur Vermeidung der Unenthaltsamkeit und zur Befriedigung der Lust eine läßliche Sünde.[95] Rufin dagegen differenziert genauer und sagt, daß ein Verkehr auf Bitten des Partners oder aus eigenem Antrieb im Blick auf Nachkommenschaft gut und ohne jede Sünde sei, ein Verkehr zur Vermeidung der (eigenen) Unenthaltsamkeit sei eine läßliche Sünde, der nur

Petrus Lombardus in seine Sentenzen übernommen: 4.31.8.2, Ausg. a.a.O., II S. 450.

92 Ausg. Broomfield, a.a.O., S. 375: »Debet enim in cubiculo et inter medios amplexus virum suum blande alloqui, et si durus est ... si raptor est ...«

93 Ebd.: »et si opus fuerit castiget ... nihil debet ei esse carius uxore sua.«

94 Wenn nämlich Thomas die Fälle des erlaubten Schlagens (»percussio licita«) anführt, ist die Frau nicht dabei; ebd., S. 420: »Licet enim parentibus filios suos et subditos suos virgis castigare et magistro discipulos suos ...«

95 C. 32 q. 2 p.c. 2, Friedberg I, Sp. 1120: »Quod enim preter intentionem generandi fit, non est nuptiarum malum, sed est ueniale propter nuptiarum bonum.«

zur Befriedigung der Lust (»libido«) dagegen schwer sündhaft.[96] Zum Beleg dafür beruft er sich auf Hieronymus, der eine dem Sextus zugeschriebene Sentenz anführt, wonach der ein Ehebrecher sei, der seine Frau zu feurig liebe.[97] Diese Lehre Rufins wurde von zahlreichen Autoren übernommen und bildete die vorherrschende Meinung der Autoren.[98]

Es gab allerdings auch Rigoristen, darunter Gandulphus und besonders Huguccio, für die kein Verkehr ohne Sünde war, weil das Empfinden der Lust nie ohne Sünde sein könne, wie es in dem erwähnten Brief Gregors I. heißt. Huguccio ist zwar grundsätzlich der gleichen Meinung wie Rufin bezüglich der vier Motive für den ehelichen Verkehr und deren Bewertung, aber wenn auch der Verkehr selber keine Sünde sei, so sei doch die begleitende Lust eine (leichte) Sünde.[99] Er erläutert auch genau den Unterschied zwischen einem Verkehr um der Unenthaltsamkeit willen (wenn die Erregung zuerst da war) und nur zur Befriedigung der Lust. In letzterem Fall provoziere der Wille erst die Lust durch Gedanken, Berührungen oder sonstige Stimulantien, weshalb ein solcher Verkehr schwere Sünde sei.[100] Huguccio und die meisten Autoren wählen ihre Beispiele im Blick auf den Mann, der sexuell als der aktivere und darum auch Gefährdetere erscheint. Allerdings akzentuiert er gelegentlich auch anders, um nämlich den Vorwurf zu entkräften, daß der Mensch jedesmal sündigen müsse, falls kein Verkehr ohne Sünde sei, wenn er zur Erfüllung der ehelichen Pflicht, also auf Bitten des Partners erfolge. Hierzu konstruiert Huguccio den umgekehrten Fall, daß nämlich die Frau den Verkehr erbittet. In dieser Situation habe der Mann nach ihm die Möglichkeit, seinen Körper der Gattin zur Verfügung zu stellen, ohne selbst die Lust zu suchen. Sobald

96 Zu C. 32 q. 2 p. c. 2, Ausg. Singer, a.a.O., S. 479f.

97 In Gratians Dekret C. 32 q. 4 c. 5, Friedberg I, Sp. 1129: »Adulter est in suam uxorem amator ardentior.«

98 Einige Beispiele hierfür bietet Weigand, *Liebe und Ehe*, a.a.O., S. 25–34, auch für die rigoristische Ansicht und deren Überwindung.

99 Zu C. 32 q. 2 q. c. 2: »Set siue coitus sit peccatum siue non, nunquam tamen fit sine peccato, quia semper fit et exercetur cum quodam pruritu et quadam uoluptate.« Weigand, ebd., S. 29 Anm. 140.

100 »In secundo preuenit uoluptatem et prouocat eum manibus uel cogitatione uel utendo calidis et incentiuis ut pluries cum uxore coire ualeat.« Ebd.

die Frau die Befriedigung gefunden habe, könne sich der Mann zurückziehen, ohne selbst die geschlechtliche Befriedigung zu erleben, weshalb er dann in diesem Falle frei von jeder Sünde sei.[101] Huguccio empfiehlt also eine Art *coitus interruptus*, wenn auch aus anderen Gründen als er vor Jahrzehnten vielfach praktiziert wurde.

Aus solchen Texten wird trotz aller Absonderlichkeiten deutlich, wie sehr Mann und Frau Verantwortung füreinander tragen, auch und gerade im ehelichen Intimleben. Die Priester wirkten z. B. in der Seelsorge, speziell bei der Beichte, darauf hin, daß die beiderseitige Verantwortung geübt und die Liebe gewahrt wurde. Wenn aber ein Partner sich nicht richtig verhielt, konnte bei einer Visitation der Übeltäter angezeigt und durch Strafe zur Besserung gebracht werden, was hier nicht untersucht werden kann. Auf Antrag eines Partners konnte bei gravierenden Vergehen, häufiger des Mannes, die Sache auch in einem Gerichtsverfahren verhandelt und u. U. eine Trennung verfügt werden. Dazu nun einige Beispiele, hauptsächlich zu Mißhandlungen der Frau durch den Mann und wegen Ehebruchs.

In der Diözese Augsburg wurden 1350 nur zwei Klagen aus diesem Grund eingebracht: Die Klage eines Mannes auf Getrenntleben, da seine Frau ihm nach dem Leben strebe, blieb ohne Entscheidung. Die Klage einer Frau auf Trennung wegen »saeviciae« des Mannes wurde insoweit bejaht, als ihr das Getrenntleben von ihrem Mann gestattet wurde, bis er genügend Sicherheit für das friedliche Zusammenleben geleistet habe.[102] In

101 D. 13 pr.: »In quarto exemplo, scilicet de uxore petendi debitum dico quod ... possum ei reddere debitum sine omni peccato. Coniugem reddere debitum coniugi nil aliud est quam facere ei copiam sui corporis ad rem uxoriam. Vnde sepius aliquis reddit debitum uxori ita quod ipse non explet uoluntatem suam etc. econtra. Ergo in premisso casu possum sic reddere debitum uxori et expectare ita quousque ipsa expleat uoluntatem suam. Inmo sepe in talibus mulier solet preuenire uirum et expleta uoluntate uxoris in carnali opere si uolo possum liber ab omni peccato discedere uoluptati mee non satisfaciens.« Vat. lat. 2280, fol. 12rb.

102 *Augsburger Gerichtsbuch*, a.a.O., fol. $54^r3/^v1$, 62^r5; einen ähnlichen Fall aus dem Jahr 1349 dokumentiert Frensdorff, a.a.O., S. 34f. Aus diesem Grund wird also durchwegs nur ein vorübergehendes Getrenntleben gestattet, wie sich noch deutlicher zeigen wird.

Regensburg wurden 1490 zwölf Klagen von Frauen wegen Gewalt des Mannes erhoben, von denen jedoch nur eine zur Trennung von Tisch und Bett führte. In einem Fall vom 26. 2. 1490 versuchte der Mann zunächst die Klagen wegen der grausamen Mißhandlungen (die Frau beschuldigte ihn auch, daß er »lunaticus« oder sonst irgendwie krank sei) auf die sozusagen üblichen ehelichen Streitigkeiten abzuschwächen, bei denen er die Frau nur mit seinen bloßen Händen geschlagen und an den Ohren gezogen habe. Er wisse nicht, ob es bis zu Verletzungen gekommen sei. Er gestand auch zu, daß er ihr einen Schlüsselbund nachgeworfen habe, von dem die Frau sagte, daß er etwa 1 Pfund schwer war. Die Frau behauptete ferner, daß ihr Mann sie eines Abends (fast) getötet hätte, wenn sie nicht mit der Hilfe eines Priesters ihm entkommen wäre. Nach langen weiteren Untersuchungen wurde zwar nicht das Getrenntleben gestattet, aber der Mann mußte Kautionen leisten, wobei auch der Dorfschulze eingeschaltet wurde. Die daraufhin erfolgte Appellation des Mannes wurde als frivol und damit unwirksam eingestuft.[103] In einem Prozeß am 8. 3. 1490 war es ähnlich, wobei ein Diener der Frau zu Hilfe kam, als sie der Mann bedrohte. Bei den verschiedenen folgenden Verhandlungen vor dem Richter wurde der Mann schließlich soweit überzeugt, daß er genügende Kautionen leistete, und ihm eine Strafe von 10 Gulden bei Zuwiderhandeln angedroht wurde. Aber bereits im Juli klagte die Frau erneut vor Gericht, daß der Mann grausam gegen sie gewesen sei, wie die stigmata unter den Augen und an sonstigen Stellen, die sie bereit sei zu zeigen, erweisen würden. Er gestand die Schläge zu, meinte aber, er habe ihr ja keine Glieder gebrochen. Sie war jedoch nicht willens zu warten, bis solches eintraf. Daraufhin wurde er sogar vor dem Richter sehr ausfällig gegen sie und drohte ihr. Erst jetzt wurde das vorläufige Getrenntleben gestattet und die Zurückgabe der *dos* verfügt. Nur wenn er eine echte Sicherheitsleistung unter Einbeziehung des Schultheißes gegeben habe, sei das Eheleben wieder aufzunehmen.[104] In dem Verfahren, das vom 25. 8.–1. 10. gedauert hat und in dem mindestens sieben Zeugen vernommen wurden, erhielt die Frau schließlich die Erlaubnis zum Getrenntleben, weil

103 *Regensburger Gerichtsbuch*, a.a.O., fol. 41^v.
104 Ebd., fol. 49^v.

der Mann »ultra modum coniugalis castigationis saevivisse adeo«, daß die Frau ohne eine geeignete und genügende Sicherheitsleistung nicht zum weiteren Zusammenleben mit ihrem Mann genötigt werden könne. Allerdings galt diese Erlaubnis nur so lange, bis der Mann entsprechende Kautionen geleistet habe, und zwar »ad arbitrium iudicis saecularis, sub cuius jurisdictione partes morantur«.[105] In den übrigen Fällen wurde das weitere Zusammenleben befohlen, meist mit der ausdrücklichen Ermahnung des Mannes, sein Züchtigungsrecht nicht zu überschreiten.

In England kamen nach den Forschungen von Helmholz Gerichtsverfahren auf Trennung von Tisch und Bett nicht häufig vor, und fast alle diese Fälle wurden wegen Mißhandlungen (»cruelty«) eingebracht. Sie wurden sehr flexibel und zurückhaltend behandelt.[106] In erster Linie ging es dem Richter um eine Wiederversöhnung und die Sicherung des ungestörten Ehelebens. In einem solchen Fall wurde der Frau beispielsweise jedoch zugestanden, falls ihr Mann sie wieder schlecht behandelte (»male pertractaverit«) und sie das durch zwei Zeugen beweisen könne, daß sie von da an getrennt von ihrem Mann »quoad thorum et mutuam servitutem« leben könne.[107]

In Paris wurden von 1384–1387 etwa 100 Verfahren mit dem Ziel geführt, ein Getrenntleben der Gatten zu erreichen (weil an eine Ehescheidung nicht zu denken war). Viele dieser Klagen waren anhängig wegen *austeritas* oder *saeviciae* des Mannes, nämlich 42, außerdem 23 wegen schlechten Verhaltens des Mannes (nur zwei wegen schlechten Verhaltens der Frau) und 23 wegen Verschwendung der Güter. In diesen Jahren wurde in Paris 52mal die *separatio bonorum* gewährt, d. h. getrennte Wohnung, oft nach schon vorausgegangener einvernehmlicher Trennung; in 41 Fällen wurden Auflagen erteilt oder Versprechen verlangt.[108] Wie wichtig solche Trennungsverfahren genommen wurden, ergibt sich u. a. aus ihrer oft langen Dauer. In Paris dauerte ein solches Verfahren vom 22. 12. 1384 bis zum

105 Ebd., fol. $131^v/132^r$; Dokumentation bei Weigand, *Liebe und Ehe*, a.a.O., S. 281 f.

106 Helmholz, a.a.O., S. 101; zum Problem insgesamt S. 100–107.

107 Ebd., S. 101 Anm. 101.

108 Lévy, *L'officialité*, a.a.O., S. 1277–1281.

11. 3. 1387 und endete erst notgedrungen mit der »contumax«-Erklärung des Beklagten.[109]

Einvernehmliche Trennungen des Ehelebens sind mir in dieser Form nur in Augsburg begegnet. Dort wurden im Jahr 1350 auf Bitten beider Partner 14 Trennungen ausgesprochen. Beide Gatten erschienen vor dem Richter und erklärten, aus bestimmten Gründen, meist »causa servandae castitatis« genannt, getrennt leben zu wollen. Nachdem sie unter Eid versprochen hatten, die Keuschheit zu wahren, wurde ihnen das Getrenntleben gestattet und der Pfarrer angewiesen, das zu dulden und ihnen weiter die Sakramente zu spenden.[110]

Eine Kombination mehrerer Verfehlungen des Mannes und der Reaktion der Frau darauf lassen sich in einem Verfahren von 1230 vor dem Erzbischof von Pisa erkennen.[111] Der Mann Adiutus wollte erreichen, daß seine Frau wieder zu ihm heimkehre samt allen Gegenständen, die sie aus seinem Haus mitgenommen hatte. Sie machte dagegen geltend, daß er sie beleidigt (oder angegriffen: »offenderet«) und außerdem eine Geliebte im Haus habe. Wenn sie zu ihrem Mann kommen sollte, müsse er ihr ausreichende Sicherheit leisten und die Geliebte zuvor endgültig entlassen haben. Das schwor ihr Mann vor dem Erzbischof, der zusätzlich eine Sicherheitsleistung von 100 Pfund für die Frau verlangt, die sogar dinglich auf alle seine Güter notariell verbrieft wurde. Nur so wurde die Frau verpflichtet, wieder zu ihrem Mann ins Haus zurückzugehen. Beide wurden zu entsprechendem guten Eheleben veranlaßt.

In Augsburg scheint leichter als anderswo bei behauptetem und vom Partner bewiesenen Ehebruch die Trennung von Tisch und Bett erfolgt zu sein. Dort wurden 1350 z. B. sämtliche 14 Verfahren auf Trennung von Tisch und Bett wegen Ehebruchs (meist der Frau) im Sinn der Klage entschieden.[112] In einem weiteren Verfahren klagte eine Frau, wegen deren Ehebruchs Jahre zuvor die Trennung gewährt worden war, auf Wiederher-

109 Ebd., S. 1278 Anm. 92.

110 *Augsburger Gerichtsbuch*, a.a.O., fol. 48^r4, 50^r1, 52^r3 u. ö. Ein entsprechendes Urteil aus dem Jahr 1349 bietet Frensdorff, a.a.O., S. 35.

111 Dolezalek, a.a.O., Nr. 9, S. 96f.

112 *Augsburger Gerichtsbuch*, a.a.O., fol. 45^v3, 46^v4 u ö.

stellung der Lebensgemeinschaft, da inzwischen auch der Mann mit einer anderen Frau Ehebruch begangen habe. Dem Mann wurde die Wiederaufnahme des Ehelebens befohlen, »cum paria delicta mutua compensatione tollantur«.[113] In Regensburg wurden 1490 von Frauen 23 Anträge auf Trennung von Tisch und Bett wegen Ehebruchs des Mannes gestellt. In elf Fällen wurde diese Trennung gewährt, zweimal wurde Kompensation festgestellt wegen beiderseitigen Ehebruchs.[114] In den übrigen Fällen erschien die Klage nicht (genügend) bewiesen. Im gleichen Zeitraum wurde dieses Begehren 15 mal von Männern eingebracht, von denen nur fünf im Sinn der Klage entschieden wurden, zweimal wurde Kompensation infolge beiderseitigen Verschuldens festgestellt, die übrigen Klagen erschienen nicht (genügend) begründet. Bei den Trennungen wegen Ehebruchs des Mannes mußte dieser auch die *dos* der Frau herausgeben, mehrfach wird die Summe von 2 Pfund Regensburger Pfennigen genannt. Das Verfahren wegen Ehebruchs der Frau vom 21. 4. 1490 zeigt die Vorgeschichte auf, die von einer relativen Selbständigkeit der Frau damals zeugt. Nach 12 Ehejahren in Neunburg (vorm Wald) war sie als »famula« längere Zeit beim »Hofwirt« in Regenstauff tätig, das ca. 40 km entfernt liegt. Dort habe sie so enge Beziehungen zu einem Schreiner unterhalten, der dort ein Chorgestühl einrichtete, daß beide sogar als Eheleute eingeschätzt worden seien. Sie leugnete jede Intimbeziehung mit diesem Mann, der als Untermieter in dem Gasthaus weilte. Nach über zwei Monaten endete das Verfahren. Die Trennung wurde wegen Ehebruchs der Frau ausgesprochen, jedoch wie in solchen Fällen üblich auf die Pflicht zur völligen Enthaltsamkeit bis zur Wiederversöhnung aufmerksam gemacht.[115] Lévy registriert aus dem Gerichtsbuch von Paris 1384–1387 lediglich 21 Verfahren angestrebter Trennung der Gatten wegen Ehebruchs. Achtmal wurde die weitergehende Trennung *quoad thorum* gewährt (sechsmal wegen Ehebruchs der Frau, zweimal wegen Ehebruchs des Mannes); zweimal wurde wegen Ehebruchs nur die einfache Trennung gewährt, mehrmals einfache Strafen ausgesprochen oder Auflagen erteilt.[116]

113 Ebd., fol. 64^{v}1, gedruckt von Frensdorff, a.a.O., S. 34.
114 *Regensburger Gerichtsbuch*, a.a.O., fol. 112^{r} und 125^{r}.
115 Ebd., fol. 74^{r}.
116 Lévy, *L'officialité*, a.a.O., S. 1277f. mit Anm. 86.

Worin aber hat sich die weitergehende (vollständige) Trennung des Ehelebens (*quoad thorum* oder *corporum* genannt) von der nur teilweisen Trennung der Lebensgemeinschaft (*quoad mensam* oder *bona*) unter prinzipieller Aufrechterhaltung des Rechtes und der Pflicht zum ehelichen Verkehr unterschieden? Wie war überhaupt diese Unterscheidung im konkreten Leben möglich? Während die deutschen und englischen Gerichtsbücher darauf keine klare Antwort geben, läßt sich das aus den nordfranzösischen Gerichtsbüchern sehr klar veranschaulichen. Die von Lefebvre-Teillard untersuchten Bücher speziell des beginnenden 16. Jahrhunderts[117] geben nämlich nicht allein detailliert Auskunft über die diesbezüglichen Verfahren samt Partei- und auch Zeugenaussagen, sondern auch über das genaue Urteil samt den Vorsichtsmaßnahmen zur friedlichen Trennung unter Aufrechterhaltung des Rechts auf gegenseitigen Intimverkehr. Bei der nur teilweisen Trennung galt das auf 1 Kor. 7.2–5 gestützte eheliche Recht weiter: »iure thori reservato«[118], wie stets beigefügt wurde. Gelegentlich mußten die beiden sogar schwören, einander die eheliche Pflicht zu leisten, so oft der andere das an einem sicheren und angemessenen Ort verlangte.[119] Je nach Sachlage mag die Ausübung dieses Rechtes ein theoretisches geblieben sein oder wieder zu neuen Auseinandersetzungen geführt haben. Vor allem für die Frau, die vielleicht wegen Grausamkeiten des Mannes während der Ehe von ihm getrennt leben durfte, mußte die Gewähr gegeben sein, daß sie keine Übergriffe fürchten mußte und alles zumutbar war. Bei einer nachträglichen Klage des Mannes auf ehelichen Umgang mit der getrennt lebenden Frau entschuldigte sie sich z. B. damit, daß sie gerne ihm zu Willen wäre, wenn er zu angemessener Zeit in ihr Haus komme und sich ehrenhaft verhalte.[120] In einem anderen Fall legte der Richter dem um sein eheliches Besuchsrecht bei der getrennt lebenden Frau klagenden Mann nach Vorschlag der Frau auf, er solle

117 Lefebvre-Teillard, *Les officialités*, a.a.O. (s. Anm. 10), S. 187–200.

118 Ebd., S. 186 und 198.

119 Ebd., S. 198 Anm. 256: »per iuramento medium (tenti) reddere debitum coniugale sibi invicem dum et quotiens alter ipsorum alteri requisierit in loco tuto et honesto.«

120 Ebd., S. 199 Anm. 262: »Dummodo veniat actor ad domum hora debita et se honeste gubernet.«

noch am selben Tag ein Bett, Lebensmittel und anderes Nötige ins Haus des Vaters der Frau bringen[121], damit er zu seinem Ziel kommen könne.
Bei einigen Verfahren mußte der Richter nicht nur die Häufigkeit des Besuches, sondern auch die Tage hierfür festlegen, wobei er bei Widerstreben der Frau sogar mit der Exkommunikation oder Kerkerstrafe drohen konnte, damit sie ihm jeweils am Sonntag, Dienstag und Donnerstag den ehelichen Besuch gestattete.[122] So konkret wurde das eheliche Recht auch nach Aufhebung der gemeinsamen Wohnung wahrgenommen, eingeklagt und durchgesetzt.

121 Ebd., Anm. 263: »Dominus auditis partibus ordinavit quod ipse reus hodie adibit domum patris ree prout alias obtulit et defferet inibi unum lectum, victualia et alia necessaria.«

122 Ebd., S. 200 Anm. 267: »Dominus ordinavit quod tribus diebus in hebdomada videlicet die dominicus, martis et jovis reddet rea debitum coniugale sub pena excommunicationis et decem librarum parisiensium et inhibuit actori ne verberet ream et rea ne iniuriat aut forefaciat etiam matri eiusdem ree.«

Johannes Schwitalla

Textsortenstile und Textherstellungsverfahren in Ehetraktaten des 15. und 16. Jahrhunderts

1. Vorbemerkungen

Jede Textsorte birgt in sich Interpretationshintergründe ihrer eigenen Produktion und Rezeption. Für solche grundlegenden Weisen des Verstehens von sprachlichen (und nicht nur sprachlichen) Handlungen haben Gregory Bateson und Erving Goffman die Metapher ›Rahmen‹ eingeführt.[1] Ein Rahmen definiert, was an welchem Ort, zu welcher Zeit, unter welchen Personen als ›normales Handeln‹ gelten kann. Textsorten setzen solche Rahmen voraus; sie sind sehr komplexe Anleitungsmuster zur Erstellung von Texten, die in bestimmten sozialen Gruppen mit ihren jeweils spezifischen sozialen Normen und Wissenskompetenzen gebraucht, gesellschaftlich für bestimmte wiederkehrende Probleme ausgebildet und innerhalb bestimmter Kommunikationssituationen konsumiert werden.[2]
Es ist deshalb für Wissensbestände nicht gleichgültig, in welchen Textsorten sie mitgeteilt werden. Um es für das Thema, wie sich Männer und Frauen zueinander verhalten (sollen), an einem krassen Gegensatz klarzumachen: Ob ein solches Thema Teil eines Schwanks ist oder Teil eines Katechismus, macht einen erheblichen Unterschied aus. In beiden Fällen sind ganz andere Rezeptionshaltungen und -erwartungen, Wissenshintergründe und thematische Aspektualisierungen, soziale Rollen und Kommunikationssituationen als normal vorausgesetzt.
Seit der Mitte des 15. Jahrhunderts erscheinen in Deutschland volkssprachliche Texte, die sich ausschließlich mit dem Thema ›Ehe‹ beschäftigen. Wenn ein Laie aus *schriftlichen* Texten etwas

1 Erving Goffman, *Rahmen-Analyse. Ein Versuch über die Organisation von Alltagserfahrungen*, Frankfurt am Main 1980.

2 Zum Gesamtthema Textsorte und Ehe-/Geschlechterverständnis vgl. auch die Einleitung von Rüdiger Schnell zu diesem Band.

über die Ehe wissen wollte, so konnte er in einem der vielen katechetischen Kompendien den Eheabschnitt des Sakramententeils lesen (oder sich vorlesen und erklären lassen). Ansonsten war dieses (Normen-)Wissen noch *mündlich* vermittelt (Predigt). In einem katechetischen Traktat aus der Zeit um 1400 heißt es, wenn man wissen wolle, wie man sich in der Ehe verhalten solle, dann solle man sich an den Beichtvater wenden.[3] Der konnte dann den Fragenden aus einem lateinischen Pönitentialbuch oder vielleicht aus einer deutschen Bearbeitung darüber informieren, was verboten und was erlaubt war, mit welcher Einstellung, zu welchen Zeiten und Umständen, mit welchen Sündenkonsequenzen die Eheleute miteinander schlafen durften oder nicht.[4]

Vor der zweiten Hälfte des 15. Jahrhunderts (und durch Abschriften und Drucke noch lange Zeit danach) war das Thema ›Ehe und Geschlechterverhältnis‹ immer *Teil* eines Textes. Dafür kommen unterschiedliche Texttraditionen mit ihren je spezifischen sozialen Räumen und Rollen in Betracht:

1. Die Vermittlung des kanonischen Rechts und der scholastischen Theologie außerhalb der Universitäten in der Form lateinischer Pönitentialsummen (Johannes' von Freiburg *Summa confessorum*), deren wichtigste deutsche Bearbeitung Bruder Bertholds *Rechtssumme* ist. Unter dem Buchstaben E handeln 65 Kapitel über die Ehe.[5]

2. Die von vornherein für Laien auf deutsch geschriebenen katechetischen Schriften, die von Zusammenstellungen der Grundtexte und -wahrheiten (10 Gebote, 7 Hauptsünden, 7 Sakramente, Vaterunser, Ave Maria, Glaubensbekenntnis usw.) über kommentierte Erweiterungen bis zu individuell ausgebauten katechetischen Traktaten des späten 14. Jahrhunderts reichen (Heinrichs von Langenstein *Erchantnuss der sund*, Martins von Amberg *Gewissensspiegel*, später Stephans von Landsberg *Die Himmels-*

3 Egino Weidenhiller, *Untersuchungen zur deutschsprachigen katechetischen Literatur des späten Mittelalters*, München 1965, S. 151.

4 Josef Georg Ziegler, *Die Ehelehre der Pönitentialsummen von 1200–1350*, Regensburg 1956, S. 232–258.

5 Marlies Hamm/Helgard Ulmschneider (Hg.), *Die ›Rechtssumme‹ Bruder Bertholds. Untersuchungen I*, Tübingen 1980; Helmut Weck, *Die ›Rechtssumme‹ Bruder Bertholds. Eine deutsche abecedarische Bearbeitung der ›Summa Confessorum‹ des Johannes von Freiburg*, Tübingen 1982.

straße, 1464/65).[6] Diese Texte thematisieren Ehe und Sexualität in Form von Erklärungen des Sakramentes der Ehe (Ehehindernisse) und der Sünden, die gegen sie verstoßen (so das *Confessionale*, vgl. Weidenhiller, a.a.O., S. 118), des 6. und 9. Gebots einer Dekalogerklärung oder eines Beichtspiegels (*Eine gute Beicht*), schließlich von Kommentaren zum Laster der Unkeuschheit.

3. Lehrtexte mit Verhaltensregeln des alltäglichen Lebens (Beruf, Arbeit, Essen und Trinken, Liebe und Ehe etc.), z. B. Dietrich Engelhus' *Regule der Leyen*[7], der Stände- und Berufsbeschreibungen (*Tafel der christlichen Weisheit* bei Weidenhiller, a.a.O., S. 90) oder der Totentänze.

4. Kompendien und Kompilationsschriften des 14. Jahrhunderts, welche die lateinischen Werke der Scholastik exzerpieren oder übersetzen (*Das Buch der Tugenden*, 14. Jahrhundert).

5. Predigten über die Ehe, sei es als Themapredigt (Berthold von Regensburg) oder im Anschluß an die jährlich wiederkehrende Evangelienlesung der Hochzeit zu Kana.[8]

6. Im Bereich der Dichtung: Frauenspiegel mit Frauenschelte und Frauenpreis.[9]

Die Spezialisten für das Thema ›Ehe und Sexualität‹ waren also meist Kleriker, die studiert hatten. Ihr Blick war ein juristischer und theologischer. In dem zu untersuchenden Zeitraum zwischen ca. 1450 und ca. 1550 hatte sich durch den Buchdruck eine Öffentlichkeit hergestellt, die bis dahin einmalig war. Zu Beginn dieses Zeitabschnitts gab es aber unter den Autoren, die deutsch schrieben, noch keinen Konsens darüber, welche syntaktischen und textstrukturellen Mittel verwendet werden sollten, die es erlaubten, die kognitiven und normativen Inhalte, die vorher im Kommunikationsraum der Universitäten eigene Textsorten hat-

6 Katechismussammlungen kleinerer Werke in: Johannes Geffcken, *Bildercatechismus des fünfzehnten Jahrhunderts*, Leipzig 1855, und in Weidenhiller, a.a.O.

7 Franz-Joseph Worstbrock, »Engelhus«, in: *Die deutsche Literatur des Mittelalters. Verfasserlexikon* [= VL], hg. von Kurt Ruh u. a., Berlin/New York, Bd. 2, 1980, S. 559f.

8 Vgl. dazu den Beitrag von Rüdiger Schnell in diesem Band.

9 Elisabeth Lienert, *›Frau Tugendreich‹. Eine Prosaerzählung aus der Zeit Kaiser Maximilians I. Edition und Untersuchungen*, München 1988, S. 97ff., 199ff.

ten, in einer sachlich angemessenen und pädagogisch überzeugenden Weise einem nicht universitär gebildeten Publikum zu vermitteln.

Zu fragen wäre also, nach welchen Prinzipien der Textproduktion Ehetexte geschrieben wurden, an welchen Textsorten sich die Autoren orientiert haben, welche Verfahren sie angewendet haben, um einen kohärenten und verständlichen Text zustande zu bringen. Das sind textliche Anforderungen, die jeder Autor und jede Autorin lösen muß, gleichgültig, um welche Textsorte es sich handelt.

Im einzelnen will ich danach fragen:

1. An welchen Textsorten und Texttraditionen orientiert sich der Autor? Welche Textsortenstile sind innerhalb der Texte erkennbar?

2. Wie bewältigt der Autor seinen Stoff? Wie gliedert er ihn thematisch? Wie macht er dem Leser/Zuhörer deutlich, an welcher Stelle des argumentativen Zusammenhangs er sich jeweils befindet?

3. Wie gewichtet er informative, narrative, argumentative und auffordernde Grundintentionen seiner Texte?

4. Welche formalen Strukturierungen (z. B. Dialog) und welche textherstellenden Verfahren verwendet der Autor (Produktionsmuster wie Ankündigung und Resümee, Zitat und Kommentar, Parallelisierung und Opposition, Argument und Gegenargument, Listen- und Reihungsverfahren usw.)?

Folgende chronologisch geordneten Texte habe ich zugrunde gelegt; es sind Texte, die teilweise auch in anderen Aufsätzen dieses Sammelbandes untersucht werden:

- *Sermo de matrimonio* (als Druck: *Von dem Eelichen stadt*), Mitte 15. Jahrhundert
- Albrecht von Eyb, *Ob einem manne sey zunemen ein eelichs weyb oder nicht*, Druck 1472
- Marcus von Weida, *Spigell des ehlichen ordens*, Hs. 1487
- Martin Luther, *Vom ehelichen Leben*, Druck 1522
- Heinrich Bullinger, *Der Christlich Eestand*, Druck 1540
- Johann Freder, *Ein Dialogus dem Ehestand zu ehren geschrieben*, Druck 1545.

2. Analyse der einzelnen Eheschriften

2.1 Der *Sermo de matrimonio* (*Von dem Eelichen stadt*)[10]

Seit ungefähr der Mitte des 15. Jahrhunderts gibt es deutsche Texte, die hauptsächlich das Ehe-Thema behandeln; neben unserem Text eine viel längere *Regel der heiligen Ehe* und eine kürzere schwäbische Ehelehre *Von dem Sakrament der Ehe.*[11] Während diese beiden Texte nur jeweils einmal bezeugt sind, ist der *Sermo de matrimonio* (dt.) die am häufigsten überlieferte Eheschrift vor der Reformation überhaupt.[12]

Den Anfang macht, ohne jegliche Textgliederung, eine biblische Grundlegung (wie Predigten oder die weit verbreitete Rechtssumme des Bruders Berthold, später Luther und andere protestantische Eheschriftsteller). Sie besteht aus einem Genesis-Zitat, einer Paraphrase der Erschaffung Evas aus der Rippe Adams nach dem zweiten Schöpfungsbericht, einer allegorischen *explicatio* und der *applicatio*: »Darumb sol ain yeglich man sein weip mittelmässig hallten, nicht zu waich [...] und auch nit zu hertt« (Z. 699–701). Darauf folgt ein Vergleich der Ehe mit den geist-

10 Ich zitiere nach den Zeilenangaben des Handschriftentextes bei Gerd Brinkhus, *Eine bayerische Fürstenspiegelkompilation des 15. Jahrhunderts*, München 1978, S. 122–130.

11 Editionen und Diskussion der Zusammenhänge dieser Texte in Michael Dallapiazza, »*Ein Püechel von der Regel der Heyligen Ee*«, in: *Zeitschrift für deutsches Altertum und deutsche Literatur* 112 (1983), S. 261–292 und ders., »Eine schwäbische Ehelehre des 15. Jahrhunderts«, in: *Beiträge zur Geschichte der deutschen Sprache und Literatur* 106 (1984), S. 75–84. Maria E. Müller sieht in diesem Text eine typische subsidiäre Eheauffassung, die sich im 16. Jahrhundert zu einer komplementären ändert. Inhaltlich paßt hierzu, daß der Mann dazu aufgefordert wird, mit wohlüberlegter Strategie seine Frau zu schlagen (Z. 859f.), während spätere Texte Männer mehr dazu auffordern, sich zu mäßigen (Maria E. Müller, »Naturwesen Mann. Zur Dialektik von Herrschaft und Knechtschaft in Ehelehren der Frühen Neuzeit«, in: Heide Wunder/Christina Vanja (Hg.): *Wandel der Geschlechterbeziehungen zu Beginn der Neuzeit*, Frankfurt am Main 1991, S. 43–68, hier S. 50).

12 Mehr als 12 Handschriften, 2 Sammeldrucke 1472, 1476, erster Separatdruck 1481, zwischen ca. 1510 und ca. 1520 sieben Drucke aus Augsburg. Zur Überlieferungsgeschichte Brinkhus, a.a.O., S. 10–36.

lichen Orden, der zugunsten der Ehe ausfällt. Dann erst gibt der unbekannte Verfasser, ohne ein Signal der Textgliederung, einen Überblick über den ganzen Text:

»Darumb wil ich die stuck in drey tailen: das erst, wie zway menschen in der ee götlich leben süllen; das ander, wer an dem eelichen leben verdampt süll werden; das dritt, wie man ain kriegisch weib strafen süll vnd ein fraw einen posen man straffen soll.« (Z. 709–712)

Diesen drei Teilen entspricht aber nicht der thematische Aufbau des Textes: Wie Frauen ihre Männer »strafen« (tadeln) sollen, entfällt (wie auch in den späteren Bearbeitungen); dafür hängt der Autor Auszüge aus der pseudo-aristotelischen Ökonomik an, die er nicht angekündigt hatte. Manchmal irrt sich der Autor auch in bezug auf die Zahl seiner angekündigten Themen.[13]
Der ganze Text ist ein Beispiel für einen Stil der Kürze und Schmucklosigkeit. In knappster Form werden die wesentlichen Inhalte einer christlichen Ehelehre mitgeteilt. Im ersten Teil z. B. wird den Männern geboten, den Lebenswandel ihrer Frauen zu kontrollieren, ihre eigene Sexualität nach den Richtlinien der Kirche zu zügeln, für den Lebensunterhalt der Frauen zu sorgen, aber auch dafür, daß sie sich nicht »czu reichlich ziren« (Z. 751), schließlich nicht zu hart und streng zu sein. Den Frauen wird aufgetragen, ihre Männer zu lieben, auch wenn sie es ihnen nicht vergelten, das Gesinde zu beaufsichtigen und den Haushalt zu versorgen und überhaupt ein unsträfliches, wohl angesehenes Leben zu führen.
Unterthemen und die weiteren thematischen Untergliederungen werden durch Distinktionen und Ankündigungen eingeleitet. Die vier Regeln für die Männer werden so angekündigt (es ist die Fortführung des oben zitierten Ausschnitts):

»Das ist mit vleis zu mercken, wann ain yeglich orden sein regel hat, darumb in dem orden der ee ist gegeben den mannen ir regel, wie sy leben süllen und auch der frawen besunderlich wie sich dy sullen halten. Die Regel der mann hat sand Pauls geschriben und gestifft, dy hat vier capitel. Das erst spricht also: ›Ir man, ir sült ewr frawen lernen und vleissiglich anweisen. [...]‹

13 Z. 752 werden drei Ursachen angekündigt, warum sich Frauen nicht »czu reichlich ziren« sollen, ausgeführt werden aber vier; Z. 902 werden drei Tugenden der Männer aufgezählt: Keuschheit, Liebe, Treue, aber nur Keuschheit und Treue werden ausgeführt.

Das ander capitel spricht: ›Ir man, ir sült ewr weib beschaidenlich lieb haben. [...]‹
Das dritt capitel spricht: ›Ir man, besorgt ewr frawen in klayderen und an leiplicher notdurfft. [...]‹
Das vierd capitel spricht: ›Ir man, ir süllt nit zu hertt und allzu streng sein ewren frawen.‹« (Z. 723–765)

Nach jeder Verhaltensmaxime folgen ein oder zwei begründende Pauluszitate, dann Erläuterungen (formelhaft eingeleitet mit »nun merckt mit vleis« bzw. »dicz wort legt auß dy gloß«); danach werden die Themen noch einmal mit Unterscheidungen subthematisiert, und in diese flicht der Autor weitere Zitate und Maximen ein.
Diese Einteilung wird bei der Unterweisung der Frauen gelokkert. Es fehlen teils Bibelzitate und deren Erläuterung nach der Maximenformulierung, z. T. ändert sich auch der Ton: Im ersten Kapitel des Frauenteils werden die Frauen häufiger angesprochen, sie werden in einen Dialog einbezogen mit wörtlicher Gegenrede und Antwort darauf.
Das Prinzip der Wiederholung verdichtet sich im zweiten Teil, der Aufzählung dreier Ehehindernisse und einiger ehewidriger Verhaltensweisen, weil hier auch syntaktische Parallelismen ausgenützt werden. Aufzählungen mit anaphorischen Satzanfängen oder Wiederholungen gleicher syntaktischer Muster kommen in den katechetischen Schriften oft vor.[14]
Der ganze Text ist in einem äußerst kargen syntaktischen und rhetorischen Stil gehalten. Der Verfasser liebt kurze Hauptsätze mit hauptsatzeinleitenden Konjunktionen; er formuliert nicht in hypotaktisch untergeordneten oder nebengeordneten weiteren Nebensätzen. Die Informationseinheiten sind kurz. Oft folgen die einzelnen Punkte so schnell hintereinander, daß man von einer Aufzählung sprechen kann:

14 Ein Beispiel für Distinctio und satzparallele Weiterführung ist der Sündenkatalog in dem Traktat *Von dem christlichen Leben* (Weidenhiller, a.a.O., S. 41 f.); vgl. auch Martin v. Amberg, in der Ausgabe von Stanley N. Werbow, Berlin 1958, Z. 655–670; Beispiele für die vielen stereotypen Satzparallelismen in Beicht- und katechetischen Traktaten sind die *Tafel der christlichen Wahrheit*, 1438/39 (Weidenhiller, a.a.O., S. 94–101) oder das sog. *Confessionale* (ca. 1370, ebd., S. 115–119).

»Doch sol man mercken, das man eeliche werck üben mag in vierlay weis: zum ersten durch frucht willenn und das ist nit sünd, durch der ee laistung willen, durch vermeiden anderer unkeuschkait mit anderen personen, das ist nit sünd; aber durch erfüllung willen leiplicher lüsst, das ist ain tödtliche sünd. Ob das geschicht, das werck der lust, wider die gewissen oder in versmähung der verpoten zeit, so ist es ain tödtliche sünd.« (Z. 740–745)

Inhaltlich[15] schließt sich der Autor weitgehend den Pönitentialsummen und den Sünden- und 10–Gebote-Erläuterungen innerhalb der Beicht- und katechetischen Traktate des 14. und 15. Jahrhunderts an. Einige formale Elemente gehören zur didaktischen Literatur der Zeit überhaupt. Das sind formelhafte Zitateinleitungen (»sand Pauls spricht«); die Merk-Formel und die Formel »Es ist zu wissen«[16]; die Distinctio (»es sind dreyerlay frawen an der ee, dy ersten sind klug frawen, die andern sind unweis, die dritten gail« (Z. 722 f.) mit nominaler Wiederaufnahme (»Den klugen frawen ...«) oder eine allgemeine thematische Ankündigung mit einem Zahlwort (»in drey tailen«, »in vierlay weis«), welche mit einer Ordinalzahl spezifizierend wiederaufgegriffen wird (»das erst ..., das ander ...«); Aufforderungen werden mit »sollen«, »müssen« oder dem Imperativ ausgedrückt. Speziell aus den Beichtspiegeln, den Sündenkatalogen und den Pönitentialsummen stammen katalogartige Aufzählungen und Handlungsklassifizierungen nach Verdienst, läßlicher und Todsünde (»das ist nit sünd [...] so ist es ain totsünd«).
Auch Anrede, Exempel, Selbstbezugnahme und exemplarische direkte Rede passen zu diesen auffordernd-lehrhaften Textsorten. Der Text ist aber, trotz des Titels, nicht im Stil einer Predigt geschrieben, er hätte höchstens als thematischer Aufriß für eine Predigt verwendet werden können. Im zweiten Buch, einem Auszug aus der pseudo-aristotelischen Ökonomik, ändert sich zudem die Präsentationsfigur zu einer Sammlung von Aristoteleszitaten mit ganz unterschiedlichen Arten von Kommentaren; die klaren Abfolgemuster des ersten Teils lösen sich hier auf.

15 Verbotene Zeiten des sexuellen Verkehrs, geschlechtsspezifische Tugenden und Laster, Ehehindernisse; vgl. Weidenhiller, a.a.O., S. 118.

16 Vgl. Eva Schütz, »Joseps Sündenspiegel: Lebensnormen und Darstellungsmittel«, in: *Niederdeutsches Jahrbuch* 104 (1981), S. 47–69, hier S. 55–57.

In der Lexik gibt es außer Doppelformen fast keine Reihungen – das fällt besonders auf, wenn man von späteren Eheschriften wieder auf diesen Text zurückkommt. Die einzige Häufung von Adjektiven betrifft bezeichnenderweise negative Eigenschaften von Frauen: »wenn sy allzu mütwillig und widerstreytig, kriegisch und widerspänig, zornig und ungezogen und ist frech und allzu gail« (Z. 770f.). Es gibt keine Variation der rhetorischen Figuren, keine Elaboration der Themen durch Bibelzitate, weitere Überlegungen oder Exempel. Für eine These reicht eine Begründung. Rasch kommt der Autor von einem Thema zum andern.

Dieser Stil der Kürze hebt sich deutlich ab von längeren, stilistisch duchgearbeiteten zeitgenössischen katechetischen Schriften und den späteren Ehetraktaten. Er paßt zu einer Verdichtungsform von Texten, in denen zu einem Thema das Wichtigste auf einprägsame Weise mitgeteilt wird. Parallelen dazu gibt es in den kurz kommentierten Fassungen der Katechismen (Weidenhiller, a.a.O., S. 44ff.) und auch in den frühen Sachkompendien, z. B. des Bergbaus (Rülein von Calw) oder der Kräuterkunde (Johannes Hartlieb).

2.2 Albrecht von Eyb, *Ob einem manne sey zunemen ein eelichs weyb oder nicht* (1472)[17]

Mit Albrecht von Eyb sind wir in einer ganz anderen Texttradition, nämlich der der Frauenkritik und des Frauenlobs. Zudem verengt sich der soziale Kreis der Textproduktion und -rezeption auf das an den antiken Schriftstellern interessierte Publikum. Frauenschelte und Frauenpreis hat eine lange literarische Tradition. »In der Schule lernte man, die Schönheit einer Frau zu beschreiben (*descriptio*), aber auch eine Invektive gegen die Frau zu verfassen. [...] Frauenfeindliche Gedichte zu schreiben, gehörte zum literarischen Handwerk fast eines jeden ›Gebildeten‹«.[18]

17 Zitiert wird nach der Seitenzahl der Ausgabe von Helmut Weihnacht, Darmstadt 1982. Zu Albrecht von Eyb vgl. Gerhard Klecha in VL, Bd. 1, 1978, Sp. 180–186.

18 Rüdiger Schnell, *Andreas Capellanus. Zur Rezeption des römischen und kanonistischen Rechts in ›De Amore‹*, München 1982, S. 166f.

Oft in der Form eines Streitgesprächs durchgeführt, werden die Topoi der antiken und der mönchisch-asketischen Mysogynie gesammelt. Exempelreihen, Sentenzen und Sprichwörter bilden die Textbausteine dazu. Die dialogische Durchführung geht möglicherweise auf die Minnereden des 14. Jahrhunderts zurück und wird in literarischen Werken weitergeführt (Heinrich Wittenwilers *Ring*, Johannes' von Tepl *Ackermann aus Böhmen*, Erhart Groß' *Grisardis*, aus der auch Eyb Exempel übernimmt, Niklas' von Wyle 6. Translatze des Ehedisputes von Poggio). Die Konfrontation von ehe- und frauenfeindlichen Sentenzen mit solchen, die für die Ehe und die Frauen eintreten, wird auch nach Eyb fortgesetzt (*Frau Tugendreich*, Hans Sachs' *Zwaier philosophi disputacio, op peser heyraten sey oder ledig zu pleiben ainem weissen mann*, Johann Fischarts *Ehzuchtbüchlein*).[19] Frauenpreis und Frauenschelte treten aber auch textlich getrennt auf (Johannes Hartliebs Übersetzung von Andreas Capellanus' *Reprobatio amoris*, Steinhöwels Übersetzung von Boccaccios *De claris mulieribus*) und können, wie später im 16. Jahrhundert, Ausgangspunkt einer literarischen Auseinandersetzung werden.

Bei Albrecht von Eyb werden Frauenkritik und Frauenpreis als unterschiedliche Teile in einen Text gebracht, jedoch nicht als Dialog, sondern zunächst als Zitatsammlung antiker und frühhumanistischer Autoren, die er auch nicht dialogisch-antagonistisch aufeinander bezieht. Mit dem Verfahren der Sentenzenkompilation verwendet er ein sehr weit verbreitetes Textverfahren des späten Mittelalters (im religiösen Bereich z. B. Ottos von Passau *Die Vierundzwanzig Alten*, ca. 1380).

Eyb geht es um eine Sammlung der Anschauungen antiker (Plautus, Terenz, Cicero, Valerius Maximus, Juvenal u. a.) und frühhumanistischer (Petrarca) Autoren zu Themen, die zunächst mit der Ehe, dann aber auch mit dem Kosmos und der Bestimmung des Menschen zu tun haben. Gleich das erste Kapitel beginnt so: »Socrates phylosophus Ein natürlich meister zu Athenas [...] ward von einem Jüngling gefragt Ob er ein weyb nemen solt oder nit Antwurt der meister vnd sprach zu im« (S. 5), und es folgt die bekannte Antwort des Sokrates, welche den Fragenden so ratlos läßt wie zuvor.

19 Zu diesem Traditionszusammenhang: Rüdiger Schnell, *Causa Amoris. Liebeskonzeption und Liebesdarstellung in der mittelalterlichen Literatur*, Bern/München 1985, S. 482–490; Lienert, a.a.O., S. 97–115.

Eybs Ehetraktat ist viel länger als der *Sermo de matrimonio* (im Druck von 1472 umfaßt er 58 Blätter), so daß ein Inhaltsverzeichnis, Überschriften und Capitulumzeichen dazu beitragen, die thematische Gliederung zu verdeutlichen.
Der Titel der Schrift, *Ob einem manne sey zunemen ein eelichs weyb oder nicht*, läßt erwarten, daß sich der Text auf die wissenschaftliche Texttradition der Quaestio stützt; in der Durchführung findet sich davon freilich wenig.[20] Frage und Antwort bestimmen *nicht* die Grundstruktur des Textes, vielmehr Zitat und Kommentar. Trotzdem gibt Eyb auf die Titelfrage eine Antwort, bedient sich dabei aber eines Exkurses über Kosmologie und Anthropologie – auch dies eine neue Art der Begründung der Ehe. Die Antwort bekommt ein eigenes Kapitel im zweiten Teil der Schrift (»Die Antwort das ein weyb zu nemen sey«, S. 56f.), sie führt wieder auf das Anfangsthema zurück. Sie lautet:

»Darumb ist eim manne zu nemen ein weyb auch durch vrsachen das die welt mit menschen erfüllet die menscheit geewigt ein geschlecht vnd name gemert vnd die sunde der vnkeuscheit vermiden werde.« (S. 57)

Gleich danach fährt Eyb wieder mit Zitatenreihen fort: »Es schreibt Valerius maximus das zu den zeyten des gewalts der Romer warden schwerlich gestrafft die menner die nit eeliche weyber nemen wollten …« Also: Keine Explizierung der Antwort, sondern eine auffallend nebensächliche Behandlung dieses Textstrukturteils, der ja das Ziel einer Quaestio bilden sollte, wäre sie bestimmend für den ganzen Text. Die traditionell christlichen Gründe für die Ehe – Kinderzeugung und Vermeidung der Unkeuschheit – werden im unmittelbaren Kontext gar nicht behandelt. Die Antwort kommt ganz plötzlich und steht verloren da, mißt man sie an den textstrukturierenden Erwartungen eines Quaestionentraktats.
Auch das zweite Charakteristikum der Quaestionenliteratur, die Gegenüberstellung von Autoritätszitaten, die auf sich ausschließende Antworten hinauslaufen, hat hier nicht den Status argumentativer Meinungsklärung. Die Zitate und Auszüge aus den

20 Zur Geschichte der Quaestionenliteratur: Brian Lawn, *The rise and decline of the scholastic ›Quaestio disputata‹: with special emphasis on its use in the teaching of medecine and science*, Leiden 1993.

Schriften der antiken Schriftsteller und der italienischen Humanisten stehen für sich; ihr Anordnungsprinzip ist das der thematischen Gliederung, ihr kommunikativer Hauptzweck ist Information; sie werden mitgeteilt, damit die Leser wissen, wer was zu welchem Thema gesagt hat.
Zitate bilden die einzelnen Glieder der Textkette. Häufig werden sie ohne einen Kommentar aneinandergereiht. Sie haben eine Anfangsrahmung durch eine meist formelhafte Redeeinleitung, manchmal auch eine Endrahmung durch einen Kommentar. Dieser kann gegenüber dem zitierten Text das kommunikative Schwergewicht bekommen, indem er die *applicatio* leistet: als allgemeine Handlungsmaxime, als Rat, als Normfeststellung, Anklage, theologische Lehre etc. Nach mehreren Zitaten, wie Frauen um Männer werben und Männer um Frauen, gibt Eyb den Rat:

»Solliche wortt vnd gedenncken vnd der gleichen solle sich ein vester man nit über gien vnd vahen laßen So sollen auch die frawen den mennern die sie in vnordenliche lieb wöllen füren nit zu vil getrawen.« (S. 14)

Eyb kommt im Anfangsteil durch den frauen- und ehefeindlichen Ton vieler seiner Zitate in Schwierigkeiten mit seiner eigenen christlichen Auffassung. Eigentlich legen ja die meisten seiner angeführten Aussagen die Ehelosigkeit nahe, nur nicht aus asketischen Motiven. Eyb entschuldigt sich ausdrücklich durch die entliehene textsortenspezifische Anlage der Schrift als Problemfrage, die es erfordere, alle Meinungen pro et contra zu sammeln:

»Das vnd annders sollen die frawen nit in arck vermercken wann die lerer das sagen vnd fürgenomen frag begert vnd ausweyset.« (S. 8)

Dadurch daß die Sammlung der Meinungen und Sentenzen der Autoren wichtiger ist als ihr argumentativer Zusammenhang, macht es auch nichts, wenn sie sich bei ein und demselben Thema widersprechen; sie können als Lebensweisheiten für dieselbe Situation, aber mit unterschiedlicher Einstellung gelesen werden. Zitiert Eyb zum Thema Liebeswerbung eine exemplarische Rede des Terenz (S. 13 f.), so gibt er gleich darauf den Rat an die Frauen, auf solche Liebesschwüre nicht hereinzufallen. Zum Thema Armut gibt Eyb zunächst eine sozialkritische Einschät-

zung der Armut als Elend und Ausbeutung durch die Reichen, danach folgen aber religiöse und moralische Aufwertungen der Armut als Lebensform (S. 42 f.).
Nur selten wird die inhaltliche Aussage des zu zitierenden Autors durch eine Zusammenfassung vorweggenommen wie im Kapitel »Von der Schönheit und Ungestalt der Frauen«:

»Das sich aber die frawen mügen gezieren vnd wolgestalt erzeygen mit geschmücke der kleyder erlaubt Valerius maximus vnd spricht also [...]« (S. 20)

Oft ist nicht zu erkennen, wo das Zitat aufhört und die eigene Rede Eybs anfängt. Deshalb ist es eine grundsätzliche Frage für weite Strecken des Textes: Wer spricht eigentlich? Noch der erwähnte Autor oder schon wieder Eyb? Seine eigene Stimme erscheint am deutlichsten in seinen Lobreden für die Ehe und für die Frauen am Ende des zweiten Teils und im dritten Teil, wo er – wenig unterbrochen von fremden Stimmen – seine Wehklage über den Jammer, das Leid, die Trübsal des menschlichen Seins in allen Lebenslagen erhebt (S. 95–99, 102–107). Das sind auch die Stellen, die stilistisch stärker durchgearbeitet sind. Doppelformen, Reihungen von Satzgliedern, Satzparallelismen bis zu einer Rhythmisierung der Rede sind die Mittel im Formalen, Anschaulichkeit und Bildhaftigkeit im Inhaltlichen:

»Nu in ein gemein zureden die menschen lauffen hin vnd lauffen her auffsteigen die kobel vnd die berg. sie gien durch teler vnd gruben vnd in die höler. sie außecken das inwendig des ertrichs die tieffe des meres vnd der wasser. die vinsternuß der welder vnd die vnweg der wüstung. Sie schmiden vnd gießen das ertze. graben vnd poliren die stein. [...]« (S. 97)

Wichtigstes Prinzip der Textsegmentierung auf inhaltlicher Ebene sind thematische Gliederungen. Neue Themen werden explizit eingeführt, was der Schrift eine Durchsichtigkeit gibt, die notwendig ist, da andere Mittel, außer Überschrift und Capitulum, dafür fehlen. Formelhaftigkeit gibt dem neuen Thema stärkere Kontur (»das auch ...; wie aber ...; so nun ...«). Ein Beispiel für eine propositional zusammenfassende Themenneueinführung:

»Das auch die kinder sollen vater und muter lieben sie eren fürchten vndtertenig vnd gehorsam sein gibt zuuerstien die natur die beste meisterin vnd ausweisen die ewangelia alle geschriebene recht vnd lerer vnd sagen Das got vnd vater vnd muter nichtz genuglich vergleicht mug werden. vnd schreibt Valerius das [...]« (S. 25)

Und ein Beispiel für eine metakommunikative Themeneinführung:

»Hie ist fürbaß zusagen von reichtum vnd armut der eeleute vnd ander menschen vnd wie die geitzigkeit für groß übel gehalten wirt.« (S. 39)

Zum Teil gehen die Themen aber sehr schnell in andere, benachbarte über, mitunter auch ohne Ankündigung der Themenverschiebung: Lehrt Eyb an einer Stelle (S. 26), daß Kinder zurecht die Erben ihrer Eltern sind und nicht ohne starke Gründe enterbt werden sollen, so bezieht sich das darauf folgende Zitat nur noch dem Wort nach auf das Erben, der Sinn gehört zur These, daß Eltern mehr Wert auf die »guten Sitten und Tugenden« ihrer Kinder legen sollen als auf »großen Reichtum und Erbteil«.
Die thematische Strukturierung ist also meist klar abgegrenzt, aber die kommunikativen Funktionen wechseln manchmal sehr schnell zu ganz anderen, z. B. von einer Lobrede der Keuschheit, nur durch ein Capitulum getrennt, zu einem Exempel (S. 15) oder von Ratschlägen, was man bei Krankheit tun solle, zu lehrhaften historischen Informationen, wer die ersten Mediziner gewesen seien (S. 99–101).
Argumentative Passagen sind selten. Bei der Meinung, daß zu große Liebe zur eigenen Frau schädlich sei (S. 10f.), setzt Eyb die These an den Anfang, stützt sie mit einem Zitat, das selbst wieder eine Begründungsstruktur hat (»wann ...«), und kommentiert zunächst abschließend mit einer Folgerung (»Darumb ...«). Dann läßt Eyb ein zweites, wieder begründendes Zitat (mit einem Wenn-dann-Gefüge) folgen, welches er mit Konklusion und Begründung zu einem eigenen Ratschlag erweitert: Zuerst setzt er die Bedingung: »Darumb ist dein weyb oder tochter keusch ...«, dann folgt der Rat: »so begere das die keuscheit ewig sey«; und diesen begründet er zuerst mit zwei Allaussagen (»Wann die frawen sein vnstet vnd wanckel So in allen dingen die stetigkeit seltzam ist wirt in frawen kein stetigkeit gemerckt«) und dann mit der eigenen Erfahrung (»Du hast vil keusche frawen vnd junckfrawen gesehen die vnkeusche allte weyber worden sein«).

Solche argumentativen Textteile sind aber selten verglichen mit den narrativen Textformen, von denen Exemplum, Apophthegma, Novelle und eine Legende die wichtigsten Formen sind und die im zweiten und dritten Teil immer mehr zunehmen. So kann man wohl Eybs Ehetraktat trotz seines Titels als eine Reihe lehrhafter Erzählungen ansehen. Die Exempla reichen von Kurzformen, welche nur aus einem komplexen Satz bestehen (Beispiel: »Porcia ein Römerin do sie vernam das Brutus ir man von den feinden vmbkomen was vnd mocht nicht gehaben ein messer damit sie sich tötet do nam sie vnd verschlandt prinnende kolen biß ir der geist enging«, S. 9), bis zu längeren Formen wie der Lucrezia-Erzählung, die sich über anderthalb Seiten erstreckt (16f.), ganz zu schweigen von den Novellenübersetzungen (die Marinanovelle, »Guiscardus und Sigismunda«, »Griseldis«) und der Albanus-Legende, die jeweils ganze Kapitel ausfüllen.

Drittes textsortenspezifisches Bauprinzip neben Erzählformen und Argumentationen ist die Lehre, die Übertragung wissenschaftlichen Wissens in den Raum eines nicht wissenschaftlich gebildeten Publikums. Schon im zweiten Teil löst sich der Text vom Thema Ehe, handelt allgemein von Reichtum, Geiz und Armut (S. 39–45), geht über zu einer allgemeinen Lehre der Kosmologie (S. 45–48) und Anthropologie (S. 49–56). Hier steht wieder das argumentative Element stärker im Vordergrund: Die Frage, warum es das Böse in der Welt gebe, wird behandelt (S. 47f.), die Ordnung des Mikrokosmos Mensch wird durch die sinnvoll aufeinander abgestimmten Funktionen der Körperteile dargestellt (S. 50ff.), und auch die Ausstattung des Menschen mit Wahrnehmung und Vernunft wird final begründet, nämlich mit dem Ziel, Gott zu erkennen und anzubeten (S. 55f.).

Albrechts von Eyb Ehetraktat ist eine Art Konglomerattext mit mehreren Textsorten. Er hat, ausgehend vom Ehethema, die Schrift dazu benützt, seine Leser/Hörer zu informieren, zu belehren und darüber hinaus zu unterhalten. Er bedient sich zu diesem Zweck eingebetteter Textsorten unterschiedlicher Komplexität: des Exempels, der szenengebundenen Antwort, der Zitatstücke aus unterschiedlichen Textherkünften, der Novelle, der wissenschaftlichen Lehreinheiten, der exemplarischen Rede, aus welcher ein Mann z. B. lernen kann, eine Frau zu verführen

(S. 13f.), und eine Frau, sich vor den Anklagen ihrer Männer zu verteidigen (S. 33). – Thematische Vielfalt und Textsortenheterogenität ist jedenfalls ein auffallendes Merkmal dieses Textes. Die späteren Autoren konzipieren dagegen ihre Eheschriften thematisch und formal einheitlicher, verwenden aber weiterhin die kleinen Textformen und -verfahren Spruch und Sprichwort, Exempel und Sentenz, exemplarische direkte Rede, Reihung und Katalog (Erasmus Alber, Johann Freder, Heinrich Bullinger).

2.3 Marcus von Weida, *Spigell des ehlichen ordens* (1487)[21]

Mit Marcus von Weida kehren wir wieder zurück in den Kreis der theologischen und juristischen Textsorten, insbesondere der Quästionenliteratur. Weida hat auf Bitten eines Adligen eine Ehelehre aus seinen Predigten zusammengeschrieben und an Kurfürst Friedrich den Weisen geschickt. Ihm widmet er sie auch in einer Vorrede. Verglichen mit Eyb folgt der nur einmal überlieferte Text einer systematischen, rationalen Komposition: Die Hauptthemen werden in Kapitel eingeteilt, diese in Unterkapitel und dann in weitere Unterpunkte.

Weida schreibt einen wissenschaftlichen Stil mit genauen Zitatangaben, komplexer Hypotaxe, Nominalisierungen und Latinismen. In manchen Kapiteln geht es ihm nur um Information, in anderen begründen die Meinungen der Lehrer allgemeine Verhaltensregeln. In Kapitel 8, wo es um die Einteilung der »ehelichen Werke« in vier Kategorien zwischen Todsünde und verdienstvollem Werk geht, liegt das Schwergewicht auf der Information über die Meinungen der Autoritäten (vor allem Thomas von Aquin), freilich mit der (nur zweimal explizit ausgedrückten) Absicht, daß der/die so Informierte sein/ihr sexuelles Verhalten danach richten solle.

Weida benutzt im wesentlichen zwei Textsortenstile: den der Pönitentialsummen und den einer Mahnpredigt für das Volk.[22] Diese beiden Stile sind deutlich voneinander abgehoben, oft

21 Zitiert wird nach Seite und Zeile der Ausgabe von Anthony van der Lee, Assen 1972; zu Marcus von Weida vgl. A. v. d. Lee, in: VL, Bd. 5, 1985, Sp. 1233–1237.

22 Vgl. auch van der Lee (Hg.), a.a.O., S. 8f.

kann man ihre Grenzen genau bestimmen. Im 3. Kapitel wechseln diese Stile fünfmal, im 4. Kapitel siebenmal hintereinander.[23]

Eine typisch kasuistisch-theoretische Schreibweise im thematischen Zusammenhang der sog. verbotenen Tage lautet so:

»Szo dÿe weiber sulch bezcalung Jn der zceitt mit smertzen adder ane willen thun Szo aber dÿe menner nicht wissen dÿe kranckeitt ÿrer weiber, vnd es ÿn nicht gesagt, sein sÿe von sünden entschüldigett. nach dem ÿre meÿnung rechtlich geordentt Sunder den weibern ist Jn der zceitt nicht zcÿmlich (ane beswerung einer thottsunde) ÿre gerechtigkeitt zcu fordernn. Als Sanctus Thomas beslewst Jn iiij^{to}. d. xxxij ar. ij.^{o}. Jn solu s^{e}qtio Vnd ist das dÿe vrsach darumb Jn derselben zceitt ehliche wergk vormÿden vnd zcuuormeÿden vorbotten. Sanctus Jeronimus super illud ÿsaie. xliiij^{o}. Omnes iusticie uestre etc. Szaget Jn der zceitt gemeinlich gebrechliche kinder entphangen werden Als blÿntt. läm. aussetzigk etc.« (40,30–41)

Im Stil der Rechtssummen und Rechtstexte (auch in Stadtrechten, Handwerks-, Markt-, Schul- und anderen Ordnungen) werden zuerst Normen festgelegt und diese anschließend nach einzelnen Motiven, Handlungs- und Situationsbedingungen differenziert, stereotyp versprachlicht in Konditionalsätzen und formelhaft eingeleiteten Ausnahmebedingungen (»es wäre denn ...«). Schon in den lateinischen Rechtssummen früherer Jahrhunderte wurden die Quästionen oft als Fall formuliert (»quid si aliquis protestatur coram pluribus ...; quid si vir cognoscit uxorem post partum ...«, Johannes von Freiburg).

Die wissenschaftlich-lehrhaften Abschnitte weisen insgesamt folgende sprachlich-stilistischen Eigenschaften auf:

1. Ankündigung der thematischen und weiterer subthematischer Einheiten mit Ordinalzahlen; Ankündigung der Subthemen und stereotyper syntaktischer Satzbeginn: »Doch seyn etliche stugke dar Inne eins dem andern gemelte bezcalunge zcu thun nichtt vorbunden. Zcum ersten sagt Sanctus Thomas ...« (39,3 f.).
2. Genaue Zitate mit der wissenschaftlichen Form der Stellenangaben.

23 Kasuistisch-theoretisch im 4. Kapitel: 29,12–31; 31,16–32,12; 36,14–41,4; 41,19–42,18; paränetisch-predigthaft: 31,11–16; 32,12–36,14; 41,4–19; andere Kapitel sind dagegen einheitlicher.

3. Lange, komplexe Satzgefüge im Stil der juristischen Texte (Rechtssummen, Stadtrechte). Aus Konditionalsätzen (Verbanfangsstellung oder Konjunktionen »so ..., wenn ..., so aber ...«), auch parataktisch gereiht (»so ... und ...«), in denen Umstände von Handlungen aufgeführt sind, werden Gebote (»soll ...«), Verbote (»kann nicht«) und Erlaubnisse (»mag ..., möcht ...«) gefolgert oder auch Einteilungen der Handlungen nach den Kategorien Todsünde, läßliche Sünde, neutral oder Verdienst. Dann folgen Ausnahmebedingungen (»es wär denn sach ..., so ferre ...«), z. B.:

»lest sich aber das weip duncken. das ÿr man. ßo sÿe ÿm ÿren gebrechenn [Menstruation] entdecktt, ör derhalben nicht gram wordt, auch dauor keinen schawen hätt. Er doch gleich woll nicht abelasse. sunder sein gerechtickeitt habenn, als dan sall sÿe auch ÿren gebrechen nicht offenbarn vf das der man deste geringlicher sundige vnd denne sein sÿe aber beÿde von einer todtsunde entschuldigt. lest sich aber das weipp beduncken [...]« (41,20–25)

Lange Reihen von Konditionalsätzen, in denen Handlungen beschrieben werden, deren Folgesätze die Schwere der Schuld mitteilt, gibt es auch in den ausführlich kommentierten Katechismen, z. B. in Stephan Landskrons *Himmelsstraße*.

4. Explizite Propositionsverknüpfungen mittels logischer Konjunktionen: »dann, derhalben, sintemal, denn, darumb, so, so ferre, ap = ob, doch = jedoch, gleich woll, wiewoll« usw. und argumentative Überleitungen (»es wer den sach; vnd das ist dye vrsach«).

5. Nominalstil: vor allem Nominalphrasen mit Genitiv- und Präpositionalattributen, formelhafte Satzangaben (»in keiner andern meynung denn ...«), außerdem Latinismen (Infinitive mit »zu«, Wortstellung, die Fachlexik der Theologie (»totsunde, tegeliche sunde«), Sprachwechsel ins Latein (»videas de hoc Anthonium Jn summa parte. iiia. tjo. xii. ca.o ix«, 37,17).

Nun ein Beispiel für den predigthaften Ton zum Thema Gehorsam:

»Aber warlich sÿe sein seltzam auf erden. dÿ solchen gehorsam halden. Gemeinlich alle weÿber haben ein zcwelffboten gezcogen (der gar sere Jn land vnd stetten regirtt) gnant. Sÿe man. Szo ich das buch der erfarung rechtlich obÿrleße. wirdt gemeinlich irfunden. dÿe menner mehr ÿren weÿbern gehorsam sein. den widderumb. Also wirtt der orden vorkartt. darūb flewget die Saw.« (31,11–16)

Predigtartige Eindringlichkeit verwendet Weida bei Themen, die das alltägliche Leben bestimmen: z. B. Gehorsam, Putzsucht, Zank und Streit – alles bezogen auf die Frauen. Theoretisch-kompliziert schreibt Weida im Zusammenhang der Autoritätszitate mit den jeweils konnotierten sprachlichen Handlungen des Distinguierens, Definierens und Argumentierens. Die paränetischen Teile sind demgegenüber geprägt durch folgende sprachliche Charakteristika:

1. Einfache Sätze, Satzparallelismen, Doppelformen und Rhythmik: »Hastu aber ein bose weÿpp. bistu in steter vnrwe vnd anfechtung mitt vnrwe legstu dich slaffen mitt kyppeln stehstu vff, mitt vngemach mustu essen vnd trincken, mitt krÿg vnd anfechtūg vorbrengstu all dein zceitt« (32,12ff.).
2. Die rhetorischen Figuren der Rede: rhetorische Frage, Thematisierungs- und Überlegungsfrage (*subiectio*), innere Rede, Prokatalepse (»Sprechen etliche. Eÿ der teuffell adder dÿsser vnd geniger mensch ...«, 31,3).
3. Bibelzitate mit anschließender formelhafter Kommentareinleitung (»das ist so vill gesprochenn« 33,17; »gleich er sprechen solde« 31,22; »darInne vns zcuerkennen geben« 30,12; »dar aus wir clerlich genemen mogen« 35,33).
4. Direkter Adressatenbezug mit Du-Anrede und Imperativ.
5. Im Lexikalischen: Anschaulichkeit, Konkretion, Alltagslexik, Sprichwörter und Redewendungen, Vergleiche mit Tieren (Beispiel für Konkretion mit syntaktischen Wiederholungsformen: »Sich an, dÿe menner wöllen Rÿnnen vnd stechen, Toppeln vnd spÿlen. Trincken vnd qwasenn sewberlich pferde halten. Woll gerust sein etc.« 36,1).
6. Direkte Rede als beispielhafte Rede einer Frau zu ihrem Mann (41,9f.).
7. Exempel.

In der Vorrede und an weiteren Stellen schreibt Weida über den Zweck seiner Schrift: der Kurfürst möge seine Ehe »erlich [..] anfahen, ßeliglich vorfüren vnd vollenden«; er selbst wolle »vmb sicherheitt willen des gewissen« in einer »regell« zusammenfassen, was Theologen und das kirchliche Recht über die Ehe lehren. Weida schreibt deshalb als Gelehrter und als Seelsorger. Jedoch bekommt er, zumindest an einer Stelle (68,8ff.) Zweifel, ob die Masse der von den Theologen möglichen läßlichen Sünden, ohne die man »Im ehlichen weßen vnd sust mitt uns allen«

schwerlich leben könne, die Gewissen nicht zu sehr belaste. Er tröstet deshalb den Leser (wieder mit dem Predigtton): läßliche Sünden brauche man nicht zu beichten, sie seien durch Weihwasser oder ein mit Andacht gesprochenes Vaterunser vergeben. Der Prediger und Seelsorger kontrolliert also die Exzerpte des Wissenschaftlers. Hier merkt man den ideologischen Abstand zu Luther.

2.4 Martin Luther, *Vom ehelichen Leben* (1522)[24]

Bei Luther ist es mit den Fall-Überlegungen, ob Todsünde, ob läßliche Sünde, vorbei. Aber auch Luther schreibt als Theologe *und* Prediger. 1522 hat er schon mehrfach bewiesen, daß er fähig ist, ein religiöses oder weltliches Thema für Nichtgelehrte in einer Weise zu versprachlichen, daß seine Ideen zünden. Theologische Lehre und predigthaft eindringliche Rede sind nun nicht mehr als zwei Stilformen gegeneinander abgesetzt wie bei Marcus von Weida, sondern sie durchdringen sich.[25] Die in Weidas Ehetraktat angelegten textstrukturellen Tendenzen sind noch weiter verdeutlicht: Wie Weida hält er sich im ganzen Text an *ein* Thema; inhaltlich teilt er es, wie die Pönitentialsummen, Predigten und Ehetraktate auf in: Ehedefinition, die Frage, wer heiraten darf (1. Teil), Scheidungsgründe (2. Teil). Erst im dritten Teil, einer Verteidigung der Ehe, löst er sich von dieser traditionellen Themenfolge. Die Kapitel sind wieder unterteilt in einzelne thematische Abschnitte. Man könnte höchstens sagen, daß die themenankündigende und -gliedernde Schreibweise in den ersten beiden Teilen stringenter durchgeführt ist, während im dritten Teil unterschiedliche Textformen und Textfunktionen schneller abwechseln.

24 Zitiert wird nach Seite und Zeile der Weimarer Ausgabe Bd. 10/II.

25 Zu Luthers Biographie und seinen Schriften bis 1521: Martin Brecht, *Martin Luther. Sein Weg zur Reformation 1483–1521*, Stuttgart 1981. Zu Luther als Erbauungsschriftsteller: Olaf Schwencke, »Strukturen des Spätmittelalters und deutsche Literatur«, in: *Colloquia Germanica* 4 (1970), S. 129–184, hier S. 178–184. Zu Luthers Rhetorik: Birgit Stolt, »Docere, delectare und movere bei Luther«, in: *Deutsche Vierteljahrsschrift* 44 (1970), S. 433–474. Zu Luther als Flugschriftenautor: Johannes Schwitalla, *Deutsche Flugschriften 1460–1525. Textsortengeschichtliche Studien*, Tübingen 1983, S. 273–286.

Schon das erste Kapitel zeugt von einer durchdachten Planung. Als Fundament seiner Argumentation wählt Luther drei Bibelstellen, die er anschließend jeweils für den speziellen Zweck seiner Eheauffassung erläutert. Damit schafft er sich seine argumentative Basis: Aus dem Bibelwort Gen 1,27, daß Gott den Menschen als Mann und Frau schuf, wird gefolgert, daß die Geschlechtlichkeit ein Werk Gottes sei und nicht verachtet werden solle; aus dem Gottesauftrag »Wachset und mehret euch« wird gefolgert, daß die Sexualität nicht in unserem Belieben stehe, sondern eine Naturnotwendigkeit sei; und aus der Unterscheidung dreierlei Arten des Verschnittenseins in Mt 19 werden zwei Folgerungen gezogen: Wer nicht zu den »Verschnitten« gehöre, »der dencke nur tzum ehlichen leben« (277,6f.); und die zweite Folgerung: Keuschheitsgelübde sind nichtig, weil nicht einzuhalten.

Alle drei argumentativen Grundpositionen werden wieder mit Ordinalzahlen eingeleitet; die ersten beiden begleiten den ganzen Text bis zum Schluß und bilden dadurch so etwas wie einen roten thematischen Faden; die dritte wird zum Schluß des Textes noch einmal aufgegriffen.

Anfang und Schluß des Ehetraktates sind deutlich ausgeprägt. Am Anfang spricht Luther metakommunikativ von seiner Scheu, über das Thema zu handeln und es doch tun zu müssen, um »die elenden, verwyrreten gewissen tzu unterrichten« (275,8f.). Der Schluß gibt eine Zusammenfassung, führt aber – wie Quintilian es für das Resümee einer Gerichtsrede fordert – ein neues Element, die theologische Deutung der Sexualität ein: Sie sei zwar eine Sünde, »durch Adam verderbt«, aber Gott sehe darüber hinweg, weil die Ehe sein Werk sei – also eine Variation des »simul iustus et peccator«.

Von Anfang an trennt Luther nicht zwischen theoretischer Argumentation und lebensweltlicher Verhaltensanleitung. Noch ganz am Anfang seiner Ausführungen zu den Ehehindernissen, beim Grund der Impotenz, rät er, eine Frau, die mit einem impotenten Mann verheiratet sei, solle sich mit dem Bruder des Mannes oder einem seiner Freunde zusammentun, um mit diesem ein Kind zu bekommen. Die Textform, in der das geschieht, ist eine direkte Rede einer solchen fiktiven Frau an ihren Mann (278,22ff.). Den lehrhaften Darlegungen folgen meistens Ratschläge, eigene Vorschläge auch mit dem Wissen, daß sie nicht angenommen werden (z. B. Ehebrecher mit dem Tod zu bestrafen, 289,20f., Ehefrauen zum Beischlaf amtlich zu zwingen oder sie zu töten, 290,22f.), außerdem Anklage gegen und Spott über den Papst und seine römische Kirche (»Das ist doch eyn lautter narrn werck und alfentzen nur umb gelts willen und die gewissen tzu verwyrren ertichtet«, 281,27f. – zum Ehehindernis der Taufpaten).

Luther argumentiert nicht theoretisch oder abstrakt, sondern alltagsweltlich; zum Beispiel als *argumentum de minore ad maius* in Form einer Anrede: »Sage myr, ists nicht grosser, wenn ich die tauffe selbst nehme, denn wenn ich datzu helfe? Szo müst ich nu keyn Christen weyb nehmen, syntemal alle getauffte weyber aller getaufften menner geystliche schwester sind durch eynerley Tauff, Sacrament, Glawben, Geyst, Herrn, Got und ewiges erbe«, 282,1–4, – die Fortsetzung des letzten Zitats. Überhaupt führt Luther argumentative Gedankengänge am liebsten durch Rede eines Gegners und eigene Gegenrede aus.

Zur thematischen Gliederung greift Luther in den ersten beiden Kapiteln die Ordinalzahleinteilung der didaktischen Textsorten auf: »zum ersten ..., zum andern ..., zum dritten ...«. Zusamenfassungen und Wiederholungen der Thesen dienen der Verständlichkeit und Eindringlichkeit. Die Verfahren der Distinctio und der Aufzählung schaffen Übersichtlichkeit. Aber anders als die Erbauungsliteratur vor ihm schreibt Luther witzig, nie trokken, immer verständlich und anschaulich. Der Darlegung eines Sachverhalts folgt die Anrede an den Leser, was er oder sie davon zu halten habe. Zum Beispiel auf das Ehehindernis des »Crimen«: »Hie regents narrn uber narrn, Glewbe du yhn nichts, yrre dich auch nicht, der teuffell reytt sie« (283,22f.), oder auf das Hindernis des Gelübdes: »Hie radt ich: wenn du weyßlich geloben wilt, ßo gelobe, die naßen dyr selb nicht ab beyssen, das kanstu halten« (284,22f.). Vermahnungen und Ratschläge gehen bis zur spruchartigen Kürze: »wil fraw nicht, ßo kum die magd« (290,9.).

Auch die in Predigten und natürlich bei Luther sonst üblichen rhetorischen Figuren werden hier absichtsvoll und stilistisch variierend verwendet: Anrede und Selbstbezug, Imperativ-, Ausrufe- und Fragesätze; wörtliche Rede als Exemplifizierung einer Problemlösung, als argumentative Gegenrede oder als satirische, bloßstellende Rede; Metapher und Metonymie, oft mit einem spöttischem Unterton (»das die blatte [Tonsur] und das liebe öle ßo starck ist, das es die ehe weg frisset«, 285,10f.), Vergleiche und Illustrationen, paradoxe Formulierungen (295,7ff.). Das sind rhetorische Mittel, mit denen Luther meisterhaft umgeht. Die Lebendigkeit, die daraus entsteht, der Witz, den sie versprühen, macht das Lesen zum Vergnügen, auch dann, wenn man nicht Luthers Meinung ist. Sie sind geeignete sprachliche Formen für das neue Medium der Flugschrift.

Während in den Eheschriften in den Jahrzehnten zuvor die Perspektive des Mannes deutlich überwog, bemüht sich Luther um einen Perspektivenwechsel jeweils von der des Mannes zur Frau und wieder zurück. Ziemlich am Anfang der Schrift, bei der Erläuterung von Gen 1,27, daß Gott den Menschen als »menlin und frewlin« geschaffen habe, erläutert Luther, es stehe nicht in unserer Gewalt, »das ich mich eyn weybs bild, oder du dich eyn manß bilde machest« (276,2ff.), mit der Erwähnung der Frau, bezogen auf ein Pronomen der ersten Person an erster Stelle! Manchmal scheinen Indefinitpronomina die Männerperspektive hervorzukehren und Beispiele aus der Männerwelt verstärken diese Tendenz (»wenn jemand eyn magd beschlieff«, 283,18). Aber mehrmals, wenn Luther ein Thema aus der Männerperspektive behandelt, z. B. den Ehebruch, fügt er nachträglich eine Ermahnung, einen Rat oder sonst eine Bemerkung vom Standpunkt der Frauen hinzu, z. B.: als Rat, was bei Ehebruch zu tun sei: »das er seyn weyb heymlich und bruderlich straffe und behalte, ßo sie sich bessern wil, Das ander, das er sie lasse, wie Joseph thun wolt, widerumb das weyb auch alßo« (288,30ff.). Damit folgt er einem Gebrauch der Adressatenspezifizierung, die auch Prediger befolgen, wenn sie sich direkt an Männer und Frauen in ihrem Publikum wenden.

Auch wenn Luther streckenweise nur den Blickwinkel der Männer verfolgt, z. B. dann, wenn er über Frauen schreibt, die sich ihren Männern verweigern, so bekommen andererseits die Frauen ihr Recht dadurch, daß Tätigkeiten, die zur damaligen Zeit als typisch weiblich galten, wie Windeln zu waschen, Kinder zu wiegen, Betten zu machen, Gestank zu riechen, in der Nacht zu wachen (295), gerechterweise auch von Männern zu vollbringen wären. Aber es ist kein Gebot der Gleichwertigkeit von Mann und Frau, sondern eine bloße Konsequenz des göttlichen Auftrags, Kinder zu erzeugen und großzuziehen.[26]

26 Zu dieser Stelle mit einer psychologischen Deutung: Gerta Scharf-

In späteren protestantischen Ehelehren (Johann Freder, Erasmus Alber, Heinrich Bullinger) wird die prinzipell zugrunde liegende Männerperspektive, die sie mit den altkirchlichen Schriftstellern (Erasmus von Rotterdam) teilen, stellenweise aufgebrochen und zu einer Gleichverpflichtung gemahnt.[27] Sprachliche Mittel sind dafür metakommunikativer Adressatenwechsel (»das sage ich auch den Männern«), eine Mann und Frau umfassende Bezeichnung (»gemahel«, beides schon bei Berthold von Regensburg), Indefinitpronomen und Formulierungen mit »wiederum« (»das will ich auch wiederumb von dem man verstanden haben«).

2.5 Heinrich Bullinger, *Der Christlich Eestand* (1540)[28]

Heinrich Bullinger, der Nachfolger Zwinglis in Zürich, hat den ausführlichsten, themenreichsten und von der Blattzahl her (152 Blätter) umfangreichsten Ehetext der ersten Hälfte des 16. Jahrhunderts geschrieben. Bei Bullinger finden sich nun mehrere Vereinheitlichungs- und Systematisierungstendenzen: im Formalen schon dadurch, daß der Text außer einer Vorrede in 25 thematisch geordnete Kapitel eingeteilt wird. Diese Kapitel erfahren eine interne Strukturierung dadurch, daß eine metakommunikative Einleitung mitteilt, wovon die Rede sein wird, daß dann die einzelnen Punkte des Themas behandelt werden und zum Schluß eine Zusammenfassung oder sonst ein metakom-

fenorth, »›Im Geiste Freunde werden‹. Mann und Frau im Glauben Martin Luthers«, in: Wunder/Vanja (Hg.), a.a.O., S. 97–108, hier S. 103 f.

27 Zum Prinzip der Gleichverpflichtung schon in mittelalterlichen Ehepredigten vgl. jedoch den Beitrag von Rüdiger Schnell in diesem Band.

28 Zitiert wird nach der Blattzählung des Erstdrucks Zürich 1540. Der Text erschien in zwei weiteren Drucken 1548 und 1579, in einer neuhochdeutschen Fassung 1853. Weite Verbreitung erfuhr er in Großbritannien als *The Christian State of Matrimonye* ab 1541. Zur Ehetheorie Bullingers: Jutta Emig/Ulrike Gaebel, »Wie man zwei Rinder in ein Joch spannt. Zu Heinrich Bullingers ›Der Christliche Ehestand‹«, in: Maria E. Müller (Hg.), *Eheglück und Liebesjoch. Bilder von Liebe, Ehe und Familie in der Literatur des 15. und 16. Jahrhunderts*, Weinheim/Basel 1988, S. 125–154.

munikativer Rückblick gegeben wird (z. T. in wörtlich gleicher Form wie in Kapitel 1).

Ein Beispiel für eine metakommunikative Rückbindung an das vorhergehende Kapitel und die Ankündigung des folgenden Kapitels ist der Anfang des 10. Kapitels:

»UNd damit gemelte verwilligung noch baß vermerckt werde / wil ich fürbaß die vrsachen der Ee / namlich warumm sy yngesetzt / vnd warumm sy sölle bezogen werden / mit gotts wort erlüteren / damit mengklich verstande woryn er willige / wenn er in die Ee verwilliget.« (D7b)

Die Masse des Stoffes bringt es mit sich, daß Bullinger verschiedene Verfahren anwendet, um den Lesern einen Durchblick zu verschaffen. Formal dienen numerische Einteilungen (z. T. auch am Rand wiederholt) und Randglossen dazu. Ansonsten gibt er immer wieder Voraus- und Rückverweise, Wiederholungen, Rekapitulationen und Resümees (*in summa*). Tabellen (C3ff.) sollen darüber hinaus mithelfen, sich durch die Komplexität der Verwandtschaftsgrade hindurchzufinden.

Bullinger teilt seinen Traktat in zwei Teile ein, die man grob als Lehre und als Verhaltensanleitung bezeichnen kann. Er schreibt weitgehend mit demselben gemäßigten Hypotaxenstil der Zeit und verwendet als durchgängiges Verfahren Bibelzitate oder -paraphrasen mit nachfolgendem Kommentar, ein Verfahren, das er auch explizit benennt:

»Jetzund wöllend wir von artickel zu artickel yedes stuck gemälter beschrybung eigentlicher erlüteren / vnd wo nodt ist mit geschrifftlicher kundtschafft bewaren vnd beuestigen.« (C8b)

Oft enthalten schon die Bibelstellen Aufforderungen, so daß sich im anschließenden Kommentar die intentionale Haltung gar nicht ändert. Eine Besonderheit Bullingers ist es dabei, Bibeltexte stückweise zu bieten und zwischendurch zu kommentieren (so die Schöpfungsgeschichte, A4ff., die Verbote der Blutsverwandtschaft aus Leviticus, L2ff., Paulus' Ehelehre E1, F2b, K1, und Isaaks Brautwerbung, H5–H7).

Die weiteren Textformulierungsverfahren sind die gleichen, die auch andere Prosaschriftsteller in der Mitte des 16. Jahrhunderts verwenden: Parallelismen bzw. paarweise Satzanalogien; satzinterne Oppositionsbildungen (»sondern«) und satzexterne mit Gegenüberstellungen; Einwand und Antwort, Reihungen von

Adjektiven, Verben und Nomina. Die Hypotaxe ist ausgebildet mit vielen kausalen, finalen und konzessiven Nebensätzen.
Die Schnittstelle der beiden Teile wird nicht formal durch eine besondere Überschrift markiert, sondern textreferenziell durch ein langes Resümee der Kapitel des ersten Teils und der Themen des zweiten Teils. An dieser Stelle kann man auch einen prosastilistischen Wechsel zur komplexen Kanzleisyntax feststellen (G7), wie das für öffentliche Textanfänge üblich ist.
Die beiden Teile fallen bei einigen Unterschieden stilistisch nicht ganz auseinander. Zwar gibt es in beiden Teilen Stilzüge, die dem jeweiligen Teil angemessen sind: Der erste Teil ist mehr geprägt durch die »wissenschaftlichen« Stilmerkmale der Definition mittels prädikativer Sätze, der Distinktion, der Abkürzungen beim Verweisen auf das römische und kirchliche Recht, der lateinischen Fachausdrücke (*gradus, maleficium, conscientz*); aber Bullinger schreibt auch in diesem Teil appellativ-werbend. Fast jede Erläuterung eines Sachverhalts geht über in eine Aufforderung, in Kritik oder Warnung. Sprachliche Formen sind dafür, wie bei den anderen Autoren auch, Imperativ, Konjunktiv 1, das Modalverb »sollen« (auch im Konj. 2), selten »müssen«. In Kapitel 8 und 12, also noch im ersten Teil, wo Bullinger gegen die Eheverbote der römischen Kirche schreibt, wandelt sich seine syntaktische bzw. lexikalische Ausdrucksweise zu großer Varianz und sogar Derbheit (Häufung von rhetorischen Fragen, Ironie, Beschimpfung). Auf weite Strecken herrscht auch im 1. Teil der Predigtton vor (z. B. F5b-F6) mit nominaler (»Lieber«) und pronominaler Anrede, mit Selbstreferenz (E2, G2b) und umgangssprachlicher direkter Rede (z. B. die Modalpartikel in der Rede Adams beim Anblick Evas: »das wäre *einmal* gebein von minem gebein / vnnd fleisch von minem fleisch«, D5b).
Der zweite Teil hat einige Vertextungsprinzipien, die für eine in den Alltag wirkende Rede angemessener sind: vor allem, was im ersten Teil nicht oder nur ganz selten vorkommt, Sprichwörter (an einer Stelle gesammelt, L6bf.); eine Sammlung von Lehrsprüchen für die Kinder (M3b), eine Aufzählung von Bibelstellen, die sich die Eheleute zum Trost vorlesen sollen (L8b); hintereinander gestellte Bibelzitate zu einem bestimmten Thema (›Liebe‹: I8; Strafen »mit Ruten«: M8b) und immer wieder bildliche Vergleiche (Vergleiche mit Strohfeuer: H4, mit dem Leimen von Brettern: I4, mit Trauben und Most: I5b, mit einem

Haufen, von dem man nur wegnimmt: H3b, mit Pferdegeschirr: K3b, mit Bienen: L3). In die gleiche Richtung weisen Konkretion schaffende ausgedachte direkte Reden, die eine bestimmte Situation anschaulich machen sollen (Zank und Streit: I4b, I5b, Tadel unzüchtiger Reden: M4b).[29]

Auch die Argumentationsbasis ändert sich im zweiten Teil. Bullinger holt nun seine Argumente nicht immer nur aus der Bibel, sondern er verläßt sich zunehmend auf seinen gesunden Menschenverstand, ja der 36-Jährige beruft sich an einer Stelle (L4b) sogar auf seine Erfahrung als »alter« Mann. Stärker als im ersten Teil schreibt Bullinger eindringlich im Stil einer Predigt. Er bringt Warnungen, Drohungen, Sorgen, Ermahnungen in einer intensivierenden Weise vor, z. B. bei seiner Mahnrede an die Stiefmütter:

> »Laß dich doch / O du Christlich wyb / erbarmen die jungen vnschuldigen weißlin [Waisenkinder] [...] Ermiß das Gott der Herr dich an statt jrer abgestorbnen muter zu einer rächten muter jnen geordnet hat / [...] Wee dir / thust du den armen weyßlinen args. Gedenck das sy dines Eemanns natürlich fleisch vnd blut sind [...] Gedenck an das wort der warheit [...] (K6)

Die Anreden an den Ehemann, die Ehefrau und an den Jüngling gesondert stammen traditionell aus der Predigt; ebenfalls paßt zur paränetischen Haltung, daß nun narrative Textteile, die bei Bullinger sehr kurz ausfallen, zumindest zweimal (bei der Wiedergabe von Isaaks Brautwerbung: H5–H7 und bei Daniels Abweisung köstlicher Speisen: M6b) etwas in die Breite gehen. Aber erzählerische Imagination liegt Bullinger nicht.

Bullingers Traktat ist der erste Text unserer Sammlung, der wieder, nach den Anfängen beim *Sermo de matrimonio* und bei Marcus von Weida, die Absicht hat, eine systematisch geordnete, umfassende Darstellung und Verhaltensorientierung des ehelichen Lebens zu geben, sich überdies nicht durch eine formale Textgestaltung (Dialog, Argumentation gegen einen anderen Autor) einbinden zu lassen (Erasmus, Freder), sondern in den Alltag zu wirken, freilich nicht mehr als einmalige Lektüre auf einen Zug wie noch bei Luther. So wie Bullinger selbst dazu ermahnt, daß die christliche Lehre den Haushalt durchdringen

29 Vgl. auch Emig/Gaebel, a.a.O., S. 146.

soll (christliche Lehre der Mutter: M5; die Rekapitulation der sonntäglichen Predigt: M6), so können einzelne Teile seines Traktats im alltäglichen Leben aufgenommen werden: als kapitelweises Vorlesen, als Auswendiglernen der Lehrsprüche, als Nachschlageort für Bibelstellen, als rudimentärer Katechismus.[30]

Bullinger bemüht sich um einen Ausgleich der Darstellung weiblicher und männlicher Verhaltensanforderungen; das bewerkstelligt er oft durch Indefinitpronomen und Nomen, die sich auf beide Ehepartner beziehen lassen; Indefinitpronomen: »welcher« (trotz des maskulinen Genus), »ein yetlichs, eins dem andern, yetlichs – das ander, eintwäders«; Nomen: »du Christlicher Eemensch« (J8b), »die Eelüt, din gemahel«; aber auch durch Präpositionsfügungen: »zu beiden teilen« (J5), »zu beiden syten« (K4).[31] Das Bemühen um Ausgleich ist da, dennoch schreibt wie in den anderen Texten ein Mann für Männer, wenn es um den Vergleich unnützer Männer und aushäusiger Frauen geht (L1b) oder um das »kybig[e Versagen] der ehelichen werck« (K7) oder um die Konkretion eines »rechtgestaltigen Leibs« (H2).

2.6 Johann Freder, *Ein Dialogus dem Ehestand zu ehren geschrieben* (1545)[32]

In mehrerer Hinsicht ist Johann Freders Dialog eine textsortengeschichtlich späte Erscheinung unseres Zeitraums: Freder greift die Form des Lehrer-Schüler-Gesprächs auf, die weit ins Mittelalter zurückreicht und in der Frühzeit der Reformation

30 Kompendienartige Gesamtdarstellungen einzelner Wissenschaften, Berufe und Lebensbereiche (Medizin, Rechtswissenschaft, Kosmographie, Geographie, Geschichte, Feldbau, Berg- und Hüttenwesen, Schreib- und Lesebücher) werden im Lauf des 16. Jahrhunderts in großer Zahl verfaßt; sie haben weitgehend dieselben formalen Gestaltungsmittel (Kapiteleinteilung, Register) und sind in einer gemäßigt hypotaktischen Syntax geschrieben.

31 Zum Prinzip der Gegenseitigkeit bei Bullinger vgl. Monika Gsell, »Hierarchie und Gegenseitigkeit. Überlegungen zur Geschlechterkonzeption in Heinrich Bullingers ›Eheschriften‹«, in: R. Schnell (Hg.), *Geschlechterbeziehungen und Textfunktionen* (im Druck).

32 Ich zitiere nach der Blattzahl des Erstdrucks Wittenberg 1545.

aktualisiert wurde[33]; sie gehört in die Reihe der dialogisch aufeinander bezogenen Frauenlob- und Frauenkritik-Texte, nun in Form einer Zitatenkompilation mit anschließender *confutatio*; sie ist Bestandteil einer aktuellen Kontroverse und sie dient dazu, eine Lehre zu sichern, die Jahrzehnte zuvor etabliert worden war.

Formal handelt es sich um einen Lehrdialog zwischen dem schriftbewanderten Lehrer Johannes und dem noch jungen Antonius, der sich weigert zu heiraten, weil ihn angeblich die weisesten Männer und vornehmlich Sebastian Francks Sprichwörtersammlung davon abhalten. Der Dialog ist aber nur textformaler Schein; in Wahrheit reden Johannes und Antonius nicht mit- und zueinander, sondern Antonius ist Stichwortlieferant für Sprichwörter aus Francks Sammlung, zu denen Johannes seine Gegenargumentationen vorbringt. Freder adaptiert dazu den Typ des asymmetrischen Frage-Antwort-Dialogs der mittelalterlichen Lehrdialoge.[34]

Die »Widerlegung etlicher Heidnischer, vnchristlicher Spruche«, wie es in der Überschrift des Dialogs heißt, hätte ebenso gut in monologischer Form durchgeführt werden können. Zwar beginnt der Dialog wie ein traditioneller Lehrer-Schüler-Dialog mit Schülerfragen und Lehrerantworten, und er endet auch mit der plötzlichen Nutzanwendung, daß Antonius sich nun eine Frau suchen wolle, aber im wesentlichen besteht der Dialog daraus, daß Antonius einzelne Sprichwörter und Sentenzen aus Sebastian Franck anführt, die Johannes dann ausführlich, in langer Rede widerlegt. Die scheinbaren Dialogpartner reden sich nicht an, sie nehmen sprachlich weder auf sich noch auf den Adressaten bezug, fragen nicht, fordern nicht (Ausnahme I1), antworten nicht, argumentieren nicht gegeneinander. Schon bald (G4b) zeigt sich Antonius von Nutzen und Notwendigkeit der Ehe überzeugt, ohne daß dies aus der Rede des Johannes un-

33 Vgl. Schwitalla, a.a.O., S. 112–138.

34 Erasmus von Rotterdam bemüht sich in seinem Colloquium *Coniugium sive uxor mempsigamos* (1523) viel mehr um eine situative Einbindung des Dialogs und um eine psychologisch-natürliche Verknüpfung der Beiträge. Zur Frage-Antwort-Gestaltung mittelalterlicher Lehrgespräche: Hannes Kästner, *Mittelalterliche Lehrgespräche. Textlinguistische Analysen, Studien zur poetischen Funktion und pädagogischen Intention*, Berlin 1978, S. 155–172.

mittelbar zuvor einsichtig würde; von nun an zitiert er nur noch aus Wissensbegierde frauenfeindliche und eheverächtliche Sprichwörter und Sentenzen aus Sebastian Francks Sammlung.
Der eigentliche Gegner ist also Sebastian Franck. Ihm gelten eine Vorrede Luthers, der Widmungsbrief und ein Nachwort an den »christlichen Leser«. Was Polemik betrifft, so scheut sich der alte Luther nicht, Sebastian Franck ein »lesterlich maul«, einen »Schwermer und Sacramentschender«, einen »Gaister und Enthusiast« zu nennen, ja, er bezeichnet ihn sogar als einen »Scheispoet« und eine »Arshummel«, die »allen Frawen in den hindern [kreucht] / und treibet zusamen mit seinem schendlichen Rüssel / alles was der Teuffel jemals böses von den Weibern geredt / oder durch sie gethan hat« (B1). Bei Freder ist es mit solcherart grobianischer Polemik vorbei. Antonius ziert und windet sich, ein Wort wie »Hintern« überhaupt zu schreiben (M2) – auch dies ein sprachlicher Hinweis auf bürgerliche Gesittung und Mäßigung. Freders Form der Polemik richtet sich nur selten direkt gegen Franck (»Unflat«), sie wird selbstbezüglich und dadurch indirekter: *er* sehe nicht, wie Franck sich »mit solchen Exempeln konne behelffen« (Q2b), *er* »wundert« sich (meistens am Anfang oder Ende einer seiner Reden): »vnd wundert mich vber alle masse, wie er solche schendliche Lestersprüche hat mögen verdeutschen, vnd weyse, schone, herrliche Klugrede nennen« (H1).
Funktional gesehen herrscht zwar auf alltagsweltlicher Rationalität beruhende Argumentation vor, wobei Exempla die Widerlegungen argumentativ stützen. Im Vergleich zu Bullinger schreibt Freder aber längere Passagen mit einer narrativen Grundstruktur. Wir haben einige wenige ausführliche Erzählungen (die Geschichte der Dirachina E2), einen Schwank (G2) und sonst viele Nacherzählungen von biblischen Geschichten, in denen Freder die guten Eigenschaften der Frauen, die deren Handlungsträger sind, herausstellt; außerdem, im Übergangsbereich zwischen Narration und Argumentation sehr viele Apophthegmata. Nur einmal argumentiert Freder mit einem Fall aus eigener Erfahrung (K4).
Dabei liebt Freder Reihungen, die sich immer weiter verkürzen bis zur Form der Liste. Das Anführen, Erwähnen, Aufzählen ist eines seiner bevorzugten Textverfahren. Die ersten Exempla oder Aussprüche werden syntaktisch parallel noch mit Redeeinleitungssätzen zitiert, danach folgen nur noch die Aussprüche:

»In dem Griechischen Poeten Euripide sagt einer / Das es ein Königreich sey / Weyb vnd Kinder haben. Vnd daselbs stehet / das es besser sey ein from Weyb / denn viel geldes haben.
Item / Ein ander vnter den Griechischen Poeten / sagt / Das kein Königreich / kein gelt noch gut / mehr vnd grosser freude vnd lust gebe / dann ein from Weib jrem Manne. [...]«

Schließlich nur noch die Zitate selbst:

»Item / Das ein from / heuslich Weib / den Man / das gesind vnd haus erhalte. Item / Das der hochste vnd groste reichthumb sey / wenn einer ein ehrlich / from Weib bekompt. Item / Das ein ehrlich / from Weib / sey ein Schatzkamer der tugent. Item, Das [...]« (G2b, G3)

Solche syntaktischen Parallelisierungen mit der Tendenz zur Verkürzung sind charakteristisch für die Reden des Johannes. Listen von Namen beispielhafter Frauen, deren Tugenden in einem Relativsatz erwähnt werden (z. B. E3, F2, K1); Listen von Bibelzitaten (F1) oder von ganz kurzen Exempeln (F2); Aufzählungen von Lastern (G1), von Verboten und Geboten (J2b) haben außer dem Gewicht der Quantität, die dem Gegner Franck beweisen sollen, daß nicht *alle* Frauen schlecht sind, die Funktion, dem christlichen Leser einen Wissensbesitz zu vermitteln, der thematisch einheitlich aufzählt, was zum Bestand des Wissens oder des christlichen Glaubens gehört, z. B. gelehrte Frauen aus der Geschichte (K1 ff.), oder Frauen, die sich nach dem Tod ihres Mannes umbrachten (M1b), oder die vorbildlichen, treuen und gottvertrauenden Frauen im Alten Testament (O3), oder alle Frauen, die sich Jesus anschlossen (O4b).
Das Aufzählende, Listenartige schlägt sich auch stilistisch nieder in der Vorliebe für Reihungen von Adjektiven, Verben (mit ihren Ergänzungen) und eben Namen, z. B.:

»Solche hinderlistige / bose / gifftige / tuckische / betriegliche Weiber / sind nicht gewesen Heua / Sara / Rebecca / die Mutter Mose / Sephora / Debora / Ruth / Jael / Hanna Samuelis mutter / Judith / Abigail / Hester / Susanna / die Widwe zu Sarphat / die Prophetin Olda / die Sunamitis / die Heliseum herbergete / Sara Raguelis tochter / vnd alle andere frome Weiber im alten Testament.« (L1)

Das hat etwas Lehrhaftes, auswendig zu Lernendes an sich, was den Dialog spröde macht. Solche Listen setzten Leser voraus, die die mit den Namen verknüpften Geschichten schon kennen.

Dienten Aufzählungen in den Katechismen des 15. Jahrhunderts der Illustration eines Begriffs, z. B. einer Sünde, so dienen sie nun, bei Freder, aber auch in Erasmus Albers Ehetraktat *Ein guot buoch von der Ehe* (1536) und schon früher im *Frauenlob* und in Hieronymus Emsers *Satyra und straffe des Eebruchs* (1505) dem rhetorischen Prinzip der *accumulatio*, der möglichst langen Aneinanderreihung beispielhafter Figuren oder Begebnisse zur quantitativen Bekräftigung einer These.[35]

Nur selten fesselt der Dialog durch eine Erzählung, aus der die Lehre einer Frauentugend oder einer Ehemoral zu ziehen wäre. Aber selbst da formuliert Freder zuweilen umständlich, hypotaktisch komplex. Das Exempel Monica, als Vorbild weiblicher Untertänigkeit, mündet dadurch in einen Anakoluth:

»Also schreibt der heilig S. Augustinus / von seiner Mutter Monica / Das sie seinem Vater gedienet habe als jrem Herrn / nicht anders als were sie seine Magd gewesen / Also / das sie sich nie wider jn gesetzt habe / mit irgend einem worte oder geberde / wenn er vnlustig vnd zornig ist gewesen / Sondern inne gehalten / bis das wetter fur vber ist gewest / so habe sie sich mit freundlichen worten entschuldigt / vnd jn zu frieden gestelt.« (F1b)

Die Antworten des Johannes sind so angeordnet, daß zu Beginn und am Ende eine summarische Entgegnung auf die Franck-Zitate steht, zu Beginn oft auch eine retourkutschenartige Zurückgabe der Lästerrede (»Der solche Sprüche gemacht hat, der ist nicht ein verdeckt, sondern ein offenbar Vnflat, vnd ein heillose, schamlose Lestermaul«, M2b). Nach der generellen Entgegnung folgt manchmal eine *concessio* (»Es sind wol etliche listige Bubinnen / Aber ...«, L1b), dann folgen Begründungen durch Bibelzitate oder Exempel.

Die Argumentationsbasen sind auf weite Strecken der alltäglichen Vernunft, der Erfahrung, dem *common sense* entnommen, oder sie sind syllogistisch (H1, I2), ausgehend von Gedankenexperimenten (F3); sie gehen nicht mehr grundsätzlich, wie noch

35 Zur *copia exemplorum* in Johann Fischarts *Ehzuchtbüchlein*: Jan Dirk Müller, »Texte aus Texten. Zu intertextuellen Verfahren in frühneuzeitlicher Literatur, am Beispiel von Fischarts *Ehzuchtbüchlein* und *Geschichtsklitterung*«, in: Wilhelm Kühlmann/Wolfgang Neuber (Hg.), *Intertextualität in der Frühen Neuzeit*, Frankfurt am Main u. a. 1994, S. 63–109, hier S. 81 f.

bei Luther, von der biblischen Theologie aus. Selbst biblische Geschichten wie der Sündenfall Adams und Evas werden nun psychologisch einfühlend nacherzählt (L1b-L2). Die Kontroverse ist im ganzen aber trocken und akademisch.[36]
Wie ein roter Faden spinnt sich durch den gesamten Text die Drohung mit der Hölle, wenn man nicht heirate und sich dennoch seiner geschlechtlichen Lust nicht enthalten könne (ganz am Ende wird auch eindringlich darauf hingewiesen, Origenes habe geirrt, wenn er meinte, die Hölle könne einmal ein Ende haben, R2b). Als ideologische Interpretationen der Ehe wiederholt Freder immer wieder, wie die gesamte Eheliteratur vor ihm, das Paulusdiktum, der Mann sei das Haupt der Frau, wie Christus das Haupt der Gemeinde, und wie Christus seine sündige Gemeinde, so solle ein Mann seine vielleicht arme, kranke oder häßliche Frau lieben (F1, F4 usw.). Dennoch, die Ehe wird mehr unter moralischen Aspekten gesehen als unter theologischen. Waren Kinder-Füttern und Windeln-Waschen bei Luther noch eine Art Gottesdienst, so sind solcherart häuslicher Arbeiten bei Freder wider die Natur des Mannes (H3). Die protestantische Obrigkeitslehre, die da fordert, auch einem tyrannischen Herrn gehorsam zu sein, wird übertragen auf die Ehe: ein Weib habe es zu »leiden, wenn jm der Man gleich zu viel thut [...] als ein Creutz, das jr Gott auffgelegt hat« (F2b).

3. Schlußüberlegungen

Definiert man den Terminus ›Textsorte‹ als eine Kombination von thematischen und intentionalen (funktionalen) Kriterien, dann mag man Texte, die Normen aufstellen und begründen, wie Eheleute miteinander leben sollen, begründende Aufforderungstexte nennen. Auf einer sehr abstrakten Stufe gehören dann alle untersuchten Texte, auch Freders Dialog, zu dieser Textsorte. Die Frage ist aber, ob damit viel gewonnen ist.
Im einzelnen müssen wir bei unseren Texten eine erstaunliche Vielfalt feststellen, sowohl was die formale Gestaltung wie die Gattungs- und Texttradition oder individuelle Stile angeht. Da-

36 Z. B. erfährt Franck Kritik dadurch, daß er nicht philologisch sauber den Kontext seiner Zitate anführe (I1b, Q2).

bei haben wir uns nur auf eine Textauswahl beschränkt und andere Textformen gar nicht untersucht: Reimpaargedichte (Emsers *Satyra*), essayartige Kurzformen wie die Schrift *Wie man frid und einigkeit im Eelichen Stande halten muge* (1533), theoretische Exkurse wie Sebastian Francks Ehetheologie in seiner Sprichwörtersammlung.[37] Die Veränderungen von den Texten der Mitte des 15. zu denen der Mitte des 16. Jahrhunderts verlaufen nicht in einer kontinuierlichen Entwicklungslinie. Deshalb möchte ich – für das von mir untersuchte Textkorpus – nur einige (mögliche) Tendenzen, aber auch Widersprüchliches festhalten:

1. Über den ganzen Zeitraum werden Textsortenstile der Predigt, die Tradition des Ehedisputs (wenn auch in unterschiedlichen Formen), die Form des Gedichts, das Verfahren der Kompilation weitergeschrieben. Nur die Denk- und Darstellungsmethode der Kasuistik wird aufgegeben. Hinter den einzelnen Verfahren stehen Veränderungen ideologischer Hintergründe: Im 15. Jahrhundert und bis zur Reformation sind wesentliche Interpretationsmuster für die Ehe die Sündenkategorien und eine kasuistisch dargebotene Sammlung von Problemfällen. Albrecht von Eyb will das christliche Eheverständnis mit dem der Antike konfrontieren; er führt klassische Muster der Lob- und Klagrede vor. Bei Luther ändert sich die Sicht auf die Ehe, so daß sie als ein Spezialfall des glaubenden Gehorsams wie jedes andere weltliche Tun auch erscheint. Später treten moralische, alltagsweltliche Interpretationen von Ehe und Familie in den Vordergrund.

2. Eine Entwicklung von kleinen, thematisch kompakten zu langen, thematisch ausgefalteten Textformen, die nicht mehr in einem Zug gelesen werden, läßt sich zwar nicht durchgängig, aber der Tendenz nach beobachten. Den Umfang einer Schrift bestimmt die jeweilige Textfunktion. Auch in anderen Bereichen, z. B. der wissensvermittelnden Literatur (Geographie, Historiographie, *artes mechanicae*), werden in der Mitte des 16. Jahrhunderts kompendienartige Zusammenfassungen geschrieben.

3. Die Entwicklung von einer thematischen und/oder textsortenmäßigen Disparatheit (*Sermo*, Eyb, Weida) geht zu einer

37 Ausgabe von Peter Klaus Knauer, Bd. 11, Bern u. a. 1992, S. 466–473.

thematisch wie stilistisch einheitlichen Textkomposition (Luther, Freder, Alber, Bullinger). Dazu kommt eine Ausdifferenzierung subsidiärer Textteile wie Widmungsschrift, Nachwort, Korrigendaliste etc.

4. Die Mittel der thematischen Textgliederung vereinheitlichen sich: Kapitelüberschrift, Ankündigung und Resümee, thematische Verweise (Alber, Bullinger). Themenbrüche und plötzliche funktionale Übergänge wie im *Sermo*, bei Eyb und bei Weida kommen später nicht mehr vor. Die Ehethemen (Definition und Wirkungen, Hindernisse und Scheidungsgründe, Hochzeitsfeier, Kindererziehung) bleiben aber über den Zeitraum hinweg (wenn auch nicht bei allen Autoren) konstant.

5. Eine Entwicklung von syntaktischer Einfachheit zu einem syntaktisch ausgebauten Hypotaxenstil mit eingebetteten Satzteilen auf mehreren hierarchischen Ebenen, der aber weit unterhalb der Hyperkomplexität des offiziellen Kanzleistils bleibt, ist in diesem Bereich der Ehetexte der Tendenz nach zu erkennen. Dies gilt auch für die Entwicklung von rhetorisch-stilistischer Einfachheit und stereotyper Wiederholung zur rhetorischen Elaboration (inhaltliche wie ausdrucksseitige rhetorische Figuren: Luther, Alber, Bullinger).

6. Bei den späten Texten (Alber, Bullinger, Freder) nehmen namentliche Verweise auf zeitgenössische Texte zu: Verweise auf die Schriften der eigenen Richtung (Luther) wie die der Gegner; Verweise auf die neuen Textsorten protestantischer Katechismus, Postille und Kirchenordnung. Polemik gegen die konfessionellen Gegner (Seb. Franck bei Freder, die Schwärmer bei Alber, die römische Kirche bei allen) spiegeln die rasche überregionale Kommunikation mittels aktueller Druckschriften wider und lassen erkennen, daß die Ehe zu einem Kampfthema geworden ist.

7. Die Formen für didaktische Einprägsamkeit ändern sich von formelhaft eingeleiteten Verdichtungsformen (»du sollst wissen, das merk mit Fleiß«) zu formal gebundenen Kleinformen (Mercksprüche und spruchartige Sentenzenübersetzungen bei Bullinger und Alber). Die Systematisierung des Wissens in den Formulierungsverfahren Reihung und Liste haben wir aber sowohl im 15. Jahrhundert (Katechismen) wie in der Mitte des 16. Jahrhunderts (Bullinger, Freder).

8. Überlieferungsverbände von Ehetraktaten mit literarischen Texten (*Melusine* und das Ehebuch Albrechts von Eyb (M. E. Müller, a.a.O., S. 52), *Die Mörin* und Emsers *Satyra*) in Handschriften und frühen Drucken lösen sich im Laufe der Druckgeschichte. Das kann man als ein Zeugnis für das Bewußtsein von Literatur und Traktat als getrennten Kommunikationssphären sehen. Das Thema ›Ehe‹ bleibt aber Gegenstand literarischer Produktionen (Bibeldrama, Fischart).

9. Bei den Argumentationsbasen nimmt Alltagsrationalität, vereinzelt auch eigene Erfahrung (Bullinger, Freder) gegenüber der biblischen Begründung zu; ja es kommt zu einer gewissen Psychologisierung der Verhaltensratschläge (ebenfalls Bullinger, Freder und der Traktat *Vom Ehfrieden*, 1533).

10. Keine Tendenz läßt sich dahingehend feststellen, daß sich die Ehetraktate von narrativen Texten zu mehr argumentativen Texten entwickeln. Der Prosatext des *Sermo* weist wenig, Eyb und Emser weisen viele narrative Textteile (Exempel) auf. Dasselbe gilt für das Ende des Zeitabschnitts: Bullinger verwendet wenige, Alber aber viele solcher narrativen Elemente.

11. Insgesamt bestätigt sich der Eindruck, daß die jeweilige Textfunktion die Behandlung des Themas ›Ehe‹ mindestens genau so stark mitbestimmt, wie es mögliche epochengeschichtlich konzeptionelle Veränderungen tun.

Texte

Albrecht von Eyb, *Ob einem manne sey zunemen ein eelichs weyb oder nicht.* Mit einer Einführung zum Neudruck von Helmut Weihnacht, Darmstadt 1982.

Bullinger, Heinrich, *Der Christlich Eestand. Von der heiligen Ee harkummen* [...], Zürich 1540.

Freder, Johan, *Ein Dialogus dem Ehestand zu ehren geschrieben* [...], Wittenberg 1545.

Luther, Martin, *Vom ehelichen Leben*, in: Martin Luther, Werke. Weimarer Ausgabe, Bd. 10/II, 1907, S. 268–304.

Marcus von Weida, *Spigell des ehlichen Ordens*, aus der Handschrift herausgegeben von Anthony van der Lee, Assen 1972.

Sermo de matrimonio, in: Brinkhus, Gerd, *Eine bayerische Fürstenspiegelkompilation des 15. Jahrhunderts*, München 1978, S. 122–130.

Tobias Brandenberger

Antonio de Guevaras Eheschriften

Textaussagen und Textfunktion

Von all den spanischen Autoren, die sich im Verlaufe des 15. und 16. Jahrhunderts mit dem Thema Ehe beschäftigten[1], ist Antonio de Guevara[2], neben Juan Luis Vives (*De institutione foeminae*

1 Die iberoromanische Eheliteratur des Mittelalters und der Frühen Neuzeit ist noch weitgehend unerforscht. Die wenigen vorliegenden Studien beschäftigen sich nahezu ausschließlich mit einzelnen Autoren (v. a. Juan Luis Vives, Antonio de Guevara, Luis de León). Die einzige größere Arbeit, die ein breites Spektrum von Texten untersucht, ist die noch unveröffentlichte Dissertation von Maria de Lurdes Correia Fernandes, *Espelhos, cartas e guias. Casamento e Espiritualidade na Península Ibérica (1450–1700)*, Diss. Porto 1992. Einen ersten Überblick können folgende Artikel vermitteln: Angela Mendes de Almeida, »Casamento, sexualidade e pecado – os manuais portugueses de casamento dos séculos XVI e XVII«, in: *Ler História* 12 (1988), S. 3–21; Marie-Christine Barbazza, »L'Épouse chrétienne et les moralistes espagnols des XVIème et XVIIème siècles«, in: *Mélanges de la Casa de Velázquez* 24 (1988), S. 99–137; María Luisa Lobato, »El ideal de la mujer en los escritores doctrinales agustinos de los siglos XV y XVI«, in: *Revista Agustiniana* 29 (1988), S. 725–736; Maria de Lurdes Correia Fernandes, »Casamento e religiosidade femenina no século XV na Península Ibérica«, in: *Congresso Internacional: Bartolomeu Dias e a sua época*, Porto 1989, Bd. 1, S. 73–90.

2 Die Forschungsliteratur zu Antonio de Guevara ist so umfangreich, daß hier nur die wichtigsten Arbeiten genannt werden können. Unverzichtbar sind folgende Gesamtstudien: Augustin Redondo, *Antonio de Guevara (1480?–1545) et l'Espagne de son temps. De la carrière officielle aux œuvres politico-morales*, Genève 1976 (zu unserem Thema vgl. bes. S. 623–630); Asunción Rallo Gruss, *Antonio de Guevara en su contexto renacentista*, Madrid 1979; Pilar Concejo, *Antonio de Guevara. Un ensayista del siglo XVI*, Madrid 1985. Von speziellem Interesse für die hier behandelten Texte sind die folgenden Arbeiten: Francisco Márquez Villanueva, »Marco Aurelio y Faustina«, in: *Insula*, Heft 305 (April 1972), S. 3–4; Pilar Concejo, »La obra epistolar de Antonio de Guevara«, in: *Revista de Estudios Hispánicos* 12 (1978), S. 227–238; Davide Bigalli, »Il mito a corte. Pensiero politico e frammenti di utopia in

christianae, 1523/24; *De officio mariti*, 1528) und Fray Luis de León (*La perfecta casada*, 1583) sicherlich der bekannteste und am häufigsten gelesene.

In dreien seiner zehn Bücher geht der aus einer vornehmen nordkastilischen Familie stammende, um 1480 geborene Franziskaner ausführlich auf die Ehe ein: im wahrscheinlich 1524 abgeschlossenen, vier Jahre später erstmals gedruckten *Libro áureo de Marco Aurelio*[3] (*Goldenes Buch von Mark Aurel*), im unmittelbar danach (1529) veröffentlichten *Relox de príncipes*[4] (*Fürstenuhr*) und in den zehn Jahre später (1539) erschienenen *Epístolas Familiares*[5] (*Privatbriefe*). Hier soll, nach einer kurzen Situierung der drei Texte, versucht werden zu zeigen, welche Bilder von der Ehe und welche Geschlechterrollenkonzepte Guevara entwirft, und inwiefern diese Aussagen von bestimmten Faktoren, insbesondere der Funktion des jeweiligen Textes abhängen.

Die Geschichte des *Libro áureo de Marco Aurelio* ist verworren: Es ist die Geschichte eines entführten Erstlings. Im dem Text

Antonio de Guevara«, in: ders., *Immagini del principe: Ricerche su politica e umanesimo nel Portogallo e nella Spagna del Cinquecento*, Milano 1985, S. 223–280; Emilio Blanco, »Introducción« zu Fray Antonio de Guevara, *Relox de príncipes*, Madrid 1994, S. xi-lxxvii; ders., »Introducción« zu Fray Antonio de Guevara, *Obras completas, I. Libro áureo de Marco Aurelio. Década de Césares*, Madrid 1994, S. xxii-xli; ders., »Introducción« zu Fray Antonio de Guevara, *Obras completas, II. Relox de príncipes*, Madrid 1994, S. xxvii-xxxvii. An Bibliographien sind zu nennen: Lino G. Canedo, »Las obras de Fray Antonio de Guevara. Ensayo de un catálogo completo«, in: *Archivo Ibero-Americano* 6 (1946), S. 441–601; Christoph Schweitzer, »Antonio de Guevara in Deutschland«, in: *Romanistisches Jahrbuch* 11 (1960), S. 328–375; ders., »Antonio de Guevara in Deutschland. Ergänzungen«, in: *Romanistisches Jahrbuch* 28 (1977), S. 322–325.

3 Wir verwenden die auf dem Manuskript g-II–14 von San Lorenzo de El Escorial basierende Ausgabe von Emilio Blanco: Fray Antonio de Guevara, *Obras completas, I. Libro áureo de Marco Aurelio. Década de Césares*, Madrid 1994, S. 1–333.

4 Zitiert wird nach der ebenfalls von Emilio Blanco besorgten Ausgabe: Fray Antonio de Guevara, *Obras completas, II. Relox de príncipes*, Madrid 1994.

5 Textbasis ist die Edition von José María de Cossío: Fray Antonio de Guevara, *Libro primero de las epístolas familiares* (enthält *Libro primero* und *segundo*), Madrid 1950/52 (2 Bde.).

vorangestellten »Argumento« behauptet Guevara, das Original der Biographie und der Korrespondenz des römischen Kaisers Mark Aurel in der Bibliothek des Cosimo de Medici entdeckt zu haben.[6] In Wahrheit stützte er sich bei der Niederschrift seines ersten Buches auf andere Quellen[7] und ließ seiner Phantasie über weite Strecken freien Lauf. Es entstand ein eigenartiges Werk, das ein bewegtes Schicksal haben sollte.

1521 war Guevara an den Hof des spanischen Königs Carlos V. berufen worden, zuerst als Prediger, dann als offizieller Chronist. Am *Libro áureo* hatte er, nach eigener Aussage, schon seit 1518 gearbeitet. Obwohl er nichts über das entstehende Werk hatte verlauten lassen, wurde dessen Existenz am Hof offenbar dennoch bekannt.[8] 1525 überreichte er es dem krank darniederliegenden spanischen König Carlos V. zum Zeitvertreib:

»Yo serví a Su Magestad entonces con *Marco Aurelio*, el qual aún no le tenía acabado ni corregido, y supliquéle humilmente que no pedía otra merced en pago de mi trabajo sino que a ninguno diesse lugar que en su Real Cámara trasladasse el libro; porque en tanto que yo yva adelante

6 Vgl. *Libro áureo*, S. 20: »Después de rebueltos muchos libros, andadas muchas librerías, hablado con muchos sabios, pesquisado por muchos reynos; finalmente descobríle en Florençia entre los libros que dexó Cosme de Medicis, varón por çierto de buena memoria« (»Nachdem ich viele Bücher durchstöbert hatte, in viele Buchhandlungen gegangen war, mit vielen Weisen gesprochen hatte, in vielen Königreichen gesucht hatte, entdeckte ich ihn endlich in Florenz unter den Büchern, die Cosimo de Medici, fürwahr ein Mann guten Angedenkens, hinterließ.«).

7 Zu Guevaras Quellen für den *Libro áureo de Marco Aurelio* vgl. Redondo, a.a.O., S. 471 ff.

8 Vgl. *Relox de príncipes*, »Prólogo«, S. 57: »Yo comencé a entender en esta obra en el año de mil y quinientos y deziocho, y hasta el año de veynte y quatro ninguno alcançó en qué yo estava ocupado; luego el siguiente año de veynte y quatro, como el libro que tenía yo muy secreto estuviesse divulgado, estando Su Magestad malo de la quartana me le pidió para passar tiempo y aliviar su calentura« (»Ich begann im Jahre 1518, mich mit diesem Werk zu befassen; und bis zum Jahre 1524 wußte niemand, womit ich beschäftigt war; da man dann aber im auf das Jahr 1524 folgenden Jahr von dem Buch, das ich sehr geheim gehalten hatte, erfahren hatte, bat mich Seine Majestät [i. e.: König Carlos V., *Anm. des Verf.*], der am Quartanfieber erkrankt war, darum, um sich die Zeit zu vertreiben und sein Fieber zu lindern.«).

con la obra y que no era mi fin de publicarla de la manera que entonces estava, si otra cosa fuesse, Su Majestad sería muy deservido y yo perjudicado. Mis pecados que lo uvieron de hazer, el libro fue hurtado y por manos de muy diversas personas traydo y trasladado [...].«[9]

Es entstanden offensichtlich mehrere Kopien, das Werk begann zu zirkulieren[10], und schließlich kam es gar zur unautorisierten Publikation. Im Jahr 1528 erschienen mindestens zwei, eventuell sogar drei Drucke[11]; und bis Guevara schließlich 1529 eine neue,

9 »Ich war seiner Majestät also mit dem *Marco Aurelio* gefällig, den ich aber noch weder beendet noch korrigiert hatte, und flehte ihn in aller Bescheidenheit an, ich verlangte keine andere Gnade zum Lohn meiner Arbeit als die, daß er niemandem gestatte, das Buch in seinem königlichen Gemach abzuschreiben; denn da ich an dem Werk noch arbeitete und es nicht meine Absicht war, es so zu publizieren, wie es damals war, wäre im gegenteiligen Fall Seiner Majestät sehr schlecht gedient und mir geschadet worden. Meine Sünden mochten es verschuldet haben: das Buch wurde entwendet, ging durch die Hände verschiedenster Personen und wurde abgeschrieben [...]« (Ebd., S. 57).

10 Guevara selbst nennt im Brief Nr. 42 des ersten Bandes seiner *Epístolas Familiares* die Verantwortlichen für die Entwendung seines Textes: »En lo que decís de *Marco Aurelio*, lo que pasa es que yo lo traduxe, y le di a César, aún no acabado, y al Emperador le hurtó Laxao; y a Laxao, la Reina; y a la Reina, Tumbas; y a Tumbas, doña Aldonza; y a doña Aldonza, Vuestra Señoría; por manera que mis sudores pararon en vuestros hurtos« (»Hinsichtlich dessen, was ihr von *Marco Aurelio* sagt, so trifft zu, daß ich ihn übersetzte und ihn dem Herrscher gab, ohne daß er fertig war; dem Kaiser stahl ihn Laxao; dem Laxao die Königin; der Königin Tumbas; Tumbas Doña Aldonza, und Doña Aldonza Euer Ehren; so daß mein Schweiß in Euren Diebstählen endete«; a.a.O., S. 269). Dieser an den Condestable don Iñigo de Velasco gerichtete Brief wirft allerdings ein Problem auf: er trägt als Datum den 6. Januar 1524 – soll also ein Jahr früher geschrieben worden sein, als dem Autor das Manuskript gestohlen wurde. Mehrere Forscher haben darauf hingewiesen, daß die Datierungen der einzelnen *Epístolas* nur mit größter Vorsicht zu genießen sind. Dies wirft natürlich die Frage nach der Authentizität dieser Schreiben auf – ein Problem, auf das weiter unten noch einzugehen sein wird (vgl. Anm. 56).

11 Erhalten sind Exemplare der Ausgaben aus Sevilla (Cromberger, 27. 2. 1528) und aus Valencia (Juan de Molina, 15. 12. 1528); von einem portugiesischen Druck, den Guevara im »Prólogo« zum *Relox de príncipes* erwähnt, sind keine Exemplare erhalten.

stark erweiterte und veränderte Fassung unter dem Titel *Relox de príncipes* veröffentlichte, waren bereits auch zwei Ausgaben des *Libro áureo* außerhalb der Iberischen Halbinsel erschienen.[12]

Der *Libro áureo de Marco Aurelio* und der *Relox de príncipes* sind zwei verschiedene Werke, auch wenn in letzteres ein Großteil des ersten eingegangen ist. Die beiden Texte wurden oft verwechselt, wozu zweifelsohne beigetragen hat, daß seit den ersten Drucken die beiden Titel miteinander verquickt wurden und daß innerhalb kürzester Zeit Textpassagen aus dem *Libro áureo*, welche Guevara nicht in den *Relox de príncipes* übernommen hatte, trotzdem wieder auftauchten.

Das Erscheinen des *Relox de príncipes* tat dem einsetzenden Siegeszug des *Libro áureo de Marco Aurelio* nicht den geringsten Abbruch. Beide Texte wurden im weiteren Verlauf des 16. Jahrhunderts in verschiedenen Städten der Iberischen Halbinsel und auch jenseits der Pyrenäen, sowohl in der Originalsprache wie auch in Übersetzungen, vielfach gedruckt und entwickelten sich zu eigentlichen Bestsellern.[13]

12 Antwerpen: Jean Grapheus 10. 1. 1529; Paris: Pierre Vidoué 1529.

13 Der *Libro áureo* erscheint 1529 in Zaragoza, 1531 gleich dreifach in Rom, ein Jahr später sowohl in Venedig als auch in Valencia, insgesamt in spanischer Sprache in mindestens 21 Ausgaben zwischen 1528 und 1550 (Aus der zweiten Jahrhunderthälfte sind 16 Editionen bekannt, vgl. Redondo, a.a.O., S. 522, Anm. 302). Des weiteren werden Übersetzungen ins Französische (1531; mindestens 17 Drucke im 16. Jh.), Englische (1535 und 12 weitere Drucke), Italienische (erstmals 1543; dann 19 weitere Ausgaben im 16. Jh.), und ins Holländische (1565; fünf Ausgaben bis 1600) angefertigt. Der *Relox de príncipes* seinerseits erscheint noch im Jahr der Erstausgabe, von der außerdem schon bald ein Raubdruck zirkulierte, auch in Lissabon, und zwar in einer leicht erweiterten Fassung, die Passagen aus dem *Libro áureo* wieder aufweist, welche Guevara nicht in die Neufassung übernommen hatte (vgl. unten Anm. 32). In Sevilla läßt Juan Cromberger, dem Guevara das Privileg verkauft hatte, den *Relox* 1531 drucken und bringt in den folgenden Jahren fünf weitere Ausgaben auf den Markt. Andere Drucke stammen aus Barcelona (Carlos Amorós, 1532) und Antwerpen (Martin Nucio, 1550). Bald entstehen Übersetzungen ins Französische (1540; 32 Drucke bis zum Ende des Jhs.), Italienische (1543; 15 Ausgaben bis 1600), ins Englische (1557; 4 Ausgaben im 16. Jh.), schließlich 1572 (durch Conrad Egenberger von Veinheim) und 1599 (durch Aegidius Albertinus) ins Deutsche.

1539 publizierte Guevara ein weiteres Buch, dem beachtlicher Erfolg beschieden sein sollte: den ersten Band[14] seiner *Epístolas Familiares.* Aus dieser Sammlung soll uns insbesondere der 55. Brief des ersten Bandes interessieren. Er trägt den Titel: »Letra para mosén Puche, valenciano, en la cual se toca largamente cómo el marido con la muger y la muger con el marido se han de haber. Es letra para dos recién casados«.[15]
Diese drei Texte, der *Libro áureo*, der *Relox* und der 55. Brief aus dem ersten Band der *Epístolas Familiares* bilden im folgenden die Basis für unsere Untersuchung von Textaussagen und Textfunktionen in Guevaras Eheschriften.

I

Der *Libro áureo de Marco Aurelio* besteht aus zwei Teilen: Im »Libro primero« folgt der Autor einem traditionellen biographischen Erzählschema, das von der Geburt des Protagonisten bis zu seinem Tod führt und dem Leser anekdotisch wichtige Abschnitte seines Lebens vorstellt; im »Libro segundo« finden sich dann »muchas cartas por Marco Aurelio, XVII emperador de Roma, por él embiadas a diversas personas, en las quales muestra la subtileza de su ingenio y la profundidad de su doctrina.«[16]
Hier werden die verschiedensten Themen behandelt: in denjenigen Briefen, die Guevara später als »morales y de buenas doctrinas«[17] bezeichnen wird, etwa Gefaßtheit angesichts von Tod und anderen Schicksalsschlägen, empfehlenswertes Verhalten für alte Leute, der Niedergang Roms; daneben gibt es jedoch auch Jugendbriefe des Herrschers an seine *enamoradas* oder Invektiven gegen die Damen vom Hof.

14 Der zweite Band erschien zwei Jahre später.
15 »Brief an Herrn Puig aus Valencia, in welchem ausführlich behandelt wird, wie sich der Ehemann mit der Ehefrau und die Ehefrau mit dem Ehemann verhalten soll. Ein Brief für zwei Frischverheiratete.«
16 »... viele Briefe von Mark Aurel, dem 17. Kaiser Roms, von ihm an verschiedene Personen geschickt, in denen er die Schärfe seines Geistes und die Tiefe seiner Doktrin erweist« (*Libro áureo*, S. 207).
17 *Epístolas Familiares*, I/64, S. 451.

Die Kombination von Erzählung und Epistolarium kommt der Intention des Textes aufs Vorteilhafteste entgegen. Die erzählte Biographie einer ethisch und moralisch exemplarischen Gestalt erlaubt es ebenso wie der Brief mit seiner persönlichen, scheinbar unmittelbaren Form, in dem die Vorbildfigur selbst zu Wort kommt, Unterhaltendes und Belehrendes miteinander zu verbinden.

Es stellt sich die Frage, in welchem Verhältnis das *prodesse* und das *delectare* hier zueinander stehen. Der Autor selbst streicht in den Präliminarien seine didaktische Absicht heraus. So heißt es im »Prólogo«:

»Los que desean ser príncipes buenos miren a otros que fueron muy buenos. [...] Yo ni digo, Cesárea Magestad, que un emperador de los presentes esté obligado a cumular en sí todas las hazañas de los passados; pero también digo que, como un príncipe seguir a todos en todo le sería imposible, assí no seguir a ninguno en ninguna cosa le sería infamia. [...] Ha sido mi intençión, Sereníssimo Prínçipe, persuadiros a imitar y seguir no a todos, no a muchos, no a pocos, sino a uno; y si a uno, a este solo Marco Aurelio, con las virtudes del qual igualaron pocos o ninguno.«[18]

Der *Libro áureo* wird hier also als eine Art Fürstenspiegel gesehen. Auch die folgende Passage aus dem zweiten Vorwort, dem sogenannten »Argumento«, stellt den Text in einen ähnlichen Zusammenhang:

»Yo he querido intitular este libro el *Libro áureo*, que quiere dezir ›de oro‹, porque en tanto han de tener los virtuosos descubrir en su tiempo este libro con sus sentençias como tienen los príncipes las minas de oro en sus Indias. Yo prometo a todos los que este libro tuvieren que hallarán tanto provecho sus ánimas en passarle y buscar sus doctrinas como daño sus cuerpos en passar las mares por oro de las Indias.«[19]

18 »Diejenigen, die gute Fürsten sein wollen, sollen andere betrachten, die sehr gut waren. [...] Ich behaupte nicht, Kaiserliche Majestät, daß ein Herrscher aus der Gegenwart verpflichtet sei, in sich alle Heldentaten der Vergangenen zu vereinen; aber ich sage auch, daß es schändlich für ihn wäre, er würde keinem in nichts folgen, da es einem Fürsten schon nicht möglich ist, allen in Allem zu folgen. [...] Meine Absicht war es, hochehrwürdiger Fürst, Euch zu überzeugen, nicht allen, nicht vielen, nicht wenigen, sondern einem nachzueifern und zu folgen; und wenn einem, dann nur diesem Mark Aurel, dessen Tugenden wenige oder niemand erreichte« (*Libro áureo*, S. 9–12).

19 »Ich wollte dieses Buch den *Libro áureo* nennen, was soviel besagen

Andererseits wird auch das unterhaltende Moment angesprochen, wenn Guevara erzählt, wie er den Text aus der Bibliothek Cosimo de Medicis nicht nur übersetzt, sondern auch bearbeitet habe:

»[...] no quiero negar que quité algunas cosas insípidas y menos útiles, y entetexerí [sic!] otras muy suaves y provechosas.«[20]

Auch der ausführliche Titel vor dem Beginn des ersten Buches weist auf die Kombination beider Aspekte hin:

COMIENÇA EL LIBRO LLAMADO ÁUREO, QUE TRACTA DE LOS TIEMPOS DE MARCO AURELIO, DECIMOSÉPTIMO EMPERADOR DE ROMA, SACADO DE MUCHOS ANTIGUOS HISTORIADORES, CORREGIDO, EMENDADO Y EN SUAVE ESTILO PUESTO POR EL REVERENDO PADRE FRAY ANTONIO DE GUEVARA, PREDICADOR DE LA CAPILLA DE LA SACRA, CESSÁREA, CATHÓLICA MAGESTAD, EN EL QUAL LIBRO SE CONTIENEN MUY EXÇELLENTES DOCTRINAS MORALES Y PEREGRINAS HISTORIAS.[21]

Damit wird auf fiktional-narrative Gattungen verwiesen, die im 16. Jahrhundert eine wichtige Rolle in der spanischen Literatur spielten und viele *peregrinas historias* aufwiesen.[22] Tatsächlich

will wie ›golden‹, weil die Tugendhaften es für so wertvoll halten sollten, in ihrer Zeit dieses Buch mit seinen Sentenzen zu entdecken, wie die Fürsten die Goldminen in ihrem Indien. Ich verspreche all jenen, die dieses Buch haben, daß ihre Seelen so viel Nutzen daraus erlangen, es durchzugehen und seine Lehren zu suchen, wie ihre Körper Schaden daran nehmen werden, wegen Indiens Gold übers Meer zu fahren« (Ebd., S. 18).

20 »[...] ich will nicht leugnen, daß ich einige langweilige und weniger nützliche Dinge herausgenommen habe und andere hübsche und lohnende hineingewebt habe« (Ebd., S. 20).

21 »Es beginnt das sogenannte *goldene* Buch, das von den Zeiten Mark Aurels, des siebzehnten Kaisers von Rom, handelt; es ist aus vielen alten Geschichtsschreibern gezogen, korrigiert, verbessert und in gefälligen Stil gesetzt worden durch den ehrenwerten Pater Fray Antonio de Guevara, Hofprediger der heiligen kaiserlichen katholischen Majestät; in diesem Buch sind sehr hervorragende moralische Lehren und wunderschöne Geschichten enthalten« (Ebd., S. 21).

22 Zu denken wäre hier insbesondere an die *novelas sentimentales*, eine zwischen 1450 und 1550 auf der Iberischen Halbinsel verbreitete und sehr erfolgreiche Gattung (meist tragisch endender) Liebesromane. Augustin Redondo (»Antonio de Guevara y Diego de San Pedro: las

kommt dem unterhaltenden Moment im *Libro áureo* ein nicht zu unterschätzender Stellenwert zu – und dies schlägt auf die Behandlung des hier speziell interessierenden Themas durch. Quer durch den ganzen *Libro áureo* zieht sich wie ein immer wieder auftauchender roter Faden das Interesse am Zusammenleben von Mann und Frau, an den Rollen der Geschlechter und an deren Normierung: Guevara präsentiert Mark Aurel nicht nur als vorbildlichen Herrscher und moralisch integren Menschen, sondern auch als Mann (und Ehemann) mit eigenem Gefühlsleben, zwischenmenschlichen Beziehungen und Familienproblemen. Verschiedene, über das ganze erste Buch verstreute Passagen behandeln diesem Komplex zuzuordnende Einzelthemen (wie Kindererziehung, Wahl der Gatten für die Töchter, Notwendigkeit eines sittsam-zurückgezogenen Lebenswandels für Frauen). Wir werden in der Folge auf einen längeren zusammenhängenden Abschnitt von drei Kapiteln eingehen, in welchem das Verhältnis der Ehepartner und die den Geschlechtern zugeordneten Rollen besondere Relevanz erlangen – eine eigentliche Eheschrift *en miniature* innerhalb des *Libro áureo*.[23]

›cartas de amores‹ del *Marco Aurelio*«, in: *Bulletin Hispanique* 78 [1976], S. 226–239) hat nachgewiesen, daß Guevara bei der Abfassung der Briefe 16, 17 und 18 aus dem »Libro segundo« des *Libro áureo* auf Diego de San Pedros *novela sentimental Tractado de amores de Arnalte y Lucenda* zurückgegriffen hat.

23 »Capítulo XIX: Cómo la emperatriz Faustina pidió al Emperador Marco, su marido, la llave del estudio, y lo que le dixo sobre ello« (»Kapitel XIX: Wie die Kaiserin Faustina den Kaiser Mark Aurel, ihren Ehemann, um den Schlüssel des Studierzimmers bat, und was er ihr diesbezüglich sagte«); »Capítulo XX: En el qual prosigue Marco Emperador su plática a Faustina, y aquí se tracta quánto peligro tienen los hombres que tractan mucho con las mugeres« (»Kapitel XX: In welchem Mark Aurel seine Unterhaltung mit Faustina fortsetzt und das davon handelt, wie vielen Gefahren sich die Männer aussetzen, die viel mit Frauen zu tun haben«); »Capítulo XXI: En el qual el Emperador Marco, prosiguiendo su plática, finalmente responde a Faustina en lo de la llave. Habla de los antojos que tienen las preñadas« (»Kapitel XXI: In welchem der Kaiser Mark Aurel, indem er seine Unterhaltung fortsetzt, Faustina schließlich eine Antwort wegen des Schlüssels gibt. Von den Launen der Schwangeren.«). Daß wir diesem Textabschnitt besondere Aufmerksamkeit zuteil werden lassen, geschieht nicht ohne Grund; die Faustina-Episode

Im Anschluß an ein Kapitel, das von der Tageseinteilung Mark Aurels, seinem Fleiß und seinen intellektuellen Aktivitäten berichtet, wird folgende kleine Episode erzählt: Der Kaiser besitzt ein Studierzimmer, zu dem niemand außer ihm selbst Zutritt hat. Eines Tages äußert die Kaiserin Faustina den Wunsch, dieses Kabinett zu sehen; sie unterstreicht ihre Bitte mit dem Hinweis darauf, sie sei schwanger – und nach altem römischen Gesetz dürfe man schwangeren Frauen nichts abschlagen. Zeige der Kaiser ihr das Gemach nicht, so müsse sie vermuten, er habe dort eine Freundin versteckt. Das Ansinnen seiner Gattin veranlaßt Mark Aurel zu einer längeren Antwort, in welcher er zuerst sein Los als Ehemann beklagt und sich dann ausführlich über die Schwächen, die Laster und die Gefährlichkeit der Frauen im allgemeinen und Faustinas im besonderen ergeht. Hätte er gewußt, was er jetzt weiß, so hätte er nie geheiratet; so aber muß er nun leiden und schweigen. Er schließt einige Ratschläge an die Adresse anderer Männer an, warnt davor, einen Streit mit der Ehefrau in der Öffentlichkeit auszutragen, und meint:

bildet nicht nur bereits im *Libro áureo* den längsten zusammenhängenden Abschnitt, der auf die uns interessierende Thematik eingeht, sie fand auch schon bei den Zeitgenossen spezielle Aufnahme. Ihren Erfolg bestätigt indirekt Guevara selbst, wenn er darauf hinweist, daß das Gespräch zwischen Mark Aurel und Faustina von einem anderen Autor einfach in ein eigenes Werk übernommen wurde, als ob es von diesem selbst stammte (*Relox de príncipes*, »Argumento«, S. 58: »Otra cosa conteçió con *Marco Aurelio* la qual he vergüença de la dezir, pero más la avían de tener los que la osaron hazer, y es que [...] en sus escripturas enxerían parte della como por suya propria, la qual parece en un libro impresso do el auctor puso la plática del Villano y en otro libro también impreso puso otro la habla que hizo Marco Aurelio a Faustina quando le pidió la llave« [»Etwas anderes geschah mit dem *Marco Aurelio*, was ich mich schäme zu erzählen; doch noch mehr sollten sich diejenigen schämen, die es wagten, das zu tun. Sie schoben nämlich in ihren Schriften einen Teil von ihm ein, als wäre es von ihnen selbst. So zeigt sich dies in einem gedruckten Buch, wo der Autor die Rede des Bauern einfügte, und in einem anderen, ebenfalls gedruckten Buch, wo ein anderer die Rede Mark Aurels an Faustina, als sie ihn um den Schlüssel bat, einschob.«]). Augustin Redondo (a.a.O., S. 501) hat den Plagiator identifiziert: es handelt sich um Alonso Venero, der die Faustina-Episode in sein *Enchiridion de los tiempos* übernahm.

»El que es prudente, si quiere vivir en paz con su muger, esta regla ha de guardar: amonéstela mucho, reprehéndala poco y no ponga las manos en ella nunca porque de otra manera ni él della fidelidad, ni ella dél buen tractamiento, ni los hijos de entrambos buena criança, ni los dioses algún serviçio, ni los hombres algún provecho pueden esperar.«[24]

Wenn hier das Thema »Ehe« zur Sprache kommt, so steht das Belehrende, die von Guevara im Titel angekündigten »muy exçellentes doctrinas morales«, eindeutig im Hintergrund. Verankert in der biographischen Erzählung, dominiert eine misogyne und gleichzeitig misogame Komponente. Bis an den Schluß der Faustina-Episode beschränkt sich das Reden über die Ehe und über die Frauen weitgehend auf das Ausschreiben des Topos vom *onus matrimonii*; und erst gegen Ende taucht das didaktische Element auf. Hier allerdings ändert sich die Perspektive. Die von Mark Aurel empfohlene *regla* kontrastiert nicht bloß insofern mit der misogynen Tendenz der vorangegangen Abschnitte, als nun der Mann als Empfänger der Verhaltensanweisungen in den Blickpunkt tritt, wo vorher die Frauen getadelt wurden; ansatzweise wird auch die Wechselseitigkeit, das Aufeinander-angewiesen-Sein in der Ehe angesprochen, wenn es heißt: »de otra manera ni él della fidelidad, ni ella dél buen tractamiento, ni los hijos de entrambos buena criança [...] pueden esperar« (s. o.). Insgesamt aber bewegt sich hier das Schreiben über die Ehe vor allem im Bereich altbekannter misogyner und gleichzeitig misogamer Argumente.
Die Tendenz, die Misogynie bzw. Misogamie vor die Unterweisung zu stellen, zeigt sich auch sehr deutlich in anderen Passagen des *Libro áureo*, in denen das Verhältnis der Geschlechter ins Zentrum der Aufmerksamkeit rückt. Ein besonders schönes Beispiel ist der vierzehnte Brief des zweiten Buches, in welchem der Kaiser seiner ehemaligen Freundin Bohemia, die sich wieder um ihn bemüht, barsch erklärt, er habe genug von ihr[25] und wolle

24 »Wer klug ist, wird diese Regel beachten, wenn er in Frieden mit seiner Frau leben will: er ermahne sie häufig, tadle sie wenig und lege nie Hand an sie; denn sonst kann weder er von ihr Treue, noch sie von ihm gute Behandlung, noch können die Kinder von beiden gute Erziehung, noch die Götter einen Dienst, noch die Menschen einen Nutzen erwarten« (*Libro áureo*, S. 89).

25 Ebd., S. 303: »[...] pensé que mi coraçón estava libre del veneno de

nicht mehr zu seinen Jugendsünden zurückkehren; dabei läßt er es sich nicht nehmen, seine frühere Geliebte zu schmähen, weil sie es wage, in ihrem Alter und mit ihrer nicht allzu makellosen Vergangenheit (zu der er selbst freilich auch gehört), wieder Kontakt mit ihm aufzunehmen:

»¿Dexástete cortar en agraz y quiéreste agora vender por vino? [...] A poder de pulgadas te maduraron siendo moça y veniste temprana como breva, ¿y piensas que estás madura? Que no estás sino podrida, y si podrida, aborresçida. No te contentas que de quarenta años que has, los veinte y çinco se te han passado en gustaduras, como vino de pregonero, como melones calados y estragados. ¿Tú no eres Bohemia, la que tienes dos dientes menos, los ojos hundidos, los cabellos blancos, la cara arrugada, una mano enclavada de gota y un lado tomado de yjada? ¿Adónde quieres ir, pues, aunque te metas en pipotes y te heches en escaveche, vernás toda molida? ¿Comimos allá el pescado fresco y quiéresme traer las espinas en adobo?«[26]

Doch im Gegensatz zur unerwidert bleibenden Frauen- und Eheschelte in der Faustina-Episode folgt hier die Antwort auf dem Fuß: Brief 15 liefert eine engagierte Replik nicht nur auf die persönlichen Beleidigungen, sondern gleichfalls auf die allgemein misogynen Passagen. Bohemia stellt ihren früheren Liebhaber als Feigling dar, der gegen Frauen wettert und vor den Männern davonrennt, und spricht ihm die Kompetenz ab, ein Urteil über Frauen abzugeben. Unbeständige und unvollkom-

tus amores« (»[...] ich dachte, mein Herz sei frei vom Gift deiner Liebe.«).

26 »Als unreife Traube hast du dich ernten lassen und willst dich jetzt als Wein verkaufen? [...] Zollweise haben sie dich ausgemessen, als du jung warst, und du kamst früh wie eine grüne Feige – und da denkst du, du seiest reif? Verfault bist du, und verschmäht. Du begnügst dich nicht damit, daß dir von den vierzig Jahren, die du zählst, fünfundzwanzig mit Vergnügungen vergangen sind, wie Wein vom Marktschreier, wie angeschnittene und verdorbene Melonen. Bist du nicht die Bohemia, der zwei Zähne fehlen, die mit den eingefallenen Augen, den weißen Haaren, dem verrunzelten Gesicht, die eine gichtgekrümmte Hand und Seitenstechen hat? Wohin willst du also, wenn du ganz zermalmt ankommst, auch wenn du dich einpökelst und in Marinade legst? Willst du mir jetzt die eingelegten Gräten bringen, wo wir dort doch den frischen Fisch gegessen haben?« (Ebd., S. 305).

mene Männer dürften von Frauen nichts Besseres verlangen, als sie selbst zu bieten haben:

»¿Quieres tú conçierto en los amores, no siendo tú fiel en los serviçios? ¿Quieres tú servir de burla y que te amen de veras? ¿Quieres tú gozar de la persona sin costa de tu hazienda? ¿Quieres tú ayan fin nuestras quexas no atajando tú tus maliçias? Mal conosçes mugeres. Hágote saber que ni somos tan locas como pensáis ni vosotros tan cuerdos como hos loáis.«[27]

Bohemia entlarvt die Scheinheiligkeit von Mark Aurels Vorwürfen: Er selbst hat ja ihren ›unmoralischen‹ Lebenswandel mitverursacht und davon profitiert. Damit werden aber gleichzeitig die didaktische Autorität und die Glaubwürdigkeit des Protagonisten sabotiert und die Intention des ganzen Textes unterlaufen:

»Yo erré con la ignorançia simple, mas tú con la malicia pensada. Yo erré no sabiendo que errava, mas tú sabías lo que hazías. Yo me fié en la fee de tus palabras como de cavallero, y tú me engañaste con mill mentiras, como mentiroso. Dime: [...] ¿Tú no iuraste de ser mi marido y después alçástete a tu mano como malo y adúltero? [...] ¡O!, Marco maligno, ¿tú no me cortaste en hoja, offresciéndote a mis padres de guardarles su viña segura?«[28]

Wenn der Briefwechsel zwischen Mark Aurel und Bohemia so die Aufrichtigkeit des ersteren bei der Handhabung seiner Ar-

27 »Du willst Vernunft in der Liebe, wo du doch nicht treu dienst? Du willst im Scherz hofieren und im Ernst geliebt sein? Du willst dich an einem anderen erfreuen, ohne daß es dich etwas kostet? Du willst, daß unsere Vorwürfe ein Ende haben, ohne daß du deine Bosheiten zurückhältst? Du kennst die Frauen schlecht. Ich mache dich darauf aufmerksam, daß wir nicht so verrückt sind, wie ihr denkt, und ihr nicht so vernünftig, wie ihr euch rühmt« (Ebd., S. 309).

28 »Ich irrte aus einfacher Unkenntnis, du aber aus bedachter Bosheit. Ich irrte, ohne es zu wissen, du aber wußtest, was du tatest. Ich vertraute in den Glauben an deine Worte als Ehrenmann, und du täuschtest mich mit tausend Lügen, als Lügner. Sag mir: [...] Schwurst du nicht, mein Ehemann zu werden, und verschwandest nachher wie ein Bösewicht und Ehebrecher? [...] Oh boshafter Marco: hast du mich nicht wie ein Blatt abgeschnitten, obwohl du dich meinen Eltern anerbotst, um ihren Rebberg sicher zu hüten?« (Ebd., S. 311).

gumente in Frage stellt und ihn dadurch als moralische Vorbildfigur disqualifiziert, kann dies als klares Indiz einer nicht ausschließlich didaktischen Absicht des Autors gewertet werden. Hier zeigt sich, wie nahe der *Libro áureo* anderen, poetischen Texten kommt, in denen ebenfalls des öfteren im Zusammenhang mit erotischen Beziehungen Frauen- und Männerkritik gegeneinander ausgespielt werden[29]: die Misogynie und ihre Widerlegung werden zum Selbstzweck, der Krieg der Geschlechter dient vorrangig zur Unterhaltung.

II

Antonio de Guevara dachte seinen eigenen Aussagen zufolge nicht daran, den *Libro áureo de Marco Aurelio* zu publizieren. Welches waren seine Gründe? Was wäre die Bestimmung dieses Werks gewesen? Und was sollte demgegenüber die Funktion des neuen, überarbeiteten Buches, des *Relox de príncipes*, sein, dessen Publikation die unautorisierte Veröffentlichung des *Libro áureo* zuvorkam?

Guevara selbst führt in den Präliminarien zum *Relox de príncipes* verschiedene Punkte an: Zum einen scheint der *Libro áureo* seinen ästhetischen, stilistischen Ansprüchen nicht genügt zu haben. Daß noch anderes dazu kam, wird ersichtlich, wenn er schreibt:

»En esto verán que Marco Aurelio no estava corregido, pues agora se le damos muy castigado; en esto verán que no estava acabado, pues agora sale perfecto; en esto verán que le faltava mucho, pues agora le verán

29 Gerade in den vorher erwähnten *novelas sentimentales* werden des öfteren Misogynie und Frauenlob oder Männerkritik, in den meisten Fällen zugunsten der beiden letzteren, einander gegenübergestellt. So schiebt beispielsweise Diego de San Pedro in seiner zweiten *novela sentimental*, *Cárcel de amor*, vor die Schlußszene, in welcher der Protagonist Leriano sich aus enttäuschter Liebe zu Tode hungert, einen letzten Diskurs des unglücklichen Liebhabers ein; in diesem nimmt er die Frauen, die von seinen Freunden für sein Sterben verantwortlich gemacht werden, in Schutz. Einen vergleichbaren Fall finden wir in Juan de Flores' *Grisel y Mirabella*, in der sich ein Mann und eine Frau nach dem Liebestod der Protagonisten ein ähnliches Wortgefecht liefern.

añadido; en esto verán que no fue mi principal intento de traduzir a *Marco Aurelio*, sino hazer un *Relox de príncipes* por el qual se guiasse todo el pueblo christiano.«[30]

Geplant war also nicht nur eine stilistische Überarbeitung, sondern die Veröffentlichung eines Textes mit ganz anderer Intention: nicht eine Art biographischen Romans mit angefügter fiktiver Korrespondenz, sondern ein didaktisches, politisches Werk. Die Belehrung, vorher geplante und nützliche Begleiterscheinung eines unterhaltenden oder informierenden Textes, wird im *Relox de príncipes* zur eigentlichen Absicht, während die unterhaltende Komponente lediglich Mittel zum Zweck ist.

Stellen wir nun den *Relox de príncipes* dem *Libro áureo de Marco Aurelio* gegenüber, so lassen sich die Folgen der Überarbeitung unschwer feststellen.

Nicht nur wird der *Relox* durch die Einführung neuen Materials, durch größere Ausführlichkeit und teils langatmige Erweiterungen dreimal länger als der *Libro áureo*; auch die Struktur wird, der neuen, rein didaktischen Absicht entsprechend, umgestaltet. Der *Libro áureo* folgte dem Lebensweg des Protagonisten; dazu kam das im zweiten Teil beigefügte Epistolarium. Im *Relox de príncipes* hingegen wird der Inhalt nach dem Vorbild anderer Fürstenspiegel geordnet, der Aufbau folgt didaktischen Kriterien:

»Este *Relox de príncipes* se divide en tres libros: en el primero se trata que el príncipe sea buen christiano; en el segundo, cómo el príncipe se ha de aver con su muger y hijos; en el tercero, cómo ha de governar su persona y república.«[31]

30 »Daß der Marco Aurelio nicht korrigiert war, werden sie daran sehen, daß wir ihn ihnen nun sehr verbessert geben; daß er noch nicht fertig war, werden sie daran ersehen, daß er jetzt vollkommen erscheint; daß viel fehlte, werden sie daran merken, daß sie ihn jetzt erweitert zu Gesicht bekommen; daran werden sie ersehen, daß es nicht meine Hauptabsicht war, *Marco Aurelio* zu übersetzen, sondern eine *Fürstenuhr* anzufertigen, nach der sich das ganze Christenvolk richten sollte« (*Relox de príncipes*, S. 58).

31 »Diese *Fürstenuhr* ist in drei Bücher eingeteilt: im ersten wird behandelt, daß der Prinz ein guter Christ sein soll; im zweiten, wie er sich mit seiner Frau und den Kindern zu verhalten hat; im dritten, wie er seine Person und den Staat führen soll« (Ebd., S. 59).

Es wird jedoch nicht nur erweitert, sondern auch gestrichen. Die Eliminierung von sechs Liebes- und Spottbriefen aus dem zweiten Teil des *Libro áureo* läßt sich zum einen auf die Absicht des Autors zurückführen, einen Text zu gestalten, der nicht mehr unterhaltsam und lehrreich, sondern nun vor allem nützlich sein sollte; zum anderen dürfte sie auf Bedenken des Autors beruhen, seinem Ruf Schaden zuzufügen.[32]

Wie im vorangegangenen Werk verzichtet Guevara auch im *Relox de príncipes* nicht auf eine kleine Abhandlung über die Ehe und die Rollen der Geschlechter – allerdings unter etwas anderen Vorzeichen.

Dies spiegelt sich gerade auch in der Faustina-Episode wieder, die Guevara zwar vom *Libro áureo* in den *Relox* übernimmt, sie allerdings nachhaltig verändert und in einen wesentlich anderen Kontext stellt. Modifiziert werden hierbei auch die Aussagen über die Geschlechterrollen und über die Ehe.

Betrachten wir in einem ersten Schritt einmal nur den aus dem *Libro áureo* übernommenen, aber überarbeiteten Disput zwischen dem kaiserlichen Ehepaar, so ist, parallel zu der im ganzen *Relox* verfolgten Technik, auch hier eine deutliche Ausweitung festzustellen. Es sind jedoch nicht nur Mark Aurels Ausführungen über die Ehe und die Frauen, die mehr Raum erlangen; auch Faustina kommt in der neuen Fassung ausgiebig zu Wort; wo sie vorher bloß ihre Bitte formuliert hatte, Zutritt zum Studierzimmer des Kaisers erhalten, finden die Leser nun ein engagiert männerkritisches Votum, auf dessen Bedeutung für den Gesamtkontext wir gleich zurückkommen.

Zum zweiten ist darauf hinzuweisen, daß infolge der vorgenommenen Umformung zu einem Fürstenspiegel der hier behandelten Passage ein neuer Platz und damit gleichzeitig ein ganz anderer Stellenwert zugewiesen wird: sie wird in einen kohärenten, didaktisch-pädagogischen Kontext eingeordnet und bildet nicht mehr, wie im *Libro áureo*, eine zwar interessante, für den Gesamtinhalt jedoch vernachlässigbare und eigentlich eher willkürlich eingeschobene Episode, auf die Guevara anläßlich von

32 Geschäftstüchtige Verleger, die sich durch ein derartiges Vorgehen (wohl zu Recht) größeren Erfolg versprachen, fügten die von Guevara entfernten Briefe alsbald wieder bei; sie erscheinen seit der Lissaboner Ausgabe von 1529 regelmäßig als Appendix.

Mark Aurels Studien zu sprechen kommt. Im *Relox* gehört die Faustina-Episode zu einem der beiden, das zweite Buch beherrschenden Themenkomplexe (Ehe, Kindererziehung) und wird auch in diesem Zusammenhang referiert. Vor dem Disput zwischen Mark Aurel und Faustina (den der Autor nun bei der Behandlung des Themas »Schwangerschaft« einführt) findet sich eine Reihe von Kapiteln, welche die Vorteile der Ehe, die Pflichten der Ehefrauen (Liebe und Gehorsam ihren Männern gegenüber, Zurückhaltung in der Öffentlichkeit) sowie, in aller Ausführlichkeit, die Gefahren für schwangere Frauen thematisieren. Dadurch (und auch aufgrund der eingeschobenen Männerschelte Faustinas) steht die misogyn-misogame Tirade des Kaisers nicht mehr, wie im *Libro áureo*, isoliert und unwidersprochen da, sondern wird erstens in ihrer Absolutheit relativiert und zweitens in ein klar didaktisches Umfeld eingebettet, aus dem herausgelesen werden kann, daß die kaiserliche Standpauke Folge eines Fehlverhaltens der Gattin ist.

Auch innerhalb von Mark Aurels Rede ist eine Akzentuierung des persuasiv-didaktischen Moments erkennbar, besonders deutlich an der Stelle, an der er versucht, den Männern zu zeigen, wie sie es anstellen müssen, um in Frieden mit ihren Frauen zusammenzuleben: Wo es im *Libro áureo* noch eine kurze dreiteilige Regel gegeben hatte, finden wir nun einen Regelkatalog mit achtzehn Elementen.

Deutlicher als zuvor im *Libro áureo* wird hier darauf verwiesen, daß eine Ehe ohne Streit wichtig für das Funktionieren der öffentlichen Ordnung ist:

»[...] quiero poner alguna regla de cómo se compadecerán los casados en sus casas; y cómo, si quisieren, evitarán entre sí muchas renzillas; porque teniendo los maridos y mugeres guerra, impossible es aya paz en la república.«[33]

Interessant an den achtzehn neuen Regeln ist nicht nur deren Ausführlichkeit, sondern auch, daß sie sich allesamt an den Ehe-

33 »[...] ich will eine Regel aufsetzen, wie sich die Eheleute zu Hause miteinander vertragen sollen; und wie sie, so sie das wollen, viele Streitereien untereinander vermeiden werden; denn wenn Ehemänner und Frauen Krieg haben, kann es im Staat keinen Frieden geben« (*Relox*, S. 440).

mann richten: er ist der Empfänger der Verhaltensanweisungen und nicht die Frau – obgleich dies eigentlich einen klaren logischen Bruch innerhalb des von Guevara konstruierten Rahmens darstellt, da es ja Mark Aurel ist, der seiner Gattin einen Vortrag hält. Es geht auch nicht, wie häufig in anderen Eheschriften, darum, daß der Mann dazu verpflichtet wird, das Verhalten seiner Frau zu überwachen, zu steuern oder ihr Befehle zu erteilen; hier wird dem Mann gesagt, was *er* zu tun hat – die Anweisungen für die Frauen waren in den vorangegangenen Kapiteln zu finden gewesen.
Allerdings wird die Doktrin für den Mann beinahe ausschließlich aus dem Verhalten oder aus der Natur der Frau begründet: Er ist also reagierender oder prophylaktisch eingreifender Teil. Ein Beispiel:

»Lo décimo, deve el marido ser tan sufrido, que si viere a su muger cometer algún delicto, por ninguna manera la corrija sino en secreto; porque no es otra cosa castigar el marido a su muger delante testigos sino escupir a los cielos y lo que escupe caerle sobre los ojos.«[34]

Überhaupt wird im *Relox* bei der Kontroverse um den Studierzimmerschlüssel versucht, der freilich noch immer vorhandenen Misogynie ihre Schärfe zu nehmen. Guevara bewirkt dies mittels fünf verschiedener Vorgehensweisen.
Zum ersten wird der Ausbruch Mark Aurels hinsichtlich seines frauen- und ehekritischen Gehalts insofern gemildert, als die erweiternden, neu hinzugekommenen Passagen entweder eher allgemein reflexiver Art sind[35] oder aber vermehrt das Leiden der Männer als die Fehler der Frauen beleuchten: Dann tritt an die Stelle einer tadelnden Schuldzuweisung eine klagende, Mitleid erzeugende Rede, die eher den Mann ins Blickfeld rückt.[36]

34 »Das zehnte ist, daß der Mann so geduldig sein muß, daß er, wenn er sieht, daß seine Frau etwas Unrechtes tut, sie auf keinen Fall zurechtweist, außer im Geheimen; denn wenn ein Mann seine Frau vor Zeugen tadelt, ist das nichts anderes, als wenn er in den Himmel spuckt und ihm dann das Ausgespuckte in die Augen fällt« (Ebd., S. 442).
35 So etwa S. 433 f. über Tugend und Laster, Versuchung und Standhaftigkeit.
36 Sehr schön zu sehen etwa am neu aufgenommenen Einschub über den unglücklich verheirateten Freund Drusio, der vor lauter Ver-

An anderen Stellen werden den Defekten der Frauen positive Wirkungen zugesprochen. Sie können Mängel der Männer kompensieren oder sogar zum Verschwinden bringen:

»Si el hombre es sobervio, vosotras lo humilláys; porque no ay hombre (por mucha sobervia que tenga) que no le trayga a sus pies una muger brava. [...] Si el marido es muy parlero, vosotras en pocos días le tornáys mudo; porque son tantas las glosas y respuestas que days a cada palabra, que ya no tiene otro remedio sino echar un freno a la boca.«[37]

Zum zweiten führt im *Relox* Mark Aurel selbst eine Rechtfertigung für seine frauenfeindliche Diatribe neu an: Nicht auf den Inhalt, sondern auf die Absicht desjenigen, der etwas sagt, sowie auf die Person des Angesprochenen komme es an:

»Bien sé, Faustina, que lo que he dicho y por lo que quiero dezir, tú y otras semejantes gran enemistad me avéys de cobrar, y es la causa que miráys las palabras que digo y no la intención con que las digo; pero a los inmortales dioses juro en este caso que no es otro mi fin sino avisar a

zweiflung über seine Eheprobleme nicht mehr aus noch ein weiß und nur noch weint (Ebd., S. 438): »Drusio, como honbre muy lastimado, alçando los ojos al cielo y de lo profundo del coraçón dando un sospiro, dixo: ›[...] juro yo quisiera más casar con una muger de las negras de Caldea que no aver casado como me casé con una muger romana y hermosa; porque no es ella tan hermosa quanto es negra y triste mi vida.‹ Bien sabes tú, Faustina, que quando Drusio dixo esta tan lastimosa palabra yo le enxugué las lágrimas de la cara [...]« (»Drusio, als schwergeprüfter Mann, sagte, indem er die Augen zum Himmel erhob und aus tiefstem Herz einen Seufzer ausstieß: ›[...] ich schwöre, daß ich mich lieber mit einer Frau von den Schwarzen in Caldea verheiraten würde als, wie ich es getan habe, eine schöne Römerin geheiratet zu haben; denn sie ist nicht so schön wie mein Leben schwarz und traurig ist.‹ Du weißt wohl, Faustina, daß ich Drusio die Tränen vom Gesicht wischte, als er dieses so bedauernswerte Wort sprach.«).

37 »Ist der Mann hochmütig, so erniedrigt ihr ihn; denn es gibt keinen Mann (so viel Hochmut er auch haben mag), den eine barsche Frau nicht zu ihren Füßen kriegt. [...] Ist der Ehemann sehr schwatzhaft, so laßt ihr ihn in wenigen Tagen verstummen; denn ihr erwidert ihm auf jedes Wort so viele Glossen und Antworten, daß er keine andere Wahl mehr hat, als seinen Mund zu zügeln« (Ebd., S. 427).

las buenas (que ay muchas buenas) y castigar a las malas (que ay muchas malas).«[38]

Ein dritter Kunstgriff, mit dem Guevara die Misogynie der Faustina-Episode im *Relox* zurücknimmt, ist die Einführung einer längeren Passage, in welcher Mark Aurel Selbstkritik übt[39]; sie zeigt, daß er insgesamt kritisch ist und nicht nur gegenüber den Frauen.
Mark Aurels Vorwürfe an die Adresse Faustinas und der Frauen werden dazu im *Relox* stärker als noch im *Libro áureo* motiviert, und zwar durch das andere Verhalten Faustinas. Wo sie im *Libro áureo* lediglich darum gebeten hatte, einen Blick in das Studierzimmer werfen zu dürfen[40], verlangt sie im *Relox* gleich nach dem Schlüssel, und dies nicht zum ersten Mal[41]; vor allem aber

38 »Ich weiß wohl, Faustina, daß du und andere deinesgleichen mir wegen dem, was ich gesagt habe und sagen will, sehr feindlich gesonnen sein werdet; der Grund dafür ist, daß ihr die Worte betrachtet, die ich spreche und nicht die Absicht, mit der ich sie spreche: aber ich schwöre bei den unsterblichen Göttern, daß in diesem Fall mein Ziel kein anderes ist, als die guten Frauen (denn es gibt viele gute) zu belehren und die schlechten (denn es gibt viele schlechte) zu tadeln« (Ebd., S. 440 f.).

39 Ebd., S. 425 f.

40 *Libro áureo*, S. 83: »[...] acontesçió que un día Faustina, la Emperatriz, importunó con todas las maneras de importunidad que pudo le amostrasse aquella cámara, diziéndole estas palabras: ›Déxame, señor, ver tu cámara‹« (»Es begab sich, daß Faustina, die Kaiserin, eines Tages mit allen Arten der Zudringlichkeit, zu denen sie fähig war, ihn belästigte, damit er ihr jenes Zimmer zeigte, indem sie die folgenden Worte zu ihm sprach: ›Laß mich, Herr, dein Zimmer sehen.‹«).

41 *Relox*, S. 418 f.: »Aconteció que un día la Emperatriz Faustina, estando preñada, importunó con todas las maneras de importunidad que pudo tuviesse por bien de darle la llave del estudio, [...] diziéndole estas razones: ›Muchas vezes te he rogado me diesses la llave de tu cámara y tú siempre lo has echado en burla [...]. Agora pienso que tu amor era fingido [...]; que, si otra cosa fuera, impossible fuera negarme la llave que yo te pidía‹« (»Es begab sich, daß die Kaiserin Faustina eines Tages, als sie schwanger war, mit allen Arten der Zudringlichkeit, zu denen sie fähig war, ihn belästigte, damit er einwilligen sollte, ihr den Schlüssel zum Studierzimmer zu geben, [...] indem sie ihm folgende Gründe sagte: ›Viele Male habe ich dich

steht an der Stelle der aus wenigen Sätzen bestehenden Bitte nun eine so ausführliche wie heftige Männerkritik. Dies gibt Mark Aurel als sprechender Figur einen vollkommen anderen argumentativen Rahmen: Seine Strafpredigt ist jetzt nicht mehr die übertrieben harsche Reaktion auf eine eigentlich verständliche Bitte, sondern einerseits Reaktion auf das Verlangen nach dem Schlüssel, das einem Versuch der vollständigen Kontrolle über sein Privatleben gleichkommt, und andererseits Replik auf die Männerschelte seiner Gattin.

Gleichzeitig führt die Abfolge von Misandrie und Misogynie, das *gegenseitige* Klagen, zu einer Umbewertung. Die Positionen werden relativiert und ausgeglichen; nicht mehr nur der Mann wird als derjenige dargestellt, der unter der Ehe (und unter seiner Ehefrau als Vertreterin des weiblichen Geschlechts) leidet – auch die Frau erhält hier nun die Gelegenheit zu zeigen, daß sie und ihre Geschlechtsgenossinnen der (Ehe-)Männer wegen Schweres zu ertragen haben, und zu behaupten, daß »en ellos y no en ellas es la culpa de ser malcasados«.[42]

Im *Libro áureo* hatten wir mit dem Brief von Mark Aurels Freundin Bohemia etwas Ähnliches. Hier allerdings handelt es sich nicht um eine primär persönlich motivierte Attacke einer von ihrem ehemaligen Liebhaber verschmähten und beleidigten alternden Frau; Faustina läßt an mehreren Stellen klar erkennen, daß es ihr vor allem darum geht, ihren Mann von der Legiti-

darum gebeten, du sollest mir den Schlüssel zu deinem Zimmer geben, und du hast dich immer darüber lustig gemacht […]. Jetzt denke ich, deine Liebe war nur vorgetäuscht […]; denn wäre es anders, so wäre es unmöglich, mir den Schlüssel zu verweigern, den ich von dir verlangte.«).

42 Überschrift des Kapitels XIV aus dem 2. Buch (ebd., S. 418): »Cómo la Emperatriz pidió a su marido, el Emperador Marco Aurelio, la llave de su estudio, y de una plática que le hizo en este caso; en especial cuenta muchos agravios que las mugeres resciben de sus maridos, y cómo en ellos y no en ellas es la culpa de ser malcasados« (»Wie die Kaiserin von ihrem Ehemann, dem Kaiser Mark Aurel, den Schlüssel zu dessen Studierzimmer verlangte, und von einer Rede, die er ihr in diesem Fall hielt; erzählt insbesondere von vielen Beleidigungen, die die Frauen von ihren Ehemännern erleiden, und davon, wie bei diesen und nicht bei jenen die Schuld daran liegt, schlecht verheiratet zu sein.«).

mität ihres Ansinnens zu überzeugen, ja ihn darüber aufzuklären, wie er sich (nach ihrer Meinung) richtigerweise verhalten sollte, und nicht darum, ihn anzugreifen oder zu beleidigen.[43] Wir finden nun also sogar in der Männerkritik aus dem Munde der Kaiserin Faustina klar die didaktische Absicht formuliert, die dem ganzen Buch eignet – dies ganz im Gegensatz zum Briefwechsel zwischen Mark Aurel und Bohemia im *Libro áureo*, der zwar unterhaltsam sein mochte, sicherlich jedoch nicht der Unterweisung diente.

Aus der Erzählung eines Ehestreits im *Libro áureo*, deren gewichtigster Bestandteil eine frauenfeindliche und ehekritische Klage des Ehemannes ist und die nur am Rande einen knappen didaktischen Hinweis für das Zusammenleben von Mann und Frau anbietet, wird im *Relox* ein Schwächen und Fehlverhalten *beider* Geschlechter illustrierender Disput, der für den Mann eine ganze Reihe von Regeln anbietet, um ihm das Eheleben zu erleichtern. Im *Libro áureo de Marco Aurelio* finden sich die Stellen, welche Ehe und Geschlechterrollen thematisieren, verstreut über das ganze Buch: die Eheschelte in der Faustina-Episode bildet den zentralen und gewichtigsten Teil. Der *Relox* bettet die neu gestaltete, ausgeglichene Szene in einen kohärent auf das Belehren hin konstruierten Textteil ein. Misogynie und Misogamie sind entschärft, begründet und kompensiert; Ehe und Frauen werden weniger (be)wertend als belehrend angegangen. Die Unterschiede zwischen den beiden Fassungen, die Gründe für die Umgestaltung, lassen sich unschwer auf eine veränderte Textfunktion zurückführen: Im *Libro áureo de Marco Aurelio* ist das unterhaltende Moment omnipräsent, obwohl der Autor auch auf seine didaktischen Zielsetzungen aufmerksam macht; es handelt sich um ein Buch, das in dieser Form (noch) nicht zur Veröffentlichung, sondern zum Zeitvertreib des Königs (und eventuell einiger weniger weiterer Leser) bestimmt ist. Nicht in erster Linie zum Zeitvertreib, sondern zur Unterweisung ist hin-

43 Das sagt sie gegen Schluß auch explizit (ebd., S. 422f.): « [...] no ha sido mi intención enojarte, sino persuadirte; y al fin al fin lo que entre muger y marido passa loco es el que dellos lo toma por injuria« (»[...] es war nicht meine Absicht, dich zu verärgern, sondern dich zu überzeugen; und überhaupt ist derjenige verrückt, der sich wegen etwas, was zwischen Ehemann und Frau geschieht, beleidigt fühlt.«).

gegen der *Relox de príncipes* gedacht. Was dem didaktischen Anspruch entgegenläuft, wird entfernt oder abgeändert. Carlos V. ist zwar weiterhin Adressat dieses Fürstenspiegels; als Publikum wird jedoch eine breitere Leserschaft anvisiert.[44]

III

Wenn nun noch kurz die dritte Eheschrift Guevaras, der 55. Brief aus den *Epístolas Familiares*, zur Betrachtung herangezogen wird, so ist unschwer festzustellen, daß dieser Text in noch stärkerem Maße als der *Relox de príncipes* die direkte, allgemeine Belehrung ins Auge faßt.
Antonio de Guevara schreibt einen Brief an den Valencianer Puig und dessen Ehefrau Marina Gralla: der Bräutigam ist siebzehn Jahre alt, die Braut gerade fünfzehn. Der Autor macht kein Hehl daraus, daß ihm das Heiratsalter zu jung erscheint; um so nötiger werden die Adressaten seine Unterweisungen haben.
Hier ist nicht mehr Unterhaltung gefragt, sondern pure Didaxe. Die Kürze als wichtige formale Eigenschaft des Texttyps Brief korreliert sowohl mit struktureller Kohärenz als auch mit der Konzentration der vermittelten Unterweisung auf das Wesentliche, die den Brief 55 aus dem ersten Band der *Epístolas Familiares* in ein geschlossenes Ganzes, einen eigentlichen kleinen Ehetraktat verwandeln.[45] Auf Ausbreitung gelehrten Wissens

44 Guevara sagt ausdrücklich: »un *Relox de príncipes* por el qual se guiasse todo el pueblo christiano« (»nach dem sich das ganze Christenvolk richten sollte«; *Relox*, S. 58). Daß sich das Buch wohl vorrangig an ein adliges Publikum richtet, ist etwa daraus ersichtlich, wie ernst der Autor den thematischen Komplex der Schwangerschaft und der mit dieser verbundenen Gefahren nimmt; es ist anzunehmen, daß die Schwangerschaft einer Normalsterblichen von weniger großem Interesse war als die Erwartung eines Thronfolgers oder Stammhalters. So wird auch immer wieder explizit auf die »señoras generosas« Bezug genommen. An anderen Stellen wird hingegen auch deutlich, daß sich der *Relox de príncipes* nicht ausschließlich an die politisch Mächtigen richtet; am Ende des 6. Kapitels des 2. Buchs beispielsweise finden sich nach Empfehlungen für schwangere Prinzessinen auch spezielle Anweisungen für »mujeres plebeyas«.

45 Es verwundert nicht, daß er, in deutscher und englischer Überset-

wird verzichtet, die Ehelehren werden in beinahe formelhaften, problemlos memorierbaren Regeln festgeschrieben, und vom Narrativ-Illustrierenden bleibt gerade noch, allerdings sehr reduziert, die Illustration des Ideals – zum Beispiel, wo Guevara das Bild der niemals rastenden Hausfrau plastisch entwirft:

»¡Qué placer es de ver a una muger levantarse de mañana, andar revuelta, la toca desprendida, las faldas prendidas, las mangas alzadas, sin chapines los pies, riñendo a las mozas, despertando a los mozos y vistiendo y sus hijos! ¡Qué placer es verla hacer su colada, lavar su ropa, ahechar

zung, später auch als eigenständige Schrift publiziert wurde. Schon bevor 1598/99 die *Guldene[n] Sendtschreiben* in der Übertragung von Aegidius Albertinus erschienen, war die »Letra a Mosén Puche« von Johann Beat Grass unter dem Titel »Missiue / oder Sendbrieffe. Deß Hochwürdigen / Hochgelerten Herrn / Herrn / Anthonij von Gueuara / Bischoffen zu Mondoneto / an den Edlen / Gestrengen Herrn Moises Pusch von Valentz / Rittern etc. In welcher / wie vnnd was gestalt / sich die Ehepersonen / gegen einander verhalten sollen / der länge nach / tractiert und angezeigt würt / Nicht allein lustig vnnd kurtzweilig / sonder auch den Eheleuten / vnd ledigsstands Personen / sehr nutzlich vnnd dienstlich zu lesen. Auß Tuscanischer jetzmals inn Teütsche Spraach verdolmetschet vnd transferieret / Durch den Edlen vnd Vesten Johann Beat Graß genandt Vayen« übersetzt und zwischen 1572 und 1591 von Jobin in Straßburg publiziert worden; 1591, 1597, 1607 und 1614 erschien der Text in vier weiteren Drucken, zusammen mit dem *Ehzuchtbüchlein* von Johann Fischart. (Vgl. Schweitzer, »Antonio de Guevara in Deutschland«, in: *Romanistisches Jahrbuch* 11 [1960], S. 366). Dem Übersetzer lag offenbar nicht der Originaltext Guevaras, sondern eine italienische Fassung, vermutlich diejenige von Domingo de Gaztelu (Venedig 1545), vor. In England erschien der 55. Brief nach den Übersetzungen der *Epístolas Familiares* im 16. Jahrhundert später auch außerhalb der Briefsammlung von Guevara: John Stevens fügte seiner englischen Fassung der *Carta de guia de casados* des Portugiesen Francisco Manuel de Melo (englischer Titel: *The Governement of a Wife*, 1697) den Text bei als »A Letter written by D. Antonio de Guevara, Bishop of Mondoñedo, Preacher, Historiographer, and of the Council to the Emperour Charles V. to Mosen Puche of Valencia, touching the Behaviour of a Man towards his Wife, and a Woman towards her Husband« (vgl. H. Thomas, »The English Translations of Guevaras Works«, in: *Estudios eruditos in memoriam Adolfo Bonilla y San Martín*, Madrid: Viuda e hijos de Jaime Ratés 1927–1930; Bd. 2, S. 565–582, dort S. 577).

su trigo, cerner su harina, amasar su masa, cocer su pan, barrer su casa, encender su lumbre, poner su olla y, después de haber comido, tomar su almohadilla para labrar o su rueca para hilar!«[46]

Im *Libro áureo* galt den Frauen und ihren Fehlern die praktisch uneingeschränkte Aufmerksamkeit; im *Relox de príncipes* wurde diese Fokussierung durch die Männerkritik Faustinas und die achtzehn Regeln für den Mann ergänzt; hier stehen nun die Eheleute als Paar im Brennpunkt von Guevaras didaktischem Interesse, und zwar noch näher zusammengefügt als im *Relox*.
Schon in der Einleitung[47] geht es immer sowohl um den Mann als auch um die Frau; gleich hintereinander aufgelistet werden die neun »condiciones«, die eine Ehefrau aufweisen muß, und

46 »Was ist es doch für eine Freude zu sehen, wie eine Frau morgens aufsteht, wie sie unruhig umhergeht, mit loser Haube, geschürzten Röcken, aufgekrempelten Ärmeln, ohne Pantinen an den Füßen, wie sie die Mägde tadelt, die Knechte weckt und ihre Kinder anzieht! Was für eine Freude ist es zu sehen, wie sie ihre Waschlauge zubereitet, ihre Wäsche wäscht, ihren Weizen worfelt, ihr Mehl aussiebt, ihren Teig knetet, ihr Brot bäckt, ihr Haus fegt, ihr Feuer anzündet, ihren Kochtopf aufsetzt und nach dem Essen ihr Kissen nimmt, um zu sticken, oder ihre Kunkel, um zu spinnen!« (*Epístolas Familiares*, S. 389).

47 Der Brief richtet sich in erster Linie an den Ehemann (»Letra para mosén Puche, valenciano [...]«), der auch persönlich angesprochen wird (»Moço señor y recién casado caballero«); die Ehefrau ist jedoch ständig präsent: einerseits geht der Brieftitel auch auf Ehefrauen allgemein ein (»[...] se toca largamente cómo el marido con la muger y la muger con el marido se han de haber.«) und zeigt die Eheleute gleich schon als Einheit (»Es letra para dos recién casados.«); andererseits taucht die Gattin des Adressaten schon im ersten und im dritten Satz des Briefes neben ihm auf: »¡Casarse Mosén Puche con doña Marina Gralla, y doña Marina Gralla casarse con Mosén Puche! [...] Casarse Mosén Puche con muger de quince años, y casarse doña Marina Gralla con marido de diez y siete, si no me engaño, assaz tiempo les queda para gozar el matrimonio, y aun para llorar el casamiento« (»Daß sich Herr Puig mit Frau Marina Gralla verheiratet und Frau Marina Gralla mit Herrn Puig! [...] Da sich Herr Puig mit einer Frau von fünfzehn Jahren verheiratet und Frau Marina Gralla mit einem Mann von siebzehn, wird ihnen, wenn ich mich nicht täusche, genügend Zeit bleiben, um die Ehe zu genießen, und sogar um ihre Eheschließung zu beweinen.«).

die zehn, die für den Ehemann vonnöten sind.[48] Es sind beide Teile erwähnt, wenn von der Schwierigkeit die Rede ist, einen vollkommenen Ehepartner zu finden.[49] Vor allem aber verteilen sich die zehn Regeln und Ratschläge, die der Autor den Braut- und Eheleuten mitgibt, mit schöner Ausgewogenheit an die zwei Partner: vier richten sich an die Frau[50], vier an den

48 Für die Frau: »gravedad para salir fuera, cordura para gobernar la casa, paciencia para sufrir el marido, amor para criar hijos, affabilidad para con los vecinos, diligencia para guardar la hacienda, cumplida en cosas de honrra, amiga de honesta compañía y muy enemiga de liviandades« (»Würde, um außer Haus zu gehen; Vernunft, um das Haus zu verwalten; Geduld, um den Ehemann zu ertragen; Liebe, um die Kinder zu erziehen; Freundlichkeit für die Nachbarn; Sorgfalt, um Hab und Gut zu bewahren; pflichtbewußt in Ehrensachen; tugendhafter Gesellschaft zugewandt und Leichtfertigkeiten feind.«). Für den Mann: »que sea reposado en el hablar, manso en la conversación, fiel en lo que se le confiare, prudente en lo que aconsejare, cuidadoso en proveer su casa, diligente en curar su hacienda, sufrido en las importunidades de la muger, celoso en la crianza de los hijos, recatado en las cosas de honra, y hombre muy cierto con todos los que trata« (»er sei zurückhaltend beim Reden, sanft im Umgang, zuverlässig für das ihm Anvertraute, klug in seinen Ratschlägen, aufmerksam bei der Versorgung seines Hauses, sorgfältig bei der Behandlung seiner Güter, geduldig gegenüber den Lästigkeiten seiner Frau, wachsam bei der Erziehung der Kinder, vorsichtig in Ehrensachen und ein zuverlässiger Mann für alle, mit denen er verkehrt.«) (Ebd., S. 364).

49 »¿Qué hombre, hasta hoy, topó con muger tan acabada, que no desease en ella alguna cosa? ¿Qué muger eligió ni le cupo en suerte marido tan acabado, que no hallase en él algún repelo?« (»Welcher Mann hat bis heute eine so vollkommene Frau gefunden, daß sie nicht etwas zu wünschen übrig ließe? Welche Frau hat einen Mann gewählt oder bekommen, der so vollkommen wäre, daß sie an ihm nicht irgendeinen Widerwillen fände?«) (Ebd., S. 365 f.).

50 Regeln 2, 3, 4 und 10: »Que la muger sea muy vergonzosa y no muy parlera«; »Que la muger sea recogida y poco ocasionada«; »Que la muger casada no sea soberbia y brava«; »Que las mugeres deben aprender a amasar y cocer« (»Daß die Frau sehr schamhaft und nicht sehr geschwätzig sein soll«; »Daß die Frau zurückgezogen und wenig streitlustig sein soll«; »Daß die verheiratete Frau nicht hochmütig und barsch sein soll«; »Daß die Frauen lernen sollen zu kneten und zu kochen«).

Mann[51], und zwei ohne Unterschied an beide.[52] Immer wieder werden beide Teile in den Blick und in die Pflicht genommen[53]; und wo Guevara im *Libro áureo* und im *Relox* die Klagen über Frauen und diejenigen über die Männer in getrennten Kapiteln erscheinen läßt und verschiedenen Personen in den Mund legt, packt er hier die Jammerreden gleich zusammen und läßt gleichzeitig deutlich durchblicken, wie deplaziert es ist, solche Jeremiaden in der Öffentlichkeit vorzubringen:

»Hay hombres tan mal mirados, y mugeres tan mal sufridas, en que ni ellos saben reñir sino voceando, ni ellas responderles sino gritando; por manera que el oficio de sus vecinos es apaciguarlos entre semana, y oír sus quexas el día de fiesta.«[54]

Deutlich spürbar wird das Bemühen um Ausgeglichenheit; und wie schon in den Männernregeln des *Relox*, predigt Guevara auch in der »Letra para Mosén Puche« Geduld und Nachsicht. Statt eines Disputes um des Disputierens willen findet der Leser einen offenbar ernstgemeinten Versuch, eheliches Zusammenle-

51 Regeln 5, 6, 8 und 9: »Que los maridos no sean muy rigurosos, mayormente cuando son recién casados«; »Que los maridos no sean demasiadamente celosos«; »Que los maridos provean de lo necesario a sus casas«; »Que los maridos no deben llevar a sus casas personas sospechosas« (»Daß die Ehemänner nicht sehr streng sein sollen, vor allem wenn sie frisch verheiratet sind«; »Daß die Ehemänner nicht allzu eifersüchtig sein sollen«; »Daß die Ehemänner für den nötigen Unterhalt ihres Hauses sorgen sollen«; »Daß die Ehemänner keine verdächtigen Personen ins Haus bringen sollen«).

52 Regeln 1 und 7: »Que nadie se case sino con su igual«; »Que si entre los que son casados pasaren enojos, no han de dar parte de ellos a los vecinos« (»Daß niemand sich außer mit seinesgleichen verheiraten soll«; »Daß die Eheleute es die Nachbarn nicht merken lassen sollen, wenn sie untereinander Streit haben«).

53 Zu diesem »Blick auf beide Geschlechter« als Grundstruktur des mittelalterlichen und frühneuzeitlichen Ehediskurses vgl. R. Schnell, *Frauendiskurs und Ehediskurs. Textsorten und Geschlechterkonzepte* (erscheint voraussichtlich 1997).

54 »Es gibt so bedenkenlose Männer und so unduldsame Frauen, daß jene nicht tadeln können ohne herumzubrüllen und diese jenen nicht antworten können ohne zu schreien; so daß es zur Aufgabe ihrer Nachbarn wird, sie während der Woche zu beschwichtigen und an den Feiertagen ihre Klagen anzuhören« (ebd., S. 381).

ben lebbar gestalten zu helfen. Dazu kommt noch, daß hier der Autor selbst spricht, statt wie in den beiden anderen Ehetexten seine Argumente bevorzugterweise den Figuren in den Mund zu legen: Dies läßt die Unterweisung noch direkter, unvermittelter werden.

Daß hier das Thema Ehe auf diese Weise behandelt wird, hängt unseres Erachtens mit einer noch stärker didaktischen Absicht von seiten Guevaras zusammen: hier geht es nicht allein um Unterweisung, sondern um die praktische Anwendbarkeit der vermittelten Anweisungen. Die »Letra para Mosén Puche« ist kein narrativ illustrierter, gleichzeitig eher theorielastiger Abschnitt in einem Fürstenspiegel; er stellt kurz und bündig formulierte, praxisorientierte, handfeste Verhaltensregeln für den Ehealltag bereit.

Die Frage nach dem anvisierten Publikum kann eine Erklärung für die charakteristischen Eigenschaften dieser Eheschrift liefern. Handelt es sich bei dem uns beschäftigenden Text um ein authentisches Dokument, so bedeutet das, daß die Adressaten gleichzeitig das primär angepeilte Publikum sind: ein blutjunges Ehepaar ohne jede Lebenserfahrung. Mit der etliche Jahre nach dem Briefdatum stattfindenden Veröffentlichung wird aber auch ganz unzweifelhaft ein verhältnismäßig weiter Leser- und Leserinnenkreis ins Visier genommen.[55] Ist die *Epístola* 55 hingegen kein authentischer Brief, sondern ein Text, den Guevara für seine zu publizierende Briefsammlung verfaßte[56], so wäre dem Au-

55 Nach dem durchschlagenden Erfolg seiner früheren Schriften durfte Guevara zweifellos damit rechnen, daß auch den *Epístolas Familiares* großes Interesse entgegengebracht würde; die zahlreichen Editionen in kurzer Zeit belegen, daß dem so war.

56 In der Forschung herrscht kein Konsens darüber, welche der *Epístolas Familiares* tatsächlich echte Briefe sind. Jedenfalls ist schon am vollkommen sorglosen Umgang mit den Daten zu sehen, wie wenig es dem Autor bei der Veröffentlichung seiner Korrespondenz darauf ankam, die Authentizität der Schreiben plausibel zu machen. Im Falle der »Carta a Mosén Puche« ist das Datum mit Sicherheit falsch. Redondo (a.a.O., S. 217) hat nachgewiesen, daß Guevara vom 10. März bis zum 21. Juli 1524 ununterbrochen in Burgos weilte; er kann also nicht am 4. Mai einen Brief aus Granada nach Valencia geschickt haben. Dazu kommt, daß er in der *Epístola Familiar* 55 erwähnt, er sei für die Inquisition in Valencia tätig gewesen; dies geschah nachgewiesenermaßen erst im Mai 1525.

tor von Anfang an ein breites Publikum vor Augen gestanden. Interessant ist nun, daß dieser kurze Traktat für beide möglichen Szenarien gleichermaßen geeignet ist: seine prägnanten Eigenschaften (Kürze, Verzicht auf Narratives, formelhafte Festschreibung von Regeln) sind geeignete Strategien, ob es nun darum geht, zwei Frischverheiratete auf unbedingt zu beachtende Maximen hinzuweisen, deren Einhaltung quasi als Kitt einer noch labilen Gemeinschaft dargestellt wird, oder sei es, daß Guevara bloß einen fiktiven Rahmen konstruiert, um einer großen Leserschaft ein Zehnpunkteprogramm anzubieten, mit dem das Funktionieren einer Ehe gewährleistet werden soll.
Die Alltagsnähe der Anweisungen deutet auf ein aus mittleren, eventuell sogar niederen sozialen Schichten stammendes Publikum hin. Wenn Davide Bigalli meint, »nel pensiero di Guevara tutto ruota attorno alla figura del principe«[57], so mag dies für den *Libro áureo* durchaus zutreffen, für den *Relox de príncipes* trotz dessen Titel hingegen schon nicht mehr ausschließlich; ganz sicher aber nicht für diesen letzten Text, in dem die ›Normalmenschen‹ die Empfänger der Verhaltensanweisungen sind.

IV

Die Gegenüberstellung der drei untersuchten Texte Guevaras ergibt ein heterogenes Bild. Im *Libro áureo de Marco Aurelio* findet man eine misogyn angehauchte Episode mit ehedidaktischen Elementen, einer merkwürdig hybriden Textform aus biographischem Roman, Briefsammlung und Fürstenspiegel untergemischt. Sie war für ein kleinstes, erwähltes Publikum, aber keinesfalls zur Veröffentlichung gedacht – und erschien dann eben doch. Im *Relox de príncipes* hingegen trifft die Leserschaft auf eine kohärent strukturierte Umarbeitung mit entschärfter Misogynie, zwar weiterhin einen narrativen Einschub darstellend, aber klar in einen spezifisch didaktischen Kontext gestellt: ein Abschnitt eines Fürstenspiegels, in dem die Exempelfunktion des Herrschers vorausgesetzt wird. Die hier vermittelte Ehelehre unterweist direkt, bietet allerdings auch theoretische Reflexion an – gerade etwa die Apologie der Ehe in den ersten

57 Davide Bigalli, a.a.O., S. 229.

Kapiteln des zweiten Buches, die den misogyn-misogamen Aussagen des Kaisers bei der Unterhaltung mit Faustina widerspricht. Guevaras zweites Buch war zur Veröffentlichung und gleichzeitig zur Invalidierung des *Libro áureo de Marco Aurelio* bestimmt und stellt gewissermaßen ein Korrektiv des zu wenig ernsthaft ausgefallenen Erstlings dar. Die *Epístola Familiar* I/55 ihrerseits zeichnet sich durch eine direkt belehrende, oft beinahe formelhafte Sprache aus und verzichtet auf narrative oder theoretische Exkurse; kurz, konzentriert, stark praxis- und alltagsorientiert, mit klaren Anweisungen an beide Geschlechter, ist sie offensichtlich für ein breites Publikum gedacht.

Antonio de Guevara hat in drei sehr unterschiedlichen, allesamt ausgesprochen erfolgreichen Texten das Thema des ehelichen Zusammenlebens von Mann und Frau auf verschiedene Art behandelt; das Spektrum reicht von Texten, die ein Elitepublikum unterhalten wollen und zu diesem Zweck sich in sei es misogynen oder sei es misogamen Formulierungen ergehen, bis hin zur reinen, alltagsnahen Unterweisung für die Allgemeinheit ohne jeglichen Unterhaltungsanspruch. Bei aller Divergenz ist den drei besprochenen Eheschriften jedoch eines gemeinsam: Sie offenbaren bei eingehender Betrachtung, wie stark die Funktion eines Textes nicht bloß dessen Vermittlungsstrategien, sondern auch die Inhalte selbst prägt. Es ist nicht in erster Linie das Thema, das Ziel und Form einer Schrift bestimmt – vielmehr beeinflussen hier die verfolgten Absichten und das Publikum die Aussagen. So ist der Autor durchaus ernst zu nehmen, wenn er Mark Aurel vorwurfsvoll sagen läßt: »[...] miráys las palabras que digo y no la intención con que las digo.«[58] Um Antonio de Guevaras Beitrag zur Eheliteratur der Iberoromania gerecht zu werden, muß man das genaue Gegenteil versuchen.

58 Siehe oben S. 133f.

Rüdiger Schnell

Geschlechtergeschichte und Textwissenschaft

Eine Fallstudie zu mittelalterlichen und frühneuzeitlichen Ehepredigten

I

Wenn es stimmt, daß jede Zeit sich nur im Spiegel der Vergangenheit ihrer Eigenart bewußt wird, dann müssen die Prozeduren, wie dieser Spiegel angefertigt wird, kritisch beleuchtet werden. Dabei haben wir uns freilich damit abzufinden, daß die Konstruktion (auch die wissenschaftliche) der historischen Vergangenheit und das eigene Selbstverständnis fast untrennbar miteinander verknüpft sind. Im Spiegel der Geschichte, den wir uns vorhalten, erblicken wir häufig nur unsere Konstruktion von Geschichte, oder aber der Spiegel tritt uns als Zerrspiegel entgegen. In beiden Fällen ist skeptisch zu fragen, welchen Erkenntnisgewinn der Umgang mit Geschichte bringen soll. Dies gilt in besonderem Maße für die Geschichte der emotionalen Beziehungen.

Wer sich heute darüber kundig machen möchte, ob Eheleute des 20. Jahrhunderts in anderer Weise emotional verbunden sind als Eheleute in Mittelalter und Früher Neuzeit und ob in dieser Hinsicht die Frühe Neuzeit einen ›Fortschritt‹ gegenüber dem Mittelalter gebracht habe, wird sich bald mit einer diffusen Forschungssituation konfrontiert sehen. Auch in der Frage, ob sich die Position der Frau im 15./16. Jahrhundert (in der Renaissance) zum Guten oder zum Schlechten gewendet hat, und in der Frage, ob die reformatorische Diskussion um die Ehe zu einer Aufwertung der Frau geführt hat, zeigt sich dasselbe widerspruchsvolle Bild. Wo die einen von Fortschritt sprechen, reden andere von Traditionalität oder gar von Rückschritt. Dies gilt für den anglo-amerikanischen, den romanischen wie für den deutschsprachigen Forschungsstand.[1] Nach wie vor hält sich

1 Vgl. Rüdiger Schnell, *Sexualität und Emotionalität in der Ehe. Eine diskursanalytische Studie zu Texten des 12. bis 16. Jahrhunderts* (in Vorbereitung).

beispielsweise hartnäckig die Vorstellung, das 16. Jahrhundert habe gegenüber dem Mittelalter, das die Ehe lediglich als einzig legitime Zeugungseinrichtung begriffen und als Ort unerlaubter sexueller Praktiken verdächtigt habe, das eheliche Verhältnis neu als freundschaftlich-partnerschaftliche Beziehung entdeckt[2]: Nun erst werde ein Eheideal formuliert, das gekennzeichnet sei von gegenseitiger Hilfe, Wertschätzung und Zuneigung zwischen Mann und Frau.[3] In der anglo-amerikanischen Renaissance- und Reformationsforschung ist es fast schon zum Topos geworden, von einer ›neuen‹ Eheauffassung im 16. Jahrhundert zu sprechen. So meint Dympna Callaghan, die protestantische Eheauffassung habe den Frauen eine neue Gleichheit (in der Theorie) gebracht, weil die Ehe eine Institution gegenseitiger Hilfe geworden sei, nicht mehr bloß eine der Unreinheit und sexuellen Beschmutzung darstelle, wie bei den Katholiken des Mittelalters.[4] Ebenso behauptet Faith Gildenhuys, das Mittelalter habe nur zwei Ehezwecke gekannt: Fortpflanzung und Vermeidung von Unzucht. Erst das 16./17. Jahrhundert habe einen dritten Ehezweck hinzugefügt, den der gegenseitigen Hilfe. Gildenhuys verweist dabei auf den Erzbischof Cranmer (1549), der im nachreformatorischen England (im *Book of Common Prayer*) »mutual help and comfort« als dritten Ehezweck erwähne.[5]

2 Ian Maclean, *The Renaissance notion of woman. A study in the fortunes of scholasticism and medical science in European intellectual life*, Cambridge 1980, S. 19f.

3 Charles H. and Katherine George, *The Protestant mind of the English Reformation 1570–1640*, Princeton, N. J., 1961, S. 269f.; John Gillis, *For better, for worse. British marriage 1600 to the present*, Oxford 1985, S. 4–14 (das Ideal von der »companionate marriage« sei erst Mitte des 17. Jahrhunderts entstanden); Simon Schama, *The embarrassment of riches. An interpretation of Dutch culture in the Golden Age*, Berkeley 1988, S. 421–425 (die niederländischen Calvinisten hätten die Vorstellung von der Liebesehe propagiert, die partnerschaftlich auf gegenseitigen Verpflichtungen gegründet sei); Valerie Wayne (Hg.), *Edmund Tilney, ›The flower of friendship‹ (1568). A Renaissance dialogue contesting marriage*, Ithaca/London 1992, S. 3, 17, 26ff. und 35 (die Auffassung von der Ehe als Freundschaft bzw. als »companionship« sei eine »innovation of Christian humanism«).

4 Dympna Callaghan, *Woman and gender in Renaissance tragedy. A study of ›King Lear‹, ›Othello‹, ›The Duchess of Malfi‹ and ›The White Devil‹*, New York u. a. 1989, S. 14.

5 Faith Gildenhuys (Hg.), *The Bachelor's Banquet* [eine mittelenglische

Doch an Gegenstimmen fehlt es nicht. So sieht Kathleen M. Davies im 16. Jahrhundert nicht so sehr eine Veränderung in der Auffassung von der Ehe, sondern eher eine veränderte Bildungs- und Gebrauchssituation, was eine veränderte Redeweise zur Folge habe.[6] Für Heinz-Dieter Heimann entspricht das Frauen- und Familienbild Martin Luthers »weithin dem Eheverständnis und Frauenbild des spätmittelalterlichen Stadtbürgertums«.[7] Anzeichen für eine neue, eher partnerschaftlich ausgerichtete Ehevorstellung kann auch Barbara Becker-Cantarino nicht entdecken.[8] Luther habe eine Neuwertung der Ehe als Institution, aber keine Neubestimmung der Rolle der Frau versucht. Die auf den christlichen Ehestand gegründete Familie werde bei ihm zur wichtigsten Institution und zum Träger des neuen reformatorischen Lebens. Luther stelle den Ehestand über alle anderen und betone dessen Verdienste. Doch »Reduktion auf ihre biologische Funktion [als Gebärerin], Unterordnung unter den Ehemann und Verbannung in das Haus, das sind die drei wichtigsten Punkte,

Übersetzung der *XV joies de mariage*], Ottawa/Binghamton 1993, S. 16; ebenso Hubertus Fischer, »Co-Referat: Ehe, Eros und das Recht zu reden. Anmerkungen zum protestantischen Ehebild in Texten des 16. Jahrhunderts«, in: Maria E. Müller (Hg.), *Eheglück und Liebesjoch. Bilder von Liebe, Ehe und Familie in der Literatur des 15. und 16. Jahrhunderts*, Weinheim/Basel 1988, S. 211; Steven Ozment, *When fathers ruled. Family life in Reformation Europe*, Cambridge 1983, S. 99 (die neuen protestantischen Ehegesetze hätten zu dem Ideal einer kameradschaftlichen, gleichrangigen Gemeinschaft der Eheleute geführt). Vgl. auch den Überblick über die angelsächsische Forschung zur Frage, von welchem Jahrhundert an eine emotionale Bindung zwischen den Eheleuten eine Rolle spielte, bei Jeffrey R. Watt, *The making of modern marriage. Matrimonial control and the rise of sentiment in Neuchâtel 1550–1800*, Ithaca/London 1992, S. 4–10; zur deutschen Forschung Mathias Beer, *Eltern und Kinder des späten Mittelalters in ihren Briefen*, Nürnberg 1990, S. 22–27.

6 Kathleen M. Davies, »Continuity and change in literary advice on marriage«, in: R. B. Outhwaite (Hg.), *Marriage and society. Studies in the social history of marriage*, London 1981, S. 58–80, S. 61.

7 Heinz-Dieter Heimann, »Über Alltag und Ansehen der Frau im späten Mittelalter«, in: *Frau und spätmittelalterlicher Alltag*, Wien 1986, S. 243–282, S. 279.

8 Barbaro Becker-Cantarino, *Der lange Weg zur Mündigkeit. Frau und Literatur (1500–1800)*, Stuttgart 1987, S. 37–46.

in denen Luthers Ehekonzeption das Leben der Frau als ›Ehefrau‹ festlegte« (S. 41); »Die Frau wurde endgültig domestiziert, ein Hauswesen ... Die Frau gehört ins Haus als unmündige Ehefrau, der Mann leitet ihr Leben im Hause und in der Öffentlichkeit« (ebd.); »Luthers Denken ist androzentrisch, seine Eheauffassung patriarchalisch, er lehnt sich noch immer stark an den traditionell misogyn gedeuteten Sündenfall an und bestimmt die Rolle der Frau weitgehend von ihrer biologischen Funktion her, die er mit theologischen Argumenten im Sinne der männlichen Herrschaft und Interessen festlegt« (S. 42).[9] Es ist in diesem Zusammenhang überdies daran zu erinnern, daß in den Predigten über den christlichen Hausstand und in der ›Hausväterliteratur‹ des 16. und 17. Jahrhunderts die Beziehung zwischen Mann und Frau in der Ehe stark hierarchisiert erscheint: Der ›Hausvater‹ hat unangefochten über Frau, Kinder und Gesinde zu herrschen.[10]

Daß auch hinsichtlich der Begründungen für die Institution Ehe kein Unterschied zwischen vor- und nachreformatorischer Zeit (*procreatio, evitatio fornicationis, adiutorium*)[11] eingetreten sei, behauptet Alan Macfarlane.[12] Auch in den Auffassungen über die eheliche Liebe kann er vor und nach der Reformation keinen Unterschied feststellen.[13]

Der skizzierte Meinungsstreit kann mehrere Gründe haben. Neben geographisch, konfessionell oder sozial bedingten Unterschieden innerhalb der Eheauffassungen des 16. Jahrhunderts mag die in der neueren Forschung nicht immer konsequent be-

9 Skeptisch gegenüber der These von der Aufwertung der Ehe und Frau durch die Reformatoren auch Pia Holenstein, *Der Ehediskurs der Renaissance in Fischarts ›Geschichtklitterung‹. Kritische Lektüre des fünften Kapitels*, Bern u. a. 1991, S. 253.

10 Julius Hoffmann, *Die ›Hausväterliteratur‹ und die ›Predigten über den christlichen Hausstand‹. Lehre vom Hause und Bildung für das häusliche Leben im 16., 17. und 18. Jahrhundert*, Weinheim/Berlin 1959.

11 Zeugung von Nachkommenschaft, Vermeidung von Unzucht, gegenseitige Hilfe und Rat.

12 Alan Macfarlane, *Marriage and love in England. Modes of reproduction 1300–1840*, Oxford 1986, S. 151.

13 Macfarlane, ebd., S. 182, beruft sich dabei auf K. M. Davies, »Continuity and change«, a.a.O., S. 78: »There was nothing new in such ideals«, nämlich den Ehebüchern der Puritaner.

achtete Differenz von Realitäts- und Diskursebene eine Rolle spielen. Ausschlaggebend für die verwirrende Forschungssituation zum Thema ›Geschlechterbeziehungen im Ehediskurs der Frühen Neuzeit‹ sind meines Erachtens aber drei Aspekte: Es mangelt an präzisen Beschreibungen dessen, was jeweils unter ›freundschaftlicher‹, ›kameradschaftlicher‹, ›partnerschaftlicher‹ bzw. ›gleichwertiger‹ Ehebeziehung zu verstehen sei. Es mangelt weiterhin an detaillierter Kenntnis des vielschichtigen mittelalterlichen Ehediskurses, so daß die Bewertung *der* frühneuzeitlichen Eheauffassung auf höchst unsicherem Vergleichsgrund steht.[14] Je nach (mediävistischem) Kenntnisstand des einzelnen Frühneuzeit-Spezialisten verändert sich die Einschätzung der Diskussion des 16. Jahrhunderts.[15] Und schließlich wird immer wieder der Fehler gemacht, unvergleichbare Textsorten miteinander zu vergleichen. Wer Ehepredigten des 16. Jahrhunderts mit theologischen Summen oder mit Sentenzenkommentaren des 13. Jahrhunderts vergleicht, wird nicht wissen, ob er die analysierten konzeptionellen Unterschiede dem Faktor ›Zeit‹ (vorher/nachher) oder dem Faktor ›Textsorte‹ (unterschiedliche Kommunikationssituation) zuschreiben soll.[16]

14 Sicard von Cremona (12. Jh.) nennt in seiner Dekretsumme als Eheideal die von Cicero festgelegte Bedingung der Freundschaft: »Nam idem velle et idem nolle firma est amicitia« (zu Gratian, *Decretum*, C. 27 pr.); vgl. James A. Brundage, *Law, sex, and Christian society in medieval Europe*, Chicago/London 1986, S. 273. Poggio Bracciolini, »Oratio in laudem matrimonii« (1458), in: *Opera omnia*, hg. von R. Fubini/T. de Tonelli, 4 Bde., Torino 1964–1969, Bd. 2, S. 903–915, S. 911 f. preist das Band der Eintracht in der Ehe, weil es zwei Willenssubjekte, zwei Gemüter in eins verbinde, so daß es Kennzeichen der beiden Eheleute sei, dasselbe zu wollen und dasselbe nicht zu wollen (»ut idem duorum sit velle atque idem nolle«).

15 Vgl. dazu auch Rüdiger Schnell, »Liebesdiskurs und Ehediskurs im 15. und 16. Jahrhundert«, in: Lynne Tatlock [and Sigrid Brauner] (Hg.), *The graph of sex and the German text. Gendered culture in early modern Germany 1500–1700* (Chloe 19), Amsterdam/Atlanta 1994, S. 77–120.

16 Schon 1977 und dann 1981 hat sich Kathleen M. Davies kritisch gegenüber der These vom reformatorischen neuen Eheideal einer gleichberechtigten, partnerschaftlichen Beziehung geäußert und den methodischen Hinweis gegeben, daß nur gleichartige Textsorten auf ihre Eheauffassung hin verglichen werden dürften. Kathleen M. Da-

Verdeutlicht werden sollen meine Bedenken an einer neueren Studie aus der historischen Anthropologie.[17] In dieser thematisch interessanten und stofflich aspektreichen Arbeit versucht Manuel Simon zu zeigen, daß sich das Frauenbild im 16. Jahrhundert durch den Einfluß des medizinischen Diskurses gewandelt habe. Statt des vorwiegend dämonisierten Frauenbilds des Mittelalters begegne nun ein vorwiegend biologisch-naturkundlich begründetes Bild von der Frau. Es entstehe das Ideal der Hausmutter, der Frau, die infolge ihrer natürlichen (schwächeren) Veranlagung vielfältige Aufgaben im Haus übernehmen müsse und die von seiten des Mannes emotionaler Zuwendung, Rücksichtnahme und Fürsorge bedürfe. Abgesehen davon, daß Simon im letzten Kapitel seiner These zum Teil dadurch den Boden entzieht, daß er vor allem sozialgeschichtliche Faktoren für das Auftreten des Hausmutterideals verantwortlich macht[18], sind grundsätzliche Einwände gegen Simons methodisches Vorgehen vorzubringen.

Das mittelalterliche Frauenbild bezieht Simon aus (einigen wenigen Stellen von) Sentenzenkommentaren und theologischen Summen des 13. Jahrhunderts (Thomas von Aquin, Albertus Magnus). Den frühneuzeitlichen Wandel des Frauenbildes belegt

vies, »The sacred condition of equality – how original were Puritan doctrines of marriage?«, in: *Social history* 2 (1977), S. 563–578, bes. S. 564; dies., »Continuity and change«, a.a.O., S. 61.

17 Manuel Simon, *Heilige, Hexe, Mutter. Der Wandel des Frauenbildes durch die Medizin im 16. Jahrhundert* (Reihe Historische Anthropologie 20), Berlin 1993.

18 Simon, *Heilige*, S. 141–156. Zwei grundlegende Frageaspekte, die für die Akzeptanz seiner These entscheidend sind, werden bei Simon gar nicht angeschnitten: 1. Hat sich nicht schon der mittelalterliche medizinische Diskurs mit der weiblichen Natur befaßt und dabei Verständnis für die Konstitution des weiblichen Geschlechts erkennen lassen? 2. Warum sollte eigentlich der medizinische Diskurs über die Frau – den es doch im Mittelalter seit dem 11. Jahrhundert in breitem Umfange gab – erst im 16. Jahrhundert auf andere Diskurse ausgestrahlt haben? Über die vielfältigen Beziehungen zwischen Medizin und Theologie im Spätmittelalter vgl. z. B. Joan Cadden, »Medieval scientific and medical views of sexuality. Questions of propriety«, in: *Medievalia et Humanistica*, n.s. 14 (1986), S. 157–171; dies., *Meanings of sex difference in the middle ages. Medicine, science, and culture*, Cambridge 1993.

er aber anhand von Ehepredigten und Texten der ›Hausväterliteratur‹ des 16. Jahrhunderts. Dieser unreflektierte Wechsel der jeweils benutzten Textsorten weckt Bedenken. Denn Simon behauptet zwar einen ideengeschichtlichen Wandel vom Hexenbild des Mittelalters zum Hausmutterideal des 16. Jahrhunderts[19], arbeitet aber in Wahrheit zunächst einmal nur den Unterschied zwischen zwei unterschiedlichen Textbereichen heraus. Macht man nun die Gegenprobe und vergleicht methodisch konsequent Ehepredigten des 16. Jahrhunderts mit Ehepredigten des 13. bis 15. Jahrhunderts[20], verflüchtigt sich der Wandel im Frauenbild, den Simon nachzuweisen sucht. Denn nahezu alle Aspekte, die nach Simon das neue Frauenideal bzw. den neuen Umgang der Geschlechter miteinander kennzeichnen[21], lassen sich auch in Ehepredigten des Spätmittelalters nachweisen: Mahnungen an die Ehemänner, ihren Frauen liebevoll und freundlich zu begegnen, sich vor allem während der Schwangerschaft um sie zu kümmern[22]; Kennzeichnung der Frau als Erzieherin

19 Simon, *Heilige*, S. 13 (Destruktion des traditionellen Hexenbildes, Konstruktion des neuzeitlichen Hausmutter-Ideals), 74ff., 88ff., 156ff. u. ö.

20 Die einzige Ehepredigt, die Simon aus diesem Zeitraum erwähnt, eine deutsche Predigt Johann Niders (gest. 1438), ist ihrem Inhalt nach völlig untypisch (Ablehnung der Ehe zugunsten der Jungfrauenschaft) und verdankt ihre häufige Verwendung in der Frauenforschung sicher der Tatsache, daß sie als eine der ganz wenigen Ehepredigten des 14./15. Jahrhunderts überhaupt in einer neueren Ausgabe vorliegt. In welchen Gebrauchskontext diese ›Ehepredigt‹ aber hineingehört, läßt ein Überlieferungszeuge vermuten: diese Handschrift (jetzt UB Augsburg, cod. III 1. 4° 8, fol. 142–168) wurde für die Äbtissin (!) Magdalene von Öttingen geschrieben.

21 Vgl. Simon, *Heilige*, S. 158ff.

22 Vgl. u. a. Robert de Sorbonne, Ehepredigt »Honorabile coniugium« (13. Jh.)(s. Anm. 46); eine bairische Predigtsammlung des späten 13. Jhs., Nr. 50 (dazu H. U. Schmid, »Eine bairische Predigtsammlung des späten 13. Jahrhunderts«, in: Volker Mertens/Hans-Jochen Schiewer [Hg.], *Die deutsche Predigt im Mittelalter*, Tübingen 1992, S. 55–91, bes. S. 58: Kritik an Ehemann, der seine schwangere Frau mißhandelt); Johannes Herolt, *Sermones discipuli de tempore et sanctis* [1418], Mainz 1612, Sermo 25; Robert Holkott (gest. 1349), *Super Sapientiam Salomonis*, Speyer 1483 (Hain 8757), lectio 45 (in anderen Ausgaben Nr. 44); Gottschalk Hollen, *Sermones dominicales super epi-*

des Mannes[23]; Ermunterung der Frauen, ihre Ehemänner zu kritisieren[24]; Kritik am Sexualverhalten der Männer und gleichzeitig Apologie der Frauen[25]; Beschreibung der Frau nicht nur als Verführerin, sondern auch als Opfer sexueller Aggression des Mannes.[26]

Simons These vom Wandel des mittelalterlichen Hexenbildes zum Hausmutterideal im 16. Jahrhundert basiert auf zwei inakzeptablen Voranahmen: 1. das Frauenbild bzw. die Frauenbilder der einzelnen Textsorten unterschieden sich nicht voneinander, und deshalb sei es gleichgültig, welchen Textsorten die Belege für ein Frauenbild entnommen würden; der einzige entscheidende Parameter für ihn ist die Veränderung in der Zeit. 2. Die Reformation bringe eine wesentliche Aufwertung der Ehe und damit auch der Frau mit sich.[27] Simon spricht also von

stolas Pauli, Pars hiemalis [1470], Hagenau 1517, Sermo 45. Vgl. auch H.-D. Heimann, »Über Alltag«, a.a.O., S. 262 mit Textbeispielen aus der Mitte des 14. bzw. vom Beginn des 15. Jahrhunderts.

23 Dies ist ein Verhaltensmuster, das den Ehefrauen seit dem Frühmittelalter nahegelegt wird.

24 Vgl. schon Guibert de Tournai (gest. 1284), *2. Sermo ad coniugatas* (Paris, BN lat. 15943, fol. 145^{r}); Meffret, *Hortulus reginae sive Sermones de tempore, Pars hiemalis* [1449], Köln 1625, Alph. MN (S. 134$^{a/b}$); Antoninus Florentinus, *Summa theologica*, Bd. III, Nürnberg 1478, III 14,9,1.

25 Vgl. Rüdiger Schnell, »Männergeschichte als Teil der Geschlechtergeschichte. Zum mittelalterlichen Diskurs über sexuelle Selbstdisziplin« (in Vorbereitung) mit zahlreichen Belegen aus spätmittelalterlichen Ehepredigten. Entlarvend ist Simons Gegenüberstellung von Albrechts von Eyb angeblich positivem Frauenbild in dessen Ehetraktat (1472) und dem mittelalterlichen Hexenbild (Simon, *Heilige*, S. 9), da somit unterstellt wird, das Mittelalter habe kein anderes Frauenbild gekannt.

26 Hieronymus, *Epistolae* 107,7 (CSEL 55, 298); Jacques de Vitry, *1. Sermo ad coniugatos* (Paris, BN lat. 17509, fol. 135va: Männer fallen über Frauen her und nehmen sie sich, wie Wölfe in einen Schafstall einbrechen und alle reißen); Johann Nider (ca. 1430), *Formicarius. Libri quinque*, Augsburg (um 1484; Hain-Copinger 11832), III 3 (ein schönes Mädchen wird ein Opfer listiger Männer, die wie Bären über eine Ameise herfallen); Johannes (recte: Conrad) Gritsch (ca. 1440), *Quadragesimale*, o. O. u. J. (Hain 8059), Alph. 32 K (Männer als Gefahr für Mädchen). Vgl. auch mittelalterliche Legenden weiblicher Heiligen und die Susanna-Dichtungen.

27 Simon, *Heilige*, S. 14, 66, 103 u. ö. Obwohl Simon selbst (S. 7f.) die

großflächigen entwicklungsgeschichtlichen Veränderungen, wo es zunächst darum ginge, das zeitgleiche Nebeneinander unterschiedlicher Textsorten mit je unterschiedlichen Geschlechterprojektionen in Mittelalter *und* in der Frühen Neuzeit zur Kenntnis zu nehmen. Meine Kritik an Simons Buch ließe sich also auf die knappe Formel bringen: Statt Epochenspezifischem hat Simon Textsorten- und Diskursspezifisches erfaßt, ohne sich dessen bewußt zu sein.

Meines Erachtens ist beim derzeitigen Forschungsstand die Frage, ob sich in der Frühen Neuzeit die Geschlechterentwürfe gewandelt haben, nicht zu beantworten. Zumindest muß eine generelle Aussage, die mehrere Länder und verschiedene Konfessionen, unterschiedliche Textsorten und Diskursbereiche, verschiedene Redeanlässe und unterschiedliche Autoren(gruppen) in eine Entwicklungslinie zwingen möchte, als verfehlt gelten. Wir benötigen eine große Anzahl von Detailstudien über einzelne zentrale Topoi und Begriffe des mittelalterlichen und frühneuzeitlichen Diskurses[28] sowie längsschnittartige Studien zu einzelnen Textsorten.[29] Daß die Predigtliteratur zwischen 1350 und 1520 bislang kaum erschlossen ist[30], daß die Sentenzenkommentare des Spätmittelalters zwar bibliographisch erfaßt, aber nicht aufgearbeitet sind, daß die theologischen Summen des 14. und 15. Jahrhundert nur sehr lückenhaft bekannt sind, trägt

Epochengrenze zwischen dem 15. und 16. Jahrhundert nicht gelten lassen will, verfällt er doch im Verlauf seiner Darstellung ganz der Vorstellung von einem entscheidenden Paradigmawechsel im 16. Jahrhundert (z. B. S. 53).

28 Vgl. Rüdiger Schnell (Hg.), *Geschlechterbeziehungen und Textfunktionen. Studien zu Eheschriften der Frühen Neuzeit* (im Druck).

29 Eine vorbildliche Fallstudie zum diachronen Vergleich innerhalb einer einzigen Textsorte hat vorgelegt David L. d'Avray, »The gospel of the marriage feast of Cana and marriage preaching in France«, in: K. Walsh/D. Wood (Hg.), *The Bible in the medieval world. Essays in memory of Beryl Smalley*, Oxford 1985, S. 207–224. Doch hat er für seine Arbeit nur zwei Aspekte der Ehediskussion berücksichtigt: die mit der Ehe verbundene göttliche Gnade und die Berufung zur Ehe.

30 Jean Longère, »Predigt. Ursprünge und Recht«, in: *Lexikon des Mittelalters*, VII (1. Lfg., 1994), Sp. 171–174, Sp. 174: »Die Predigt bietet den Mediävisten verschiedener Fachrichtungen ein weites Forschungsfeld, da zahlreiche Predigten noch unediert oder kaum untersucht sind.«

mit zur Unsicherheit hinsichtlich der historischen Einschätzung des frühneuzeitlichen Geschlechterdiskurses bei.

II

Die hier vorgelegte Skizze verfolgt zwei Ziele: 1. Die Überwindung wissenschaftsorganisatorischer Grenzen. Es gilt wissenschaftsgeschichtlich bedingte Barrieren zwischen Mediävistik und Frühneuzeitforschung dadurch abzubauen, daß einige Themen der spätmittelalterlichen Ehepredigtliteratur in einer Publikation, die der Frühen Neuzeit gewidmet ist, vorgestellt werden. 2. Die Integration textwissenschaftlicher und geschlechtergeschichtlicher Fragestellungen. Weit verbreitet ist die Auffassung, wonach die kirchlichen Quellen des Mittelalters die Ehe vor allem als eine sexuelle Einrichtung diskutiert und Sündhaftigkeit bzw. Sündelosigkeit des ehelichen Verkehrs thematisiert hätten, in der Frühen Neuzeit hingegen – auf Diskursebene wie in der sozialen Realität – die eheliche Beziehung als soziale Gemeinschaft und emotionale Zweisamkeit verstanden worden wäre. Diese Vorstellung soll mit Hilfe textwissenschaftlicher Methoden problematisiert werden. Es geht in dieser Studie darum, die Notwendigkeit textsortenspezifischer Analysen im Bereich des Geschlechterdiskurses einsichtig zu machen. Dieses Ziel wird einerseits durch den Nachweis der thematischen Traditionsgebundenheit der Textsorte Predigt, andererseits durch das Aufzeigen der mit dieser Textsorte verbundenen besonderen Problemfelder erreicht.

Beginnen möchte ich meine Überlegungen mit einem Vergleich von (Pseudo-)Bertholds von Regensburg deutscher Ehepredigt, die in zahlreichen Arbeiten zur Frauenforschung – in Ermangelung anderer gedruckter volkssprachlicher Ehepredigten – als typisches Beispiel des mittelalterlichen geistlichen Ehediskurses gilt[31], und den lateinischen Ehepredigten Bertholds. Daß die

31 Peter Ketsch/Annette Kuhn (Hg.), *Frauen im Mittelalter. Bd. 2: Frauenbild und Frauenrechte in Kirche und Gesellschaft. Quellen und Materialien*, Düsseldorf 1984, S. 65 f., 79–83; Helga Schüppert, »Frauenbild und Frauenalltag in der Predigtliteratur«, in: *Frau und spätmittelalterlicher Alltag*, Wien 1986, S. 103–156, S. 115 und S. 133–135.

deutschen Predigten insgesamt in den Berthold-Handschriften nicht von Berthold stammen, sondern von fremder Hand redigierte Fassungen von lateinisch überlieferten Sermones Bertholds darstellen bzw. auf Nachschriften tatsächlich gehaltener (volkssprachlicher) Predigten zurückgehen, wird heute nicht mehr bestritten.[32] Inwiefern der der deutschen Ehepredigt zugesprochene paradigmatische Status gerechtfertigt ist, wird sich zeigen.

Von Berthold von Regensburg (Mitte 13. Jh.) sind drei lateinische Predigtsammlungen authentisch überliefert, entstanden in den Jahren 1250–1255: *Rusticanus de dominicis* (Sonntagspredigten), *Rusticanus de Sanctis* (Heiligenpredigten), *Rusticanus de Communi Sanctorum* (Allgemeine Heiligenpredigten). Diese drei Sammlungen umfassen insgesamt ca. 260 lateinische Predigten. Die Anzahl der Berthold zugeschriebenen deutschen Predigten ist heute nur grob zu beziffern. Insgesamt wird man mit ca. 80 deutschen Texten rechnen dürfen.[33]

Zunächst eine methodische Vorbemerkung: Ein Vergleich zwischen den lateinischen Predigtfassungen Bertholds und den deutschen, wohl in Augsburg redigierten Predigten wird durch zwei Defizite erschwert: Von den lateinischen Predigten sind nur etwa 25 – und diese unzulänglich – herausgegeben; es existiert keine textkritische Ausgabe, ja die Überlieferung ist bis heute nur unzureichend aufgearbeitet. Damit aber entfällt von vornherein eine solide Textbasis für den Vergleich von lateinischen und deutschen Predigten. Mit Recht bezeichnet deshalb Dagmar Neuendorff die lateinischen Sermones als »Crux aller Berthold-Forschung«.[34]

32 Frank G. Banta, »Berthold von Regensburg«, in: *Die deutsche Literatur des Mittelalters. Verfasserlexikon*, 2., völlig neu bearb. Aufl., hg. von Kurt Ruh, Bd. 1, Berlin/New York 1978, Sp. 817–823; Volker Mertens, »B. von Regensburg«, in: *Lexikon des Mittelalters*, Bd. 1, München/Zürich 1980, Sp. 2035 f.; Georg Steer, »Geistliche Prosa«, in: Ingeborg Glier (Hg.), *Die deutsche Literatur im späten Mittelalter 1250–1370*, 2. Teil, München 1987, S. 321–326; Joachim Heinzle, *Wandlungen und Neueinsätze im 13. Jahrhundert* (Geschichte der dt. Literatur von den Anfängen bis zum Beginn der Neuzeit, Bd. II/2), Tübingen ²1994, S. 69–73.

33 Die X-Sammlung umfaßt 69 Stücke, die Y-Sammlung 134 Predigten, Traktate und Gebete.

34 D. Neuendorff, »Überlegungen zur Rezeptionsgeschichte Berthold

Für die deutschen Texte stellt sich die Situation ähnlich dar. Auch hier ist die Überlieferung noch nicht hinreichend, wenn auch viel besser erforscht.[35] Die deutschen Predigten sind zwar ediert, aber nur unzulänglich[36], so daß eine neue Ausgabe dringend erwünscht ist. Da für die deutschen Predigten jeweils mehrere stark voneinander abweichende Fassungen existieren, muß, wer heute sich auf dieses Terrain begibt, auch hier die jeweilige handschriftliche Parallelüberlieferung heranziehen.

Die beiden Ausgangsfragen meines Textvergleichs lauten: 1. Zeichnen sich beim Wechsel von lateinischer zu volkssprachlicher Ehepredigt inhaltliche oder thematische Verschiebungen ab? 2. Gibt es Anzeichen dafür, daß den lateinischen Ehepredigten Bertholds eine andere Funktion als der deutschen redigierten Fassung zukommt? Am Schluß wird dann nach einer möglichen Interdependenz von Thematik- und Funktions-Aspekt zu fragen sein: Schlagen die (etwaigen) unterschiedlichen Textfunktionen auf den jeweiligen Inhalt der lateinischen bzw. deutschen Ehepredigten durch, d. h. tangieren sie die Darstellung der Ge-

von Regensburg zugeschriebener deutscher Predigten vor dem Hintergrund seiner lateinischen Sermones«, in: *Kontroversen, alte und neue. Akten des VII. Int. Germ. Kongresses Göttingen 1985*, Bd. 7: *Bildungsexklusivität und volkssprachliche Literatur – Literatur vor Lessing – nur für Experten?*, Tübingen 1986, S. 69–73, S. 72. Vgl. auch Heinzle, *Wandlungen und Neueinsätze*, a.a.O., S. 70: Solange die lat. Berthold-Überlieferung nicht erforscht sei, ließen sich keine genaueren Aussagen über die Authentizität der deutschen Überlieferung machen. Banta, »Berthold von Regensburg«, a.a.O., Sp. 820f.: »Erst wenn Geschichte und Echtheit der lat. Sermone feststehen und ein Sachindex vorliegt, werden wir Entstehung und Anzahl der dt. Predigten bestimmen können.«

35 Dieter Richter, *Die deutsche Überlieferung der Predigten Bertholds von Regensburg* (MTU 21), München 1969; Sepp Dietrich, »Die deutschen Predigten Bertholds von Regensburg«, in: *Zeitschrift für Schweizerische Kirchengeschichte* 67 (1973), S. 169–257; Dagmar Neuendorff, »Predigt als Gebrauchstext. Überlegungen zu einer deutschen Berthold von Regensburg zugeschriebenen Predigt«, in: Mertens/Schiewer (Hg.), *Die deutsche Predigt*, a.a.O., S. 1–17.

36 Franz Pfeiffer (Hg.), *Berthold von Regensburg. Vollständige Ausgabe seiner Predigten mit Anmerkungen*, Bd. 1, Wien 1862; Bd. 2 von F. Pfeiffer und Joseph Strobl, Wien 1880 (Neudruck mit einem Vorwort von Kurt Ruh, Berlin 1965).

schlechterbeziehungen? Das Resultat dieses Vergleichs wird zugleich klären helfen, inwieweit wir die deutsche Ehepredigtversion – die vermutlich von Augsburger Franziskanern verfaßt wurde – als repräsentativ für die Ehe- und Frauenauffassung des Mittelalters reklamieren dürfen.

Berthold von Regensburg hat sich in sieben lateinischen Predigttexten zur Ehe geäußert: in Nr. 10 des *Rusticanus de Dominicis* (den Sonntagspredigten), in Nr. 17 des *Rusticanus de Sanctis* (den Heiligenpredigten), und in den Nrr. 4, 5, 58, 63 und 64 des *Rusticanus de Communi Sanctorum* (den Allgemeinen Heiligenpredigten). Drei dieser Texte (*De Dominicis* 10, *De Sanctis* 17, *De Communi* 58) behandeln die Ehe innerhalb des Schemas von den drei Lebensformen: auf dreifache Weise könnten die Frauen ins Himmelreich kommen, im *status* der Jungfrau, der Witwe und der Ehefrau. In allen drei *status* bestehe aber auch die Gefahr, dem Teufel zu verfallen. Deshalb stünde einer Jungfrau nicht von vornherein ein größerer himmlischer Lohn zu als einer Ehefrau. Zwei Predigttexte (*De Communi* 63 und 64) widmen sich allein den Voraussetzungen und Bedingungen einer rechten Ehe. Der sechste und siebente Ehetext (*De Communi* 4 und 5) bilden eine Einheit und formulieren die Anforderungen an ein gottesfürchtiges Leben für das Hausgesinde (»familia«), die ›Hausmütter‹ (»matresfamilias«) und ›Hausväter‹ (»patresfamilias«). Man könnte sie dem Typ der spätmittelalterlichen Hauspredigten zuordnen. Diese beiden letzten Predigten haben keinen Widerhall in der deutschen Ehepredigt gefunden und sollen deshalb vorerst außer Betracht bleiben.

Beschränken wir unseren Vergleich also auf die zwei ersten Gruppen der lateinischen Predigten: die Gruppe, die das Dreierschema wählt, und die andere Gruppe, in der ausschließlich die Ehe thematisiert wird.

Beim Vergleich mit der deutschen Ehepredigt (in Pfeiffers Edition Nr. 21) fällt zunächst auf, daß die Grobstruktur, die Gliederung nach den drei *status*, der ersten Textgruppe entnommen wird, die inhaltliche Ausfüllung des Eheteils aber gemäß der zweiten Gruppe erfolgt.[37] Versucht man die Kongruenz von deutscher Ehepredigt und den relevanten lateinischen Ehepre-

37 Die Strukturierung des Eheteils mit Hilfe des Bildes von den zwei Flügeln mit jeweils fünf Federn ist *De Communi* 64 entlehnt.

digten in einer Übersicht zusammenzufassen, käme etwa folgendes Schema zustande:

LATEINISCHE PARALLELEN – DEUTSCHE EHEPREDIGT
(Pfeiffer I, S. 309–338)

Nr. 17 – 309,1–310,7: Einleitung über die drei Stände (Ehe, Witwentum, Jungfernschaft)[38]

Nr. 64 – 310,7–14: zunächst will er über die Ehe sprechen

Nr. 64 – 310,33–311,2: die Eheleute sollen gut zuhören

Nr. 64 – 311,20–318,27: 1. Flügel mit 5 Federn lehrt die Voraussetzungen gültiger Eheschließung (Ehehindernisse)

Nr. 64 – 318,37–329,3: 2. Flügel mit 5 Federn gibt Verhaltensregeln für die Eheleute:

1. ein untadeliges, reines Gesinde haben (in der lat. Fassung: Punkt 2)
2. nicht unrecht erworbenes Gut besitzen (in der lat. Fassung: Punkt 1)
3. Eheleute sollen einander treu sein hinsichtlich Besitz, Körper und Seele
4. Maß halten beim ehelichen Verkehr: 5 Verbotszeiten beachten

[außer Nr. 64 noch 58, 63 und 17] –

5. Beherrschung zeigen beim ehelichen Verkehr: keine Leidenschaftlichkeit, kein Rollentausch der Geschlechter. Nur aus drei Motiven heraus den ehelichen Verkehr ausüben: a. aus Sorge um das Seelenheil des Ehegatten, b. um die eheliche Pflicht zu leisten, c. zur Zeugung (wird noch zum zweiten gerechnet, aber das dritte Motiv ist in der dt. Fassung unklar).[39]

[Eigene Zusfg. des Redaktors] 329,4–330,7: Dreierlei Eheleute[40]

38 Entspricht dem Thema der lateinischen Nrr. 10, 17, 58, 64.

39 Während der Erörterung der 5. Feder dringen mehr und mehr Elemente aus den Predigten *De Communi* 58 und 63 ein, aber auch aus *De Sanctis* 17. Man gewinnt den Eindruck, daß über das hinaus, was in der Predigt Nr. 64 verkündet wurde, in der deutschen Ehepredigt eine Art Enzyklopädie der Ehelehre angepeilt wird. Mehr und mehr werden weitere Ehetexte Bertholds ausgebeutet.

40 Dieser Schlußteil ist inhaltlich überflüssig, weil lediglich einige vorher besprochene Punkte wiederholend, aber strukturell notwendig, um den folgenden Dreierreihen von Witwen und Jungfrauen eine dreifache Qualifizierung von Eheleuten an die Seite zu stellen. Es handelt sich also um eine Strukturgelenkstelle, die eingebaut wird, um die Verbindung zu einer neuen Vorlage und zu einem neuen

Nr. 58 und 10 – 330,7–336,14: Dreierlei Witwen
Nr. 58 und 10 – 336,15–338,6: Dreierlei Jungfrauen

Stellt man nun die deutsche Predigtredaktion den vier lateinischen Predigttexten Bertholds gegenüber, die der bzw. die Redaktoren nachweislich verarbeitet haben (Nr. 10, 58, 63, 64), so sind signifikante Unterschiede zu konstatieren.
Zunächst fällt die ganz andere thematische Gewichtung auf. Die rund 30 Druckseiten des deutschen Textes verteilen sich wie folgt auf die Einzelteile:

PROPORTIONEN DER EINZELTEILE DER DEUTSCHEN EHEPREDIGT

EINLEITUNG (1 1/2 Seiten):
dreierlei Leben führen ins Himmelreich (Ehe, Witwentum, *virginitas*)
HAUPTTEIL (ca. 28 Seiten)
I. Eheleute: 20 Seiten
1. Einleitung: ca. 1 Seite
2. rechtlich-formale Voraussetzungen einer Ehe (Ehehindernisse): 7 Seiten (1. Flügel)
3. rechtes Verhalten in der Ehe: ca. 12 Seiten (2. Flügel)
a. moralisch untadeliges Gesinde beschäftigen: nur 5 Zeilen
b. kein unrechtmäßiges Gut behalten: nur 3 Zeilen
c. einander Treue bewahren hinsichtlich des Besitzes, des Leibes und der Seele: 3 Seiten
d. sexuelle Mäßigung (5 Verbotszeiten): 3 1/2 Seiten
e. sexuelle Beherrschung im Ehebett: 4 1/2 Seiten
4. Zusammenfassung, auf 3 Arten von Eheleuten zugeschnitten: 1 Seite
II. Witwen: 6 Seiten
III. Jungfrauen: 2 Seiten

Es ist festzuhalten, daß es sich bei diesem Predigttext nicht um einen ›reinen‹ Ehetext handelt, sondern um eine Art ›Ständepredigt‹ für die drei *ordines* bzw. *status* »coniugati, viduae, virgines«. Dieser Aspekt kann für die Frage nach den Rezipienten bzw. Rezipientinnen relevant sein. Zweitens fällt auf, daß der Eheteil (I 3) zum größten Teil aus der Erörterung sexueller Verfehlungen bzw. sexueller Richtlinien besteht.[41]

Thema zu gewährleisten: Denn nun folgt eine Belehrung über Witwentum und Jungfräulichkeit, jeweils nach drei Qualitätsgruppen unterteilt.

41 Maria E. Müller, »Naturwesen Mann. Zur Dialektik von Herrschaft

Zieht man nun zum Vergleich diejenigen lateinischen Ehepredigten heran, die strukturell und inhaltlich am meisten die deutsche Redaktion bestimmt haben – *De Communi* 58 und 64 –, so stimmen zwar die umfangmäßigen Proportionen für die drei Stände in etwa überein, aber innerhalb des Eheteils stellen sich die Verhältnisse völlig anders dar. Die Ausführungen über rechtes sexuelles Verhalten in der Ehe bilden in den lateinischen Predigten einen nur geringen Bestandteil des Gesamttextes, während sie im deutschen Text dominieren.[42] Wie ist dies zu erklären?

Hinweise gibt die lateinische Textüberlieferung selbst: Dort werden die einschlägigen Stellen über die eheliche Sexualität stets mit der Mahnung an den Prediger eingeleitet, dieses heikle Thema sehr behutsam, vorsichtig anzugehen oder aber zu schweigen: »Hec [De mensura et disciplina] loquatur predicator caute vel taceat, ne ubi putet edificare, scandalizet« (»Über die sexuellen Verhaltensnormen soll der Prediger mit aller Vorsicht sprechen, damit er nicht, wo er zu erbauen meint, Anstoß errege«).[43] Wenig später warnt Berthold nochmals: »De disciplina vel taceat vel cautissime et *breviter* loquatur predicator, cum etiam ipsum solum nomen, videlicet nomen discipline, verbis coopertis proponi debeat« (»Über die sexuelle Disziplin soll der Prediger schweigen oder sehr behutsam und *kurz* sprechen. Ja

und Knechtschaft in Ehelehren der Frühen Neuzeit«, in: Heide Wunder/Christina Vanja (Hg.), *Wandel der Geschlechterbeziehungen zu Beginn der Neuzeit* (stw 913), Frankfurt am Main 1991, S. 43–68, hier S. 51, meint zu Recht, dieser Text »verfolgte insbesondere sexualpädagogische Anliegen«. Doch trifft dies eben nicht auf Berthold von Regensburg zu.

42 Ich stütze mich auf folgende Handschriften: Zitiert wird nach Fribourg/Schweiz, Franziskanerkloster (Couvent des Cordeliers) cod. 117, Bd. 2, fol. 61ra–70va (Sermones 160–164; es fehlen hier die Nr. 4 und 5 von *De Communi*); vgl. überdies Leipzig, UB cod. 498, fol. 4vb–6ra (*De Communi* 4 und 5), fol. 35^{v}–38^{r}, und München, Bayer. Staatsbibl. clm 2950, fol. 19^{r}–24^{r} (*De Sanctis* 17); München, Bayer. Staatsbibl. clm 7961, fol. 5vb–9ra (*De Communi* 4 und 5), fol. 90ra-92rb (*De Communi* 58), fol. 101rb–104rb (*De Communi* 63 und 64); Leipzig, UB cod. 496, fol. 33^{vc}–34vb (*De Communi* 63 und 64); Leipzig, UB cod. 497, fol. 192ra–194rb (*De Communi* 4 und 5).

43 *De Communi* 64 (Hs. Fribourg, fol. 70va).

sogar der bloße Name, der Begriff der sexuellen Beherrschung, muß mit verdeckten Worten vorgestellt werden«).[44] Im Gegensatz zu diesen Predigeranweisungen gefällt sich die deutsche Redaktion in der weitausholenden Thematisierung der ehelichen Sexualität, ja sie steht im Zentrum des Eheteils.

Als möglicher Erklärungsfaktor bietet sich die unterschiedliche Gebrauchsfunktion von lateinischem und volkssprachlichem Ehepredigttext an. Die lateinischen Predigten Bertholds sind auf die Vortragssituation, auf die Mündlichkeit, auf Öffentlichkeit hin konzipiert. Sie stellen ein homiletisches Hilfsmittel für die Predigtvorbereitung von Klerikern dar. Diesen ›Verbrauchern‹ gibt Berthold in seinen Predigtaufrissen Anweisungen für die Vortragssituation. In der anvisierten Kommunikationssituation, in der öffentlichen Kanzelpredigt vor der Gemeinde, war höchste Vorsicht geboten bei der Erörterung sexueller Probleme.

Daß das Anstößig-Skandalöse gerade im öffentlichen Aussprechen sexueller Aspekte gesehen wurde, lehrt uns Frater Ludovicus (Ende 13. Jh.). In einer Ehepredigt warnt er anläßlich einer einschlägigen Stelle (über die fleischliche Vereinigung in der Ehe) den Benutzer seines Textes, den potentiellen Prediger: »Hoc caute procedas, ne scandalizes propter audientes« (»Bringe dies behutsam vor, damit du nicht wegen derer, die zuhören, Anstoß erregst«).[45] Der Prediger Jacques de Vitry (gest. 1240) gibt ebenfalls in einem für eine Ehepredigt entworfenen Mustertext den Ratschlag, in einer Predigt solle nur sehr allgemein auf Ort, Zeit und Weise des ehelichen Verkehrs eingegangen werden: »Nec etiam ista exprimenda sunt in predicatione, sed generaliter dicendum est, quod locum, tempus, et modum conservare debent«.[46] Im 15. Jahrhundert weist der Prediger Jo-

44 Ebd.; ebenso in den Parallelhandschriften. Eine ähnliche Stelle findet sich in *De Sanctis* 17 (Fribourg, fol. 65ra: »Superdicta caute loquere, ne offendas«): Über luststeigerndes Sexualverhalten von Eheleuten soll der Prediger behutsam sprechen, um nicht Anstoß zu erregen.

45 Leipzig, UB cod. 719 (1. Hälfte 14. Jh.), fol. 119^{v}.

46 Jacques de Vitry, *1. Sermo ad coniugatos* (Paris, BN lat. 17509, fol. 136va); zitiert auch von David L. d'Avray/M. Tausche, »Marriage sermons in *Ad status* collections of the central middle ages«, in: *Archives d'histoire doctrinale et littéraire du moyen âge* 55 (1980), S. 71–119, S. 98. In einem weiteren Predigttext des 13. Jhs. heißt es: »In Predigten kann man darüber nicht sprechen« (»nec in sermonibus

hannes Herolt (1418) darauf hin, daß ein Prediger wegen der Schändlichkeit der Sache nicht über den widernatürlichen Verkehr sprechen könne.[47] In seinem Handbüchlein für Beichtväter geht Johannes Nider (ca. 1430) auf verschiedene Koitusarten ein, betont dann aber: »Wer über diese Materie öffentlich [*publice*] predigt, muß behutsam sein und darf nur allgemein darüber sprechen, keinesfalls vor dem Volke [*coram populo*] detailliert darüber reden, um nicht reine Ohren zu beflecken.«[48] In der Beichte durften sexuelle Aspekte des Ehelebens wohl eingehend traktiert werden, nicht jedoch in der öffentlichen Predigt. An den zitierten Stellen stoßen wir also auf die Konsequenzen der unterschiedlichen Kommunikationssituation von Predigt und Beichtgespräch, was die Thematisierung sexueller Aspekte betrifft. Im Mittelalter bestand eine Art Aufgabenverteilung zwischen den Beichtvätern und Predigern bzw. zwischen Bußsummen und Predigten insofern, als im Beichtgespräch, im nicht-öffentlichen Rahmen, ausführlich auf sexuelle Normen und Normverstöße eingegangen wurde, und damit die Predigten von dieser Thematik entlastet wurden.[49]

Aufgrund seiner umfänglichen Erörterung sexuellen Verhaltens in der Ehe stellt sich somit der deutsche Predigttext (Pseudo-)Bertholds in einen anderen Gebrauchskontext als die vergleichsweise herangezogenen lateinischen Ehepredigten Bertholds.

sunt dicendi«); dabei ist allerdings der sog. widernatürliche Koitus gemeint (Robert de Sorbonne, Ehepredigt »Honorabile coniugium«, hg. von B. Haureau, *Notices et extraits de quelques manuscrits latins de la Bibliothèque Nationale*, Bd. 1, Paris 1890, S. 188–202, S. 202).

47 Johannes Herolt, *Sermones discipuli*, a.a.O., Nr. 25 »Nuptiae factae sunt« (S. 145[a]: »ita quod predicator propter sui turpitudinem non audet tale nominare«).

48 Johannes Nider, *Praeceptorium divinae legis (Expositio decalogi)*, Reutlingen o. J. (Hain 11781), 6. Gebot, Kap. 2, Buchstabe G.

49 Josef Georg Ziegler, *Die Ehelehre der Pönitentialsummen von 1200–1350*, Regensburg 1956, S. 1. Man kann sich unschwer vorstellen, daß Autoren, die ohne Rücksicht auf Unterschiede von Texttypen bzw. allein auf der Basis der Bußsummen eine Geschichte der Sexualität schreiben, dem historischen Befund nur unzureichend gerecht werden; vgl. z. B. Jean-Louis Flandrin, *Un temps pour embrasser. Aux origines de la morale sexuelle occidentale (VIe-XIe siècle)*, Paris 1983; Günther Pallaver, *Das Ende der schamlosen Zeit. Die Verdrängung der Sexualität in der frühen Neuzeit am Beispiel Tirols*, Wien 1987.

Diese sind auf Mündlichkeit hin ausgerichtet, indem sie dem Kleriker immer wieder Anweisungen geben, wie er diese oder jene Passage in der Predigtsituation, d. h. im Moment des öffentlichen Predigens umzusetzen habe. Wir sprechen von einer intentionalen Mündlichkeit der überlieferten Predigttexte. So heißt es beispielsweise: »Sage dies ausführlich«, »sage dies mit wenigen Worten«, »erzähle hier die Historia von ...«.[50] Die lateinischen Sermones Bertholds richten sich also an die Zielgruppe der lateinisch gebildeten *clerici*, die von Amts wegen mit dem Predigen, das dann natürlich in der Volkssprache erfolgt, befaßt sind. Sie skizzieren manche Themen nur und überlassen die weitere Ausführung der Vortragssituation, der (volkssprachlichen) Mündlichkeit *post scriptum*. Aber sie nehmen mit ihren Gebrauchsanweisungen den intendierten Kanzelvortrag zum Teil vorweg.

Der deutsche Text hingegen vermittelt zwar, aufgrund seiner zahlreichen Mündlichkeitssignale (Anreden der Hörer, rhetorische Fragen, fingierte Dialoge), den Eindruck, er sei genau in dieser Form vorgetragen worden. Doch die deutschen Texte der Berthold-Überlieferung dienen – darin ist sich die Forschung heute einig – im Gegensatz zu den lateinischen Predigten Bertholds nicht dem Kanzelvortrag, nicht der Predigtvorbereitung, sondern der Lektüre.[51] Aus diesem Grunde sind sie ausformuliert, dem Muster einer ›gehaltenen‹ Predigt – mitsamt den Zei-

50 Anton E. Schönbach, *Studien zur Geschichte der altdeutschen Predigt, V: Die Überlieferung der Werke Bertholds von Regensburg*, Teil 2, Wien 1906 (Nachdruck Hildesheim 1968), S. 93–97; zu einem anderen, um 1300 entstandenen volkssprachlichen Predigtkorpus vgl. Hans-Jochen Schiewer, »Spuren von Mündlichkeit in mittelalterlichen Predigtüberlieferungen«, in: *editio* 6 (1992), S. 64–79, S. 70–72 und 75 f.

51 Der deutsche Ehetext (Pseudo-)Bertholds ist – im Gegensatz zu den lateinischen Ehepredigten – nicht in Predigtsammlungen, die dem Jahreszyklus der Sonntage und Festtage gemäß angeordnet sind, überliefert, sondern in Handschriften, die nach thematischen Gesichtspunkten angelegt sind. Die Funktion der lateinischen Predigten als eines homiletischen Hilfsmittels schlägt sich auch in der unterschiedlichen Überlieferung nieder. Den ca. 300 Handschriften mit lateinischen Berthold-Predigten stehen nur acht Haupthandschriften und ca. 20 Streuhandschriften mit deutschen Predigten des sog. Berthold gegenüber.

chen von Mündlichkeit – nachgestaltet. Sie richten sich an ein eigenes Publikum: nicht an *clerici*, sondern an deutschsprachige fromme Laien und an geistliche Frauen.[52] Die deutsche Redaktion der Ehepredigt ist als Lesetext konzipiert, zur Rezeption in einem privat-geschlossenen Rahmen gedacht und könnte als Traktat bezeichnet werden. So stehen wir vor dem – im Lichte der jüngsten Predigtforschung nicht mehr ganz so überraschenden – Ergebnis, daß die lateinischen Predigtaufrisse Bertholds der Mündlichkeit (dem Kanzelvortrag) näher stehen als die deutsche Bearbeitung[53], die eher als ein Produkt der Kultur der Schriftlichkeit zu verstehen ist.[54]

Ein weiterer Vergleichspunkt kann die Unterschiedlichkeit des jeweils anvisierten Publikums noch verschärfen helfen. An das Resultat, daß der *deutsche* Ehetext sehr viel ausführlicher als die *lateinischen* Ehepredigten die eheliche Sexualität thematisiert, kann sich die Gegenfrage anschließen, welche Probleme in den *lateinischen* Texten vorrangig behandelt und wie dort die Adressaten angesprochen werden. Vergleicht man daraufhin die sieben lateinischen Ehepredigten Bertholds, besonders aber die zwei lateinischen Hauptvorlagen Nr. 58 und 64 mit der deutschen Redaktion, so zeigen sich bedeutsame Unterschiede.

In der deutschen Predigtfassung werden die Eheleute nur zweimal angeredet: ganz am Anfang und ganz am Schluß des Eheteils (Pfeiffer, S. 310,19; 330,6). Dazwischen finden sich Ratschläge immer nur für eines der beiden Geschlechter: »Ir frouwen sult ez den mannen sagen« (ebd., S. 322, 37f.); »Ir man, ir sult ouch nihtes niht mere dar nach frâgen noch gereden«

52 Georg Steer, »Bettelorden-Predigt als ›Massenmedium‹«, in: Joachim Heinzle (Hg.), *Literarische Interessenbildung im Mittelalter (DFG-Symposion 1991)*, Stuttgart/Weimar 1994, S. 314–336, S. 326; D. L. D'Avray, *The preaching of the friars*, Oxford 1985, S. 92f.

53 V. Mertens, »B. von Regensburg«, a.a.O., Sp. 2035 vertritt die Auffassung, in den deutschen Predigten trete gegenüber den lateinischen Predigten die Schriftlichkeit zurück. Doch müßte man zumindest verschiedene Aspekte und Phänomene der Schriftlichkeit unterscheiden: z. B. Quellenzitate, intendierte Rezeption, Stil, Argumentation, Stoffverteilung u. a.

54 Zwar weist auch (Pseudo-)Berthold im deutschen Ehetext auf das Wagnis einer Thematisierung sexueller Probleme hin, ergeht sich dann aber doch in breiter Ausführlichkeit über das Thema.

(S. 323,8); »Und darumbe, ir frouwen, so hüetet iuch vor der winkelê« (S. 318,3); »Frouwe, so soltu ims benemen mit guoter rede« (S. 324,17). Lediglich in dem Abschnitt über den verantwortungsvollen, verläßlichen Umgang der Eheleute mit dem Besitz des Gatten wird eine Art Wechselbeziehung angedeutet. Dort heißt es zweimal: »was ich hier zu den Männern gesprochen habe, ist ebenso sehr von den Frauen zu beherzigen« (S. 319,24f.; 320,9f.). Doch auch hier werden dann die Aufgaben jeweils geschlechterspezifisch formuliert (die Männer sollen das Geld nicht mit anderen Frauen noch beim Spiel oder Zechen vergeuden; die Frauen sollen ihr Verlangen nach Schmuck und schönen Kleidern nicht mit Hilfe des Griffs in das Portemonnaie des Mannes befriedigen).

Im deutschen Text sind die Geschlechterrollen also klar verteilt, Frauen und Männer werden auf ihre spezifischen Aufgaben hin verpflichtet. An einer Stelle heißt es: »Ein Mann soll ein Mann sein, eine Frau soll eine Frau sein. Der Mann soll kämpfen, die Frauen spinnen (das Spinnrad drehen)« (S. 325f.). Wenn jeder Eheteil die ihm obliegenden Pflichten erfülle, so gelinge die Ehe, und beiden Eheleuten sei der himmlische Lohn gewiß.

In einer der beiden maßgeblichen Vorlagen für den deutschen Text, in der lateinischen Ehepredigt *De Communi* 58, werden drei Forderungen genannt, die Gott Mann und Frau für das Zusammenleben in der Ehe aufgegeben habe. Die beiden letzten sind uns von der deutschen Version her bekannt: Mäßigung und Beherrschung beim ehelichen Verkehr; in rechter Absicht diesen Akt vollziehen. Vom Redaktor des deutschen Textes jedoch nicht übernommen wurde der erste Aspekt, dessen Erörterung in der lateinischen Fassung sogar fast doppelt so umfangreich ausgefallen ist wie die Thematisierung der ehelichen Sexualität. Dieser Abschnitt ist mit dem programmatischen Satz eingeleitet: »Die erste Aufgabe besteht darin, daß die Eheleute friedfertig, geduldig und fürsorglich miteinander leben und daß sie sich gegenseitig gut behandeln« (»pacifice, patienter, caritative vivant et se bene invicem tractent«).[55] Dann garantiere das eheliche Leben ein »süßes, angenehmes, erfreuliches, himmlisches und engelhaftes Dasein« (»Et haec est vita dulcis, iocunda et delec-

55 *De Communi* 58 (Hs. Fribourg, fol. 65vb; Hs. München, fol. 91ra). Im folgenden genügt die Folioangabe der Fribourger Handschrift.

tabilis, caelestis et angelica«, ebd.). Beide Eheleute sollen für den Frieden im Haus sorgen. Diese gemeinsame Verantwortung schlägt sich in einer geschlechtsneutralen Aufforderung nieder: »Wenn einer der beiden Gatten bösartig, jähzornig, ungeduldig, giftig wie eine Schlange, von Zorn entbrannt wie ein Drache und bitter wie ein Teufel ist, dann muß der andere ihn geduldig ertragen«. Zwar wird kurz danach die Ehefrau auf die Duldung der Launen ihres Ehemannes verpflichtet (»sustine patienter, tace silenter«) – Gott habe ihr ja auch weichere Stimmen und eine kleinere Gestalt verliehen –, doch auch die unbestrittene Herrschaft des Mannes im Haus wird anschließend vehement in die Schranken verwiesen. Wenn sich die Männer als Tyrannen aufspielten, würden sie ewig in der Hölle büßen. Es gebe einige erbärmliche Figuren, die ihre Frauen schrecklich traktierten. Dafür drohe ihnen Verdammung. Eine Frau sei weder eine Schlange noch ein Frosch. Einige Ehemänner verwöhnten ihre Frauen, wenn sie nüchtern seien, und verprügelten sie, wenn schlecht gelaunt. Ihren eigenen Unmut kühlten sie an ihren guten Frauen. Außerhalb des Hauses gäben sie eine kümmerliche Figur ab, innerhalb des Hauses träten sie wie Löwen auf. So jemand sei ein grausamer Teufel, eine giftige Schlange, kein Ehegatte sondern ein ungerechter Folterer. Die Frau werde infolge ihrer Duldung eines solchen Ungetüms ewigen Lohn verdienen, der Mann aber ewige Qualen erleiden. Deshalb sollten auch die Männer ihre Frauen lieben und sie gut behandeln. Wie die Frauen sollten auch sie allfällige Mängel und Verfehlungen des Ehegefährten geduldig ertragen und auf Frieden bedacht sein. Dann werden fünf Gründe aufgezählt, deretwegen ein Mann seine Frau gut behandeln sollte.[56]

In diesem Abschnitt der lateinischen Predigt sind die Rollen nicht so eindeutig geschlechterspezifisch verteilt. Es ließe sich fast von einer ›Neutralisierung‹ traditioneller Geschlechterstereotypen sprechen. Bei beiden, Ehemann und Ehefrau, können charakterliche Mängel auftreten und den ehelichen Frieden gefährden; beide, Mann und Frau, sind dann aufgerufen, nachsichtig mit den Fehlern des anderen umzugehen. Keines der beiden Geschlechter kann einen überlegenen Standpunkt für sich beanspruchen, von dem aus das jeweils andere Geschlecht ein-

56 *De Communi* 58 (Fribourg, fol. 66^{ra-rb}).

seitig kritisiert werden könnte. Gegenseitige Rücksichtnahme und Geduld mit den Fehlern des anderen sind gefragt. Aus der wechselseitig guten Behandlung erst entsteht eine »vita dulcis, iocunda et delectabilis, celestis et angelica«. Hier werden Frau und Mann eher beide gemeinsam zu Adressaten als im deutschen Text.

Noch deutlicher kommt dies in einer anderen lateinischen Ehepredigt Bertholds zum Vorschein (*De Communi* 63). Dort werden sieben Kategorien von Eheleuten genannt, die kein gottgefälliges Eheleben führen. Als dritte Gruppe werden die Ehepaare aufgeführt, die in Streit, Neid, Haß und Zorn leben. Im Gegensatz zu einer frauenfeindlichen Perspektive, die für alle Unannehmlichkeiten dieser Welt die Frauen verantwortlich machen könnte, fehlt hier jegliche geschlechterspezifische Schuldzuweisung. Daß die Ehe nicht funktioniert, ist Resultat gemeinschaftlichen und gemeinsamen Versagens. Darin zeigt sich wieder eine Perspektive, die beide Eheleute in gleicher Weise in den Blick und in die Pflicht nimmt. Ich übersetze die Kernstelle: »Es gibt bestimmte Eheleute, die gute Treue, Frieden und Eintracht bewahren wie der Falke mit dem Huhn, wie der Wolf mit dem Hund, der Habicht mit der Taube, die Schlange mit dem Elefanten, die Schlange mit dem Menschen, die Vögel mit der Eule, die Störche mit den Fröschen [...]. Wenn ihr beide in der Schuld seid, dann seid ihr beide verdammt [...]. Es gibt bestimmte Eheleute, die sind wie zwei Hähne. Sofort, wenn sie zusammenkommen, gehen sie aufeinander los und kämpfen gratis miteinander, weder um eine Burg, noch um einen Acker. So auch diese Eheleute. Ja sie sind noch streitsüchtiger als die Hähne. Denn diese lernen wenigstens nach einer gewissen Zeit des Zusammenlebens, friedfertig zusammenzubleiben. Jene aber schaffen dies nach acht oder zehn Jahren nicht [...]. Es müßte einer der Ehegatten dem anderen weichen [»Deberet unus coniugum alteri cedere«], und wer mehr nachgäbe, würde im Himmel bei Gott und auf Erden bei den Menschen besser aufgenommen.«[57]

Aus diesen Sätzen spricht die Einsicht in die Notwendigkeit gegenseitiger Rücksichtnahme, Geduld und Nachsicht in der Ehe. Das Nachgeben ist nicht einseitig dem einen oder dem

57 *De Communi* 63 (Fribourg, fol. 68^{ra-rb}).

anderen Geschlecht vorgeschrieben. Deshalb darf man hier von einer Perpektive sprechen, die beide Geschlechter zusammensieht, sie als eine Einheit begreift und sie auch gemeinsam anspricht.

Während die deutsche Predigtfassung den Eheleuten geschlechterspezifische Aufgaben zuweist und sie auch meist getrennt anspricht (»Ihr Männer«, »ihr Frauen«), zielen die lateinischen Ehepredigten Bertholds an einzelnen Stellen auf beide Eheleute zugleich, weil sie in gleicher Weise für das Gelingen der Ehe verantwortlich gemacht werden.[58]

Wenn es richtig ist, daß in der deutschen Fassung die Eheleute eher als Einzelpersonen, in den lateinischen Ehepredigten eher als eine Gemeinschaft gesehen werden, so könnte dies in Zusammenhang gebracht werden mit unterschiedlichen Gebrauchsfunktionen der beiden Textbereiche. Es ist denkbar, daß die lateinischen Predigtaufrisse Bertholds, direkt auf die Umsetzung in den Kanzelvortrag zielend, Ehemann und Ehefrau zugleich ansprechen und deren gemeinschaftliche Verantwortung für eine funktionierende Ehe betonen, während die deutsche Redaktion, als Lesetext konzipiert, eher mit einer nach Geschlechtern getrennten Rezeption rechnet.[59] Jedenfalls dürfte deutlich geworden sein, daß die deutsche Ehepredigt (Ps.-)Bertholds von Regensburg nach Funktion (Lesepredigt) und Inhalt (Geschlechtermodell) einen Sondertyp der mittelalterlichen Ehepredigtliteratur darstellt und kaum als paradigmatisches Beispiel für den damaligen theologisch-kirchlichen Ehediskurs in Anspruch genommen werden kann.

58 Im ›Übergangsabschnitt‹ zwischen Ehe- und Witwenteil wird zwar auch im deutschen Text auf rechtes Verhalten im Ehealltag eingegangen, dabei aber doch wieder nur der Mann aufgefordert, die Frau nicht zu streng zu behandeln (Pfeiffer, S. 329, 22–38). Im Abschnitt über die Witwen wird den Frauen die Empfehlung gegeben, ihre Männer gut zu behandeln (S. 330,33–331,6).

59 Ein ähnlicher Befund begegnet in den Ehekapiteln von Ulrichs von Pottenstein katechetischer Summe, wo die Aspekte ehelichen Zusammenlebens weitgehend ausgespart bleiben und Männer und Frauen stets getrennt angesprochen werden. Zu diesem Text vgl. den Beitrag von Helmut Puff in diesem Band.

Aufschlußreich für die Einschätzung des spätmittelalterlichen und frühneuzeitlichen Ehediskurses – soweit er uns in den Ehepredigten faßbar ist – dürfte der Umstand sein, daß ausgerechnet die Partien, die Bertholds lateinische Predigtaufrisse über die Ehe gegenüber dem redigierten deutschen Text auszeichnen, später weiterwirken.[60] Auch in der Relationierung der beiden Aspekte ›ehelicher Sexualität‹ und ›ehelicher emotionaler Harmonie‹ folgen die meisten Ehepredigten des 15. Jahrhunderts eher den lateinischen Ehepredigten Bertholds als der deutschen Bearbeitung eines Redaktors. So hat beispielsweise Pelbartus von Themesvar (gest. 1504) in einer seiner drei Ehepredigten, die sogar noch in der Druckfassung die Verkündigungssituation und zugleich ihre Funktion als Mittel zur Predigtvorbereitung durchscheinen lassen, dem rechten Miteinander im Ehealltag genau so viel Aufmerksamkeit geschenkt wie den möglichen sexuellen Verfehlungen im Ehebett.[61] Nach der allegorischen Auslegung von Joh. 2 (Erörterung der geistlichen Ehe: zwischen Gott und Maria bzw. den Menschen; Erörterung der Ehe mit dem Teufel) geht der lateinische Predigttext zur Belehrung der Laien (»pro informatione simplicium«) auf die dem Verfasser offensichtlich wichtigsten Punkte rechten bzw. falschen Ehelebens ein. Zunächst wird gefragt, ob die Ehe ein Sakrament des neuen Gesetzes sei, was bejaht wird. Die der Ehe neu verliehene Gnade entschuldige den ehelichen Akt. Der restliche Teil befaßt sich allein mit der Frage, warum so viele Eheleute in Streit miteinander lebten, wo doch die Ehe ein großes Sakrament sei. Folgerichtig seien Christus und Maria hier nicht anwesend. Gott wohne im Frieden, in Zwietracht nur der Teufel. Wehe, wie viele Leute gebe es, die ihr Brot in Streit äßen, so wie die Katze

60 Die Kenntnis der lateinischen Berthold-Predigten würde manches Quellenproblem deutscher Ehetexte lösen helfen. Doch dazu an anderer Stelle mehr. Hier mag der Hinweis genügen, daß der Vergleich zweier Eheleute mit streitenden Tierpaaren Eingang gefunden hat in eine (lat.) Ehepredigt des Frater Ludovicus (Ende 13. Jh.), in *Ein püechel von der regel der heyligen ee* (Anfang 15. Jh.) und in *Sermo de matrimonio deutsch* (2. Hälfte 15. Jh.).

61 Pelbartus, *Sermones*, Hagenau 1498 (Hain 12551), Nr. 25: »Nuptiae factae sunt«.

mit dem Hund! Einige entschuldigten sich selbst mit dem Satz »Es ist nicht meine Schuld«. Gewiß müsse, wenn einer der beiden Eheleute jähzornig sei, der andere Geduld aufbringen und freundliche Worte finden. Alle Mühsal, die er erleide, müsse er geduldig annehmen und Gott für seine Sünden darbringen. So werde er gereinigt. Die Antwort auf die eingangs gestellte Frage lautet dann: Gott schicke solche Streitigkeiten als gerechte Strafe für zahlreiche Sünden, die die Eheleute bei der Eheschließung begangen hätten. Es schließt sich dann eine Erläuterung dieser (sieben) Sünden an: Man dürfe nicht wegen der sexuellen Lust heiraten; nicht heimlich eine Ehe schließen; nicht sofort nach der Hochzeit den Koitus begehren; nicht einen Gefährten heiraten, der nach Alter, Herkunft und Besitz sich völlig unterscheide; die kirchlich festgesetzten Ehehindernisse nicht mißachten; nach einem bereits gegebenen Heiratsversprechen nicht nochmals heiraten; ein vor der Eheschließung gegebenes Keuschheitsgelübde nicht brechen; unrecht erlangtes Gut nicht behalten. Der Text schließt mit zwei Exempla über Heimsuchungen von unrecht verheirateten Personen.

Auch diese Ehepredigt formuliert keine geschlechterspezifischen Verhaltensanweisungen bzw. Schuldzuweisungen, sondern sieht die Eheleute als ein Paar, das eventuell auftretende Unstimmigkeiten gemeinsam bewältigen muß. Der eine Eheteil muß ein Fehlverhalten des anderen entsprechend ausgleichen. Ob Mann oder Frau, beide sind aufgerufen, Maßnahmen zu ergreifen, um den Konflikt zu lösen. Weder die Frau noch der Mann werden auf eigene, besondere Verhaltensmuster verpflichtet. Zweitens ist bemerkenswert, daß die Thematisierung der ehelichen Sexualität nicht dominiert, sondern sogar dem Thema ›ehelicher Streit‹ untergeordnet wird. Eheliche Sexualität wird nur als mögliche Ursache ehelicher Zwietracht zum diskursiven Gegenstand. Pelbarts Ehepredigt könnte man die Ehepredigten von Johannes Herolt (1418) und Gottschalk Hollen (1470) an die Seite stellen, die sich ebenso allein der Frage widmen, warum es so oft zu Streit in der Ehe kommt. Verhaltensstrategien zur Lösung von Konflikten werden beiden Geschlechtern gegeben, wobei das Motto lautet: »Helft einander«.[62]

62 Joh. Herolt, *Sermones*, a.a.O., Nr. 25: »Nuptiae factae sunt«; Gottschalk Hollen, *Sermones*, a.a.O., Nr. 46: »Pax Christi exultet«.

Ausführlich widmet sich auch Meffret (1449) der emotionalen Harmonie in der Ehe, diesmal aber nicht in der Form eines ›Sündenregisters‹, sondern einiger Soll-Vorschriften, deren Befolgung Liebe in der Ehe (»amor, dilectio, concordia«) gewährleiste.[63] Nach der allegorischen Auslegung einer naturwissenschaftlichen Beobachtung auf die Eheleute hin – Gold und Silber fänden zu keiner unauflöslichen Einheit, solange noch Staub, Luft und Feuchtigkeit zwischen ihnen vorhanden seien – werden die Evangelistenworte über die Hochzeit zu Kana (Joh. 2) auf vier Aspekte hin ausgedeutet, die die notwendige Voraussetzung für jede Ehe bilden sollen: die Öffentlichkeit der Eheschließung; die Harmonie in der Ehe (»concordia animorum«); die Schamhaftigkeit der Eheleute beim ehelichen Akt (er soll der Zeugung, der Vermeidung von Unzucht dienen und nicht gegen die kirchlich verordneten Verbotszeiten verstoßen); die Sorge für die Armen und Bedürftigen. Neben dem ersten Aspekt nehmen die praktischen Anweisungen zur Herstellung von emotionaler Harmonie den größten Raum ein. Zunächst werden die Voraussetzungen einer solchen Harmonie genannt, dann die praktische Durchführung in der Ehe erläutert. Um ein harmonisches Eheleben zu erreichen, bedürfe es zweier Überlegungen bei der Wahl der Braut. Man (Mann) müsse erstens eine wohlgesittete, gute und eine in den Lebensgewohnheiten übereinstimmende Frau suchen. (Bei der Suche nach der geeigneten Frau solle man eingehend die betreffenden Eltern betrachten. Denn deren Verhalten gebe Aufschluß über das künftige Verhalten der jungen Frau). Eine solche Frau werde nicht widerspenstig sein und den Mann nicht in Unruhe versetzen. Dies sei ein Zeichen der Liebe (»signum dilectionis«). Die Gleichheit der Sitten sei ebenfalls ein Zeichen der Liebe und eine Wurzel der Freundschaft (»radix amicitiae«), wie Aristoteles im 8. und 9. Buch der Ethik ausgeführt habe: Gleich und gleich geselle sich gern. Ungleichheit der Lebensgewohnheiten führten dagegen zu Zwietracht und Feindschaft (als Quelle wird angegeben [Pseudo-]Aristoteles, Oeconomia I). Man solle also nicht auf Schönheit oder Reichtum einer Frau schauen, sondern auf ihr Auftreten. Zweitens müsse man eine Frau wählen, die auch nach

63 Meffret, *Hortulus reginae*, a.a.O., Alph. MH-MO (S. 130–136: »Nuptiae factae sunt«).

Alter, Herkunft und Besitz zu einem passe. Allzu große Ungleichheit in diesen drei Punkten führten zu Streit, was wiederum Ursache dafür sei, daß sich die Eheleute nicht die Treue hielten (dies wird zitiert nach Aegidius Romanus, *De regimine principum* II 1,12). Gott habe Eva aus der Seite Adams geschaffen, um anzuzeigen, daß keiner sich gegenüber dem anderen rühme, er sei von vornehmerem Geschlecht. Eva sei weder als Herrin, noch als Magd, sondern als »socia« (Gefährtin) Adam beigegeben worden. Nun folgt die praktische Anleitung für das eheliche Zusammenleben. Nachdem die Männer gute und zu ihnen nach Sitte, Alter und Herkunft passende Frauen gewählt haben, müßten sie diese nach dem Vorbild der Vögel lieben, bei denen die Männchen für die Weibchen ihr Leben wagten. Damit aber die Frauen von ihren Männern geliebt würden, schuldeten sie ihnen fünf Dinge: Liebe (»dilectio«); eheliche Treue (»fides thori«); heilige Furcht (»timor sanctus«); unterwürfigen Gehorsam (»subiectiva obedientia«); sanften, nicht barschen Umgangston (»mollis responsio«). Aufgabe der Männer sei es, ihre Frauen zu lieben und ihnen nicht zur Last zu fallen. Allzu heftige Liebe sei aber in der Ehe zu vermeiden.[64] Zweitens müßten sie nach Art der Vögel für ihre Frauen kämpfen und sich Gefahren aussetzen. Diesen geschlechterspezifischen Anweisungen schließt sich ein Abschnitt an, der beiden Eheleute eine gemeinsame, wechselseitige Aufgabe zuordnet: Die Ehegatten hätten sich gegenseitig zu schützen, nicht nur gegen geistliche Vergehen, sondern auch gegen Untugenden und unehrenhafte Handlungen (gemäß Chrysostomus, *Super Matthaeum*). Dies habe so zu geschehen, daß einer den anderen, der ein schlechtes Leben führe, zurechtweise und verbessere. Eine Frau mit schlechtem Lebenswandel müsse von ihrem Mann auf dreifache Weise gezüchtigt werden (durch Belehrung, Schmähung, körperliche Züchtigung). Erst bei mangelndem Erfolg solle jeweils die nächste Stufe beschritten werden. Eine Frau habe ihren Ehemann, falls er ein lasterhaftes Leben führe, auf vier Arten zu korrigieren (durch Ermahnungen, Schelten, Anrufen der Kirchenoberen, Gebete zu Gott).

In dieser Ehepredigt Meffrets besitzt die Thematisierung ehelicher Harmonie absoluten Vorrang vor der Erörterung sexueller

64 Hier wird der *adulter uxoris*-Topos zitiert.

Verfehlungen, so wie sie in theologischen Summen, in Sentenzenkommentaren oder in Bußsummen anzutreffen ist.[65] Wie diese Harmonie dann ausgemalt wird, unterscheidet sich kaum von Predigten des 16. Jahrhunderts. Zwischen Mann und Frau soll in der Ehe eine Freundschaft bestehen, die auf der Gleichheit von Alter, Besitz und Herkunft beruhe. Demzufolge hat die Frau nicht Magd, sondern Gefährtin des Mannes zu sein. Dennoch wird vom Primat des Mannes nicht abgegangen. Seine eheliche Liebe hat der Mann im fürsorglichen Schutz für die Gattin zu beweisen, die Frau in Liebe und Gehorsam. Beide aber tragen Verantwortung für den rechten Lebenswandel des anderen.

IV

Von Entwicklungen des Geschlechterdiskurses zwischen dem 13. und 16. Jahrhundert sprechen zu wollen, wäre angesichts der eingangs skizzierten Defizite der Geschlechterforschung vermessen. Deshalb steht am Ende dieser kleinen Studie keine These über etwaige Verschiebungen in der diskursiven Relationierung von ehelicher Sexualität und ehelicher Emotionalität. Es kam hier eher darauf an zu zeigen, daß wir es innerhalb dieses Zeitraums (13. bis 16. Jahrhundert) mit unterschiedlichen Diskursivierungen der Ehe zu tun haben. Aufgrund ihrer seelsorgerlichen Funktion entwirft die Predigt – in Mittelalter und Früher Neuzeit – ein anderes Bild vom Miteinander der Geschlechter als etwa theologische Summen und Sentenzenkommentare. Aber auch innerhalb dieser Textsorte ist nochmals zu differenzieren zwischen Lesepredigt und Kanzelvortrag. Ehepredigttexte, die für die letztere Kommunikationssituation konzipiert sind, erschöpfen sich nicht in der Erörterung (verdächtigter) ehelicher Sexualität oder in der Aufzählung kirchenrechtlicher Ehequästionen, sondern wenden sich sehr wohl anderen Aspekten ehelichen Zusammenlebens zu.[66] Dabei war besonders auf den

65 Natürlich sind Meffrets gelehrte Hinweise auf Aristoteles und Aegidius Romanus in der Kanzelpredigt nicht rezipiert worden. Diese Quellenbelege dienen ausschließlich der Belehrung des Klerikerkollegen.

66 Mittelalterlicher Ehediskurs ist nicht nur Sexualitätsdiskurs. Es gibt

Aspekt der gemeinsamen Verantwortung für das Gelingen einer Ehe einzugehen. Folgt man der Terminologie der Prediger, so begegnen wir sogar dem Konzept von ehelicher ›Freundschaft‹. Mir scheint jedenfalls, daß die Begriffe ›subsidiär‹ bzw. ›komplementär‹ wenig hilfreich sind für die Beschreibung der in den Ehepredigten konstruierten Funktionen und Rollen der Ehefrauen.[67] Das in den spätmittelalterlichen und frühneuzeitlichen Ehepredigten vorherrschende Geschlechtermodell bringt eine bairische Predigtsammlung des späten 13. Jahrhunderts auf den Punkt, wenn sie die Voraussetzung für eine rechte Ehe benennt: »Jeder der beiden Eheleute muß sich von seinem freien Willen trennen; jeder begibt sich in die Gewalt des anderen: Der Mann muß tun, was die Frau will, so muß auch die Frau tun, was der Mann will. Also müssen sie sich um der Ehe willen scheiden vom freien Willen, den sie ehedem gehabt haben, als sie zum Tanz oder zum Spiel gegangen sind oder mit anderen Vergnügungen sich beschäftigt haben.«[68] Von Hierarchie in der Ehe ist hier nicht die Rede. Der pragmatische Ehediskurs der Predigten entwirft andere Mann/Frau-Relationierungen als der dogmatisch-spekulative Geschlechterdiskurs der theologischen Summen und Sentenzenkommentare.[69] In dieser volkssprachlichen Ehepredigt, die noch in der schriftlichen Überlieferung viel von der Verkündigungssituation der Kanzelpredigt bewahrt hat, wird ebenfalls kaum und dann nur in andeutend-umschreiben-

sogar (lateinische und volkssprachliche) Ehepredigten des 13. Jahrhunderts, die sich kaum mit der ehelichen Sexualität befassen (u. a. Peregrinus, André de Caro Loco).

67 Die Frauen werden hier auch weder idealisiert wie im Minnesang noch verleumdet wie in zahlreichen klerikalen literarischen Ergüssen, sondern eher in einer nüchternen Mittellage präsentiert – genauso wie die (Ehe-)Männer.

68 Nürnberg, Germanisches Nationalmuseum Hs. 4953 [frühes 14. Jh.], fol. 5v (Predigt über Joh. 2): »daz ier etwederz von seinem vreiem muͤt schaidet vnd chert in des andern gewalt: der man muͤz tuͤn swaz daz weib wil, so muͤz auch daz weib tuͤn swaz der man wil. Also muͤzen sev durch der chonschaft willen schaiden von vreiem muͤt, den si gehabt habent, ez sei mit tanze oder mit spil oder mit andern vppigen dingen, da si mit vm gangen sint.«

69 Zum Ehediskurs gehört die Auffassung von der wechselseitigen Willfährigkeit (*obsequium mutuum*) der Eheleute.

den Formulierungen von möglichen sexuellen Verfehlungen in der Ehe gesprochen.
Die Geschichte der Geschlechterprojektionen, so wie sie uns in Texten der Vergangenheit entgegentritt, ist von Faktoren abhängig, die nicht direkt mit der je nach Jahrhundert anderen sozialen Realität der Geschlechter zusammenhängen: zum Beispiel davon, ob öffentlich (in der Predigt) oder im intim-privaten Bereich (in der Beichte) über die Ehe gesprochen wird; davon, ob ein Text für den öffentlichen Vortrag oder für die Privatlektüre konzipiert war; davon, ob beide Geschlechter oder nur eines angeredet wird; davon, ob seelsorgerlich oder gelehrt-wissenschaftlich über das Verhältnis der Geschlechter gesprochen wird; davon, ob lateinisch oder volkssprachlich kommuniziert wird; davon, ob ein elitär-gebildetes Publikum oder das ›Volk‹ (der ›gemeine Mann‹) angeredet wird. Diese Differenzierungen (der Gebrauchsfunktion von Texten), die sich oft quer stellen zu sozialgeschichtlichen Entwicklungsmodellen, sollten künftig stärker Beachtung finden bei denen, die eine Geschlechtergeschichte zu schreiben versuchen. Vielleicht kann so die Vergangenheit doch noch zu einem lehrreichen, wenn auch irritierenden Spiegel der Gegenwart werden.

Helmut Puff

»Allen menschen nuczlichen«

Publikum, Gebrauchsfunktion und Aussagen zur Ehe bei Ulrich von Pottenstein

I

Schenkt man einer Fazetie aus der Feder Augustin Tüngers Glauben, so kamen Priester, die sich mit misogynen Aussagen hervortaten, keineswegs immer ungestraft davon. Von einem Dorfpriester aus der Nähe von Straßburg erzählt Tünger beispielsweise folgendes: Dieser habe zunächst die dortigen Ehemänner ob ihrer Völlerei und der daraus resultierenden Gewalttätigkeit gegenüber ihren Ehefrauen kritisiert. Daraufhin beschuldigten die Ehemänner ihrerseits den Priester, Unfrieden unter Eheleuten zu stiften, woraufhin dieser sich entschloß – nota bene –, sich wieder mit den männlichen Dorfbewohnern zu versöhnen, indem er in einer nächsten Predigt die Frauen ob ihrer Schlecksucht anklagte, also die Frauen genau an dem Punkt geißelte, an dem zuvor die Männer der Kritik unterzogen worden waren. Dies sollte ihm nicht gut bekommen: »Hiemit er schuoff, das im die wyber also vynd wurden, das sy tag und nacht die man wider in raitzten, also berlich, das er hie mit bezwungen ward, sich von dem selben ort ze endern.«[1] Wenigstens in der antiklerikalen Fiktion eines Humanisten konnte männlich-klerikale Misogynie, wurde sie auf der Kanzel laut, heftige Gegenreaktionen hervorrufen.

Dem Wiener Prediger und Autor der folgenden Sentenz, Ulrich von Pottenstein, scheint es da freilich, soweit bekannt, anders gegangen zu sein: »Es ist pesser vnd mer sicherr zu wonen mit ainem posen manne denn mit ainem guten vnd schönen weibe«, heißt es in seiner katechetischen Summe (um 1400) im Kapitel über den Ehestand.[2] Ulrich von Pottenstein zur Ehe – oder: Was

1 Adalbert von Keller (Hg.), *Augustin Tüngers Facetiae*, Tübingen 1874, S. 69f., 145f., Zitat S. 145.

2 Wien, Österreichische Nationalbibliothek, Hs. 3050, fol. 334va. Folio-

hat ein misogyner Spruch wie der eben zitierte in einem katechetischen Ehekompendium zu suchen? Wer mit einer Lektüre von Ulrichs katechetischem Stück über die Ehe beginnt, wird nicht nur wegen solcher Spruchweisheiten überrascht sein. Es ist das Bild der drei Stände, das des Pottensteiners ›Ehekatechese‹ zusammenhält. Unter der Überschrift Ehesakrament werden in Kapitel 38 seiner katechetischen Summe zunächst Jungfrauen- und Witwenstand behandelt, erst im Kapitel 39 folgt der dritte, eheliche Stand. Die Thematisierung der Ehe, die im Zusammenhang der Sakramentenlehre allein notwendig wäre, zieht bei Ulrich wie bei Berthold von Regensburg, bei Marquard von Lindau und Nikolaus von Dinkelsbühl den Dreiständetopos nach sich.[3] Die Ehe ist also nicht das einzige Thema, wenn das Thema Ehe angekündigt wird. Die Ehe thematisiert vielmehr den heiklen Zusammenhang von Sexualität und Keuschheit für beide Geschlechter, und die in puncto Keuschheit überlegenen Stände der Jungfrauen und Witwen kommen ebenfalls zur Sprache.

Selbst Kapitel 39, das ganz dem Ehestand gewidmet ist, handelt nicht allein von der Ehe. Eine Übersicht über den Inhalt zeigt, daß fast die Hälfte dieses Kapitels nur eines der beiden Geschlechter literarisch in den Blick rückt: die guten und die schlechten Frauen im bezeichnenden Umfangsverhältnis 1:4,

Angaben beziehen sich im folgenden, soweit nicht anders angegeben, auf diesen Kodex. Handschriftenbeschreibung bei Hermann Menhardt, *Verzeichnis der altdeutschen literarischen Handschriften der Österreichischen Nationalbibliothek*, Bd. 2, Berlin 1961, S. 843 und Gabriele Baptist-Hlawatsch, *Das katechetische Werk Ulrichs von Pottenstein*, Tübingen 1980, S. 13–20. Eine Edition derjenigen Kapitel aus Ulrichs Kompendium, die sich mit Ehe und Sexualität befassen – das sind Kapitel 38, 39 und 61 des Gesamtwerks –, wird vom Verfasser vorbereitet (zusammen mit den von Ulrich verwendeten Quellen). Die Publikation *Ulrich von Pottenstein: Dekalog-Auslegung. Das erste Gebot. Text und Quellen* (hg. von G. Baptist-Hlawatsch, Tübingen 1995) konnte in diesem Beitrag keine Berücksichtigung mehr finden.

3 Franz Pfeiffer (Hg.), *Berthold von Regensburg. Vollständige Ausgabe seiner Predigten*, Bd. 1, Berlin 1965, S. 309–338; Jacobus Willem van Maren (Hg.), *Marquard von Lindau: Die zehe Gebot (Straßburg 1516 und 1520)*, Amsterdam 1980, S. 68–81, 110; Nikolaus von Dinkelsbühl, *De vitiis et virtutibus dt.*, Bayerische Staatsbibliothek München, cgm 248, fol. 180ra ff.

zwei Folioblätter für die guten, acht für die schlechten. Frauen sind einerseits »daz gesleͣchte, in dem alle erczney verporgen leyt wider alles v̈bel« und andererseits »laitet« sie »ain geitichait czu allem übel«.[4] Bei der Behandlung der bösen Frauen scheint den Autor die obsessive Lust am Text und am Thema zu überwältigen. Er breitet die misogyne Stelle im Buch des Glaubenswissens unverhältnismäßig aus, ohne sie durch Misandrie zu spiegeln: »Es ist pesser vnd mer sicherr zu wonen mit ainem posen manne denn mit ainem guten vnd schönen weibe.« Das Skandalon dieser Stelle besteht ja gerade in der Aufgabe von Differenzierungen zwischen guten und bösen Frauen: jede Form der Geschlechtergemeinschaft wird als problematisch hingestellt. Während Ehe an eine Geschlechterperspektive denken läßt, die Mann *und* Frau meint – und genau in diesem Sinn argumentiert Ulrich von Pottenstein zu Anfang von Kapitel 39 –, werden die beiden Geschlechter in Ulrichs Ehekapitel partienweise auseinanderdividiert.

Der skizzierte Befund eines Nebeneinanders disparater Geschlechterkonzepte in einem Werk soll nicht als literarisches Faktum hingenommen oder mit dem Hinweis auf den Kompilationscharakter von Ulrichs Schrift abgetan werden. Auch soll die Kommunikationssituation eines Redens an den Mann und über die Frau nicht zu einer Grundbedingung des Ehediskurses im Spätmittelalter erhoben werden, zu einer Grundbedingung, die dann nicht mehr in Frage gestellt werden muß. Gegenbeispiele aus der lateinischen wie aus der deutschen Literatur – Dionysius van Rijkel (Dionysius Cartusianus) oder Marcus von Weida beispielsweise[5] – belegen eindrücklich, daß das mittelalterliche Reden über die Ehe nicht mit einem Reden an den Mann und über die Frau identisch ist. Ja, Gegenbeispiele finden sich bei Ulrich von Pottenstein selbst. Die durch das Zitat ausgelöste Irritation soll jedoch zum Ausgangspunkt meiner Überlegungen gemacht werden. Sie soll die Suche nach jenen textuellen Bedingungsfaktoren in Gang setzen, welche die umrissene androzen-

4 Ulrich von Pottenstein, fol. 331rb, 338ra.

5 Anthony van der Lee (Hg.), *Marcus von Weida: Spigell des ehlichen ordens*, Assen 1972; Hans-Günther Gruber, *Christliches Eheverständnis im 15. Jahrhundert. Eine moralgeschichtliche Untersuchung zur Ehelehre Dionysius' des Kartäusers*, Regensburg 1989.

trische Kommunikationssituation bedingen, wechselnde Blickweisen auf die Ehe ermöglichen und die inhaltliche Wendung vom Ehesakrament zur Fraueninvektive erklären.
Hierbei werden zwei Fährten verfolgt: die Frage nach dem Texttyp, die Informationen zu Werk und Autor einschließt (II), sowie die Frage nach dem Publikum bzw. der Gebrauchssituation (III).

II

Ulrichs Auslegungen des Paternoster, des Ave Maria, des Credo – in diesem dritten Teil des Gesamtwerks stehen die Ehekapitel – und seine Auslegung des Dekalogs markieren innerhalb der volkssprachlichen katechetischen Literatur einen Extremfall.[6] Zwar knüpft auch Ulrich wie andere Schriftkatecheten um eines klaren Gesamtaufbaus willen an die bekannten, für alle Christen verbindlichen Glaubensstücke an, aber bei Ulrichs Katechismus handelt es sich um eine Großstruktur von insgesamt, rechnete man den auf verschiedene Handschriften verteilten Text zusammen, ca. 2400 Folioseiten, welche mit höchst disparatem Material aufgefüllt werden. Andere deutschsprachige Katechismusstücke des 15. Jahrhunderts geben sich mit einem weit geringeren Umfang zufrieden.
Die jeweils unikal aus dem 15. Jahrhundert überlieferten Ehelehren beispielsweise, *Ein püechel von der regel der heyligen ee*[7] und *Von dem sacrament der ee*[8], oder der weitverbreitete *Sermo de matrimonio dt.*[9] bieten lesefähigen Laien theologisches Minimalwissen

6 Baptist-Hlawatsch, a.a.O., S. 5 u. ö.; Dieter Harmening, »Katechismusliteratur. Grundlagen religiöser Laienbildung im Spätmittelalter«, in: Norbert Richard Wolf (Hg.), *Wissensorganisierende und wissensvermittelnde Literatur im Mittelalter*, Wiesbaden 1987, S. 93, 95, 100f.

7 Michael Dallapiazza (Hg.), in: *Zeitschrift für deutsches Altertum und deutsche Literatur* 112 (1983), S. 266–292.

8 Michael Dallapiazza (Hg.), *Eine schwäbische Ehelehre des 15. Jahrhunderts*, in: *Beiträge zur Geschichte der deutschen Sprache und Literatur* 106 (1984), S. 75–84.

9 Anonymus, *Von dem Eelichen stadt* [Augsburg, ca. 1515]; vgl. Gerd Brinkhus, *Eine bayerische Fürstenspiegelkompilation des 15. Jahrhunderts. Untersuchungen und Textausgabe*, München 1978, S. 122–130; Teilab-

in memnotechnisch effizient angelegten Strukturen. Ulrichs *summum opus* steht dahingegen schon vom Umfang her der theologischen Literatur lateinischer Sprache näher: Im autornahen Codex Vindobonensis 3050 umfaßt der Eheteil 32 zweispaltig beschriebene Folioblätter. Mit Quaestionen, in denen Pro und Contra diskutiert wird, mit eingeschobenen Kommentaren erinnert Ulrichs Kompendium an den scholastischen Lehrbetrieb. Dabei ist dem Autor, der sich in der Vorrede als Kompilator[10] vorstellt, bewußt, daß seine Ehe-Katechese nur einen Ausschnitt aus dem ihm zur Verfügung stehenden gesamten theologischen Wissen zur Ehe bietet:

»Von der heiligen konschafft [= Ehe] wer̊ uil czu sagen, daz besunderleich die juristen an gehöret [...] Dar emphilich ich den juristen, wann die [...] chünnen daz verrichten.«[11]

Nach der zitierten Selbsteinschätzung fehlt im großen und ganzen die kanonistische Ehelehre. Was bleibt von dieser »matery von der konschafft nach armem synne«[12], ist, gemessen an anderen volkssprachlichen Texten des 14. und 15. Jahrhunderts, dennoch beträchtlich.

Beides, der erhebliche Textumfang und die enge Anbindung der volkssprachlichen an die gelehrte Literatur, ist für die Produktionen aus dem Wiener Literaturzentrum charakteristisch, in dessen Milieu Ulrichs katechetische Summe um 1400 entstand. Mit Heinrich von Langenstein (1325–1397), Leopold Stainreuter (um 1340–um 1400), Nikolaus von Dinkelsbühl (um 1360–1433), Thomas Peuntner (um 1390–1439) und Thomas Ebendorfer (1388–1464) sind einige der bedeutendsten Namen aus diesem Übersetzerkreis und einige der am besten überlieferten Autoren des Spätmittelalters genannt. Hinter dem aus der Musikgeschichte geborgten Terminus ›Wiener Schule‹, der sich auf das Wien des ausgehenden 14. und beginnenden 15. Jahrhunderts

druck bei Michael Dallapiazza (Hg.), *Wie ein Mann ein fromm Weib machen soll. Mittelalterliche Lehren über Ehe und Haushalt*, Frankfurt am Main 1984, S. 97–106; Gerd Brinkhus, Art. »Sermo de matrimonio (deutsch)«, in: *Die deutsche Literatur des Mittelalters. Verfasserlexikon*, 2. Aufl., hg. von Kurt Ruh, Bd. 8, Berlin 1992, Sp. 1106–1108.

10 Baptist-Hlawatsch, a.a.O., S. 145 (Vorrede).

11 fol. 345[ra/b].

12 fol. 345rb.

bezieht, steht eine literaturgeschichtlich folgenreiche, geradezu einmalige intellektuelle Konstellation: eine reforminteressierte Geistlichkeit; die Universität Wien, die sich eine Generation nach ihrer Gründung als eine außerordentlich vitale akademische Hochburg etabliert hat; die rege Förderung eben dieser Universität durch die Herzöge von Österreich Albrecht III., Albrecht IV., Albrecht V.; und schließlich ein ausgeprägtes literarisches Interesse auf seiten des hohen Adels und Wiener Stadtpatriziats an religiöser Erbauungsliteratur, einem volkssprachlichen Literaturtyp, der seit ca. 1370 an Verbreitung und Bedeutung gewinnt. Ulrich von Pottenstein ist dieser Interessenskonstellation mehrfach verbunden: als Hofkaplan und Inhaber landesherrlicher Pfründe bewegt er sich im Umkreis des Wiener Hofs, als Kanonikar an St. Stephan steht er der Universität nahe – denn das Domkapitel wird zu einem Drittel von Universitätsmitgliedern beschickt.[13] Diese enge Verschränkung von Hof, Universität und Klerus, mithin von Gelehrten, Klerikern und Repräsentanten der politischen Führungsschicht Österreichs, hat einer literarischen Bewegung Profil verliehen, auf die die Transposition gelehrten Wissens in die Volkssprache einen starken Reiz ausübte.

Ganz wie es dem angedeuteten Profil des Literaturzentrums Wien entspricht, transponiert Ulrich in seinem summenartigen Werk denn auch eine lateinische Buchstruktur auf einen volks-

13 Hans Rupprich, *Das Wiener Schrifttum des ausgehenden Mittelalters*, Wien 1954, S. 149–171 (Sitzungsberichte der Österr. Akademie der Wiss., phil.-hist. Kl., Bd. 228,5); P. Egino Weidenhiller, *Untersuchungen zur deutschsprachigen katechetischen Literatur des späten Mittelalters. Nach den Handschriften der Bayerischen Staatsbibliothek*, München 1965, S. 206–210; Thomas Hohmann, *Heinrichs von Langenstein ›Unterscheidung der Geister‹ lateinisch und deutsch. Texte und Untersuchungen zur Übersetzungsliteratur aus der Wiener Schule*, München 1977, S. 257–276; ders., »›Die recht gelerten maister‹. Bemerkungen zur Übersetzungsliteratur der Wiener Schule des Spätmittelalters«, in: Herbert Zeman (Hg.), *Die österreichische Literatur. Ihr Profil von den Anfängen im Mittelalter bis ins 18. Jahrhundert (1050–1750)*, Teil 1, Graz 1986, S. 349–365; Baptist-Hlawatsch, a.a.O., S. 1–10; Bernhard Schnell, *Thomas Peuntner, ›Büchlein von der Liebhabung Gottes‹. Edition und Untersuchung*, München 1984, S. 1–11; Ulrike Bodemann, *Die Cyrillusfabeln und ihre deutsche Übersetzung durch Ulrich von Pottenstein*, München 1988, S. 3–5.

sprachlichen Text. Sein Werk ist Handbuch und Nachschlagewerk, nicht Lesebuch im Sinn einer fortlaufenden Lektüre. Es kommt dem Autor auf den genauen thematischen Zugriff an. Aus diesem Grund sollte jede Handschrift mit einem ausführlichen Register ausgestattet werden, das in unserer Handschrift sogar Raum für weitere Eintragungen ließ.[14] Nach dem Muster von Erschließungshilfen, wie sie in der theologisch-scholastischen Literaturpraxis in Frankreich im 13. Jahrhundert entwikkelt wurden, führt das Register zur entsprechenden Systemstelle im Buch des katechetischen Wissens.[15] Jeder Registereintrag bringt unter einem alphabetisch angeordneten zweisprachigen Lemma – zuerst lateinisch, danach deutsch – verschiedene Themen. Wer an Geschlechterfragen interessiert ist, könnte beispielsweise »mulier«, zu deutsch »weyb«, nachschlagen, um dort ca. 16 Eintragungen zu finden, darunter etwa »Weib die sind chriegsam. Sie geben pösen rat. Si machen lispund red, si sind dreistig vnd vndanchnem. Auch wirdet der alten veteln nicht vergessen.« Zum Vergleich: unter »vir – man« stehen ganze zwei Verweise, zum Beispiel »Mannes poshait vnd vbeltun ist uil pesser denn aines weibes woltun«; unter »matrimonium« immerhin 17.[16] Das Auffinden der jeweiligen Stellen wird mittels Kapitelangabe und außerdem mit Hilfe eines sogenannten Tafelbuchstabens innerhalb des jeweiligen Kapitels ermöglicht, der dann als Marginalie im Codex wieder auftaucht. Damit auch der selbständige, in der akademischen Theologie ungeübte Benutzer dieses Procedere zu bewerkstelligen vermag, ist das Suchverfahren mit pragmatischer Ausdrücklichkeit in der Vorrede beschrieben.[17] Die eben beschriebene Aneignungsform charakterisiert dabei zugleich einen Texttyp, den des Wissenskompendiums.

Für eine volkssprachliche Summa dieses monumentalen Umfangs, lateinischen Zuschnitts und katechetischen Inhalts gibt es weder Vorläufer noch Nachfolger. Ein textsortenhistorischer

14 Vgl. Baptist-Hlawatsch, a.a.O., S. 209–322.

15 Richard H. Rouse/Mary A. Rouse, *Preachers, Florilegia and Sermons. Studies on the ›Manipulus florum‹ of Thomas of Ireland*, Toronto 1979, S. 11–23, 26–42, 118ff.

16 Vgl. Baptist-Hlawatsch, a.a.O., S. 277, 316, 273f.

17 Baptist-Hlawatsch, a.a.O., S. 147–149 (Vorrede).

Zugang verweist vielmehr auf die Singularität von Ulrichs literarischem Konzept, das nur im Kontext der Wiener Übersetzungsliteratur um 1400 verständlich wird. Wo vergleichbare Texte fehlen, kann jedoch die Rekonstruktion der Arbeitsweise und der verwendeten lateinischen Quellen Vergleichspunkte liefern, um Ulrichs literarisches Verfahren näher zu kennzeichnen. Denn dieses Verfahren hat Konsequenzen für die Konzeption der Geschlechterrollen.

Bei Ulrichs katechetischer Summe handelt es sich um eine fast schülerhaft-eifrige Montage aus mehreren lateinischen Vorlagen. Sie gleicht weniger dem berühmten ausgeschütteten Zettelkasten als einem – in seinen eigenen Worten – ›Zusammenklauben‹, bei dem der Autor-Kompilator aus wenigen und selbst summenhaft angelegten Werken der lateinischen Theologie Textbausteine entlehnt, montageartig zusammenstückelt und in die Volkssprache überträgt – ohne die Hauptquellen zu nennen. Beim Übersetzen lateinischer Textbausteine folgt Ulrich weitgehend seinen wechselnden Vorlagen. Die vorlagentreue Umsetzung der einzelnen Quellen aus der Gelehrtensprache in den »gemainen lauf dewtscher sprach nach des lanndes gewonhait«[18] läßt eine durchgängige Umformungsabsicht immerhin insofern erkennbar werden, als den Benutzern zusätzliche Erklärungen in Form von Paraphrasen angeboten werden (»vmbred«[19]), vor allem für biblisch-theologische Zitate. So zum Beispiel stellt das mehrfach zitierte »Es ist pesser ...« die syntaktische Paraphrase von Jesus Sirach 42, 14 dar: »melior est iniquitas viri quam benefaciens mulier« (»die Ungerechtigkeit eines Mannes ist besser als eine wohltätige Frau«). Derartige paraphrasierende Zusätze des Autors werden häufig mit der feststehenden Formel »recht als ob er sprḗch« markiert und damit von Autoritäten- und Bibelzitaten abgegrenzt. Explizierende Mutationen der Vorlagen entsprechen einem in der Vorrede programmatisch skizzierten Übersetzungsstil, welcher den Akzent auf verständliche Vermittlung von Wissen (»den gemainen lauf dewtscher sprach nach des lanndes gewonhait«) anstelle einer Nobilitierung des Deutschen durch Angleichung ans Lateinische legt (»aygnew dewtsch«), mit der gewichtigen Einschränkung,

18 Baptist-Hlawatsch, a.a.O., S. 146 (Vorrede).
19 Ebd.

daß die »vmbred« den Sinn der Vorlage nicht verfälschen dürfe.[20]

Trotz dieses Äquivalenzgebots manipuliert die Paraphrase unvermeidlich den Sinn des Ausgangstexts, was sich beispielsweise an der eingangs zitierten Sentenz besonders eindrücklich verdeutlichen läßt. Die Transformation des Jesus-Sirach-Zitats »Wann aines mannes poshait ist pesser denn ain weib, die wol tut« (in der Übersetzung Ulrichs von Pottenstein)[21] zur erklärenden Satzparaphrase »Es ist pesser vnd mer sicherr zu wonen mit ainem posen manne denn mit ainem guten vnd schönen weibe« führt Veränderungen auf mehreren Ebenen ein: Das biblische Ausgangszitat wird in einen Handlungszusammenhang eingebunden; die Umsetzung scheint sich an einen Mann, gleichsam als Ratschlag, zu richten; sie engt den Spruch aus Jesus Sirach zudem auf eine Alltagssituation ein, das Zusammenleben der Geschlechter (von »wonen« war bei Jesus Sirach nicht die Rede); zugleich wird das Akzidens »benefaciens« in die generalisierende Zuschreibung der »guten vnd schönen weibe« verwandelt.

Die Textbausteine formieren sich in diesem enzyklopädieartigen Typ von Wissensliteratur jedoch zu keiner glatten Einheit, trotz dieser durchgängigen Erklärungsabsicht. Die Problematik des Patchwork-Prinzips zeigt sich insbesondere an Vernetzungsstellen. Die Verschachtelung mehrerer Übersetzungsvorlagen, etwa im Themenbereich ›Wahl der Ehefrau‹ (Kapitel 39, Tafelbuchstabe E), weist zum einen auf die bewußte Formgestaltung des Kompilators hin, zum anderen aber auf zahlreiche Bruchstellen. Die grundsätzlich geforderte Gottesorientierung des Heiratswilligen bei Komplex 1 ›Wie soll ein Mann die Ehe beginnen?‹ – entnommen aus Guilelmus Peraldus' *Summa de vitiis et virtutibus* (vor 1249) – führt zum Wechsel zur zweiten Quelle, die auch in einer Ehepredigt Meffrets von Meißen (1. Hälfte 15. Jahrhundert) herangezogen wurde, wo es um die wahren Kriterien einer Wahl der Heiratspartnerin geht (keine vorschnelle Wahl; nicht äußerliche Schönheit, Reichtum oder sexuelle Lust); schließlich zum Verhalten des Mannes in der Ehe – aus Robert Holcots († 1349) *Praelectiones in librum Sapientiae.* Ließen sich diese The-

20 Ebd.
21 fol. 334va.

menkomplexe noch inhaltlich fugenlos verknüpfen, so zeigt die sprachlich-strukturelle Verzahnung im Detail Brüche. Textmarkierungen lassen die textlichen Neuansätze weiterhin erkennen. Ein moderner ästhetischer Anspruch auf Textkohärenz liegt fern. Zusammengehalten werden die Komplexe – neben der inhaltlichen Abfolge ›Wahl der Heiratspartnerin‹, ›Heirat‹ und ›Verhalten in der Ehe‹ – vor allem durch die Kommunikationssituation: Direktiven des Autor-Ich an den Ehemann bzw. den künftigen Ehemann.

Wie der Aufbau Brüche zu erkennen gibt, so fehlt ebenso sprachlich-stilistische Konsistenz. Die Frauenschelte bringt als einzige Partie ausführlich erzählte Exempla, darunter die populäre »Witwe von Ephesus« (zuerst bei Petronius).[22] Bei den frommen Frauen hieß es zuvor summarisch: »Der pyspel [= Exempla] mochte man uil eintragen. Die lasse ich vnderwegen [= beiseite].«[23] Eine ausgreifende Tiermetaphorik kommt bei der Fraueninvektive zu der Wasser-Feuer-Bildlichkeit hinzu, welche die guten und die bösen Frauen zusammenbindet: Die guten Frauen werden mit dem Wasser verglichen, die bösen mit dem Feuer, aber zusätzlich mit der Schlange, dem Drachen oder dem »sinnlichen Bären«. Insgesamt findet sich im Frauentadel eine stärkere Anhäufung mit farbig-kräftigen Stil-, Vortrags- und Erzählmitteln, die aus Ulrichs wichtigster Vorlage an dieser Stelle – Robert Holcots *Praelectiones* – stammen, diese aber zugleich wesentlich intensivieren.

Neben inhaltlicher und stilistischer Inkohärenz sind aber vor allem die Konsequenzen des Texttyps Wissenskompendium für die Darlegung der Geschlechterrelation zu bedenken. Innerhalb von Ulrichs katechetischer Summe lassen sich verschiedene Beschreibungsperspektiven der Ehe benennen:

- Ehe als »Verbindung zweier Personen verschiedenen Geschlechts« – in den Worten Immanuel Kants – »zum lebenswierigen wechselseitigen Besitz ihrer Geschlechtseigenschaften«.[24] Diese aus der Kanonistik gespeiste Perspektive auf die

22 Vgl. Gerlinde Huber, *Das Motiv der ›Witwe von Ephesus‹ in lateinischen Texten der Antike und des Mittelalters*, Tübingen 1990.

23 fol. 332va.

24 »Metaphysik der Sitten«, in: *Immanuel Kants Werke*, Bd. 7, hg. von Benzion Kellermann, Berlin 1922, S. 81.

Ehe bestimmt die definitorische Grundlegung zu Beginn des einschlägigen Kapitels 39: »Gebet ẏedem sein schuld, wann an dem sein sẏ pede geleich vnd aines dem andern vndertenig, wie wol der man an andern dingen vorgeet, wann er ist des weibes haubt.«[25] Bei der Befriedigung sexueller Bedürfnisse und in der Verpflichtung lebenslanger Treue kommt eine spiegelbildliche Wechselseitigkeit der Geschlechter in den Blick, wie sie für die kanonistische Eheauffassung charakteristisch ist – andere Lebensbereiche werden von dieser Geschlechterkongruenz nicht berührt.

- Die Ehe als auf Tugend gegründete dauerhafte Gemeinschaft von Mann und Frau: »Aber si ist seltsam [= selten], wann der tugentreichen ist nicht uil vnd die liebe bedarff langer czeit vnd langer mitwonung vnd bewe͛rung der siten.«[26] Durch eine lateinische Quelle vermittelt, rezipiert Ulrich an dieser Stelle die Nikomachische Ethik, wobei der Begriff der *amicitia* [= Freundschaft], um den es bei Aristoteles geht, mit »lieb« wiedergegeben ist. Die Deutung dieses Ehebilds als partnerschaftlich-freundschaftliche *societas* von Mann und Frau, bei der die Hierarchie der Geschlechter zumindest aus dem Blick gerät, wird jedoch durch den Kontext unterminiert: Die Stelle ist in eine allein an den Mann gerichtete Aufforderung eingebettet, dieser möge seine Ehefrau nach dem Kriterium moralischer Bonität auswählen.
- Die Ehe wird demnach auch als hierarchische Institution konzipiert, in welcher der Ehemann handelt – er heiratet, läßt sich scheiden usw. – und die Frau als Objekt des Handelns vorkommt, eine pragmatisch-handlungsorientierte und in der Realisierung durch Ulrich androzentrische Perspektive.
- In Relation zu den anderen beiden Ständen, Jungfräulichkeit und Witwentum, gilt die Ehe wiederum als eine nur mit Vorbehalten zu empfehlende Institution. Aus moraltheologischer Perspektive gibt es überlegene Lebensformen, zu denen die Erbauungsliteratur vom Typ der katechetischen Summe anhalten will. Der Dreiständetopos – Jungfrauen, Verheiratete, Witwen – beinhaltet nämlich zugleich eine Hierarchie und damit eine Relativierung der ehelichen Lebensform durch den

25 fol. 327ra.
26 fol. 329vb.

Verweis auf andere. Die drei Stände stehen nur insofern auf einer Stufe, als sie alle, bei Einhaltung der ihnen auferlegten Regeln, zur Seligkeit führen. Der Lohn der Jungfräulichkeit wird im Gefolge von Hieronymus, Beda und der theologischen Tradition mehr als zweimal höher veranschlagt als der Lohn der Eheleute.[27]

– Nicht mehr im eigentlichen Sinn von der Institution Ehe ist die Rede, wenn die eheliche Gemeinschaft auf das Zusammenleben der beiden Geschlechter reduziert wird. Mit der vermeintlich so besonderen ›Natur‹ der Frau wird eine solche Gemeinschaft vor allem als problematisch beschrieben.

Eine einheitliche Sicht auf die Geschlechter und die Ehe läßt sich auf der Ebene der Interpretation nicht herstellen. Eine kohärente Ehekonzeption, eine bestimmte Konzeption der Geschlechterrollen oder ein bestimmtes Frauenbild bietet Ulrichs von Pottenstein katechetische Summe nicht. Zitate können außerhalb ihres Kontextes nicht für den Autor oder ein bestimmtes Ehebild dieses Autors einstehen. Trotz oder gerade wegen eines schier undurchdringlichen Textlabyrinths von ca. 1200 Folioblättern ist die Autorposition in der katechetischen Summe nur äußerst schwach konturiert. Seine Ehekatechese ist vielmehr Auffangbecken einer Vielzahl von Strömungen des mittelalterlichen Ehediskurses. Dabei stellt dieser Text keinen Metadiskurs, keinen Diskurs über den Diskurs dar: Seine katechetische Summe ist rezeptiv, nicht reflexiv angelegt. Wie nähert man sich solcher Kompilationsliteratur? Wie können die darin vorkommenden Widersprüche und Brüche verstanden werden?

Der Verweis auf Ulrichs Quellenabhängigkeit befriedigt bei der Beantwortung dieser Fragen nicht, weil dann die aus der Forschung geläufige Frage nach einem Ehe- und Frauenbild lediglich auf den Kompilationscharakter verlagert würde, wo doch die Kompilation und ihre Gebrauchsfunktion erklärt werden müßte. Schließlich liegt der kreative Spielraum des Autor-Kompilators gerade in einer großangelegten Struktur begründet und damit in der Möglichkeit, auf einzelne toposhafte Punkte ausführlich einzugehen, ja, wie schon für die Frauenschelte angedeutet, manche geradezu ›breitzutreten‹. Meine Offerte für eine Antwort lautet daher, von der Aufzählung inhaltlicher Positio-

27 fol. 317vb, 319vb, 323ra, 324rb u. ö.

nen abzugehen – eine solche Beschreibung war als erster Analyseschritt unumgänglich – und sich Funktionalisierungsangeboten innerhalb des Textes zuzuwenden. Ein zweiter textueller Bestimmungsfaktor sei also nach dem Texttyp herangezogen: Publikum und Kommunikationssituation von Ulrichs Schriftkatechese. Mit Publikum ist im folgenden zunächst das vom Autor konstruierte textimmanente Publikum gemeint, nicht die Kategorie der Rezeption im Sinn historisch nachweisbarer Rezipienten.

III

Ulrichs Reden über die Ehe tendiert zu einem Reden an den Mann und über die Frau. Schon die Wahl des Dreiständetopos hat zur Folge, daß vor allem Frauen zum Thema seines Ehekatechismus werden. Zwar schließt der Jungfrauenstand explizit Männer mit ein, aber die katechetische Durchführung setzt vornehmlich Jungfrauen und Witwen, kaum jedoch unverheiratete Männer zur didaktischen Illustration ein. So besitzen etwa die Verhaltensdirektiven an männliche Leser, wie sie sich in der Ehe verhalten sollen, kein Pendant bei den Frauen, wie das in anderen katechetisch-religiösen Schriften deutscher und lateinischer Sprache häufig anzutreffen ist.[28] Das scheinbar geschlechtsneutrale, unspezifisch predigthafte »du«, mit dem der Autor-Katechet mahnend und auffordernd in seiner Erbauungsschrift kommuniziert (»Nu merkche«, »Du keczer«, »Hastu nu gehöret«, »pite got«, »Nu volge meiner lere, du leser der schrifft«, »da sage ich dir«[29]), ist häufig, wie der Kontext klarstellt, männlichen Geschlechts. Nur selten wird eine Frau unmittelbar angeredet (»du witib«[30]).

Ulrich verstärkt damit eine Kommunikationssituation, wie sie oftmals bereits in den zitierten biblischen Stellen angelegt ist,

28 Z. B. in den oben zitierten Texten *Ein püechel* oder *Sermo de matrimonio dt.*, aber auch bei Konrad von Megenberg (*Yconomica*), Dietrich Engelhus, Dionysius Cartusianus (*De doctrina et regulis vitae Christianorum*) u. a.

29 fol. 326ra, 326va, 326vb, 327va, 328ra, 331ra, 333vb u. ö.

30 fol. 324vb.

wie sie durch die theologischen Autoritäten bekräftigt und wie sie ihm von seinen direkten Vorlagen nahegelegt wird, eine Kommunikationssituation, die erst durch ihn selbst vollends volkssprachlich-predigthaft ausgestaltet wird, mit Hilfe von adressatenorientierten Kommunikationssignalen und eines schriftliterarisch konstruierten Sprechduktus. Anders gesagt, der Autor wendet sich primär an männliche Buchleser.
Übergänge zwischen den Textblöcken von Ulrichs Kompilation, bei denen jeweils eine Quelle in eine andere überführt wird, geben dabei in besonderer Weise Auskunft über Autor- und Kompilationsinteresse. So auch dort, wo das Lob der guten in die Schelte der bösen Frauen übergeht:

»Hat man gehöret etwas czu lob den guten weÿben jst pilleichen, daz des vnlobes der pösen weibe nicht vergessen werde.«[31]

Das rechte Maß in der Beurteilung führt demnach zur Wende von den guten zu den schlechten Frauen. Doch schon zuvor, innerhalb der durch Initialen und Registerbuchstaben gekennzeichneten Texteinheit zur *laudatio feminarum* bricht die Negativierung der Frau auf:

»Seyd nů so uil tugenten an weiben leyt, daz sich doch ain vngelerter icht czu snelle verschiesse czu heyraten, dauon ist im ain lere czu hören.«[32]

Die generalisierende Frauenschelte – hier sogar in der Abteilung Frauenlob – wird didaktisch funktionalisiert, und zwar für die Heiratswilligen: die Heirat des Mannes, sie soll wohlüberlegt sein. Doch bleibt es nicht bei dieser Funktionalisierung für die »vngelerten« Laien. Die an dieser Stelle zitierten ›Notabilia‹ aus einer Schrift Hugos von Sankt Viktor (in Wirklichkeit Hugos von Folieto) an einen Freund über die Unvereinbarkeit von Gelehrtendasein und Verheiratetenstatus führen von den »vngelerten« in das Milieu der lateinisch Gebildeten und Kleriker.[33] Die von Ulrich selten verwandten lateinischen Sprachelemente, darunter eine längere lateinische Sentenz[34], akzentuieren diese Hinwendung zu einem anderen Publikum als den ›Ungelehrten‹:

31 fol. 333rb.
32 fol. 333ra.
33 fol. $333^{ra/b}$.
34 fol. 333rb.

»Nu volge meiner lere, du leser der schrifft, vnd bewar dich vestichleich vor gemainschafft der weibe, wann ir lust ist groz vnd hat chain ende.«[35]

Mit dem »leser der schrifft« ist nicht der Leser von Ulrichs Katechismus bezeichnet. Wenn der Katechismus gemeint ist, wird dieser üblicherweise »pu(e)ch« genannt. An der zitierten Stelle wird der Leser der heiligen Schrift angesprochen, der Kleriker. Dies festzuhalten, ist um so wichtiger als dieser Satz zwischen zwei Exzerpten aus Robert Holcots *Praelectiones* eingefügt wurde, folglich von Ulrich selbst stammt und nicht aus einer der von ihm ausgewerteten Quellen. Die im Rahmen der Fraueninvektive zweimal wiederholte Anrede an »vns phaffen«[36] macht neben der Auswahl der Exempla – sie beziehen sich auf Kleriker – deutlich, daß die wortreiche Eloge gegen die bösen Frauen, die sich passagenweise geradezu zu einem antifeministischen Pamphlet ausweitet, nicht nur dem klerikalen Diskurs entstammt, nicht nur aus dem Klerus ihre Exempla bezieht, sondern sich vor allem an Kleriker als Leser richtet. Der didaktischen Funktion für ein klerikales Publikum entsprechend wird die Warnung vor den bösen Frauen an dieser Stelle bezeichnenderweise zu einer generellen Warnung vor allen Frauen erweitert.

Der auf Verständlichkeit und auf die »frumen vnd verstanden layen«[37] zielende Übersetzungsstil, wie er in der Vorrede erläutert wird, läßt somit keinen eindeutigen Rückschluß auf die Rezipienten und die beabsichtigte Gebrauchssituation dieses Werks zu. Grundsätzlich kommen, wie die jüngere Forschung zeigen konnte, Kleriker ebenso wie gebildete Laien als Adressaten religiöser Literatur deutscher Sprache in Frage.[38] Die Wahl der Sprache präjudiziert also nicht einen bestimmten, laikal ein-

35 fol. 333vb.

36 fol. 334vb. Wir-Formulierungen beziehen sich des öfteren auf die Geistlichkeit, vgl. Gerold Hayer, *Ulrich von Pottenstein (ca. 1360–1420): Paternoster-Auslegung*, Diss. Salzburg 1972, S. 12, 122, 368 u. ö.

37 Baptist-Hlawatsch, a.a.O., S. 145 (Vorrede).

38 Georg Steer, *Hugo Ripelin von Straßburg. Zur Rezeptions- und Wirkungsgeschichte des ›Compendium theologicae veritatis‹ im deutschen Spätmittelalter*, Tübingen 1981, S. 458.

grenzbaren Rezipientenkreis. Kleriker, Weltgeistliche und Priester, die das Glaubenswissen an Laien weiterzugeben hatten, sind neben volkssprachlich gebildeten Laien die zweite Hauptbenutzergruppe, an die sich auch Ulrich mit seinem Kompendium wendet. Den Seelsorgern gibt Ulrich von Pottenstein ein deutschsprachiges Vademecum mit auf den Weg ihrer Praxis: »Vnd wie die sechs gesloz [der Keuschheit] so ring gewegen werden von den grozen gelerten, yedoch so scholten si alle halteͣr wissen, die da sein aͤrczte der sele.«[39] Aus der Priestertätigkeit eines Weltgeistlichen ist Ulrichs Katechismus erwachsen – Predigten sind beispielsweise eingearbeitet[40] –, und er konnte genau in diese Praxis wieder eingebracht werden. Für die katechetische Summe Ulrichs von Pottenstein hat insgesamt der irritierende Befund zu gelten, daß beide, »gelerte« und »vngelerte«, niederer Klerus und eine volkssprachlich gebildete Laienschicht, einander als Publikum nicht ausschließen, sondern, zumindest intentional, mit einem Werk gemeinsam versorgt werden sollten: »es sein pfaffen oder laien, wann wir reden von ainem iedem christen«.[41] Ein solchermaßen konturiertes, Kleriker und Laien umfassendes Publikumsspektrum begegnet im Umkreis der ›Wiener Schule‹ und ihrer Erbauungsliteratur häufig.[42] Die weite Adressierung an die »heiligen kirchen *vnd* die frumen vnd verstanden layen«[43] wurde jedoch in der germanistischen Forschung bisher zwar oft zitiert, aber in ihrer Bedeutung für unser Textverständnis fast völlig übersehen. Viele Partien, nicht nur im Eheteil,

39 fol. 341ra. Vgl. Baptist-Hlawatsch, a.a.O., S. 146 (Vorrede): »wann daz puch vnd die lere die darinnen begriffen sein, schicken sich gemainchleich wie man die lere predigen schülle vor dem volkche.«

40 Friedrich Ranke, »Ulrich von Pottenstein«, in: *Die deutsche Literatur des Mittelalters. Verfasserlexikon*, hg. von Wolfgang Stammler/Karl Langosch, Berlin 1943, Bd. 3, Sp. 919, 921.

41 Hayer, a.a.O., S. 316, 318; fol. 315ra: »Daz du gelerter vnd vngelerter wissest ...« Erbauungsliteratur tendiert generell dazu, alle Christen als ein Publikum zusammenzusehen, vgl. Hayer, a.a.O., S. 11, 125, 301.

42 Hohmann, *Heinrichs von Langenstein ›Unterscheidung‹*, a.a.O., S. 271; ders., »Die recht gelerten maister«, a.a.O., S. 359; Schnell, a.a.O., S. 238–250.

43 Baptist-Hlawatsch, a.a.O., S. 145 (Vorrede).

müssen schlichtweg sinnlos bleiben, wenn man diese Mehrfachadressierung nicht in Rechnung stellt.[44]

Kleriker und »frumme vnd verstanden laien« werden in Ulrichs volkssprachlicher Summa jedoch nicht zu einer einheitlichen Lesergruppe zusammengebunden. Vielmehr können die angesprochenen Gruppen von Partie zu Partie wechseln. Beide können angesprochen sein, aber auch die eine oder die andere. So werden die misogynen Passagen zweifach funktionalisiert, einmal als Abschreckung heiratswilliger Laien vor überstürzter Heirat, zweitens als an Kleriker gerichtete generelle Warnung vor den Listen der Frauen.

Berthold von Regensburg hatte demgegenüber in einer lateinischen Predigt bei der Übernahme frauenfeindlicher Stellen aus den biblischen Büchern der Lehrweisheit in die (wohl volkssprachliche) Predigt zur Vorsicht gemahnt – ein Caveat, wie es ähnlich im *Malleus malleficarum* formuliert wird.[45] Bei der schriftliterarischen Laienunterweisung vom Typus volkssprachliche katechetische Summe entfallen jedoch mögliche unmittelbare Reaktionen von Hörerinnen oder Hörern und damit eine Barriere zur Integration misogyner Stimmen. Der klerikal-gelehrte Diskurs der Misogynie und Misogamie dringt mit Ulrichs Vorlagentreue, mit der Sprecherposition des männlichen Klerikers und einer spezifisch auf den Klerus zielenden Kommunikationssituation ungehindert in dieses für »die heylige kirche vnd die frumen [...] verstanden laien« konzipierte Werk ein. Eine Reaktion des Publikums, wie in der anfangs zitierten Predigt, war ausgeschlossen.

In diesem Zusammenhang erhalten Hinweise zur historisch nachweisbaren Rezeption der katechetischen Summe eine Bedeutung, wie sie Gabriele Baptist-Hlawatsch anführt, ohne diese

44 Vgl. dagegen Baptist-Hlawatsch, a.a.O., S. 2, 72, aber auch S. 53, 55; Harmening, a.a.O., S. 101 u. ö.

45 Nach der Sermones-Handschrift Fribourg/CH, Couvent des Cordeliers, cod. 117, Bd. 2, fol. 63[va/b]: »Nota hic caute loquendum ne scandalizes«; Richard Koebner, »Die Eheauffassung des ausgehenden Mittelalters«, Archiv für Kulturgeschichte 9 (1911/1912), S. 316; Margaret Schleissner, »A Fifteenth-Century Physician's Attitude Toward Sexuality. Dr. Johann Hartlieb's *Secreta Mulierum* Translation«, in: Joyce E. Salisbury (Hg.), *Sex in the Middle Ages*, New York 1991, S. 113.

Belege in ihre Interpretation einfließen zu lassen.[46] Einerseits haben geistliche Benutzer aus dem Wiener Schottenkloster in unserem Wiener Codex handschriftliche Eintragungen hinterlassen. Mit anderen Worten, nachdem der Wiener Bürger Johannes Konstorffer, in dessen Besitz die Handschrift sich ursprünglich befand, sein Exemplar an das Schottenstift vermachte, wurde Ulrichs Katechismus weiter ausgewertet (die beiden Hände stammen wahrscheinlich noch aus dem 15. Jahrhundert). Andererseits sprechen Besitznachweise und Textgeschichten bei wenigen Handschriften und Handschriftenfragmenten von vornherein für Klosterbesitz. Die nachweisbare Rezeption entspricht also in ihrer Streuung auf Bürger und Klöster genau dem beabsichtigten Publikumskreis.

Wie wichtig die Kategorie Publikum für die Analyse religiös-theologischer Texte zur Ehe ist, zeigt sich bei einem anderen, weit berühmteren Vertreter der ›Wiener Schule‹, Nikolaus von Dinkelsbühl. Seine *Lectura Mellicensis*, eine im Stift Melk in den Jahren 1421–24 gehaltene Vorlesung über das vierte Sentenzenbuch, sparte das vom »maister« Petrus Lombardus besprochene Thema Ehe bis auf eine Quaestio aus. Diese Quaestio behandelt die Frage, ob zwischen der Jungfrau Maria und Joseph eine Ehe bestand, eine Frage, die im übrigen auch Ulrich von Pottenstein an das Ende seines Ehekapitels setzt (und bejaht). Der Grund für die thematische Auslassung dürfte auf der Hand liegen: Ein monastisches Publikum mußte das Thema nicht interessieren. Als die Melker Vorlesungen jedoch zu einer zentralen Programmschrift der süddeutschen Reform-Bewegung avancierten, gerade weil die *Lectura* »auf praktische Bedürfnisse der Seelsorge« ausgerichtet war, wurden in Abschriften (deren Gebrauchszusammenhang nicht genau erforscht ist) Ergänzungen angebracht.[47] Das Thema Ehe wurde in diesem Überlieferungszweig nicht mehr ausgeklammert.

46 A.a.O., S. 18f., 23, 25, 48; vgl. András Vizkelety, »Zur Überlieferung der Werke Ulrichs von Pottenstein«, in: Piroska Dezsényi Szemzö/László Mezey (Hg.), *Armarium. Studia ex historia scripturae, librorum et ephemeridum. Studien aus der Geschichte der Schrift, der Bücher und der Periodica*, Budapest 1976, S. 43f.

47 Alois Madre, *Nikolaus von Dinkelsbühl. Leben und Schriften. Ein Beitrag zur theologischen Literaturgeschichte*, Münster 1965, S. 33 und 114f.

Ulrichs katechetische Summe muß als mehrschichtiges Textkonglomerat auf verschiedenen Ebenen verstanden werden:
Auf der inhaltlichen Ebene lassen sich die verschiedenen Positionen nicht miteinander vermitteln – der vorlagentreue Autor-Kompilator leistet diesen Versuch jedenfalls selbst nicht. Des weiteren versammelt Ulrichs Kompendium verschiedene Textfunktionen: informatives, unterweisendes, seelsorgerisch-vermittelndes und exegetisches Sprechen wechseln einander ab. Die Vorlagen hinterlassen überhaupt ihre Spuren in Ulrichs Kompilation. Sie werden in dieser Textmontage nicht durch ein konturiertes Autor-Ich ›zurechtgestutzt‹. Textsorten wie Predigt, scholastische Sentenzenkommentare und die literarisch-spielerische Misogynie aus Klerikerkreisen verleihen den einzelnen Textpartien ihre Signatur, inhaltlich, stilistisch, in der Verwendung von Erzählmitteln und, nicht zuletzt, in der kommunikativen Situation. Multiperspektivisch ist aber Ulrichs Werk vor allem bezüglich des Publikums angelegt. Hier zeichnet sich eine höchst vielschichtige Kommunikationssituation ab: Frauen wie Männer, Laien wie Kleriker machen das innerhalb des Textes konstruierte Publikum aus; hin und wieder richtet sich der Text an mehrere Adressen zugleich; Frauen werden jedoch nur selten ausdrücklich und selten allein angesprochen; sie sind hingegen häufig Objekt der Darstellung, wohingegen männliche Leser die eigentlichen Empfänger des Glaubenswissens sind.
Ulrichs Rezeption lateinischen Buchwissens mit seiner androzentrischen Kommunikationssituation steht somit in einem unauflöslichen Spannungsverhältnis zu Publikum und Gebrauchssituation volkssprachlicher Erbauungsliteratur, die »allen menschen gelertten vnd vngelerten nuczlichen« sein will.[48] Der Autor-Kompilator als bescheidener Vermittler lateinischer Theologie strukturiert seine Vorlagen nicht neu, und das, obwohl Frauen an volkssprachlichen Bildungsprozessen verstärkt teilhaben. Anders als Nikolaus von Dinkelsbühl war Ulrich kein Angehöriger der Wiener Universität. Dennoch, ja, vielleicht gerade deswegen ist Ulrich der akademischen Theologie in seinem

48 Schnell, a.a.O., S. 283 (sog. ›Brief des Kartäusers‹ zu Peuntners *Büchlein von der Liebhabung Gottes*).

Werk stark verhaftet. Umfang, Zitierweise, Argumentationsmuster und scholastische Textelemente kennzeichnen seine Transposition lateinischer Theologie im Interesse der Katechese. Es ist, als sei dieses Experiment deutscher Erbauungsliteratur, in deren Entstehungsphase die ›Wiener Schule‹ vielfältigste Modelle beigesteuert hat, von ihrem kommunikativen Horizont her noch nicht ausgereift, in dem Sinn, daß Autorposition, Gebrauchsfunktion, Sprache, Umfang und Textaussagen sich zu einer sinnstiftenden oder gar einheitlichen Gebrauchssituation verbinden würden. Ein ›bürgerlicher‹ Rezipientenkreis von Erbauungsliteratur mußte sich ja nicht mehr an die wechselnden Adressierungen und Funktionalisierungsangebote innerhalb des Textes halten. Ihm stand das gesamte Werk zur Verfügung.

Vielleicht liegt es an einer derart brüchigen Gebrauchssituierung, wenn dieser anspruchsvolle Typus katechetischer Literatur deutscher Sprache im Gegensatz zu den weniger anspruchsvollen volkssprachlich-literarischen Unternehmungen eines Nikolaus von Dinkelsbühl oder Thomas Peuntner literaturgeschichtlich nicht erfolgsträchtig war. Ganze zwei heute bekannte Handschriften führen den Text von Ulrichs Ehekatechese.[49] Allerdings gehört gerade auch dieser literarhistorisch gescheiterte Werkzuschnitt zum Profil der ›Wiener Schule‹ mit ihren Experimenten in Richtung auf eine Erbauungsliteratur für Kleriker und Laien.

An dieser literaturgeschichtlichen Schnittstelle zwischen gelehrter theologischer Literatur und volkssprachlicher religiöser Laienunterweisung in Buchform läßt sich daher auch die Vielfältigkeit des spätmittelalterlichen Ehediskurses in nuce ablesen. Damit kommt einer Analyse von Ulrichs Werk geradezu exemplarischer Charakter zu. Ein textsortenspezifischer Ansatz im engeren Sinn müßte die Singularität dieses Werks aufzeigen. Dabei würde jedoch gerade das hervorstechendste Textmerkmal verdeckt, das Zusammentreten verschiedener Diskursstränge. Der alleinige Rückgriff auf die Summa als Gattungsbegriff der lateinischen Literatur verdeckte ihrerseits das kommunikative Potential volkssprachlicher Literatur. Im Gang der Analyse ließe sich dabei ein Textparameter ausfindig machen, der sich als

49 Neben der Wiener Handschrift ein heute in Eger (Erlau), Ungarn, befindlicher Kodex, vgl. Baptist-Hlawatsch, a.a.O., S. 32–38.

Ariadne-Faden durch das Labyrinth des spätmittelalterlichen Ehediskurses bewähren könnte, die textimmanente Kategorie Publikum und die Funktionalisierungen inhaltlicher Positionen auf einen konstruierten Leser hin. ›Publikum‹ ist indes kein zufälliger Parameter für volkssprachliche Literatur: Ulrich präpariert, wie andere volkssprachliche Autoren, bei der Übersetzung gerade Publikumsbezüge heraus. Publikumsorientierung bezeichnet damit ein besonderes Spezifikum volkssprachlicher Literatur.

Hinter dem hier vorgeschlagenen methodischen Vorgehen steht eine schlichte Erkenntnis, die Erkenntnis nämlich, daß Geschlecht als literarische Kategorie sehr variabel ist. Es mag sich daher lohnen, wie bei Ulrich von Pottenstein, der spezifisch literarischen Repräsentation von Geschlecht mehr Aufmerksamkeit zu schenken, auf daß Literarisches und Außerliterarisches nicht a priori zusammengesehen wird. Insofern sei dieser Beitrag als ein Plädoyer verstanden, stärker, als das bisher geschehen ist, die Philologie für die Geschlechtergeschichte fruchtbar zu machen.

Ingrid Hotz-Davies

»Wives submit yourselves unto your own husbands, as unto the Lord«

Das Problem der Untertänigkeit der Frau bei William Gouge, Rachel Speght und Margaret Fell

Wie konstruieren verschiedene Texte aus dem breiten Umfeld des englischen Puritanismus[1] des 17. Jahrhunderts die Stellung von Mann und Frau in der Ehe? Welche Rolle spielen dabei die biblischen Vorgaben? Wie lassen sich Vorstellungen von Ehe und Unterwerfung konstruktiv von Frauen nutzen? Dies sind die Fragen, die mich hier beschäftigen werden. »Text und Geschlecht«, das Thema für das diese Überlegungen zuerst angestellt wurden, ist ein Thema – oder besser: sind zwei Themen –, die hier in mehrfacher Weise angesprochen werden sollen. Da sind einmal die Texte, die von den behandelten Autoren und Autorinnen produziert wurden, immer – wie wir sehen werden – mit einem bestimmten rhetorischen oder sogar polemischen Ziel vor Augen. Da ist aber auch die Bibel als Text, dem sie sich alle verpflichtet sehen. Man kann also die Texte dieser Autoren als intertextuelle Dokumente sehen, die im Spannungsfeld von biblischer Exegese einerseits und den eigenen Schreibbedürfnissen andererseits zustande gekommen sind. Die zweite Komponente von »Text und Geschlecht«, das Geschlecht, soll hier in zweifacher Weise thematisiert werden: einmal durch das Geschlecht der Autoren und Autorinnen, die teilweise deutlich geschlechtsspezifischen Interpretationsinteressen folgen; zum anderen dadurch, daß in allen Texten die Unterwerfung der Frau in der Ehe und außerhalb der Ehe zur Diskussion steht. Was hier *nicht* zur Sprache kommen wird, ist die Frage nach dem Verhält-

1 ›Breites Umfeld‹ deshalb, weil die Religionsgemeinschaft der *Society of Friends*, von ihren Feinden *Quaker* genannt, zwar keine puritanische Kirche, wohl aber eine unter dem Einfluß der puritanischen Revolution entstandene Gruppierung ist.

nis dieser Schriften zum realen Leben historischer Personen des 17. Jahrhunderts, die Frage, ob puritanische Positionen mehr oder weniger liberal sind als anglikanische oder katholische, oder ob sich die Situation der christlichen Ehefrau verbessert oder verschlechtert hat unter dem Einfluß puritanischen Denkens.[2]

Behandelt werden die folgenden Texte: 1. die umfangreiche Eheschrift *Of Domesticall Duties* (1622) von William Gouge; 2. Rachel Speghts *A Mouzell for Melastomus, the Cynical Bayter of, and foule mouthed Barker against Evahs Sex* (1617), eine kürzere Schrift, die sich gegen das misogyne *Arraignment of Lewd, Idle, Froward and Unconstant Women* (1615) von Joseph Swetnam wendet; 3. Margaret Fells *Womens Speaking Justified* (1667), eine Streitschrift für das Predigtrecht der Frau, die aus der neu entstandenen Bewegung der Quäker hervorging.

Zunächst zu William Gouge, der hier als Vertreter der puritanischen Seelsorge zu Wort kommen soll. Gouge (1578–1653), Vikar der Gemeinde Blackfriars in London, war ein beliebter puritanischer Prediger. Auch in *Of Domesticall Duties* sieht er sich als Seelsorger, der völlig im Dienst seiner geliebten Gemeinde steht, jener »beloved parishioners«, für die er seine 700seitige laientheologische Handreichung zur Ehe geschrieben hat. In seinem Vorwort wird deutlich, daß dieser Schrift Predigten vorangegangen waren, die vor allem von den weiblichen Gemeindemitgliedern nicht kritiklos hingenommen worden waren, und zwar aus zwei Gründen: 1. wegen Gouges Haltung zum Thema des eigenen Besitzes von Ehefrauen und 2. wegen seiner Darstellung ihrer allgemeinen Pflichten. Gouge zeigt sich bereits im Vorwort auf Harmonisierung bedacht, wenn er dem Vorwurf der Misogynie entgegentritt:

»But when I came to deliver husbands duties, I shewed, that he ought not to exact whatsoever his wife was bound unto [...] but that he ought

2 Diese Punkte sind immer wieder von Historikern diskutiert worden. Eine Darstellung der verschiedenen Positionen findet sich bei Kathleen M. Davies, »Continuity and change in literary advice on marriage«, in: R. B. Outhwaite (Hg.), *Marriage and Society: Studies in the Social History of Marriage*, New York 1981, S. 58–80. Davies stellt sich in die Tradition derer, die davon ausgehen, daß es eher keine Verbesserung gegeben hat.

to make her a ioynt Governour of the family with himselfe, and referre the ordering of many things to her discretion, and with all honourable and kinde respect to carrie himselfe towards her. [...] This iust Apologie I have been forced to make, that I might not ever be judged (as some have censured me) *an hater of women.*«[3]

Man kann hier schon sehen, daß Gouge einen versöhnlichen Ton anschlagen möchte, bei dem zwar die Vorgaben zur Unterwerfung der Frau, die er in der Bibel festgeschrieben sieht, geachtet werden, bei dem aber auch die Pflichten der Ehemänner mit der gleichen Konsequenz zur Sprache kommen sollen.
Gouges zentraler Bibeltext, auf dessen Exegese das Verhältnis der Eheleute ruht, ist der Epheserbrief 5,21–33 in der Übersetzung der *Authorized Version*, der King James-Bibel. Besonders Vers 22 erscheint offensichtlich als Punkt, an dem Gouge, wenn er seinen Beruf und seine Berufung ernst nimmt, in Schwierigkeiten kommen wird: »Wives submit yourselves unto your own husbands, as unto the Lord«. Gouge sieht natürlich, daß sich der biblische Text hier öffnet und eine Limitierung der Unterwerfungspflicht nahelegt:

»To direct and provoke wives unto their duty, the Apostle addeth this clause (*as unto the Lord*) which is both a *Rule* and a *Reason* of wives subiection. It directeth wives by noting the restraint of their obedience, and the manner thereof. The restraint is that *wives ought to obey their husbands as withall they obey the Lord; but no further*: they may not be subiect in any thing to their husbands, that cannot stand with their subiection to the Lord.« (28)

Im Gegensatz zu manch anderen Predigern ist Gouge zumindest bereit, den potentiellen Unterschied zwischen Unterwerfung unter den Ehemann und Unterwerfung unter Gott aufzunehmen, doch kann er nicht klären, wie genau die Gehorsamspflicht limitiert ist. So darf, ja muß sich die Frau an einigen Stellen gegen ihren Mann wenden, vorausgesetzt sie folgt damit Gottes Gebot (*Of Domesticall Duties*, S. 325–329). Wie Gottes Gebot dabei ermittelt werden soll, bleibt allerdings unklar bis auf die Formulierung »being truly informed by Gods word« (328), die nahe-

3 William Gouge, *Of Domesticall Duties*, 1622; Nachdr. Amsterdam 1976, das Vorwort ohne Seitenangabe (»Epistle Dedicatory«). Alle weiteren Zitate beziehen sich auf diese Ausgabe und werden im Text vermerkt.

legt, daß diese Entscheidung aus der eigenen Bibellektüre erwachsen soll. Gouge rechnet also nicht mit direkten göttlichen Eingebungen (wir werden sehen, wie sich das bei den Quäkern verändert), aber er rät der Frau auch nicht, sich bei ihrer Entscheidung von einem Geistlichen Rat zu holen. Der Frau werden also hier erhebliche Freiheiten eingeräumt, zumindest wenn man bedenkt, daß die Bibel ein heterogener Text ist, der für viele Lebenssituationen die widersprüchlichsten Paradigmen anbieten kann. An anderen Stellen desselben Textes weist Gouge aber ausdrücklich darauf hin, daß sich die Ehefrau auch einem unchristlichen Ehemann unterwerfen muß. So beantwortet er die folgenden Fragen eindeutig mit »ja«:

»But what if a man of lewd and beastly condition, as a drunkard, a glutton, a profane swaggerer, an impious swearer, and blasphemer, be married to a wise, sober religious Matron, must she account him her superior, and worthy of an husbands honour?« (273); »What if an husband be an enemie of Christ? must such subiection be yeelded to an enemy of Christ as to Christ himselfe?« (330; siehe auch 288)

Die Wahrscheinlichkeit, daß ein Feind des Herrn von seiner Frau Handlungen verlangen wird, die den Geboten Gottes widersprechen, wird von Gouge nicht ausdiskutiert, so daß man zu dem Schluß kommen muß, daß Gouge zwei miteinander unvereinbare Positionen gleichzeitig vertreten will: einerseits muß die Frau die Freiheit haben, sich eigenständig über Gottes Willen zu informieren und dann danach zu handeln, andererseits soll sie sich aber ihrem Ehemann in jedem Fall unterwerfen.

Ich möchte diese Art der theologischen Argumentation harmonisierend nennen in dem Sinne, daß hier Widersprüche zwar aufgedeckt werden, dann aber der Versuch unternommen wird, diese Widersprüche wieder zu entschärfen, indem man sich so verhält, als existierten sie nicht. Mit dieser Sowohl-als-auch-Strategie sorgt Gouge dafür, daß die puritanische Frau eine gewisse religiöse Autonomie behält, die es ihr im Notfall ermöglicht, eigenständige Entscheidungen zu treffen (zum Beispiel im Interesse der puritanischen Sache), während gleichzeitig das hierarchiegefährdende Element möglichst weit unter Kontrolle gehalten wird. In einer großzügigeren Auslegung könnte man auch sagen, daß Gouge als gewissenhafter Theologe alle biblischen Positionen angemessen darstellen möchte, ohne den Text zu ›frisieren‹. Auch wenn sich die von Gouge abgesteckte Haltung mit Positionen deckt, die man auch bei anderen protestantischen Autoren finden kann, unterscheidet er sich in seiner Bereitschaft, Widersprüche an die Oberfläche dringen zu lassen, von anderen puritanischen Predigern wie zum Beispiel William Whateley, der die Einschränkung des Epheserbriefs – »in the Lord« – wie Gouge liest, daran allerdings eine Diskussion anschließt, die sich ausschließlich auf die Unterwerfung der Frau in allen Dingen konzentriert:

»Why is shee his wife, if shee will not obey? [...] Wherefore we must extend it [her obedience] as farre as the Apostle, to a generality of things, to all things, so it bee in the Lord. In whatsoever thing obeying of him doth not disobey God, shee must obey: and if not in all things, it were as good in nothing. It is a thankless service if not generall.«[4]

Gouges Bereitschaft, Widersprüche zu harmonisieren, läßt trotz seines Bestehens auf der Untertänigkeit der Frau auf eine innerhalb der abgesteckten Grenzen ›liberale‹ Grundhaltung schließen, die sich sowohl in seiner Darstellung der Liebespflicht des Ehemanns als auch in der Gesamtstruktur von *Of Domesticall Duties* spiegelt. Im Bereich der ehelichen Liebespflicht zum Beispiel scheint Gouge in beinahe lyrischen Ausführungen zur Liebespflicht der Ehemänner über eine allgemein geforderte Fürsorgepflicht hinausgehen zu wollen (siehe z. B. 77, 79, 352f., 360f., 413). Er wendet sich rigoros gegen jegliche Annahme, daß der Ehemann das Recht habe, seine Frau körperlich zu züchtigen beziehungsweise zu mißhandeln (S. 389–393). Auch seine Ausführungen zu den Pflichten des Ehemanns während der Schwangerschaft und Niederkunft der Ehefrau deuten auf eine enge emotionale Bindung mit einem hohen Grad an gegenseitiger Verpflichtung hin (S. 399–402). Der Punkt allerdings, an dem *Of Domesticall Duties* ein geradezu subversives Potential entwickelt, liegt nicht primär in den einzelnen Argumenten – theologischer oder anderer Natur –, sondern in der Struktur des Werks. Hier werden die Pflichten von Eheleuten, Kindern und Gesinde festgeschrieben, säuberlich getrennt nach allgemeinen Pflichten, Pflichten und Rechten der Ehemänner, Pflichten und

4 William Whateley, *A Bride-Bush or a Wedding Sermon*, 1617; Nachdr. Amsterdam 1975, S. 42.

Rechten der Ehefrauen, der Eltern, der Kinder und der Bediensteten. Zur leichteren Handhabung sind diese Auflistungen für alle beteiligten Gruppen mit Querverweisen auf die entsprechenden Pflichten und Rechte der anderen Personen versehen, so daß also eine Ehefrau – natürlich nur, sofern sie lesen kann – den Pflichten, die ihr vom Ehemann abverlangt werden, jederzeit die von Gouge festgeschriebenen Pflichten des Ehemanns entgegensetzen kann, vergleichen kann, eigene Rechte einfordern kann. *Of Domesticall Duties* ähnelt damit paradoxerweise den kommentierten und mit Querverweisen ausgestatteten englischen Bibelübersetzungen der Frühen Neuzeit und kann sich in den Händen argumentationsfreudiger Eheleute als Ort der kontroversen Debatte erweisen, jenseits der an einzelnen Stellen festgeschriebenen ideologischen Positionen.

Wenn sich Gouge in dem Widerspruch zwischen Unterwerfungspflicht und Widerstandsrecht bewegt, so gilt dies ähnlich auch für Rachel Speght, die gewissermaßen ideologisch von der entgegengesetzten Seite kommt. In ihrer Antwort auf Joseph Swetnams misogynes Buch möchte sie nämlich die Gleichheit zwischen Mann und Frau biblisch fundiert belegen, kommt aber dabei um die allgemeine Annahme, daß die Frau dem Mann untertan sei, ebensowenig herum wie Gouge das Widerstandsrecht ausklammern kann.[5] Gleich zu Beginn wendet sich Speght gegen Swetnam mit der expliziten Anklage, daß sein Angriff auf die Würde der Frau ›heidnisch‹ sei, daß er Gott entehre durch »palpable blasphemy, wresting and perversing everie place of Scripture«.[6] Demgegenüber sieht sie sich selbst als »armed with the truth [...] and the Word of Gods Spirit« (A3). Grundsätzlich kann man sagen, daß Speght sich mit ihrer Schrift in einer Weise in der Defensive befindet, die auf einen Autor wie Gouge – oder

5 Für eine kurze Besprechung der Werke Speghts siehe Barbara Kiefer Lewalski, »Defending women's essential equality: Rachel Speght's polemics and poems«, in: *Writing women in Jacobean England*, London und Cambridge 1993, S. 153 ff.

6 Rachel Speght, *A Mouzell for Melastomus, the Cynicall Bayter of, and foule mouthed Barker against Evahs sex: Or an Apologeticall Answere to that Irreligious and Illiterate Pamphlet made by Io. Sw. and by him Intitulated »The Arraignement of Women«*, London: Thomas Archer 1617, B3. Alle weiteren Verweise beziehen sich auf diese Ausgabe und sind im Text vermerkt.

wie Swetnam – nicht zutrifft. So sieht sie sich gezwungen, zunächst eine ganze Reihe von misogynen biblischen Vorgaben zu entschärfen, bevor sie sich an ihre Gleichheitsvision wagen kann. Dies geschieht zunächst, indem sie versucht, den Geltungsbereich misogyner Bibelstellen zu limitieren (S. 3–8). In ihrem Gleichberechtigungsargument benutzt Speght nun nicht den Epheserbrief, der für Gouge so wichtig war, sondern die Schöpfungsberichte.[7] Das beginnt damit, daß sie einen Text zitiert, der trotz seiner Exponiertheit in der Bibel von Gouge kein einziges Mal zitiert wird, nämlich den ersten Schöpfungsbericht. Allerdings baut sie ihn nicht in ein kohärentes Gleichheitsargument aus – wie wir sehen werden, im Gegensatz zu Margaret Fell 50 Jahre nach ihr –, sondern benutzt ihn lediglich, um nachzuweisen, daß Gott nicht nur Adam, sondern auch Eva in einem bedeutungsvollen Schöpfungsakt erschaffen hat (9). Ihr Gleichheitsargument baut Speght – paradoxerweise – auf der Geschichte auf, die gemeinhin als Nachweis für die Zweitrangigkeit der Frau angeführt wurde:

»Secondly, the materiall cause, or matter whereof woman was made, was of a refined mould, if I may so speake: for man was created of the dust of the earth, but woman was made of a part of man, after that he was a living soule: yet was shee not produced from Adams foote, to be his inferiour, nor from his head to be his superiour, but from his side, neare his heart, to be his equall; that where he is Lord, she may be Lady: and therefore saith God concerning man and woman jointly, *Let them rule over the fish of the sea* [...] By which words, he makes their authority equall, and all creatures to be in subiection unto them both.« (10)

Wenn für Rachel Speght die Erschaffung Evas aus der Rippe Adams eindeutig ihre Gleichheit beinhaltet – die Erschaffung Evas aus veredeltem Material scheint geradezu auf ihren höheren Wert hinzudeuten, obwohl Speght diesen Gedanken nicht zu Ende führt –, so ist diese Auslegung nicht selbstverständlich. William Gouge zum Beispiel benutzt im wesentlichen das gleiche – in sich selbst zu der Zeit bereits standardisierte – Argument, nicht um nachzuweisen, daß Eva Adam ebenbürtig ist, sondern daß sie als seine höchste Untergebene, quasi als Vizeregentin, einen bedeutenden Platz einnimmt:

7 Tatsächlich sieht Speght in der Epheserpassage keine Öffnung, da sie hier nur das Gebot der Unterwerfung sieht: »to submit themselves unto their husbands no otherwaies then as to *the Lord*« (17).

»for of all degrees wherein there is any difference betwixt person and person, there is the least disparity betwixt man and wife. Though the man be as the head, yet is the woman as the heart, which is the most excellent part of the body next to the head, farre more excellent than any other member under the head, and almost equall to the head in many respects, and as necessary as the head. As an evidence that a wife is to man as the heart to the head, she was at her first creation taken out of the side of the man where his heart lieth.« (271)

Im Unterschied zu Gouge, der die Frau hier als »almost equall« sieht, postuliert Rachel Speght die Gleichheit der Frau (»To bee his equall«, »he makes their authoritie equall«). Doch ähnlich wie Gouge in dem Widerspruch zwischen Unterwerfung und Widerstand findet sich auch Speght in einer Situation, in der sie den angestrebten Gleichheitsgedanken an einigen Stellen ausformuliert, während sie an anderen die Unterwerfung der Frau bestätigt in einer Weise, mit der sich auch Gouge einverstanden erklärt hätte: »Yet a truth ungainesayable is it, that the *Man is the Womans Head*; by which title yet of Supremacie, no authoritie hath hee given him to domineere, or basely command and imploy his wife, as a servant« (16). Wie Gouge sieht sich also Speght in einer doppelten Verpflichtung, die sie zwingt, in ein und demselben Text widerspüchliche Positionen einzunehmen.[8] Auch ihre Art der Präsentation ist integrierend in dem Sinne, daß hier Widersprüche zwar aufgebaut, jedoch nicht ausdiskutiert werden. Doch kann man eine entgegengesetzte ideologische Position erkennen: Gouge glaubt an die Unterordnung der Frau und möchte diese verteidigen, muß aber gleichzeitig ein beschränktes Widerstandsrecht einräumen; Speght möchte die Gleichheit der Frau belegen, sieht sich aber gezwungen zuzugeben, daß die Frau ihrem Mann untergeordnet ist. In beiden Fällen umgehen die Interpreten eine detaillierte Diskussion, wohl um der ›unerwünschten‹ Komponente (bei Gouge dem Widerstandsrecht, bei Speght der Unterwerfung der Frau) kein größeres Gewicht zu verleihen als unbedingt nötig ist. Für Les-

8 Zu dieser Widersprüchlichkeit als Grundstruktur des spätmittelalterlichen theologischen Ehediskurses vgl. R. Schnell, »Die Frau als Gefährtin (*socia*) des Mannes. Eine Studie zur Interdependenz von Textsorte, Adressat und Aussage«, in: R. Schnell (Hg.), *Geschlechterbeziehungen und Textfunktionen. Studien zu Eheschriften der Frühen Neuzeit*, Tübingen 1997 (im Druck).

arten, bei denen in bezug auf die Minderwertigkeit der Frau aufgeworfene Widersprüche aggressiv genutzt werden, um ›unerwünschte‹ ideologische Elemente zu neutralisieren, muß man auf die Zeit während und nach den ideologischen Umwälzungen des Bürgerkriegs und des Cromwell-Protektorats warten, besonders in den Arbeiten zur Frauenpredigt, die ab 1655 aus den Reihen der neu formierten Sekte der Quäker kommen.[9]

Am augenfälligsten wird dies, wenn man die Version des Schöpfungsberichts betrachtet, die von der Quäkerin Margaret Fell angeboten wird. Im Gegensatz zu Speght, die den ersten Schöpfungsbericht zwar anzitiert, aber nicht nutzt, klammert Fell in ihrer Schrift *Womens Speaking Justified* (1667) den zweiten Schöpfungsbericht vollständig aus und interpretiert den ersten Schöpfungsbericht als eindeutige Gleichheitsaussage, die von den Männern in bösartiger Weise verfälscht wurde:

»But first let me lay down how God himself hath manifested his Will and Mind concerning women, and unto women. And first, when *God created Man in his owne Image: in the Image of God created he them, Male and Female: and God blessed them* [...] Here God joyns them together in his own Image, and makes no such distinctions and differences as men do [...] And God hath put no such difference between the Male and the Female as men would make.«[10]

In einem Zusammenhang, der die Verkehrung des göttlichen Willens in bezug auf die Gleichheit der Frau zum Inhalt hat, kann man »men« – mit dem häufig die Frauen mitgemeint sein können – hier leicht verstehen als ›Männer‹, nicht als ›Menschen‹. Dies dürfte damit einer der ersten Fälle sein, in denen die

9 Siehe Anne Audland, *The Saints Testimony* (1655); Priscilla Cotton und Mary Cole, *To the Priests and People of England* (1655); Richard Farnworth, *A Woman Forbidden to Speak in Church* (1655); George Fox, *The Woman Learning in Silence* (1656) und *Concerning Sons and Daughters and Prophetesses Speaking and Prophecying* (1660); Margaret Fell, *Womens Speaking Justified* (1666 und 1667); George Keith, *The Woman-Preacher of Samaria* (1674). Von all diesen Abhandlungen ist diejenige Fells die ausführlichste.

10 Margaret Fell, *Womens Speaking Justified (1667)*, hg. von David Latt (Augustan Reprint Society Publications 194), Los Angeles 1979, S. 3. Alle weiteren Verweise beziehen sich auf diese Ausgabe und sind im Text vermerkt.

Ungleichheit auf ein Komplott der Männer zurückgeführt wird und als patriarchalisches Konstrukt, als bewußt und gezielt eingesetztes ›Falschlesen‹ der Bibel sichtbar wird.
Wendet man sich den feministischen theologischen Schriften der frühen Quäker und Quäkerinnen zu, fällt allgemein auf, daß sie den Bereich, der für die bisher behandelten Texte zentral war, nämlich die Aufgabenverteilung in der Ehe, weitgehend ausklammern. In ihrem Bemühen, die Frauenpredigt zu rechtfertigen, ist die Frage, ob die Frau dem Manne in der Ehe untertan sei, nebensächlich geworden. Paradoxerweise versucht Margaret Fell sogar, das Verbot der Frauenpredigt, das in 1 Tim 2,11–14 zu finden ist, durch einen Hinweis auf die Unterordnung in der Ehe zu entschärfen:

»He [the Apostle] saith, *Let Women learn in silence with all subjection, but I suffer not a woman to teach, nor to usurp authority over the Man, but to be in silence* [...] Here the Apostle speaks particularly to a woman in Relation to her Husband, to be in subjection to him [...] but let it be strained to the utmost, as the opposers of Womens Speaking would have it, That is that they should not preach nor speak in the church, of which there is nothing here: Yet the Apostle is speaking to such as he is teaching to wear their apparel, what to wear, and what not to wear [...] And what is all this to such as have the Power and Spirit of the Lord Jesus poured upon them, and have the message of the Lord Jesus given unto them? may not they speak the Word of the Lord because of these undecent and unreverent Women that the Apostle speaks of, and to, in these two Scriptures?« (17–18)

Fell sieht keinen Grund, die Unterordnung der Frau anzufechten, besteht aber gleichzeitig darauf, daß sich darauf auf keinen Fall ein Predigtverbot für die untergeordnete Frau gründen läßt. Wie ist dies zu verstehen? Die Frau ist ihrem Mann untertan, sie darf aber gleichzeitig das Privileg der Lehre für sich in Anspruch nehmen? Es handelt sich hier nicht um einen Widerspruch, wie er in der harmonisierenden Präsentation vorkommt, denn Fell stört sich nicht an der Unterordnung der Ehefrau unter ihren Mann. Denn unabhängig davon, aus welchem Grund hier die Frauen zum Schweigen angehalten werden, für die erleuchtete Quäkerfrau gelten diese Restriktionen sowieso nicht: »And what is all this to such as have the Power and Spirit of the Lord Jesus poured upon them, and have the message of the Lord Jesus given unto them?«

Fell glaubt – wie alle frühen Quäker – an die absolute Autorität Gottes, die alle anderen Autoritäten, die vielleicht unter anderen Umständen gelten mögen, übertrifft und außer Kraft setzt. Gott aber, und daran würde auch Gouge keinen Zweifel anmelden, ist der Ehemann seiner Kirche und damit der Ehemann aller einzelnen Mitglieder dieser Kirche, was für Fell heißt, daß biblische Restriktionen unmöglich unter allen Umständen zutreffen können: »what Husbands have Widows to learn of, but Christ? And was not Christ the husband of *Philips* four daughters? [Apg 21,9] And may not they that learn of their husbands speak then?« (17). Wenn aber Christus der oberste Ehemann und der oberste Lehrer ist, befinden sich alle anderen Männer – auch die eigenen Ehemänner – zumindest potentiell in genau derselben Position wie ihre Frauen und Töchter: sie sind Bräute Christi. Ihre Autorität, selbst wenn sie nicht direkt ideologisch in Frage gestellt wird, wird außer Kraft gesetzt von der übergeordneten Autorität Gottes, des obersten Ehemanns.

Damit thematisiert Fell genau die Bruchstelle, mit der schon Gouge Schwierigkeiten hatte, nämlich was geschehen soll, wenn der Wille des Ehemanns dem Willen Gottes widerspricht. Doch wo Gouge eine vorsichtige Sondierung von Gottes Wort vorschreibt, glaubt Fell als Mitglied einer enthusiastischen religiösen Bewegung an die Autorität dessen, was die Quäker als das »innere Licht« bezeichnet haben, die direkte Offenbarung, die sie für möglich hielten und im täglichen Leben zu erfahren glaubten. Damit aber ist der Weg geebnet für ein Leben, in dem alle Bereiche durch das »innere Licht« geleitet werden, was konkret heißt, daß man der Ehefrau eines Quäkers kaum etwas verbieten kann, wenn sie davon überzeugt ist, daß Gott es von ihr verlangt. Unter dieser neuen Autorität haben die Quäkerfrauen dann auch in großer Zahl außerordentliche und bis dahin unerhörte Schritte unternommen. Unter der Führung des inneren Lichts richteten sie Frauenkreise ein (die sogenannten *women's meetings*), reisten predigend in England, dem europäischen Ausland, in Amerika und der Karibik herum, schrieben Petitionen an das Parlament und an den Hof, verfaßten eigene religiöse Schriften, waren zur Not auch bereit, ins Gefängnis zu gehen oder drakonische Körperstrafen über sich ergehen zu lassen. Selbst wenn sie lediglich die Frau eines Quäkers waren, mußten sie damit rechnen, während längerer Abwesenheiten des Ehemannes die Familienangelegenheiten zu leiten.[11]

Margaret Fells Art der Bibelauslegung unterscheidet sich grundlegend von der, die wir bei Speght und Gouge beobachten konnten. Denn hier wird der biblische Text gezielt auf ein erkennbares feministisches Ziel hin ausgelegt, was heißt, daß hilfreiche Bibelstellen wenn möglich privilegiert werden über weniger hilfreiche (zum Beispiel der erste Schöpfungsbericht über den zweiten, was die traditionelle misogyne Privilegierung des zweiten Schöpfungsberichts[12] umkehrt). Es heißt aber auch, daß Brüche und Widersprüche aktiv ausgenutzt und die verschiedenen Positionen gegeneinander ausgespielt werden. Man könnte diese Art der Bibelauslegung dekonstruierend nennen in dem Sinn, daß Fell Widersprüche nicht sichtbar macht, um sie dann wieder zu überdecken, sondern um sie aggressiv für das eigene Anliegen zu nutzen. Allerdings soll durch diese Dekonstruktion des biblischen Textes nicht dessen Konstruiertheit demonstriert, sondern im Gegenteil der Eindruck erweckt werden, daß die innere Logik und Kohärenz des Textes wiederhergestellt wird. Auf diese Weise wird die Konstruiertheit des biblischen Textes kreativ genutzt[13], während seine geschichtliche Fixiertheit deutlich gemacht wird (»Yet the Apostle is speaking to such as he is teaching to wear their apparel«, »these undecent and unreverent Women that the Apostle speaks of, *and to*«).

Mit diesen Argumentations- und Auslegungsstrategien steht Fell nicht allein, wie aus der folgenden Passage deutlich wird, bei der ein wahres Feuerwerk an kontrastiven Zitaten zum Einsatz kommt. Diesmal zeichnen die beiden Quäkerinnen Priscilla Cotton und Mary Cole verantwortlich, wobei sie sich allerdings – in einer Weise, die für die Verfechter des Predigtrechts der Frau

11 Die Biographien dieser Predigerinnen sind nachzulesen in Mabel Richmond Brailsford, *Quaker Women 1650–1690*, London 1915.

12 Vgl. aber zu eher versöhnlichen Auslegungen des zweiten Schöpfungsberichts R. Schnell, »Die Frau als Gefährtin (*socia*) des Mannes«, a.a.O.

13 Interessanterweise stoßen die frühen Quäkerinnen dabei häufig auf den Gegensatz zwischen den echten Paulusbriefen und den Pastoralbriefen, die nur vorgeben, von Paulus zu sein (wenn also z. B. Galater- und/oder der erste Korintherbrief gegen 1 Timotheus ausgespielt werden).

typisch ist – nicht mit der Wertigkeit von Frau und Mann, sondern nur mit der Frage der Predigt befassen. Cotton und Cole kommen zu dem Schluß, daß die biblischen Restriktionen nicht für Frauen gelten können, sondern für die allgemeine Eigenschaft der Schwäche gelten müssen, da ja schließlich Paulus selbst an anderer Stelle für die Gleichheit der Frau und für ihre Rechte in der Kirche eintritt:

»thou tellest the people, Women must not speak in a Church, whereas it is not spoke onely of a Female, for we are all one both male and female in Christ Jesus [Gal 3,28], but it is weakness that is the woman by Scriptures forbidden, for else thou puttest the Scriptures at a difference in themselves [...] for the Scriptures do say that all the Church may prophesie one by one [1 Kor 14,31], and that women were in the Church, as well as men, do thou judge; and the Scripture saith that a woman may not prophesie with her head uncovered, lest she dishonour her head [1 Kor 11,3–16] [...] If therefore any speak in Church, whether man or woman, and nothing appear in it but wisdom of man [...] Christ the head is then dishonoured.«[14]

Ich möchte nicht sagen, daß derartige Leseweisen im 17. Jahrhundert völlig neu auftreten, doch in dieser Fülle und von derartig vielen Interpretationsanliegen aus ist dies eindeutig ein neues Phänomen, das sich aus dem religiösen Klima der Revolutionsjahre erklären läßt. Schließlich sind die Quäker nicht die einzigen, die sich, bewaffnet mit der King James-Bibel, daran machten, akzeptierte Annahmen besonders über die Hierarchie in der Gesellschaft zu zerstören. Die Seeker, die Ranter, die Leveller, die Digger, aus allen Richtungen meldeten sich Menschen zu Wort, die den biblischen Text – teilweise auf abenteuerliche Weise – für sich nutzen wollten.[15] Im Vergleich zu Gouge und auch zu Speght, die ja ein frauenfreundliches Interpretationsanliegen mit ihnen teilt, sind also die Quäkerfrauen die moderneren Exegeten, die, wenn auch nicht in den einzelnen vertretenen Positionen, so doch zumindest in ihren Lesestrate-

14 Cotton/Cole, *To the Priests* (1655), S. 6f.

15 Die umfassendste Darstellung dieser Bewegungen ist immer noch Christopher Hill, *The world turned upside down: Radical ideas during the English Revolution*, New York 1972. Für eine Analyse dieser speziellen Kultur siehe Nigel Smith, *Perfection proclaimed: Language and literature in English radical religion*, Oxford 1989.

gien die Vorgehensweisen der feministischen Theologie des 20. Jahrhunderts vorwegnehmen.[16] Wenn zum Beispiel Ilana Pardes Evas Namensgebungsrede für ihren Sohn Kain (wörtlich: »Siehe, ich erschuf einen Mann mit dem Herrn«) dem zweiten Schöpfungsbericht gegenüberstellt und feststellt, daß Eva hier die eigene Gebähr- und Erschaffungsfähigkeit den männlichen Geburtsphantasien der Rippengeschichte entgegensetzt, so wird auch hier die Bedeutung des zweiten Schöpfungsberichts relativiert und dekonstruiert.[17] Eva erscheint als die erste Vorläuferin weiblicher Bibelauslegung: »the first feminist reader of the creation story is none other than Eve herself«.[18] Was Pardes von Interpreten wie Fell, Cotton und Cole unterscheidet, ist nicht die theologische Vorgehensweise, die allerdings bei Pardes verfeinert ist und dem wissenschaftlichen Standard des 20. Jahrhunderts entspricht, sondern die spezifisch feministische Position, die eingenommen werden soll. Margaret Fell will die Gleichheit von Männern und Frauen belegen, wobei sie hier mit ihren modernen Kolleginnen das Anliegen der Frauenpredigt teilt; eine Theologin wie Ilana Pardes will aber darüber hinaus den verschütteten Widerstand der biblischen Frauen wieder aufdecken und damit die patriarchalischen Grundlagen des jüdischen und christlichen Glaubens angreifen, ein Projekt, das Fell so nicht in den Sinn gekommen wäre.

Bei der oben angeführten Passage von Priscilla Cotton und Mary Cole ist auffällig, daß auch sie, obwohl sie sich hier nicht mit dem Verhältnis zwischen Ehemännern und Ehefrauen befassen, mit den Über- und Unterordnungen zwischen Christus, dem ›Haupt‹, und seiner Kirche argumentieren: Wenn alle Mitglieder

16 Diese Erkenntnis deckt sich, obwohl aus einer völlig anderen Richtung kommend, mit den Beobachtungen des Theologen Klaus Scholder, der die Anfänge der modernen Theologie im 17. Jahrhundert sieht, allerdings noch nicht in Hinblick auf die feministische Theologie. Siehe *Ursprünge und Probleme der historisch-kritischen Theologie*, Stuttgart 1966. Interessanterweise wurde das Buch vor kurzem in einer englischen Übersetzung herausgegeben: John Bowden (Übers.), *The birth of modern critical theology: Origins and problems of biblical criticism in the seventeenth century*, London 1990.

17 Ilana Pardes, *Countertraditions in the Bible: A feminist approach*, Cambridge 1992, S. 43–48.

18 Ebd. S. 54.

der Kirche in der Kirche ›sprechen‹ dürfen[19], können Aussagen über die Minderwertigkeit der Frau auf andere Bereiche verschoben werden (»it is weakness that is the woman«), während die Überlegenheit der Männer auf Christus, das ›Haupt‹ verlegt wird. So wird ein höherer ›Ehemann‹ bei Margaret Fell über die menschlichen Ehemänner gestellt, bei Cotton und Cole über alle Männer innerhalb und außerhalb der eigenen Religionsgemeinschaft. Sind bei Fell alle Männer – genau wie ihre Frauen – Bräute Christi, so sind bei Cotton und Cole alle (glaubens-) »schwachen« Menschen »Frauen«. Wenn aber die Konzepte der Über- und Unterordnung erst einmal von ihrer Anbindung an geschlechtsdefinierte Gruppen gelöst werden, ergeben sich Möglichkeiten, diese Konzepte in völlig neue Sinnzusammenhänge zu überführen. Dies geschieht in bezug auf die eheliche Verbindung zwischen Christus und seiner Kirche bei Margaret Fell.

Hier erweist sich die Tatsache, daß die Kirche weiblich metaphorisiert wird, als hilfreich. In ihrem Bemühen, die Rechtsgleichheit von Männern und Frauen in der Kirche zu belegen, führt Fell Bibelstellen an, die belegen, daß »the Lord is pleased, when he mentions his Church, to call her by the name of *Woman*« (4). Daraus zieht Fell den Schluß: Die Kirche ist nicht *wie* eine Frau, sondern sie *ist* eine Frau und besteht aus Frauen, denen daher das Sprechen in der Kirche nicht verboten werden kann: »Thus much may prove that the Church of Christ is a Woman, and those that speak against the womans speaking, speak against the Church of Christ, and the Seed of the Woman, which Seed is Christ« (5). Die Kirche, nun als Braut Christi, gewinnt neue Macht mit der erwarteten Ankunft des neuen Jerusalem, wenn sie in Anlehnung an die Offenbarung am Arm ihres Bräutigams in all ihrer Schönheit und Macht aus der Wildnis zurückkehrt:

19 Wie auch Margaret Fell machen Cotton und Cole bezeichnenderweise keinen Unterschied zwischen ›predigen‹ und ›prophezeihen‹, die beiden Kategorien, von denen traditionell die zweite den Frauen zuerkannt, die erste aber abgesprochen wird. Sie subsumieren beides unter dem Begriff des Sprechens und treten so Vorstellungen entgegen, die der Frau bestimmte Formen des öffentlichen Sprechens verweigern möchten.

»And now, in these last dayes, since there has been a falling away [...] since which time the Woman that brought forth the Man-child [s. Offb 12,1–6], hath been fled into the Wilderness, a place prepared of God for her, [...] But she is now returning out of the Wilderness, leaning upon her Beloved; and the Holy City, *New Jerusalem*, is coming down from God of Heaven, prepared as a Bride for her Husband, having the Glory of God; and her Light is like a Jasper Stone, most precious, clear as Chrystal, [Offb 21,11] which shines forth in its Glory.«

Diese Passage entstammt einem Pamphlet mit dem bezeichnenden Titel *The Daughter of Sion Awakened, and Putting on Strength, She is Arising, and Shaking her self out of the Dust, and putting on Her Beautiful Garments.*[20] In *Womens Speaking Justified* erscheint das gleiche Bild der Kirche, doch diesmal steigt sie nicht am Arm ihres Bräutigams herab:

»And this is that free Woman that all the Children of the Promise are born of; not the Children of the bond-woman [...] but this is *the Jerusalem which is free, which is the Mother of us all* [...] now the bond-woman and her Seed is to be cast out [Gal 4,22–26] [...] and our Holy City, the *New Jerusalem*, is coming down from Heaven, and her Light will shine throughout the whole earth, even as a *Jasper Stone, clear as Christal*, which brings freedom and liberty, and perfect Redemption to her whole Seed; and this is the woman and Image of the Eternal God, that God hath owned, and doth own, and will own for evermore.« (11)

Hier nimmt Fell radikale Akzentverlagerungen vor, um eine Kirche der Frauen – in jedem Wortsinn – zu postulieren, und alles geschieht auf der Basis traditioneller christlicher Vorstellungen, die auch ein Exeget wie William Gouge für sich nutzt. Wenn sich allerdings Gouge in seiner Exegese des Epheserbriefs auf die Kirche als Braut Christi bezieht, so geschieht dies, um einerseits die allumfassende Liebe des Bräutigams zu seiner Braut zu dokumentieren und um andererseits analoge Machtstrukturen zu zementieren: Christus verhält sich zur Kirche, die er liebt und die sich ihm liebend und freiwillig unterordnet, wie der Ehemann zu seiner ihm untergebenen und von ihm geliebten Frau. Bei Fell hingegen haben wir, auf dem gedanklichen Umweg über die Kirche als Braut Christi durch eine weitere Akzentverschiebung – der Arm des Bräutigams fällt weg und die Kirche erfüllt wie Eva die Rolle der Mutter aller Menschen –,

20 Margaret Fell, *Daughter of Sion* (1677), S. 12.

das Bild einer wahrhaft matriarchalischen Kirche: Sie ist es, die die »Kinder des Versprechens« und »uns alle« gebar, ihr Kampf ist ein Kampf mit den »Kindern« feindlicher Frauengruppen. Sogar Christus, der Bräutigam, wird von seiner Kirche, der Mutter, an den Rand gedrängt, wenn sie persönlich die »Erlösung«, »perfect Redemption to her whole Seed« bringt und endlich mit der Funktion Christi verschmilzt zu einer Einheit, dem nunmehr einzigen »Abbild« Gottes. In einer für Fell greifbar nahen apokalyptischen Umkehrung kehrt also die Frau an ihren angestammten Platz zurück als Befreierin, Erlöserin, Abbild Gottes und in der Tat Zentrum des Universums, wobei auch hier charakteristischerweise die Trennung zwischen metaphorischer Aussage und metaphorischem Träger verwischt wird: Die heilige Stadt, die Frau als zentrale Metapher für die neue Ordnung, die Frauen als Trägerinnen dieser Revolution, sie alle charakterisieren die geläuterte, nunmehr universelle Kirche. Nehmen also die Quäkerinnen allgemein Lese- und Argumentationsstrategien der modernen feministischen Theologie vorweg, so wird hier ein weiterer Punkt vorweggenommen, der für diese Theologie von zentraler Bedeutung ist: das Auffinden bzw. die Zurückgewinnung einer weiblichen Gottheit oder Gott ähnlichen Einheit. Damit wagt sich Margaret Fell durch eine radikal umgedeutete Version der Kirche in einen Bereich vor, den ich so bei ihren Zeitgenossen und -genossinnen noch nicht gefunden habe; in einen Bereich, der mit der modernen feministischen Theologie nicht nur ein Exegeseverfahren und das Interesse an der Frauenpredigt, sondern auch ein zentrales Anliegen im Bereich der alternativen Mythenbildung teilt.

Walter Behrendt
Lutherisch-orthodoxe Ehelehre in der Haustafelliteratur des 16. Jahrhunderts

1. Die Haustafel ist eine Zusammenstellung von Textstellen aus den Paulus- und Petrus-Briefen, die sich auf die Pflichten verschiedener Stände beziehen. Diese Kompilation stammt von Luther, der sie 1529 als Bestandteil des *Kleinen Katechismus* veröffentlichte. Im *Großen Katechismus*, der sich an die Pfarrer richtete, ist sie nicht enthalten. Sie spricht ursprünglich elf soziale Gruppen an: die Bischöfe und Pfarrer, die weltliche Obrigkeit, die Ehemänner, die Ehefrauen, die Eltern, die Kinder, das Gesinde (Knechte, Mägde, Tagelöhner und Arbeiter), Hausherren und Hausfrauen, die Jugend, die Witwen und am Ende »die Gemeine«, d. h. den alle umfassenden Stand der Christenheit.[1]
In der lateinischen Version, ebenfalls aus dem Jahre 1529, und später auch in der deutschen Fassung wurde diese Ständereihe auf dreizehn erweitert durch die Zuhörer (eingeordnet nach den Pfarrern) und die Untertanen (nach der Obrigkeit). Die Zusätze stammen zwar vermutlich nicht von Luther[2], fanden aber sicherlich seine Zustimmung. In dieser erweiterten Form war die Haustafel als Teil des *Kleinen Katechismus* in den lutherischen Ländern bis ins 19. Jahrhundert verbreitet. Wie der übrige Katechismus wurde auch die Haustafel auswendig gelernt, Predigten über sie wurden regelmäßig anschließend an die Katechismus-Auslegungen gehalten, und sie erschien auch als Kirchenlied. Es ist schon oft auf die Bedeutung der Haustafel für die Ausbildung lutherischer ›Grundwerte‹[3] und deren Verbreitung

1 Martin Luther, Weimarer Ausgabe (WA) 30 I, S. 326ff. und 397ff.

2 Otto Albrecht, »Besondere Einleitung in den Kleinen Katechismus«, in: Martin Luther, WA 30 I, S. 641–647, hier S. 642; ausführlicher ders., »Katechismusstudien I«, in: *Theologische Studien und Kritiken* 80 (1907), S. 71–106, hier S. 76–78.

3 Zum Begriff der ›Grundwerte‹ in der frühen Neuzeit vgl. Paul Münch, »Grundwerte in der frühneuzeitlichen Ständegesellschaft? Aufriß einer vernachlässigten Thematik«, in: Winfried Schulze (Hg.), *Ständische Gesellschaft und soziale Mobilität*, München 1988, S. 53–72.

und Verankerung in der gesamten Bevölkerung hingewiesen worden[4], genauere Untersuchungen darüber, die über den Charakter von Fußnoten im Rahmen der Katechismus-Forschung hinausgehen, sind aber rar.[5]

Bis zu den 50er Jahren des 16. Jahrhunderts scheint es keine ausführlicheren Auslegungen der Haustafel zu geben, sondern nur die Auflistung von Sprüchen, wie sie von Luther vorgegeben war, manchmal mit Variationen, manchmal auch in Frage-Antwort-Form aufgelöst. Erst seit etwa 1554 dagegen liegen auch längere Bearbeitungen und Predigtreihen zur Haustafel in deutscher Sprache vor.[6] Unter Haustafel-Bearbeitungen sollen

4 Christoph Weismann: »Es ist unzweifelhaft, daß solche Erziehungsschemata auf den Protestantismus und auf seine Beurteilung von außen in der Geschichte nur zu oft stärker eingewirkt haben als vieles von seiner theologischen Arbeit.« In: Weismann, *Die Katechismen des Johannes Brenz. Teil 1*, Berlin 1990, »Exkurs 3: Die Haustafel bei Brenz«, S. 409–422, hier S. 422. Ders.: »Es wäre im übrigen eine eigene Untersuchung wert, den Einfluß dieser kleinen Schrift in der Lutherschen oder einer anderen Form durch die Jahrhunderte zu verfolgen.« In: Weismann, *Eine kleine Biblia. Die Katechismen von Luther und Brenz*, Stuttgart 1985, S. 39.

5 Zuletzt von Albrecht Peters, *Kommentar zu Luthers Katechismen*, hg. von Gottfried Seebaß, Bd. 5, Göttingen 1994, S. 95–118, der aber nur knapp auf die Rezeption Luthers im 16. und 17. Jahrhundert eingeht. Zur früheren Forschung vgl.: Otto Albrecht, »Katechismusstudien I« (s. Anm. 2); ders.: »Neue Katechismusstudien III«, in: *Theologische Studien und Kritiken* 82 (1909), S. 95; ders.: *Luthers Katechismen* (Schriften des Vereins für Reformationsgeschichte 121/122), Leipzig 1915, S. 143–148 und S. 178 f.; Johannes Meyer, *Historischer Kommentar zu Luthers Kleinem Katechismus*, Gütersloh 1929, S. 481–489; Werner Jetter, Art. »Katechismuspredigt«, in: *Theologische Realenzyklopädie (TRE)*, Bd. 17 (1988), S. 754–760. Standardwerk zu den Haustafelpredigten ist Julius Hoffmann, *Die ›Hausväterliteratur‹ und die ›Predigten über den christlichen Hausstand‹. Lehre vom Haus und Bildung für das häusliche Leben im 16., 17. und 18. Jahrhundert*, Weinheim/Berlin 1959. Hoffmann beschränkt sich aber auf diejenigen Predigten über die Haustafel, die sich auf das Haus beziehen. Die von ihm für diese Texte verwendete Bezeichnung »Predigten über den christlichen Hausstand« stammt nicht aus dem 16. Jahrhundert, sondern folgt Schleiermacher. Vgl. ebd., S. 210.

6 Joachim Schröder, *Bedebökelin aver de Husstafel* (ndt.), Rostock 1554. Bis 1560 vier niederdeutsche Ausgaben, scheint nicht ins Hochdeut-

also Predigten, Traktate, Gedichte, Lieder und Dramen verstanden werden, die die simple Aufzählung der biblischen Sprüche ausweiten und auslegen.[7]

Wenn auch die spezifische Zusammenstellung der Haustafel-Ständereihe von Luther stammt, steht doch der Typus solcher Predigtreihen in einer längeren Tradition, in der volkssprachlichen wie auch der lateinischen didaktischen Literatur.[8] Man hat sogar eine direkte lateinische Vorlage für Luthers Haustafel ausgemacht, eine Ständebelehrung aus der Hand des fran-

sche übersetzt worden zu sein, vgl. VD 16 (S 4213 und 4214); Cyriacus Spangenberg, *Geistliche Haustafel*, Wittenberg: Peter Seitz Erben 1556, vgl. VD 16 (S 7574). Die Predigten wurden gehalten 1555; Johann Holtheuser, *Haustafel* [Gedicht], Erfurt: [Geruasius Stürmer] 1556, vgl. VD 16 (H 4507); Hieronymus Weller, *Haustafel* [Traktat]. Nürnberg: Johann vom Berg und Ulrich Neuber 1556, vgl. VD 16. Deutsche Übersetzung von Valentin Winsheim (lateinische Fassung 1552). Frühere lateinische Haustafelauslegungen sind erwähnt bei Johann Michael Reu, *Quellen des kirchlichen Unterrichts in der evangelischen Kirche Deutschlands*, Gütersloh 1911 ff.: zu Jodocus Willich, *Totius catecheseos christianae expositio*, Frankfurt/Oder 1551: Reu, Bd. 3, 1. Abt. Historisch-bibliographische Einleitung (1927), S. 145*–147*; zu Johannes Pistorius, *Catechismi expositio*, Hamburg 1550: ebd., S. 591*–592*.

7 Es ist sinnvoll, dabei an der Unterscheidung zwischen der Haustafelliteratur und der späteren sogenannten ›Hausväterliteratur‹ festzuhalten. Letztere entsteht im letzten Jahrzehnt des 16. Jahrhunderts aus dem Zusammenfließen der antiken Tradition der Agrarlehren und der lutherischen Hauslehre, wie sie sich auch in der Haustafel findet. Der allein schon umfangmäßige Schwerpunkt der Hausväterliteratur liegt aber auf den praktischen Regeln der Land- und Hauswirtschaft. Gegenüber der Haustafel-Literatur fehlen dort in der Regel ausführliche Kapitel zum geistlichen Stand und zur Obrigkeit. Julius Hoffmann (s. Anm. 5) hat aus beiden Texttypen jeweils die Kapitel der Hauslehre isoliert und beide zusammen behandelt.

8 Z. B. Albrecht von Eyb, *Spiegel der Sitten*, hg. von Gerhard Klecha, Berlin 1988; Rodriguez Zamorensis, *Spiegel des Lebens*, Augsburg: G. Zainer um 1475 (Hain 13948). Wf HAB: 8.9 Eth.2°. Lateinische Ad-status-Predigten: vgl. D. L. d'Avray/M. Tausche, »Marriage sermons in *Ad status* collections of the central middle ages«, in: *Archives d'histoire doctrinale et littéraire du moyen âge* 47 (1980), S. 71–119, hier S. 72.

zösischen Theologen Jean Gerson vom Anfang des 15. Jahrhunderts.[9]

Auffällig ist aber, daß die Haustafel erst mehr als 25 Jahre nach ihrem Erscheinen und zehn Jahre nach dem Tod Luthers Gegenstand von ausführlicheren Bearbeitungen, gleichzeitig sowohl von Predigten als auch von Gedichten und Liedern, wurde. Es sei daran erinnert, daß zur selben Zeit – ebenfalls im lutherischen Ambiente – weitere neue Textgruppen Verbreitung fanden: die Teufelsliteratur entstand in den 50er Jahren, ebenso die lutherischen Gebetbücher und die lutherische Fürstenspiegelliteratur.[10] Das Phänomen der Haustafelliteratur fügt sich ein in ein Bild des 16. Jahrhunderts, wie es u. a. von Winfried Schulze beschrieben wurde[11]: Nach den Umwälzungen in der ersten Hälfte des Jahrhunderts bestand ein tiefgehendes Bedürfnis nach Sicherheit und Befestigung der Lehre und der neu entstandenen Lebensformen. Durch die Haustafel soll in diesem Zusammenhang das Verhalten der Gläubigen in dieser Welt mit biblischen Verhaltensanweisungen geregelt werden, nachdem die Fragen des Glaubens in den vorhergehenden Teilen des Katechismus geklärt worden sind.

2. Welche Stellung hat nun die Ehelehre innerhalb der Haustafel? Zunächst ist festzustellen, daß die Ehelehren innerhalb der Haustafelbearbeitungen sich im Grundsatz nicht unterscheiden von anderen Formen der lutherisch-orthodoxen Ehelehre, wie

9 Otto Albrecht, »Katechismusstudien I« (s. Anm. 2), hier S. 87–96.

10 Zur Teufelsliteratur: Heinrich Grimm, »Die deutschen ›Teufelsbücher‹ des 16. Jahrhunderts. Ihre Rolle im Buchwesen und ihre Bedeutung«, in: *Archiv für Geschichte des Buchwesens* 2 (1960) S. 513–570. Zu Gebetbüchern: Bernard Vogler, »Die Gebetbücher in der lutherischen Orthodoxie (1550–1700)«, in: Hans-Christoph Rublack (Hg.), *Die lutherische Konfessionalisierung in Deutschland. Wissenschaftliches Symposion des Vereins für Reformationsgeschichte 1988* (Schriften des Vereins für Reformationsgeschichte 197), Gütersloh 1992, S. 424–434, hier 424. Zu Fürstenspiegeln: Michael Philipp, »Regierungskunst im Zeitalter der konfessionellen Spaltung«, in: Hans-Otto Mühleisen/Theo Stammen (Hg.), *Politische Tugendlehre und Regierungskunst. Studien zum Fürstenspiegel der frühen Neuzeit*, Tübingen 1990, S. 71–116, hier S. 111.

11 Winfried Schulze, *Deutsche Geschichte im 16. Jahrhundert*, Frankfurt am Main 1987, S. 13f.

sie z. B. in vielen Traktaten und vor allem in einer Flut von Hochzeitspredigten von lutherischen Pfarrern dargestellt wurde – auch dies übrigens ein Phänomen, das vor allem seit den 50er Jahren des 16. Jahrhunderts einsetzt.[12] Jede Predigt aus der Haustafel-Reihe hätte ohne weiteres aus ihrem Kontext herausgetrennt werden können und einzeln als Obrigkeits- und Untertanenpredigt, als Predigt über das Amt der Eltern oder eben als Ehepredigt veröffentlicht werden können.[13] Es stellt sich daher die Frage, was es als sinnvoll erscheinen lassen kann, die lutherisch-orthodoxe Ehelehre nun gerade in der Haustafelliteratur zu untersuchen.

Die Tatsache, daß die Haustafel Bestandteil des Katechismus war, also zum Grundbestand des Glaubens und des Wissens von der Religion gehörte, führte zu einem Bemühen um eine gewisse Konzentration auf das Wesentliche, vor allem in den Textsorten, denen eine äußere Begrenzung vorgegeben war – in extremer

12 Das Berliner Forschungsprojekt »Bilder von Liebe, Ehe und Familie in der Literatur des 15. und 16. Jahrhunderts« unter der Leitung von Erika Kartschoke hat ein Repertorium der deutschsprachigen Eheschriften des 15. und 16. Jahrhunderts erstellt (dessen erster Halbband 1996 erschienen ist). Dieser stellt Ehe-Texte der Staatsbibliothek Berlin vor. Die Bestände der Berliner Staatsbibliothek sind allerdings durch den letzten Krieg stark dezimiert worden. Leider sind große Teile der einschlägigen Signaturengruppen nicht mehr vorhanden, so daß diese Bibliothek den großen Anteil von Hochzeitspredigten der zweiten Hälfte des 16. Jahrhunderts an der gesamten frühneuzeitlichen Eheschriftenproduktion nur noch in seinem alten Realkatalog zeigt. Die geplanten folgenden Bände des Repertoriums werden aber diese Sachlage deutlich belegen. Ebenso wird sich erst, wenn alle ca. 800 bisher ermittelten Titel vorgestellt sind, zeigen, daß die katholischen Eheschriften des 16. Jahrhunderts an zwei Händen zu zählen sind. Dieser Befund überrascht nicht im Grundsatz, wohl aber in seinem Ausmaß. Darüber hinaus scheinen nach den bisherigen Recherchen auch reformierte Eheschriften des 16. und frühen 17. Jahrhunderts außerordentlich selten zu sein. Sollte sich auch dieses Ergebnis bei weiteren Nachforschungen bestätigen, wäre es allerdings sehr erklärungsbedürftig.

13 So etwa bei Gabriel Volck, *Mulier Homo. Das ist: Christliche Predigt von dem weiblichen Geschlecht*, Magdeburg 1609. Wf HAB. Martin Bircher, *Deutsche Drucke des Barock 1600–1720. Katalog der Herzog August Bibliothek Wolfenbüttel*, Millwood/München 1977–1994 (A 5957).

Form in den Strophen des Kirchenlieds, aber auch in den Predigtzyklen. Die Ausgangspunkte der Ehelehre innerhalb der Haustafel sind immer die entsprechenden Stellen aus den Paulus- und Petrus-Briefen, daran anschließen konnten dann weitere Vorschriften und Exempel aus dem Alten Testament oder auch aus der Antike. Dagegen hatten etwa die verbreiteten Hochzeitspredigten eine etwas größere Auswahl an entsprechenden Bibelstellen, die sie zum Ausgangspunkt ihrer Auslegung nahmen.[14] In seltenen Fällen konnten sie auch ganz auf die Auslegung einer Bibelstelle verzichten.[15]

Der Eislebener Pfarrer und Mansfeldische Superintendent Heinrich Roth schreibt in seiner Haustafel-Auslegung von 1573[16] über den Unterschied von Hochzeitspredigten und dem Ehekapitel in der Haustafel:

»Nun ist es an dem / das diss stück sonderlich des jars am meisten / nach gelegenheit / in den Brautpredigten gehandelt wird / Aber doch weil es die ordnung alhier mitbringet / vber das auch die meinung hat / das man sagen vnd klagen muss / das man sich offtmals vbel oder langsam zu den Hochzeitpredigten findet / vnd also schier ein ansehen gewinnet / das mans mehr fur ein gewonheit / denn fur grossen nutz achtet. Denn man hierinnen vergisset / Gotts werck vnd ordnung / weil Gottes furcht nach dem ersten Gebot beginnet zu fallen. So müssen wir vns nicht beschweren / diese Lere alhier zu widerholen.« (Bl. 679v)

Innerhalb einer Predigtreihe über den Katechismus erhofft sich Roth also für seine Ehepredigten eine stärker ermahnende Wirkung als in den zur Gewohnheit gewordenen Hochzeitspredigten.

Mehr als bei vielen anderen lutherisch-orthodoxen Texten zum Thema wird darüber hinaus in der Ehelehre innerhalb der Haustafel deutlich, daß die Ehe ihren Platz in der Gesellschaft im

14 Z. B. der Paradies-Bericht; Abraham und Sara; Tobias und Sara; Isaak und Rebekka; Buch Ruth; David und Abigail; 127. und 128. Psalm; 31. Kap. Prov. Salomonis; 25. und 26. Kap. Jesus Syrach; Hochzeit zu Cana; Hebräerbrief 13 usw.

15 Z. B. Joachim Westphal, *Von dem Wörtlein »Hochzeit«*, Eisleben 1565. Wf HAB, vgl. VD 16.

16 Heinrich Roth, »Die ganze Haustafel«, in: ders., *Catechismi Predigt, 2. Teil*, Eisleben: Urban Gaubisch 1573. Berlin DSB: E 6357a; München SB; Wf HAB: Alvensleben 4°Dm 218, vgl. VD 16 (R 3240).

Rahmen der lutherischen Dreiständeordnung findet.[17] Schon die Zusammenstellung der Sprüche bei Luther läßt den Aufbau nach den drei Ständen (Geistlichkeit, Obrigkeit und Haus) erkennen. Noch deutlicher wird diese Struktur durch die nachträgliche Einfügung der Zuhörer und Untertanen in die ursprüngliche Reihung.

Ohne auf die Probleme der Herkunft und Ausbildung der lutherischen Drei-Regimenten-Ordnung und ihrer Ausprägung seit der Mitte des 16. Jahrhunderts hier im einzelnen eingehen zu können, soll nur daran erinnert werden, daß der Unterschied zur traditionellen Dreiständeordnung (Klerus, Adel, Bauern) 1. in der Auflösung der hierarchischen Abgrenzung der drei Stände voneinander in nebeneinandergeordnete Funktions- oder Lebensbereiche besteht, 2. in der Einordnung der Geistlichkeit als weltlichen Beruf sowie 3. in der Umwertung des dritten Standes vom Bauern- zum Haus- und Ehestand.

Die Ehe, deren göttliche Einsetzung im Paradies dem gesamten Haus-Regiment biblische Legitimation verleiht, ersetzt damit nicht einfach den Bauernstand, der zuvor lediglich die übergeordneten Stände zu ernähren hatte. Sie umfaßt vielmehr – ebenso wie die beiden anderen Hierarchien (kirchliches Regiment und Obrigkeit/Untertanen-Verhältnis) – die gesamte Gesellschaft. Nach Luthers Dreistände-Modell verteilen sich die Menschen innerhalb der Gesellschaft nicht mehr durch Geburt vorbestimmt auf drei voneinander streng getrennte Stände, sondern sie befinden sich gleichzeitig in allen drei Ständen oder Hierarchien – als Prediger oder als Zuhörer im geistlichen Stand und als Herrscher oder als Untertanen im weltlichen Regierstand; in gleicher Weise wird in diesem Modell die Ehe und mit ihr das sie umgebende Haus zu einem die gesamte Gesellschaft ordnenden Stand, in dem man sich als Ehemann oder Ehefrau, als Hausherr oder Knecht, als Eltern oder Kinder befindet.[18]

17 Zur Drei-Stände-Lehre: Werner Elert, *Morphologie des Luthertums*, Bd. 2, München 1932, S. 49–65; Wilhelm Maurer, *Luthers Lehre von den drei Hierarchien und ihr mittelalterlicher Hintergrund*, München 1970; Reinhard Schwarz, »Ecclesia, oeconomia, politia. Sozialgeschichtliche und fundamentalethische Aspekte der protestantischen Drei-Stände-Lehre«, in: Horst Renz/Friedrich Wilhelm Graf (Hg.), *Troeltsch-Studien. Bd. 3: Protestantismus und Neuzeit*, Gütersloh 1984, S. 78–88.

18 Ägidius Hunnius: »Weil nun auß diesem Haußstand alle andere

Junge Leute und Witwen, die auch noch in der Haustafel vorgesehen waren, konnten diesem dritten Stand des Modells problemlos zugeschlagen werden.

Diese Luthersche Uminterpretation des traditionellen Dreier-Schemas (mit dem er sich an keiner Stelle explizit auseinandersetzt, wenn es ihm auch natürlich bekannt war)[19] wurde in der zweiten Hälfte des 16. Jahrhunderts zum Zentrum der lutherisch-orthodoxen Vorstellung von der Gesellschaft – Martin Honecker bezeichnet sie als die »Lebensanschauung des Luthertums«.[20]

Zugleich aber wird an vielen Stellen deutlich, daß das alte Schema der drei Stände durch die unterschwellige Identifizierung des Ehe- und Hausstandes mit dem Untertanenstand sich wieder durchsetzte[21], wie sich das auch in dem seit der Mitte des 16. Jahrhunderts verbreiteten Begriff vom »Lehr-, Wehr- und Nährstand« ausdrückt. Dabei wurde in bildlichen Darstellungen der »Nährstand« wieder durch eine Bauernfigur repräsentiert.[22] Auch Melanchthon nahm 1539 in seine Bearbeitung des

Ständ / Geistliches vnd Weltliches Regiments werden entsetzet / auch demselben bey nahe alle Menschen zugethan sind / Sintemal keiner ist / der nicht entweder ein Ehemann oder Eheweib / ein Herr oder Knecht / Frauw oder Magd ist / So wil die Nothturfft erfordern / daß auch in diesem Stand die Christen aus Gottes Wort jhres Ampts vnd Beruffs erjnnert werden« (S. 64). Ägidius Hunnius, *Christliche Haustafel*, Frankfurt am Main: Johann Spieß 1586. Berlin DSB: 1 an: Bh 4100a; Wf HAB: Alvensleben V 132 (2). VD 16 (H 6003).

19 In der Schrift *An den christlichen Adel deutscher Nation* von 1520 (WA 6, 404ff.) zitiert Luther die traditionelle Aufgabenverteilung zwischen Papst, Kaiser und »gemeinem Mann«, schon hier aber mit einer gewissen Distanzierung.

20 »Sozialethik des Luthertums«, in: Rublack (Hg.), *Die lutherische Konfessionalisierung in Deutschland*, a.a.O, S. 327.

21 Zur Gleichsetzung des Ehestands mit den Untertanen vgl. Cyriacus Spangenberg (s. Anm. 6): »Demnach sol der Predigerstand leren / beide Oberherrn vnd Vnterthanen / vnd Eheleute. Der Regierend stand sol wehren / damit beide / die im Predigampt / vnd die im Ehestandt sampt jren / an Leib / ehr / vnd gut / vnbeschedigt bleiben. Die *Eheleute aber vnd Vnthertanen* / sollen Neeren beide Oberherrn vnd Predigern jr gebür geben / vnd sie helffen versorgen vnd erhalten« (Bl. A4r; Hervorhebung von mir. WB).

22 Beispiele bei Johannes Meyer (s. Anm. 5), S. 482 (mit Verweis auf

Evaskinderstoffs das mittelalterliche Dreiständeschema für die göttliche Verteilung der Berufe auf: Abel wurde Priester, Seth Adliger, und Kain wurde die Rolle des Bauern zugeordnet.[23] Viele spätere lutherische Bearbeitungen übernahmen diese Version. Der Widerspruch zu Luthers Modell scheint – ebenso wie in den Haustafelpredigten[24] – nicht wahrgenommen oder zumindest nicht als gravierend empfunden worden zu sein.
Für das Ehebild in der Haustafel bedeutet dies, daß die Lehre zwar grundsätzlich nicht sozial begrenzt war und sich gleichermaßen an Fürsten-, Pastoren-, Bürger- und Bauernehen richtete; in der Ausführung aber wurde das Haus und die Ehe in ihm mit dem Bereich der Untertanen gleichgesetzt.
Ein weiteres Charakteristikum der Ehelehre innerhalb der Haustafel ist die Tatsache, daß zu den gegenseitigen Pflichten des Ehepaares immer auch seine Pflichten als Eltern und als Hausherrschaft gegenüber dem Gesinde in den folgenden Kapiteln hinzutreten. Zum einen wird das Ehepaar dadurch stärker als Einheit dargestellt, weil die unterschiedlichen Pflichten von Va-

WA 30, I,734) und bei Ottavia Niccoli, *I sacerdoti, i guerrieri, i contadini*, Turin 1979, Abb. 19–21 und S. 101. Es darf nicht vergessen werden, daß im katholischen Bereich die alte Vorstellung unverändert vorherrschend blieb; vgl. Augustin Neser, *Instruction an alle Stände*, Ingolstadt 1572 [1. Ausgabe von 1566]. Wf HAB: 163.41 Theol.4°(2), vgl. VD 16 (N 545):
»Der Gaistlich standt mit fleiß bet / lehr /
Der Kaiser / Ritterschaft / bald wehr /
Der Bawr vnd Burgerschafft ernehr /
Sein hertz zu Gott doch jeder kehr /
Vns all Herr Jesu Christ erhör« (Bl. LXII).

23 Vgl. Johannes Winzer, *Die ungleichen Kinder Evas in der Literatur des 16. Jahrhunderts*, Greifswald 1908, S. 17.

24 Unklar bleibt die Vorstellung etwa bei Lucas Osiander d. J., *Die christliche Haustafel*, Tübingen: Georg Gruppenbach 1601. Wf HAB: 312.10 Theol.(1): »Den ersten Stand / nennet man den Lehrstand: Den andern / den Wehrstand: Den dritten / nennet man den Neerstand. Jn dieser dreyer Ständen einem / muß ein Christ leben« (Bl. A2v). Also in *einem* dieser Stände, nicht in allen dreien. Dann aber fährt Osiander fort: »Eintweder / daß er sey ein Prediger oder Zuhörer: ein weltliche Obrigkeit / oder ein Vnterthon: ein Haußuatter / oder ein Haußgesind«, d. h. jeder Hausvater befindet sich als Zuhörer und als Untertan zugleich in allen Ständen.

ter und Mutter, bzw. Hausherr und Hausfrau in den Haustafel-Bearbeitungen nur selten ausführlich geschlechtsspezifisch aufgegliedert werden, und zum anderen werden damit die beiden wichtigsten gesellschaftlichen Zwecke der Ehe immer einbezogen: die Kindererziehung zu Gottesfurcht und Fleiß sowie der Antrieb zur von Gott befohlenen Arbeit, in der die Hausherrschaft das Gesinde nicht nur beaufsichtigen, sondern diesem auch Vorbild sein muß.

Wenn die in der Forschung vertretene Auffassung zutreffen sollte, daß in der Frühen Neuzeit die Rolle der Frau in erster Linie als Ehefrau und noch nicht vorwiegend als Mutter gesehen wurde[25], dann bleibt die Haustafel-Literatur in dieser Hinsicht ambivalent: Einerseits schreibt das Schema die Behandlung der Elternpflichten vor, sie sind zwingende Ergänzung des Ehebilds. Andererseits bleiben Ehepflichten und Elternpflichten voneinander getrennt in zwei unterschiedlichen Kapiteln.

3. Als Beispiel für eine Haustafelpredigt über die Ehe soll hier ein Autor herangezogen werden, der bei Julius Hoffmann[26] nicht berücksichtigt wurde, der aber als einer der bedeutendsten Vertreter der lutherischen Orthodoxie am Ende des 16. Jahrhunderts gilt und dessen Katechismus-Predigten daher eine überaus weite Verbreitung fanden: Der Marburger Theologieprofessor Ägidius Hunnius (1550–1603)[27] veröffentlichte 1586 seine Haustafel-Predigten, die er später in seine Katechismuspredigten-Ausgabe aufnahm. Bis 1605 sind bisher zehn Auflagen bekannt; davon erschienen die ersten sechs Auflagen bis 1596 bei dem Faust-Drucker Johannes Spieß in Frankfurt am Main.

Nichts an Hunnius' Ausführungen über die Ehe ist in hervorhebenswerter Weise originell. Mehr als andere Prediger konzentriert er seine Auslegung der Haustafel aber auf einige zentrale Punkte. Seine Exempel entnimmt er dabei ausschließlich der Bibel, vorwiegend dem AT. Die Pflichten der Ehemänner und

25 Claudia Opitz, »Mutterschaft und Vaterschaft im 14. und 15. Jahrhundert«, in: Karin Hausen/Heide Wunder (Hg.), *Frauengeschichte, Geschlechtergeschichte*, Frankfurt am Main/New York 1992, S. 137–153, hier 145–147.

26 Siehe Anm. 5.

27 Zu Ägidius Hunnius (s. Anm. 18) s. *TRE* 15 (1986), S. 703–707.

der Ehefrauen faßt er in einer Predigt zusammen, die er in drei Teile gliedert. Der erste Teil leitet – mittlerweile schon traditionellen lutherischen Argumentationsschemata folgend – die Würde des ehelichen Standes aus biblischen Belegen ab und verwirft die katholische Lehre von der Höherwertigkeit der Jungfernschaft und des Zölibats; die beiden anderen Teile der Predigt gehen auf die Gebote für Mann und Frau ein.
Die Pflichten für den Mann konzentrieren sich in dem Gebot der Liebe, für die Frau dagegen in dem des Gehorsams. Der Gehorsam der Frau entspricht dem der Untertanen gegenüber der Obrigkeit, wie dem der Kinder und des Gesindes gegenüber den Eltern und der Hausherrschaft. Der Gehorsam hat abzusehen von den zufälligen Schwächen der einzelnen übergeordneten Person, denn er ist ein Gehorsam dem gottverordneten Amt des Mannes gegenüber. Dieser Gehorsam soll immer verbunden sein mit Ehrfurcht, zugleich zeigt er sich in Sanftmut und in Arbeitsamkeit. Hunnius zieht für die Ehefrauenpflichten über die Paulus- und Petrus-Briefe hinaus vor allem die Sprüche Salomonis und das Buch Jesus Syrach heran.
Die Pflicht des Mannes zur Liebe dagegen ist eher als Abmilderung seiner Herrschaftspflicht zu charakterisieren.[28] Es ist keine leidenschaftliche Liebe, sondern eine Art besonders intensiver Form von Nächstenliebe, wie sie dann auch im letzten Abschnitt der Haustafel für alle Christen vorgeschrieben wird. Möglicherweise spricht deshalb Luther selbst in seinem Spruch zu den Ehemännern nicht von ›Liebe‹, sondern von Vernunft[29], obwohl der herangezogene Paulus-Spruch aus dem Ko-

28 So schon bei Julius Hoffmann (s. Anm. 5), S. 127; bemerkenswerte Parallelität für den katholischen Bereich, allerdings ca. 150 Jahre später, bei Rainer Beck, »Frauen in Krise. Eheleben und Ehescheidung in der ländlichen Gesellschaft Bayerns während des Ancien régime«, In: Richard van Dülmen (Hg.), *Dynamik der Tradition. Studien zur historischen Kulturforschung*, Frankfurt am Main 1992, S. 137–212, hier S. 187–192.

29 »Den Ehemennern. Jr menner, wonet bey ewrn weibern mit vernunfft und gebt dem weiblichen als dem schwachen werckzeug seine ehre als miterben der gnade des lebens, auff das ewer gebet nicht verhindert werde. Inn der Ersten Epistel Petri am dritten Capitel. Und seid nicht bitter gegen sie. Zun Coloss. am dritten Capitel.« WA 30 I, S. 326.

losserbrief ›Liebe‹ durchaus vorgegeben hätte. Unter dieser fassen dagegen die meisten späteren Prediger über die Haustafel die Ehepflichten zusammen. Diese Liebe ist aber nichts anderes als das Luthersche »Beiwohnen in Vernunft« und in Freundlichkeit, sie verlangt Nachsicht gegenüber den weiblichen Schwächen und umfaßt zugleich auch Versorgungs- und Erziehungspflicht. Hauptsorge ist die Vermeidung von Streit, weil dadurch das gemeinsame Beten verhindert werde.

Das Eigentümliche dieser Ehekonzeption ist, daß die Pflichten der Eheleute zueinander Pflichten gegenüber Gott sind. Als direktes Verhältnis erscheint das des einzelnen zu Gott; jeder hat seine spezifischen Pflichten zu erfüllen, unabhängig davon, ob der andere die seinen erfüllt. Das ist der Sinn des Abschlußspruches der Haustafel von Luther: »Ein jeder lern sein lection, So wird es wol jm hause ston«.[30] Das Verhältnis der Ehepartner zueinander wird auf diese Weise kaum problematisiert, sie sind – jeder auf seine eigenen Pflichten konzentriert – wie isoliert voneinander.

4. Unter den verschiedenen Bearbeitungen der Haustafel seit der Mitte des 16. Jahrhunderts finden sich auch zwei Dramen. Das erste mit dem Titel *Haustafel* wurde 1565 von dem sächsischen Pfarrer Johannes Schuward veröffentlicht, über dessen Biographie nur sehr wenig bekannt ist.[31] Laut Vorrede hat er das Spiel sieben Jahre zuvor verfaßt. Das zweite ist eine Überarbeitung des ersten von der Hand des Nürnberger Schulmeisters Georg Mauritius[32], der sein Spiel unter dem Titel *Von allerlei Ständen* 1606 herausbrachte. An den Akten, die das Thema ›Ehe‹ behandeln, kann gezeigt werden, welche Veränderungen das Umgießen von der Predigt- in die Dramenform mit sich bringt.

30 Über diesen Spruch hat Heinrich Roth (s. Anm. 16) eine eigene Predigt am Ende der Haustafel-Auslegung.

31 Johannes Schuward, *Haustafel. Ein geistlich Spiel*, Eisleben: Urban Gaubisch 1565. Dresden LB: Theol.ev.mor. 349; ehemaliges Berliner Exemplar (1 an: Yq 70 R) jetzt in Krakau unter derselben Signatur. Zu Schuward: *ADB* 33 (1891), S. 150f.

32 Georg Mauritius, *Von allerlei Ständen*, Leipzig: Abraham Lamberg 1606. Berlin SB: Yq 2351 R; München SB. Zu Mauritius: *ADB* 20 (1884), S. 709.

Schuwards Drama – wohl für Schulvorführungen geschrieben – hat fünf Akte und 30 sprechende Personen, hinzu kommen noch mehrere ohne Redeanteil. Mauritius versorgt sogar knapp 70 seiner Schüler mit einer Rolle. Er hat Schuwards Spiel nicht nur erweitert, er zeigt sich auch weniger zögerlich, der Lehre unterhaltsame Momente beizumischen. Schuward dagegen trägt eher Bedenken, was die Gefahren einer falschen Rezeption seines Werkes angeht. In seinem Vorwort warnt er:

»Lese aber auch ja niemand diese Reim / darin der Göttlichen Maiestat wort / vnd heilige Gottselige lere verfasst ist / wie sonst einen kurtzweiligen possen / sondern lasse jm diese meine einfeltige arbeit (wie sonst Reime pflegen ein ding mercksam einzubilden) lust machen / Gottes Wort vnd willen desto mit gröserm gefallen auffzunemen vnd in sein hertz zu pflantzen / Denn Gott lest sich nicht spotten / vnd wil mit seinem Wort kein Narrenspiel getrieben haben / sondern man predige / höre / lese / singe / sage vnd spiele es / so sol es von vns allen hoch geachtet werden.« (Bl. A5)

Der Widmungsempfänger und Geldgeber dieses Druckes, Michael Krafft, rechtfertigt aber das Werk in einem Nachwort als eine didaktische Alternative zur Predigt, besonders für die Jugend:

»Jch hoffe auch es sol hiemit den Christlichen Stenden nicht vbel gedienet sein, vnd es werden on zweiffel viel Menschen die es lesen hören sehen vnd erfaren werden, in jrem Beruff belüstigt, gewitzigt, vnd gelert werden. Vnd thun gegen ewer Ehrwirdn mich sonderlich hoch bedankken, das dieselb E. E. [...] das jenige das man jhnen [der Jugend. WB] sonst mit viel langem leren vnd predigen nicht wol kan einblewen vnd treiben, durch Spielweise fürgemalet.« (Bl. P6)

Durch die Nähe des Schuwardschen Spiels zur Predigt – begründet in der identischen Wirkungsintention – bietet sich ein Vergleich in bezug auf das Ehethema an.

In der *Comoedia* Schuwards treten Gottvater, Jesus Christus und verschiedene Propheten und Apostel auf, die den Vertretern der Stände ihre Pflichten vorhalten. Im ersten Akt werden Priester und Zuhörer belehrt, im zweiten Herrscher und Untertanen, im dritten Ehemänner und Ehefrauen, im vierten zugleich Kinder und Gesinde sowie Eltern und Hausherrschaft. Der fünfte Akt weicht vom Haustafel-Schema ab und zeigt an einer Wirtshausszene, daß die böse Welt, die sich nur vergnügen will, sich um

die gutgemeinten Belehrungen nicht schert. Keine besonders spannende Handlung also.
Die Lehre ist hier gegenüber den Predigten in Dialogform und in Verse gebracht, wohl mit ausführlichen Predigtanteilen der belehrenden Figuren, aber eben auch mit Gegenfiguren, die diejenigen repräsentieren, die sich entgegen der Lehre verhalten. Der schlechte Ehemann Simei – wie fast alle Figuren des Spiels mit biblischem Namen ausgestattet[33] – ist zugleich im ersten Akt unfolgsamer Zuhörer in der Kirche, der vielmehr meist die Predigt versäumt, unzufriedener Untertan im zweiten Akt und im vierten nachlässiger Hausherr.[34]
Da die positiven Figuren Tobias (in der ersten Hälfte des dritten Aktes) und Sara (in der zweiten Hälfte) den Belehrungen der Propheten und Aposteln nur zustimmen können, bekommen die Negativfiguren innerhalb des Spiels ein stärkeres Gewicht, wenn auch ihre Argumente und Einwände – kaum vorgebracht – immer sofort widerlegt werden. Bei der späteren Bearbeitung von Mauritius schließlich kann man schon fast von einer Dominanz der Gegenfiguren reden, weil hier vor allem die Einwände der männlichen Negativfigur die Form von mehr oder weniger komischen misogynen Pointen annehmen. Dafür ein Beispiel: An einer Stelle gibt Salomon als Belehrender der Negativfigur Nikkel sogar teilweise gegenüber der positiven Figur Erhart recht, der eingewandt hatte, Nickel führe sein Unglück durch eigenes Fehlverhalten herbei. Salomon dagegen gibt zu bedenken, daß bei wirklich bösen Weibern tatsächlich nur beten helfe; vielleicht habe Nickel das nicht ausreichend getan. Nickel erwidert, er bete mehrmals am Tag, aber so, daß seine Frau es nicht merke. Auf die verwunderte Nachfrage betet er vor: Gott habe ihm ein Kreuz gesandt, Gott möge dieses Kreuz und seine Frau wieder von ihm nehmen. Selbstverständlich wird er für diese lästerliche Pointe sofort zurechtgewiesen, aber die Lacher hat er auf seiner Seite.
Das größere Gewicht der Negativfiguren im Spiel führt zugleich zu einer Verschiebung der thematischen Schwerpunkte. Die Argumente der Negativfiguren haben die Funktion, mögliche Ein-

33 Vgl. AT 2. Buch Samuel, Kap. 16,5 und 19,17.
34 Die schlechten, weil die Kinder verzärtelnden Eltern dagegen werden im vierten Akt von der Ehefrau und Mutter repräsentiert.

wände der Zuschauer gegen die Lehre vorwegzunehmen, um sie sogleich zu widerlegen. Diese bei Schuward, aber auch bei Mauritius ausgiebig eingesetzte Technik des widerlegten ›Einwands‹ ist zwar auch in der Predigt und im Traktat gang und gäbe. Aber die Gegenfiguren im Drama stehen in einer bestimmten literarischen Tradition, durch die die Hauptprobleme des Ehestands vorgegeben werden. Das Drama von Schuward hebt beim Mann vor allem ab 1. auf eheliche Untreue und 2. auf Gewaltanwendung zur Herrschaftssicherung gegenüber der widerspenstigen Frau, beides Themen, die in den Haustafel-Predigten angesprochen, aber in der Regel nicht ausführlich dargelegt werden.

Ebenso bei der Ehefrau: Die üblichen Tugenden der »Hauszier« werden vorgetragen, und die gute Ehefrau Sara bittet Gott in einem Gebet um die Kraft, ihre Pflichten auch zu erfüllen. Aber durch die Gegenreden Xantippas wird das Hauptgewicht auch der zweiten Hälfte des dritten Aktes auf die Herrschaft im Haus gelegt. Die Einführung von Gegenfiguren im Drama zwingt der Lehre eine Verlagerung auf das literarisch-traditionelle ›Kampffeld‹ der häuslichen Herrschaft auf, wobei die Konturierung der Figur Xantippas natürlich auf das Stereotyp des ›bösen Weibs‹ zurückgreift. Das Haustafel-Spiel wirkt auf diese Weise ›frauenfeindlicher‹ als die Predigten.

Es kann nicht behauptet werden, daß die Einwände der Negativfiguren gegenüber der kirchlichen Lehre durchweg ›Lebenserfahrung‹ zu ihrem Recht bringen wollten. Dies mag an einzelnen Stellen herauslesbar sein – interessant für die vorsichtige Rekonstruktion möglicher von der kirchlichen Lehre abweichender Meinungen in der Bevölkerung –, in der Regel handelt es sich aber um meist misogyne Stereotypen. Auch kann man den Einwänden keine durchgehende ›Gegenpositionen‹ entnehmen, sie bleiben gebunden an ihre Funktion als Stichworte für die positive Lehre.

Aber es lassen sich an diesen Gegenreden doch zwei Grundzüge ausmachen: 1. die Meinung, daß die göttlichen Regeln nicht so streng ausgelegt werden dürften, und 2., daß das eigene Fehlverhalten nur eine Schutzreaktion auf das viel verwerflichere Fehlverhalten des Ehepartners sei.

Die positiven Figuren setzen dagegen zum einen den Befehl Gottes und die Androhung von Strafe. Zum anderen aber be-

haupten sie, durch die Erfüllung der eigenen Pflichten könne man den Ehepartner zur Besserung bewegen. Insofern lassen sich die Lehren auf eine ›innerweltliche‹ Argumentation darüber ein, wie das Verhalten des Partners beeinflußt werden kann. Sie halten den Befehl Gottes aber immer als Rückzugsposition gegen den Einwand, daß diese Methode zur Verbesserung des ehelichen Zusammenlebens nicht funktioniere. Mauritius hat allerdings an den Schluß des dritten Aktes ein sehr pessimistisches Zitat von Antonio Panormita gesetzt, daß nur in einer Ehe, in der der Mann taub und die Frau blind sei, Einigkeit herrschen könne – ein Diktum, das in unterschiedlichen Variationen von Terenz bis Lessing verbreitet ist.[35] In diesem Bild ist die Trennung der Ehepartner durch die Verstümmelung der Sinnesorgane auf die Spitze getrieben, um die Möglichkeiten zum Streit auszuschließen. Wenn schon nicht jeder seine Pflichten erfüllt, wie die Lehre der Haustafel es fordert, muß den Ehepartnern wenigstens die Möglichkeit genommen werden, die Verfehlungen des anderen wahrzunehmen.
Aber auch bei Schuward läßt der pessimistische (ebenfalls von Mauritius übernommene) Schlußakt des Dramas, in dem das in Kürze bevorstehende Ende der Welt angekündigt wird, Zweifel an der Überzeugungskraft der Lehre aufkommen. Diesen Eindruck kann auch die kleine Gruppe um den gottesfürchtigen Hausvater Tobias im Schlußakt nicht entkräften. Die Pastoren fahren fort zu predigen, weil das eben ihr ›Beruf‹ ist, aber die reformatorische Hoffnung, durch die Verbreitung des rechten Glaubens automatisch auch das Leben in dieser Welt zu verbessern, ist in tiefe Resignation umgeschlagen.

35 Vgl. Reinhold Köhler, »Zu Lessings Gedicht: Das Muster der Ehen«, in: *Vierteljahresschrift für Litteraturgeschichte* 1 (1888), S. 492; 2 (1889), S. 275–278; 5 (1892), S. 160.

Karin Becker

Textintention und Geschlechterprojektion in Eustache Deschamps' *Miroir de Mariage*

Eustache Deschamps' Ehespiegel[1] ist meines Wissens bislang nirgends Gegenstand einer eingehenden Untersuchung gewesen. Diese Forschungslücke mag verschiedene Gründe haben, auf die ich im folgenden eingehen möchte – ein Vorgehen, das zugleich der Vorstellung von Autor und Werk dienen soll, einen Einblick in die aktuelle Forschungssituation bietet[2] und zu einer weiterführenden Analyse des *Miroir de Mariage* überleitet.

Erstens beruht das genannte Forschungsdefizit auf einer jahrhundertelangen Fehleinschätzung der Dichterpersönlichkeit selbst, die zu einer generellen Nichtbeachtung bzw. Ablehnung seines gesamten Werkes geführt hat und erst in jüngster Zeit durch eine sich allmählich konstituierende Deschamps-Forschung revidiert wird. Zweitens muß man ein ganz spezifisches Desinteresse an seinem Ehetraktat verzeichnen, der aus literarhistorischer Sicht als formal wie inhaltlich ›ungenießbar‹ aus dem Kanon der großen Werke der spätmittelalterlichen Literatur ausgeklammert wurde. Dieses Verdikt geht vor allem auf ein romantisch-idealistisches Literaturverständnis zurück, das dem mittelalterlichen Literaturbegriff gänzlich unangemessen ist. Drittens beruht diese Verurteilung des *Miroir de Mariage* sicherlich auch auf dem Fehlen eines adäquaten wissenschaftlichen Instrumentariums, so daß man erst heute mittels entsprechender Fragestellungen, wie sie von der Sozial- und Mentalitätengeschichte, von der historischen Frauenforschung und der Ge-

1 Zur Einführung in Leben und Werk des Dichters: E. Hoepffner, *Eustache Deschamps. Leben und Werke*, Straßburg 1904, Nachdruck Genf 1974. Vgl. demnächst auch die neue Biographie des Dichters von I. S. Laurie in dem von D. M. Sinnreich-Levi herausgegebenen Sammelband *Eustache Deschamps, Fourteenth-century courtier poet: His work and his world*, New York (im Druck).

2 Ein ausführlicher Forschungsbericht zu Deschamps erschien nach Fertigstellung dieses Beitrags: K. Becker, *Eustache Deschamps. L'état actuel de la récherche*, Orléans 1996 (Anm. des Hg.).

schlechtergeschichte erarbeitet wurden, der Textintention auf den Grund gehen und die Aussagen des Dichters über die Ehe und das Verhältnis der Geschlechter in ihren soziokulturellen Kontext stellen kann.

Die folgenden Überlegungen sind nach diesen drei Punkten gegliedert und stellen den Versuch dar, einen Anstoß zu einer Neuorientierung in der Beschäftigung mit Deschamps' verschmähtem Alterswerk zu geben. Dabei soll der Frage nach den Textsorten und Diskurstypen, die seine Darstellung von Frau und Ehe bedingen, besondere Aufmerksamkeit geschenkt werden.

I
Eustache Deschamps – die Wiederentdeckung eines »poète injustement oublié«[3]

Eustache Deschamps (1340 – ca. 1404), Jurist und königlicher Hofbeamter bürgerlicher Herkunft, war zu seinen Lebzeiten ein hochangesehener Dichter, wie Zeitgenossen wie Philippe de Mézières, Christine de Pizan und Geoffrey Chaucer bezeugen. Nach seinem Tod sind seine Person und sein Werk jedoch rasch in Vergessenheit geraten; lediglich seine Aufnahme in die Mitgliederlisten des Liebeshofs um Isabeau de Bavière zeugt noch von seinem Ruhm; darüber hinaus lassen sich nur noch in der Dichtung Villons vereinzelte Spuren eines Einflusses finden. Eine zaghafte Wiederentdeckung des Dichters zeichnet sich erst gegen Mitte des 19. Jahrhunderts ab, als einem erlesenen Publikum ausgewählte Gedichte zugänglich gemacht werden. Die Gesamtheit der ca. 1500 Dichtungen wird jedoch erst gegen Ende des 19. Jahrhunderts in der elfbändigen Ausgabe des Marquis de Queux de Saint-Hilaire und Gaston Raynauds veröffentlicht.[4] Erst auf der Basis dieser bis heute grundlegenden Gesamt-

3 J. C. E. Rault, *Eustache Deschamps, poète bourgois*, Diss. Toronto 1973, S. i.

4 Marquis de Queux de Saint-Hilaire/Gaston Raynaud (Hg.), *Œuvres complètes d'Eustache Deschamps*, 11 Bde., Paris 1878–1903, Nachdruck New York 1966. Die Ausgabe basiert auf der Sammelhandschrift der Pariser Bibliothèque Nationale f.fr. 840, dem einzigen Textzeugen für die Mehrzahl der Gedichte.

ausgabe wird eine Auseinandersetzung mit dem Werk möglich, auch wenn die ersten Studien eher sporadisch bleiben und mehr dem historisch-biographischen und dem stilistisch-sprachhistorischen Aspekt verhaftet sind. Von einer literaturwissenschaftlichen Erforschung kann dagegen erst seit etwa 30 Jahren die Rede sein; angeregt wurde sie namentlich durch Daniel Poirions bahnbrechendes Werk *Le poète et le prince* (1965)[5] und durch Roger Dragonettis Studie zu Deschamps' Poetik *L'Art de dictier* (1961).[6] Von diesem Moment an häufen sich die Untersuchungen, so daß man schließlich seit den achtziger Jahren von der Etablierung einer internationalen Deschamps-Forschung sprechen kann.

Das Werk enthält eine große Bandbreite an Themen und Motiven, an Textsorten und Diskursebenen, an metrischen Formen und literarischen Gattungen. Es umfaßt allegorische Schriften, komische Dialoge, lyrische Kleingattungen, moralisierende Traktate, parodistische Schriftsätze, praktische Handlungsanleitungen, zahllose Briefe, die genannte Poetik sowie die hier zu behandelnde Eheschrift. Die kleineren Dichtungen sind in den höfischen Strophenformen *balade, rondeau, virelay* und *chant royal* abgefaßt[7]; die längeren Texte weisen meist achtsilbige Verse und Paarreime auf; nur drei Schriften, darunter die Poetik *L'Art de dictier*, sind in Prosa geschrieben. Die Vielfalt der Formen und der Themen, die neben literarischen Motiven Fragen der Zeitgeschichte und des Alltagslebens sowie Probleme des Fachschrifttums umfassen, läßt darauf schließen, daß Deschamps seine Dichtung als ›experimentell‹ versteht. Er löst sich bewußt von einsträngigen Traditionen, d. h. vor allem von der höfischen Lyrik seines Meisters Guillaume de Machaut, um der

5 D. Poirion, *Le poète et le prince. L'évolution du lyrisme courtois de Guillaume de Machaut à Charles d'Orléans*, Paris 1965, Nachdruck 1978.

6 R. Dragonetti, »›La poésie ... ceste musique naturele‹: Essai d'exégèse d'un passage de *L'Art de dictier* d'Eustache Deschamps«, in: H. Pirenne (Hg.), *Fin du Moyen Age et Renaissance. Mélanges de philosophie française offerts à Robert Guiette*, Antwerpen 1961, S. 49–64.

7 Vgl. zu den höfischen Kleingattungen bei Deschamps I. S. Laurie, *Eustache Deschamps: His life and his contribution to the development of the Rondeau, the Virelai, and the Ballade*, Diss. Cambridge 1962–63; M. Tietz, »Die französische Lyrik des 14. und 15. Jahrhunderts«, in: D. Janik (Hg.), *Die französische Lyrik*, Darmstadt 1987, S. 109–177.

Dichtung neue Ausdrucksmöglichkeiten zu verleihen, indem er Textsorten und Textinhalte neu kombiniert und die Dichtkunst insofern revolutioniert, als er ihre prinzipielle Offenheit propagiert.

Diese Intention des Dichters ist jedoch bis heute nicht diskutiert worden, obwohl sich in seiner *Art de dictier* sogar dichtungstheoretische Aussagen finden, die diese Annahme unterstützen, wie etwa die Angabe, die Kunst der Dichtung könne bei den einzelnen »faiseurs« beliebig unterschiedliche Inhalte und Wirkungsabsichten aufweisen, »selon les materes et le sentement« der jeweiligen Autoren.[8] Auch wird die Dichtkunst in dem Traktat an letzter und damit herausgehobener Stelle behandelt, d. h. erst *nach* der Anführung aller anderen *artes*, die ihr damit untergeordnet und dienstbar gemacht werden, wie Sylvia Huot stichhaltig bewiesen hat[9]: Deschamps verstehe »poetic composition as the culmination of the art, drawing on the processes and techniques offered by the entire *trivium* and *quadrivium*.« Mit der Erkenntnis, daß die *écriture* bei Deschamps in dieser Weise auf den »process of poeticization« konzentriert ist, ergibt sich eine Neubewertung seines Schaffens, das konsequent um die Literarisierung neuer Themen und Textsorten bemüht ist, so daß es heute nicht mehr verwundern sollte, wenn der Dichter in Form einer Ballade etwa Ratschläge zur Heilkunde oder zur Kochkunst erteilt. Umgekehrt führt diese Einbeziehung alltagsweltlicher Diskurstypen zu einer Pragmatisierung der Literatur, so daß man die Frage nach der Rezeption der Texte im Lebensvollzug nicht pauschal beantworten kann, zumal über ihre Wirkungsgeschichte keine Zeugnisse vorliegen und die Textintention allein aus dem Werk erschlossen werden muß.

Die jüngste Forschung zerfällt in zwei große Blöcke, in Interpretationen einzelner Gedichtgruppen einerseits und in Überlegungen zur Rolle des Dichters in seinem *milieu historique* an-

8 Zitiert nach der neuen Ausgabe von D. M. Sinnreich-Levi (Hg.), *Eustache Deschamps: L'Art de Dictier*, edited and translated, with introduction, East Lansing 1994, S. 62 (übersetzt wird die Passage hier mit »according to the subjects chosen and the inclination of those who apply themselves to this music«).

9 S. Huot, *Lyric poetics and the art of compilatio in the fourteenth century*, Diss. Princeton 1982, S. 101–131, hier S. 104 und 109.

dererseits. Beide Zweige lassen jedoch die skizzierte ›offene‹ Konzeption der Dichtkunst außer Betracht; dennoch möchte ich auf diese Studien hier kurz hinweisen. Interpretationen seiner höfischen Liebeslyrik, der *poésie pastorale* und der Fabelballaden[10] zeigen bereits, in welchem Maße Deschamps mit bestimmten Traditionssträngen vertraut ist und wie selbständig seine Adaptation gleichwohl ausfällt, wo er Motive für den Geschmack der zeitgenössischen Hofgesellschaft aufbereitet. Gleiches wurde an den ortsbeschreibenden Balladen beobachtet, in denen er rhetorische Muster um realistische und symbolische Details bereichert[11], und an den Porträtballaden und Schmähgedichten, in denen er die topische *laudatio* bzw. *vituperatio* in eine lebendige Zeichnung von Zeitgenossen verwandelt.[12] Hinsichtlich der historiographischen Balladen und der *poèmes de voyage* wurde eine große Vertrautheit mit den Verfahren der Geschichtsschreibung und der Reiseliteratur verzeichnet, die mit Alltagserfahrungen versetzt und zugleich kunstvoll poetisiert werden.[13] Und wenn man seine medizinischen, gastronomischen

10 L. Kendrick, »The art of mastering servitude: Eustache Deschamps' deployment of courtly love«, in: *Romanistische Zeitschrift für Literaturgeschichte* 16 (1992), S. 30–45; ders., »La poésie pastorale de Eustache Deschamps: Miroir de mentalité à la fin du 14e siècle«, in: *Romanistische Zeitschrift für Literaturgeschichte* 7 (1983), S. 28–44; G. Parussa, »›Tuit voir ne sont pas bel a dire.‹ Les fables d'Eustache Deschamps ou la tradition didactique réinterprétée par un poète de cour«, in: *Reinardus* 7 (1994), S. 81–101.

11 J. Cerquiglini-Toulet, »Poétique de la ville chez Eustache Deschamps«, in: R. Brusegan (Hg.), *Un'idea di città. L'imaginaire de la ville médiévale* (Supplemento italo-francese di Nuovi Argomenti 43), Paris 1992, S. 116–122; ders., »La ligne et le cercle: l'imaginaire de la ville chez Eustache Deschamps«, in: *Et c'est la fin pour quoy sommes ensemble.* Hommage à Jean Dufournet, Paris 1993, Bd. 1, S. 341–348; P. Brockmeier, »François Villon, Eustache Deschamps und Paris«, in: *Germanisch-Romanische Monatsschrift* 42 (1992), S. 151–161.

12 D. Ingenschay, *Alltagswelt und Selbsterfahrung. Ballade und Testament bei Deschamps und Villon*, München 1986; S. V. Spilsbury, »The imprecatory ballade: A fifteenth-century poetic genre«, in: *French Studies* 33 (1979), S. 385–396.

13 Cl. Thiry, »La poésie de circonstance«, in: H. R. Jauß u. a. (Hg.), *Grundriß der romanischen Literaturen des Mittelalters*, VIII, Heidelberg 1988, S. 111–138; K. Becker, »Les *realia* dans les poèmes de voyage

und juristischen Texte mit der Fachliteratur der Zeit vergleicht, so zeigt sich auch hier, über welch breites Wissen Deschamps verfügt und wie programmatisch er alle Bereiche der Schriftkultur in seine Dichtung einbezieht.[14] Auch bei der Erörterung theologischer und philosophischer Probleme wie der Melancholie, des Alters oder des Todes[15] erweist er sich als Kenner der gelehrten Diskussionen seiner Zeit, so daß seine Dichtung zu Recht als ›enzyklopädisch‹ bezeichnet werden kann.[16] Dabei stellt sich die Frage, inwieweit er möglicherweise tatsächlich mit seinem Gesamtwerk eine dichterische Enzyklopädie entwerfen wollte; auch wäre zu untersuchen, ob dieser Ansatz nicht auf eine konkrete Benutzung mittelalterlicher Kompilationen zurückgeht. Im Rahmen dieser universalen Ausrichtung seiner Dichtung ist es nur folgerichtig, wenn Deschamps sich auch der zeitgenössischen Diskussion um die Ehe zuwendet und diese in einer umfassenden Schrift abhandelt, die ihrerseits den Anspruch erhebt, ein *miroir*, ein Abbild der Welt zu sein.

Aufgrund dieser Überlegungen ergibt sich, daß die Aussagen der einzelnen Texte nicht unbedingt als Ausdruck individueller

d'Eustache Deschamps«, in: D. Buschinger/W. Spiewok (Hg.), *Les ›realia‹ dans la littérature de fiction au Moyen Age*, Greifswald 1993, S. 11–22. An der Westfälischen Wilhelms-Universität Münster bereitet Alexandra Stanislaw eine Magisterarbeit zu den historiographischen Balladen Deschamps' vor.

14 Vgl. dazu K. Becker, »Eustache Deschamps' medical poetry«, in: Sinnreich-Levi (Hg.), *Eustache Deschamps*, a.a.O.; dies., »Kochkunst und Diätetik in der Dichtung Eustache Deschamps'«, in: *Zeitschrift für romanische Philologie* 111 (1995), S. 347–374. Zur Form des Testaments vgl. D. Ingenschay, a.a.O., sowie ders., »Pragmatische Form und lyrische Besetzung – Zur Konstitution von Ballade und Testament bei Deschamps und besonders Villon«, in: H. U. Gumbrecht (Hg.), *Literatur in der Gesellschaft des Spätmittelalters* (Begleitreihe zum *Grundriß der romanischen Literaturen des Mittelalters* 1), Heidelberg 1980, S. 169–190.

15 H. Heger, *Die Melancholie bei den französischen Lyrikern des Spätmittelalters*, Bonn 1967; R. Magnan, *Aspects of senescence in the work of Eustache Deschamps*, Diss. Univ. of Indiana 1985; Chr. Martineau, »Corps chrétien, corps païen ou la dramatique du corps chez Eustache Deschamps«, in: *Razo* 2 (1981), S. 51–70.

16 So schon G. Crapelet, *Poésies morales et historiques d'Eustache Deschamps*, Paris 1832, S. xiii.

Überzeugungen zu werten sind, sondern vielmehr als Beitrag zu den gelehrten Auseinandersetzungen der Zeit. Mit dieser These möchte ich gegen die auch heute noch herrschende Auffassung etwas zugespitzt behaupten, daß Deschamps' Lyrik weniger eine *personal poetry* darstellt im Sinne eines Spiegels authentischer Befindlichkeiten des Dichter-Ichs als vielmehr ein subtiles Spiel mit den verschiedensten Ausdrucksformen, die einem Dichter und Gelehrten gegen Ende des 14. Jahrhunderts zur Verfügung stehen. Zwar ist es richtig, daß sein Werk in auffälliger Weise durch den Verweis auf die persönliche Erfahrung geprägt ist, doch handelt es sich meist um ein rhetorisch-didaktisches Verfahren, das einer unterlegten Unterweisungssituation Rechnung trägt. Auch wenn Deschamps dies gelegentlich nutzt, um auf seine Situation als Hofdichter aufmerksam zu machen, handelt es sich vordringlich um ein kommunikatives Rollenspiel, nicht um eine dichterische »self-representation«, wie noch Kathleen Kimball 1991 annimmt.[17]

Wenn es also unzulässig ist, den historischen Deschamps mit dem lyrischen Ich zu identifizieren und die Aussagen seiner Gedichte als unmittelbare Stellungnahmen zu werten, so ist es verwunderlich, daß sein Werk oft nach wie vor als autobiographisch verstanden wird[18] und man sich heute noch darüber wundert, daß ein Vergleich verschiedener Texte widersprüchliche Positionen des Autors ergibt. Vor allem fragt man sich immer wieder, wie ein höfischer Dichter, der eine Vielzahl von Liebesgedichten verfaßt, zugleich einen misogynen Ehetraktat entwerfen kann, der ihn als ausgemachten Frauenfeind zu entlarven scheint. Zur Erklärung wird auch hier seine vermeintliche Autobiographie herangezogen: Im Laufe seines Lebens sei Deschamps immer pessimistischer, ja sogar mürrisch und nörgle-

17 K. F. Kimball, *Eustache Deschamps: A study in poetic personality*, Diss. Chicago 1991.

18 Die ältere biographische Forschung versuchte generell, Deschamps' Leben auf der Grundlage seiner vermeintlichen ›Selbstaussagen‹ zu rekonstruieren; vgl. dazu in Kürze den ersten Teil meines Forschungsberichts. Auch Poirion, a.a.O., S. 231, nimmt noch an, sein Werk, wie es in der Hs. B. N. f.fr. 840 überliefert sei, spiegele »un ordre correspondant à l'évolution de l'homme, à la chronologie de sa vie«; auf diese Annahme stützt Kimball ihre These »his verse reflects his life« (S. 161).

risch geworden – ein langlebiges Vorurteil gegenüber seiner Person, so daß seine Dichtung auch heute noch in dem Ruf steht, nichts als Klage und Anklage, als Selbstmitleid und Weltschmerz zu sein und eine langatmig-pedantische Moral zu transportieren. Diese überkommene Fehleinschätzung der Textintention hat dazu geführt, daß man dem Dichter und insbesondere seinem Alterswerk *Le Miroir de Mariage* lange Zeit nicht gerecht werden konnte.

II

Deschamps' *Miroir de Mariage* – ein ›Spiegel‹ der mittelalterlichen Ehelehre

Deschamps' Ehespiegel ist eine 12103 Verse lange Dichtung in paarweise gereimten Achtsilbern, die wahrscheinlich zwischen 1381 und 1396 entstanden ist[19] und inmitten ihres 97. Kapitels abbricht, was der Schreiber mit einer »maladie« des »acteur« begründet. Der Text liegt heute in drei Ausgaben vor: 1. in der Edition Prosper Tarbés aus dem Jahre 1865, die lediglich ein Achtel des Textkorpus wiedergibt unter Auslassung etlicher als »fastidieux« empfundener Exkurse[20]; 2. im neunten Band der genannten Ausgabe der *Œuvres complètes* aus dem Jahre 1894, die von Gaston Raynaud besorgt wurde[21]; und 3. in einer modernen kritischen Edition, die Monique Dufournaud-Engel 1975 im Rahmen ihrer Dissertation erstellt hat und die sich im Vergleich zu der glättenden Textversion Raynauds zu einer »attitude conservatrice« (S. iii) gegenüber der Handschrift verpflichtet

19 Die Datierung folgt in Ermangelung neuerer Erkenntnisse den Überlegungen G. Raynauds (vgl. Anm. 21); vgl. die kritischen Bemerkungen dazu bei J. Rychner (Hg.), *Les .XV. Joies de Mariage*, Genf/Paris 1967, 2. Aufl., S. XVI-XVIII.

20 P. Tarbé (Hg.), *Le Miroir de Mariage, poème inédit d'Eustache Deschamps*, Reims 1865, S. ix: »Tel est le *Miroir de mariage*. Dieu nous garde de le publier en entier: des lieux communs, des redites fastidieuses qui s'y trouvent trop souvent, ne méritent pas de voir le jour.«

21 Marquis de Queux de Saint-Hilaire/Gaston Raynaud (Hg.), *Œuvres complètes d'Eustache Deschamps*, Bd. 9, hg. von G. Raynaud, Paris 1894, Nachdruck New York 1966.

sieht.[22] Da diese Edition jedoch nur auf Microfiche – und auch hier nur in sehr schlechter Qualität – zugänglich ist, soll im folgenden auf den Text Raynauds zurückgegriffen werden, der seit 1966 auch in einem Reprint vorliegt.

Dieses wiederholte Bemühen um eine Edition des *Miroir* ist in Anbetracht der Geringschätzung, die dem Text gemeinhin entgegengebracht wurde, einigermaßen erstaunlich. Auf eine erste Studie zu dieser Schrift mußte die Forschung jedoch bis 1964 warten, als Dominique Pénot eine Dissertation mit dem Titel *Etude littéraire et stylistique du Miroir de Mariage d'Eustache Deschamps* vorlegt, die bis heute unveröffentlicht ist.[23] Das Ziel dieser Arbeit liegt allerdings nicht in einer Untersuchung der Aussagen des Dichters über Frau und Ehe, sondern in einer Analyse der Struktur des Werkes, die in einer textnahen Paraphrase nachvollzogen und in einer großflächig angelegten Gliederung aufbereitet wird. Bei der folgenden Vorstellung des Textinhalts soll daher auf diese Vorarbeit zurückgegriffen werden.

Nach einem Prolog, in dem Überlegungen über die wahre und die falsche Freundschaft angestellt werden, setzt eine allegorische Handlung ein; diese ist in die Form einer Erzählung gekleidet, in der die Hauptperson, ein junger Mann namens Franc Vouloir, über Geschehnisse berichtet, die ihm selbst widerfahren seien. Diese Erzählung, die das Kernstück des *Miroir* ausmacht und von V. 79 bis V. 10593 reicht, stellt die Wiedergabe eines Streits zwischen zwei Parteien dar, die Franc Vouloir zu beeinflussen suchen: Auf der einen Seite sind dies Folie und ihre Gefährten Désir, Servitude und Faintise, die gleich zu Beginn auftreten und den Protagonisten zu einer Heirat bewegen wollen. Auf der anderen Seite steht diesen sein Freund Répertoire de Science gegenüber, der ihm von der Ehe abrät und mit einer Reihe von Gegengründen antwortet, denen die Partei der Befürworter der Ehe wiederum neue Argumente entgegenhält. Wenn also die *narratio* Franc Vouloirs in vier Abschnitte zerfällt, so entsprechen diese den verschiedenen Redeteilen in diesem

22 M. Dufournaud-Engel (Hg.), *Le Miroir de Mariage d'Eustache Deschamps. Édition critique accompagnée d'une étude littéraire et linguistique*, Diss. McGill University 1975.

23 D. Pénot, *Etude littéraire et stylistique du Miroir de Mariage d'Eustache Deschamps*, Diss. Yale University 1964.

Streit: 1. In den Kap. 2–7 legen Folie und ihre Gefährten die Vorteile der Ehe dar, woraufhin Franc Vouloir sich eine Bedenkzeit ausbittet. 2. In den Kap. 8–13 erwägt Franc Vouloir in einem Selbstgespräch das Pro und Contra einer Heirat und bittet Répertoire de Science um seinen Rat. 3. In den Kap. 14–75, dem längsten Teil des *Miroir*, antwortet Répertoire mit einer Stellungnahme in Form eines Briefes, der eine Vielzahl von Argumenten gegen die Ehe anführt und seinerseits in zwei große Teile zerfällt: a) die eigentliche Warnung vor den ›Szenen einer Ehe‹ in Kap. 14–58; und b) ein Lob der *vita contemplativa* in Kap. 59–75. 4. In den Kap. 76–88 schließlich widerlegt Folie in einer erneuten Gegenrede die Argumente dieses Briefes und verlangt eine Entscheidung von Franc Vouloir, womit die Erzählung des Protagonisten endet. Der Rahmen schließt sich in den Kap. 89–91, in denen Franc Vouloir mit einem klaren »Tout consideré, g'y renunce« (V. 10936) der Ehe eine Absage erteilt und die Gründe seiner Entscheidung darlegt. Der *Miroir* endet mit einer Abhandlung über die zerstörerische Rolle, die Folie im Verlauf der Geschichte gespielt hat: Die Kap. 92–97 stellen einen Abriß der Weltgeschichte dar, der bis in die Gegenwart des Dichters reicht und dann unvermittelt abbricht.

Bevor ich auf den Text selbst eingehe, will ich einen Überblick über die bisher vorliegenden Forschungsergebnisse zum *Miroir* geben.[24] Hier ist zunächst die genannte Dissertation von Monique Dufournaud-Engel zu erwähnen, deren einleitende »étude littéraire« 1981 fast unverändert als Aufsatz erschienen ist.[25] Es geht ihr um eine Situierung des Textes innerhalb der Tradition der frauenfeindlichen Literatur (S. 161), wobei sie einleitend unter Verweis auf Neff, Wulff, Dow und Valette[26] das Fehlen neue-

24 Nicht berücksichtigt werden hier jene Studien, die den Einfluß des *Miroir de Mariage* auf das Werk Geoffrey Chaucers untersuchen; vgl. dazu in Kürze die umfangreiche Bibliographie in dem von D. M. Sinnreich-Levi herausgegebenen Sammelband (vgl. Anm. 1).

25 M. Engel, »*Le Miroir de Mariage* d'Eustache Deschamps: sources et tradition«, in: J. Beck/G. Mombello (Hg.), *Seconda miscellanea di studie e ricerche sul Quattrocento francese. Etudes réunies par Franco Simone*, Chambéry/Turin 1981, S. 145–157.

26 Th. L. Neff, *La satire des femmes dans la poésie française du Moyen Age*, Diss. Chicago 1900; A. Wulff, *Die frauenfeindlichen Dichtungen in den romanischen Literaturen des Mittelalters*, Halle/Saale 1914; B. H. Dow,

rer Forschung zu diesem Komplex beklagt (145). Das Phänomen der mittelalterlichen »littérature misogyne« gehe auf die »doctrine chrétienne« von der »valeur du célibat« zurück, die ihrerseits ihre Wurzeln in der »tradition philosophique païenne« habe (146). Der daraus resultierende »esprit d'ascèse« drücke sich in einer Flut von »écrits moraux et didactiques s'adressant aux clercs« aus, die versuchten, bei einer sehr begrenzten Rezipientenschicht Überzeugungsarbeit zu leisten. Mit der Ausweitung der Schriftkultur dringe dieses Gedankengut dann in die volkssprachliche Literatur ein, wo es mit der höfischen Idealisierung der Frau kollidiere und zu einer Auseinandersetzung mit den Vor- und Nachteilen der Ehe führe, zumal auch die christliche Lehre selbst in ihrer doppelten Bewertung der Frau als Eva und als Maria widersprüchlich bleibe. Folglich stehe auch Deschamps zwischen klerikaler Tradition und höfischer Dichtkunst, so daß sein Werk ebenso janusköpfig sei wie seine Vorlagen.
Eine Erforschung der Quellen des *Miroir* sei sehr schwierig, da der Text all jene »lieux communs« aufweise, die sich auch in Jean de Meungs *Roman de la Rose*, in Jehan Le Fèvres *Lamentations de Matheolus*, in den *Quinze Joyes de Mariage* und anderen Schriften der Zeit fänden, so daß man höchstens von gewissen »correspondances« oder »similitudes« (148) sprechen könne.[27] Lediglich *eine* Quelle lasse sich nach Ernst Hoepffner mit Sicherheit ausmachen: Hugo de Folietos Schrift *De Nuptiis Libri Duo*[28], die

The varying attitude toward women in French literature of the fifteenth century, Columbia 1936; F. C. Valette, *La tradition antiféministe dans la littérature française du moyen âge*, Urbana (Illinois) 1966. Erstaunlicherweise fehlt bei Engel ein Verweis auf K. M. Rogers, *The troublesome helpmate. A history of misogynic literature*, Seattle 1966, und H. R. Hayes, *The dangerous sex. The myth of feminine evil*, New York 1964.

27 Zu den zahlreichen Parallelen zwischen den *Quinze Joyes de Mariage* und dem *Miroir* vgl. M. Zimmermann, *Vom Hausbuch zur Novelle. Didaktische und erzählende Prosa im Frankreich des späten Mittelalters*, Düsseldorf 1989, S. 133–139. Auch sie kommt zu dem Schluß, daß der Grund für die »inhaltlichen Übereinstimmungen« eher in dem »climat mental« ihrer Zeit zu suchen seien »als in einer konkret nachweisbaren Abhängigkeit« (S. 139).

28 Vgl. Engel, a.a.O., S. 160, Anm. 29: »L'écrit est l'œuvre d'un certain Hugues de Fouilloy (ou encore Hugo de Folieto) mort en 1174. Il était ›prieur d'un modeste et éphémère couvent de chanoines régu-

Deschamps z. T. wörtlich, z. T. frei in französische Verse überträgt[29]; es handelt sich um die Verse 1129–7885 und damit um jenen längsten Teil des *Miroir*, in dem Répertoire die Nachteile des Ehelebens darlegt.[30] Dabei sei jedoch zu berücksichtigen, daß Teile dieser Vorlage wiederum auf Hieronymus' *Adversus Jovinianum libri duo* zurückgingen, die ihrerseits von Theophrasts verlorener Eheschrift abhingen. Des weiteren sei es sehr wahrscheinlich, daß Deschamps auch mit Johannes von Salisburys *Policraticus* vertraut war oder zumindest mit der von Karl V. in Auftrag gegebenen Übersetzung Denis Foulechats.[31] Inwiefern Deschamps darüber hinaus weitere Ehelehren gekannt hat, lasse sich nicht genau eruieren, da der Verweis auf Autoritäten nicht als Zeichen einer direkten Filiation zu werten sei.

Abschließend stellt die Autorin fest, Deschamps habe zwar versucht, über seine Vorlagen hinauszugehen und den Streit über die »question féminine« ein- für allemal abzuschließen (154), doch sei ihm dies letztlich nicht gelungen, denn zum einen bleibe er der herkömmlichen »impasse idéologique« (156) verhaftet, ohne Widersprüche wirklich aufzulösen, und zum anderen habe er seine Schrift so breit angelegt, daß er sein Thema schließlich aus dem Blick verloren habe (155). Dennoch bleibe festzuhalten, daß der *Miroir* vor allem als »ouvrage scientifique« und als

liers à Saint-Laurent-au-Bois dans le diocèse d'Amiens‹ (Ph. Delhaye, »Le Dossier anti-Matrimonial de l'*Adversus Jovinianum* et son influence sur quelques écrits latins du XIIe siècle«, in: *Medieval Studies* XIII, 1951, S. 83). On l'a longtemps confondu avec Hughes de Saint-Victor et dans la *Patrologie*, l'œuvre se trouve dans une *appendix duplex* au vol. 2 des ouvrages de celui-ci.«

29 Hoepffner, a.a.O., S. 181: »einerseits findet sich [...] enger Anschluß an die Vorlage; andererseits zwangen ihn schon Vers und Reim zu Einschiebungen von Füllversen; aber auch bewußtes Streben nach freierer Gestaltung des Stoffs läßt sich nicht verkennen«.

30 Auf die Benutzung einer (allerdings nicht genannten) Quelle weisen sowohl Deschamps selbst als auch der Schreiber hin, wenn es in V. 3205 heißt »Si comme le poete dit / Qui ceste chose nous escript« und die »rubriche« zu Kap. 14 lautet: »Comment Repertoire de Science cerche touz ses livres et escript.«

31 Für eine teilweise Abhängigkeit des *Miroir* spreche vor allem die Einfügung der Geschichte von der Matrone von Ephesus direkt nach dem Hieronymus-Fragment, wie sie auch im *Policraticus* vorliege; vgl. Engel, a.a.O., S. 153.

»œuvre d'instruction« (155) anzusehen sei, dessen »caractère didactique et doctrinal« (152) einen erzählenden und erbaulichen Aspekt überwiege: Der allegorische »récit« sei lediglich ein abstraktes Abbild eines »conflit d'idées« (152). Mit der Arbeit von Monique Engel wird dem Werk also erstmalig der ihm gebührende Platz in der Literaturgeschichte zugewiesen, ohne daß das Fehlen gewisser ›literarischer‹ Qualitäten zu seiner Verurteilung als minderwertiges Machwerk führt.

In den Jahren 1984 und 1985 widmete Jeannine Quillet dem *Miroir* zwei kurze Studien, die theologisch-philosophische Probleme des Textes erörtern. In ihrem ersten Beitrag[32] betont sie den Vorrang, den Deschamps der »vie de continence« vor dem »état conjugal« einräume; dabei sei die Ablehnung der Ehe durch einen generellen *contemptus mundi* begründet, wie er für die Krise des Spätmittelalters charakteristisch sei. In ihrer zweiten Studie[33] geht es ihr um die Gestalt der Folie und die ihr zugedachte weltgeschichtliche Bedeutung im Kontext eschatologischen Gedankenguts. Zu Beginn des Werks scheine Folie die Philosophie der Welt zu repräsentieren und damit die *vita activa*, d. h. die »noces temporelles«, da sie ja im Dienst von »Nature« stehe und die Fortpflanzung des Menschen verfolge; dagegen befürworte Répertoire die »noces spirituelles« und verkörpere folglich die wahre Weisheit und die *vita contemplativa*, die sich allein auf Gott richte. Hierbei orientiere sich die Begrifflichkeit eng an der *devotio moderna* bzw. bestimmten »perspectives mystiques« (30). Erst nach der Verzichtserklärung Franc Vouloirs nehme Folie ihre Maske ab und erweise sich als »la figure du Mal lui-meme« (24), die die Verantwortung trage für alle Übel, die Frankreich je befallen hätten. Indem Deschamps Folie mit der Ehe und folglich mit der Frau identifiziere, stelle er einen »antiféminisme« unter Beweis, der nicht mehr als »naturaliste«, sondern als »pédagogico-spirituel« zu bezeichnen sei.

32 J. Quillet, »*Le Miroir de Mariage* d'Eustache Deschamps«, in: D. Buschinger/A. Crépin (Hg.), *Amour, mariage et transgressions au moyen âge*, Göppingen 1984, S. 457–464.

33 J. Quillet, »Sagesse et folie dans *Le Miroir de Mariage* d'Eustache Deschamps (1346–1406)«, in: J. Céard (Hg.), *La folie et le corps*, Paris 1985, S. 13–30.

Ein letzter Beitrag stammt von Laura Kendrick, die den *Miroir* 1990 unter anthropologischen Gesichtspunkten untersucht.[34] In ihrer Erörterung der Frage, was Deschamps zur Abfassung eines misogynen Traktats veranlaßt habe, lehnt Kendrick die biographische Motivierung der älteren Forschung von vornherein ab: Der Text lasse weder darauf schließen, daß der Dichter selbst eine unglückliche Ehe durchlebt habe, noch darauf, daß seine adligen Gönner ihm zu diesem Werk einen Auftrag erteilt hätten, denn Deschamps sei zu stark in die Heiratspolitik des Hofes eingebunden, als daß er seinem Publikum ernsthaft von der Ehe abraten könne. Vielmehr sei die Entstehung der Eheschrift rein innerliterarisch begründet, so daß es darum gehen müsse, den *Miroir* in den Kontext der misogynen Literatur zu stellen.

Unter Berufung auf die von Mary Douglas, René Girard und Norbert Elias entwickelten Theorien beschreibt Kendrick das frauenfeindliche Schrifttum des Mittelalters als den Versuch einer patriarchalischen Gesellschaft, als gefährlich empfundene Triebe auf einen ausgegrenzten Anderen, d. h. die Frau, zu projizieren, um die eigene Integrität zu wahren und durch die Schaffung einer Kluft zwischen Gut und Böse tabuisierte Zonen des eigenen Ich einem benannten Außenwesen zuzuweisen und damit Ängste vor dem Selbst zu bannen. Die »transgression« dieser Kluft, d. h. der Kontakt mit der Frau, führe zwangsläufig zu einer »contamination«, zu einer erneuten Befleckung des männlichen Ich, so daß die Überhäufung der Frau mit allen Lastern der Welt Zeichen des immer intensiveren Versuchs der Autoren sei, durch die Schaffung eines Feindbildes Verfahren der Selbstkontrolle zu entwickeln. Besonders hochentwickelt sei diese Tendenz in Krisenzeiten, in denen Unsicherheiten um so stärker nach außen abgewiesen werden müßten, wie dies gerade im Spätmittelalter der Fall sei. Die Zunahme misogyner Schriften gegen Ende des 14. Jahrhunderts zeige deutlich den kathartischen Charakter dieser Literatur: So drücke auch der *Miroir* »Deschamps's need for protective enclosures« aus, sein stets erneuertes Bemühen um die eigene männliche Integrität. Da dieses Streben nach Reinheit jedoch nie zu einer endgültigen Lö-

34 L. Kendrick, »Transgression, contamination, and woman in Eustache Deschamps's *Miroir de Mariage*«, in: *Stanford French Review* 14 (1990), S. 211–230.

sung führen könne, müsse Deschamps' *Miroir* ein *per definitionem* unvollendetes Werk bleiben.

Dieser Forschungsüberblick zeigt, wie notwendig es ist, den Ehespiegel Deschamps' über ein Quellenstudium hinaus in einen weiteren soziokulturellen Zusammenhang zu stellen. Dies soll im folgenden mit Hilfe jener Fragestellungen versucht werden, wie sie von den *gender studies* entwickelt wurden; dabei geht es zunächst um die diskursiven und gattungstypologischen Voraussetzungen, die die Textintention und Geschlechterprojektion in Deschamps' *Miroir* bedingen.

III
Textintention und Geschlechterprojektion im *Miroir de Mariage*

Deschamps' Ehespiegel stellt den Versuch dar, das Thema Ehe in der Art einer scholastischen *summa* erschöpfend zu behandeln und zu diesem Zweck alle Argumente für und wider die Ehe einzubringen, die die literarische Tradition bereithält. Es handelt sich also keineswegs von vornherein um eine eindeutige »warnung vor der ehe«, wie August Wulff meint, in der der Frauenfeind Deschamps »seine schlechte meinung von dem weiblichen geschlechte zu erkennen« geben wolle[35]; vielmehr geht der Dichter hier, um mit Gustav Gröber zu sprechen, »in methodischer Weise daran, die Vor- und Nachteile dieses Schrittes in systematischer Darstellung zu erörtern«.[36] Im Dienste dieser Absicht, das gegebene Thema in enzyklopädischer Vollständigkeit und stringenter Beweisführung zu behandeln, steht auch die Formgebung des Werks, das in seiner ganzen Anlage den Ansprüchen spätmittelalterlicher Erudition gerecht zu werden sucht.

Deschamps wählt für seine Abhandlung die Struktur des *débat*, die die Befürworter und die Gegner der Ehe gleichberechtigt zu Wort kommen läßt. Durch diese strenge Rollenverteilung

35 Wulff, a.a.O., S. 186.

36 G. Gröber, *Geschichte der mittelfranzösischen Literatur, I. Vers- und Prosadichtung des 14. Jahrhunderts, Drama des 14. und 15. Jahrhunderts*, 2. Aufl. bearb. von St. Hofer, Berlin/Leipzig 1933, S. 66.

scheint die Unparteilichkeit des Autors gewährleistet, so daß die abschließende Entscheidung *gegen* die Ehe wie die zwingende Schlußfolgerung einer logisch deduzierbaren Beweisführung wirkt. Diese streitige Grundform stellt im Mittelalter sowohl im Bereich der Universitäten und des Rechtswesens als auch in der literarischen Tradition die bevorzugte Methode jeder theoretischen Erörterung dar, da die dialektische Aufspaltung eines Problems die umfassende Behandlung aller erdenklichen Gesichtspunkte verspricht.[37] Dabei ermöglicht die Zuordnung der Überlegungen zu bestimmten Dialogpartnern eine Veranschaulichung der gedanklichen Auseinandersetzung, und die Erfindung eines konkret ausgestalteten Kasus, durch den die Diskussion in eine fiktive Lebenssituation gestellt wird, dient der Betonung der gesellschaftlichen Relevanz der erörterten Werte. In diesem Zusammenhang ist Deschamps' konsequentes Bemühen zu sehen, die gliedernde Kraft der allegorischen Dialoghandlung zu nutzen; darüber hinaus soll die Einbettung des *débat* in eine Rahmenerzählung, die eher dem Verfahren eines *dit* entspricht, die lebenspraktische Bedeutung des Themas suggerieren und die gelehrte Darstellung für ein höfisches Publikum ästhetisch annehmbar machen.

Wenn trotz dieser scheinbar ausgewogenen Anlage der *disputatio* der Eindruck entstanden ist, der *Miroir* sei eine »violente satire contre le sexe féminin«[38], so ist dies zunächst auf verschiedene Mittel der Darstellung zurückzuführen, die ein Übergewicht der frauen- und ehefeindlichen *argumentatio* zu bewirken scheinen. Zum einen ist die Passage, in der Répertoire die Beweisgründe der Folie widerlegt, der umfangreichste Teil des Textes, was mit den Rezeptionsbedingungen zusammenhängt, da Deschamps hier *en bloc* den Traktat Hugos versifiziert. Zugleich muß man diese quantitative Dominanz im Kontext der weiten Verbreitung misogyner Schriften im Umfeld des Dichters sehen, so daß die ausführliche Behandlung dieses Aspekts einerseits dem Geschmack seines Publikums entgegenkommt und andererseits Ausdruck seiner eigenen Beschäftigung mit diesem Schrifttum

37 Vgl. zur Tradition des Streitgesprächs in der französischen Literatur K. Becker, *Amors Urteilssprüche. Recht und Liebe in der französischen Literatur des Spätmittelalters*, Bonn 1991, S. 240–317.

38 Tarbé (Hg.), a.a.O., S. vj.

ist. Keinesfalls kann jedoch daraus auf eine radikale Misogynie des Autors selbst geschlossen werden, da man auch bei der Interpretation des *Miroir* berücksichtigen muß, daß Deschamps' Dichtung nicht als unmittelbarer Ausdruck subjektiver Überzeugungen gewertet werden darf. Folglich ist auch die Entscheidung Franc Vouloirs, der Ehe zu entsagen, nicht mit dem vermeintlichen Frauenhaß des Dichters zu begründen.

Ein weiteres Mittel der Darstellung ist die für diese Passage gewählte Textsorte des Briefes. Répertoire de Science, dessen Name bereits ›Bände spricht‹, legt seine Gründe in schriftlicher Form dar, was eine höhere Beweiskraft der Argumente vortäuscht, zumal als Beleg eine Vielzahl von Autoritäten und Exempla angeführt wird. Die Gelehrsamkeit, die sich in der gesamten Eheschrift ausdrückt, erreicht hier also ihren Höhepunkt; sie verdichtet sich in einem ›Text im Text‹, so daß seine Beweisgründe unanfechtbar wirken und durch die bloß mündliche Entgegnung der Folie und ihrer Gefährten nicht wirklich entkräftet werden. Besondere Eindringlichkeit gewinnt die Darstellung zusätzlich durch die Ausmalung von Genre-Szenen aus dem bürgerlich-häuslichen Umfeld; durch sie gewinnt die Abhandlung eine Anschaulichkeit, die ihre Wirkung beim Leser nicht verfehlt[39], wie Kritiker Deschamps' belegen, wenn sie die Kap. 32–50 als die gelungensten des *Miroir* ansehen. Man kann also festhalten, daß Deschamps' Ehespiegel ein raffiniertes Spiel mit den verschiedensten Gattungen darstellt: Durch die Ineinanderblendung von narrativem Rahmen, allegorischer Handlung, gelehrtem Streitgespräch, schriftlicher *argumentatio* in Briefform und dramatisch entwickelten *exempla* gelingt es dem Autor, einen kunstvoll komponierten Mischtext zu verfassen.

39 Hoepffner, a.a.O., S. 181: »Vor dem lateinischen Original erreicht er dadurch den großen Vorzug, daß das, was dort nüchterne Auseinandersetzung ist, bei ihm viel an Interesse gewinnt und daß er durch die dramatische Gestaltung des Stoffes die Spannung des Lesers rege hält. Somit ergibt sich denn als Resultat dieser ganzen Untersuchung, daß Deschamps selbst da, wo er im engsten Anschluß an eine fremde Vorlage berichtet, immerhin seiner Quelle sich ziemlich selbständig gegenüberstellt und sie zu einer eigenen Schöpfung umzugestalten fähig ist.«

Was die Argumentationsmuster der beiden Parteien betrifft, so kreisen die frauen- und ehefeindlichen und die frauen- und ehefreundlichen Überlegungen um die immer gleiche logische Achse; dies entspricht der dialektischen Struktur der spätmittelalterlichen *Querelle des femmes*, die ein konstantes System von Angriff und Verteidigung darstellt, in dem sich die Argumente der Parteien letztlich gegenseitig negieren. Folie und ihre Gefährten begründen den Wert der Ehe mit vier Argumenten, die man mit Pénot als »hedonistisch«, »politisch«, »theologisch« und »naturalistisch« bezeichnen könnte[40]: Eine Heirat sichert die Versorgung im Alter, den Verbleib des Besitzes in der Familie, die Kanalisierung der Begierde und die Fortpflanzung; die Anführung weiterer Vorteile der Ehe dient nur der Ausschmückung dieser vier Kategorien. Nachdem diese logische Grundstruktur des *Miroir* am Schluß von Kap. 4 festgelegt ist, verläuft die Ablehnung der Ehe durch Répertoire (Kap. 14–58), aber auch ihre erneute Befürwortung durch Folie (Kap. 74–88) streng parallel.[41] Wie symmetrisch die Anlage des *Miroir* ist, zeigt bereits das Selbstgespräch Franc Vouloirs (Kap. 8–13), das als Überleitung zum misogamen bzw. misogynen Teil fungiert und die Argumente der Folie noch einmal resümiert: Hier wird mehr als deutlich, welchem rigiden dialektischen Gerüst die Aussagen des *Miroir* verpflichtet sind.

Die frauen- und ehefeindlichen Thesen des Briefes, dessen Aufbau Répertoire gleich zu Beginn skizziert (Kap. 14), zerfallen in vier Abschnitte, die 1. den Untugenden der Ehefrau, 2. der Belastung durch die Kinder, 3. der Lehrmeinung misogyner Autoritäten, und 4. der Schilderung des Ehealltags gewidmet sind; Aufbau und Argumente sind Hugo de Folieto entnommen und Gemeingut der misogynen Literatur. Dabei versteht es Deschamps, die Nachteile der Ehe und die Bedrohung, die von der Frau ausgeht, durch das Verfahren der *accumulatio* sehr suggestiv

40 Pénot, a.a.O., S. 94.

41 Schon Pénot, a.a.O., S. 100f., konstatierte, alle folgenden Teile der Schrift seien »plus ou moins un parallèle positif ou négatif de cette thèse des quatre. Positif quand la parole sera à la défense (les quatre), négatif quand ce sera le tour de l'accusation (F. V., RdSc.). L'introduction d'un élément apparemment nouveau sera toujours fonction d'un autre élément identique ou opposé déjà soutenu dans cette exposition.«

zu gestalten; so unterstützt er etwa die Warnung vor den Kosten einer Heirat durch lange Kataloge von Ausstattungs- und Einrichtungsgegenständen.[42] Die Schilderung der materiellen Verluste und der seelischen Qualen des Ehelebens dienen der unmittelbaren Widerlegung der Argumente der Folie und ihrer Gefährten: Statt Reichtum und Ruhm erwarten den Mann der finanzielle Ruin und schändlicher Ehrverlust, und statt ihn zu umsorgen und den Haushalt zu führen, geht die Frau ihren exzentrischen Wünschen und Begierden nach. Die Szenen des Ehealltags im vierten Abschnitt (Kap. 32–50) kreisen sämtlich um die Untreue der Frau und damit zusammenhängende Probleme wie ihre Ausgehlust, ihre Putzsucht, ihre Täuschungsmanöver zur Vertuschung einer Liaison bzw. einer Schwangerschaft. Auch wenn die Ausgestaltung der Szenen hier längst nicht so lebendig ausfällt wie in den *Quinze Joyes de Mariage*, wie Margarete Zimmermann gezeigt hat[43], so bewirkt die Dramatisierung der »femme adultère en situations«[44] dennoch eine wirkungsvolle Veranschaulichung der ehefeindlichen Thesen.

In ihrer Gegenargumentation gehen Folie, Désir, Servitude und Faintise Punkt für Punkt auf die Einwände Répertoires ein.[45] So sei die elegante Kleidung der Gattin gerechtfertigt, da sie damit auch ihrem Mann gefalle, und die hohen Ausgaben für den Haushalt dienten dazu, ihm eine angemessene Lebenshaltung zu ermöglichen. Hinzu kommen einige theologische Argumente, so die Überlegung, daß alle Religionen die Ehe befürworten (V. 8521–8529), und jene, daß der christliche Glaube selbst der These von der Verderbtheit aller Frauen entgegenstehe, denn

42 Solche Listen finden sich auch in zahlreichen Balladen seines Werks, die eine regelrechte Hausratsdichtung darstellen; vgl. dazu K. Bekker, »Zur Erweiterung des Verständnisses vom Haushalten in romanischen Hauslehren«, in: I. Richarz (Hg.), *Haushalten in Geschichte und Gegenwart. Beiträge eines internationalen disziplinübergreifenden Symposions an der Universität Münster vom 6.–8. Oktober 1993*, Göttingen 1994, S. 73–80.

43 Vgl. Zimmermann, a.a.O., S. 136–139.

44 Pénot, a.a.O., S. 134.

45 Pénot, a.a.O., S. 212: »Le grand mérite de cette partie est de répondre point par point à presque tous les arguments de RdSc. L'ensemble de l'argumentation des quatre établit un parallèle négatif précis avec le discours de RdSc.«

»Eve fist mal, Marie bien« (V. 8607). Als Beweis für die Existenz guter Frauen wird das Exemplum der Blanche de Castille ausgeführt (V. 9406–9661). Man kann also festhalten, daß die Beweismittel der Parteien letztlich dieselben sind und ihr Ziel vor allem in der Negation der jeweils entgegengesetzten Behauptungen liegt. Und wenn zunächst der Eindruck eines Übergewichts des misogamen Teils entsteht, so wird dieses doch durch den Rahmeneffekt der Doppelrede Folies wieder aufgehoben, so daß der Streit letztlich unentschieden endet. Wenn Franc Vouloir sich also Bedenkzeit ausbittet, um alles schriftlich niederzulegen und das Pro und Contra der *quaestio* zu erwägen, um zu einer *solutio* zu gelangen[46], so ist seine Entscheidung rein formallogisch durch nichts vorausbestimmt. Wenn seine Ablehnung der Ehe schließlich dennoch der Erwartungshaltung des Lesers entspricht, so liegt dies in der Tradition des mittelalterlichen Sprechens über die Frau begründet, die im *Miroir* ihren signifikanten Niederschlag findet.

Die implizite Vorentscheidung *gegen* die Ehe hat ihren Ursprung in jener hierarchischen Logik des männlich-klerikalen Diskurses, die der Thematik von jeher inhärent ist. Das Frausein und die ihm zugeordnete Lebensform der Ehe werden im theologischen und philosophischen Schrifttum des Mittelalters nur vor der Folie des höherwertigen Mannseins theoretisiert.[47] Diese unterord-

46 »Et j'escripray tout de ma main
Ce qui a esté proposé
De Repertoire et opposé
Par vous, et verray tout ensemble,
Et vous diray ce qu'il m'en semble
Pour finable conclusion« (V. 10530–10535).

47 Vgl. zum folgenden: M. T. d'Alverny, »Comment les théologiens et les philosophes voient la femme«, in: *La femme dans la civilisation des Xe-XIIIe siècles. Cahiers de civilisation médiévale* 20 (1977), S. 105–129; R. H. Bloch, »Medieval misogyny. Woman as riot«, in: *Representations* 20 (1987) (Special Issue »Misogyny, Misandry, and Misothropy«), S. 1–24; K. M. Wilson/E. M. Makowski, *Wykked wyves and the woes of marriage. Misogamous literature from Juvenal to Chaucer*, New York 1990; J. Dalarun, »Regards de clercs«, in: G. Duby/M. Perrot (Hg.), *Histoire des femmes en Occident*, Bd. 2: *Le Moyen Age*, hg. von Chr. Klapisch-Zuber, Paris 1991, S. 31–54; K. Fietze, *Spiegel der Vernunft. Theorien zum Menschsein der Frau in der Anthropologie des 15. Jahrhunderts*, Paderborn 1991, S. 17–71.

nende Kontrastierung der Geschlechter sieht das Weibliche nur in der Differenz zu einem als Norm gesetzten männlichen Prinzip, so daß die Frau als *sexus inferior* als bloßes Derivat oder Komplement des *sexus perfectior* fungiert und lediglich in der Defizienz, d. h. der Negation des vollendeten Menschseins ihre Daseinsbestimmung erhält.[48] Diese androzentrische Anthropologie ist schon in der innerbiblischen Genesisexegese und den Kommentaren der Kirchenväter angelegt und wird in der Hochscholastik zu einem breit angelegten Entwurf ausgearbeitet, der »das augustinisch-neuplatonische Frauenbild der paulinischen Nachfolge mit dem aristotelischen« vereinigt.[49] Diese wertende Dialektik des asymmetrischen Menschenbildes bestimmt bis in die Frühe Neuzeit hinein jede gelehrte Auseinandersetzung über das Verhältnis der Geschlechter und den Wert der Ehe und wird selbst dann noch beibehalten, als im Konflikt zwischen mittelalterlichem und humanistischem Denken seit Ende des 14. Jahrhunderts die philogynen Argumente an Bedeutung zunehmen, da auch sie das Frausein immer noch unter der Kategorie der Differenz betrachten. So sind letztlich auch in Deschamps' *Miroir* frauenfeindliche wie frauenfreundliche Standpunkte glei-

48 Daß das theologische Schrifttum des Mittelalters aber daneben noch eine andere Geschlechterrelationierung kennt, versucht zu zeigen R. Schnell, *Frauendiskurs und Ehediskurs. Textsorten und Geschlechterkonzepte* (erscheint voraussichtlich 1997); ders., »Die Frau als Gefährtin (*socia*) des Mannes. Eine Studie zur Interdependenz von Textsorte, Adressat und Aussage«, in: R. Schnell (Hg.), *Geschlechterbeziehungen und Textfunktionen. Studien zu Eheschriften der Frühen Neuzeit*, Tübingen 1997 (im Druck); vgl. auch den Beitrag von R. Schnell in diesem Band.

49 Vgl. Fietze, a.a.O., S. 67. Wilson/Makowski, a.a.O., unterscheiden bei ihrer Beschreibung der misogamen Tradition des Mittelalters vier Phasen: »classical antecedents« (S. 13–34), »ascetic misogamy« (35–60), »philosophic misogamy« (61–108) und »general misogamy« (109–161). Diese vier zeitlichen Phasen entsprechen weniger einer Weiterentwicklung der frauen- und ehefeindlichen Argumentationsstruktur als vielmehr dem veränderten Milieu, dem die einzelnen Schriften zuzuordnen sind. Deschamps' *Miroir de Mariage* wird schon aus Gründen der Chronologie im Rahmen des vierten Kapitels genannt (149–151); die Anführung der Quellen und Vorläufer entspricht den oben genannten Analysen von Monique Dufournaud-Engel (vgl. Anm. 22 und Anm. 25).

chermaßen Ausdruck eines langlebigen, wenn nicht zeitlosen männlichen Diskurses über die Ungleichwertigkeit der Geschlechter, so daß die Ablehnung der Ehe durch Franc Vouloir zwangsläufig aus der stetigen Selbstregenerierung des maskulinen Entwurfs resultiert.

IV

Wenn man ausgehend von den Erkenntnissen der *gender studies*[50] berücksichtigt, daß man das Frauenbild misogyner Texte als »kulturelle Überformungen des biologischen Substrats« und »Ergebnis von Interpretationen« ansehen muß[51], die nur als topisch gewordene Figurationen männlicher Vorstellungen zu lesen sind, nicht aber als unmittelbarer Ausdruck sozialer Realität oder psychischer Individualität[52], so macht gerade Deschamps' Ehespiegel besonders deutlich, in welchem Maße die mittelalterliche Frauenfeindlichkeit durch die diskursiven und textfunktionalen Vorgaben der literarischen Tradition bestimmt wird. Auch der *Miroir* ist vor allem »misogyny as literature«[53],

50 Zum Stand der aktuellen Gender-Forschung vgl. K. Hausen/H. Wunder (Hg.), *Frauengeschichte – Geschlechtergeschichte*, Frankfurt am Main 1992, S. 9–17; B. Vinken, »Dekonstruktiver Feminismus – Eine Einleitung«, in: dies. (Hg.), *Dekonstruktiver Feminismus. Literaturwissenschaft in Amerika*, Frankfurt am Main 1992, S. 7–29; R. Kroll, »Feministische Positionen in der romanistischen Literaturwissenschaft«, in: dies./M. Zimmermann (Hg.), *Feministische Literaturwissenschaft in der Romanistik. Theoretische Grundlagen – Forschungsstand – Neuinterpretationen*, Stuttgart/Weimar 1995, S. 26–43.

51 Vgl. B. Vinken, »Differenz-Forschung«, in: R. Kroll/M. Zimmermann (Hg.), ebd., S. 66–73.

52 Grundlegend: S. Ortner/H. Whitehead (Hg.), *Sexual meanings: The cultural construction of gender and sexuality*, Cambridge 1981 und C. P. MacCormack/M. Strathern (Hg.), *Nature, culture, and gender*, Cambridge 1980. Kritik an diesem Ansatz üben aus sozialhistorischer Perspektive G. Pomata, »Histoire des femmes et ›gender history‹«, in: *Annales E. S. C.* 48 (1993), S. 1019–1026, und aus der Sicht der historischen Psychologie N. F. Partner, »No sex, no gender«, in: *Speculum* 68 (1993) (Special Issue: »Studying Medieval Women: Sex, Gender, Feminism«), S. 419–444.

53 Bloch, a.a.O., S. 15.

um mit R. Howard Bloch zu sprechen, und wenn Simone de Beauvoir bezeichnenderweise von einem »interminable poème« spricht[54], so findet die ewig unveränderliche Logik des Gelehrtenstreits in dieser Endlosigkeit des Textes ihren sprechenden Ausdruck. Deschamps' *Miroir* ist, um einen Ausdruck von Jacques Dalarun aufzugreifen[55], ein »palimpseste de savoirs«, der sich aus uralten Argumenten zusammensetzt, die sich wie Gesteinsschichten überlagern und einer sich selbst perpetuierenden Dialektik gehorchen, die jede Geltung für die gesellschaftliche Wirklichkeit eingebüßt hat. Dennoch kommt Deschamps' ahistorischer Wertediskussion literatur- und mentalitätsgeschichtlich gesehen eine wichtige Funktion zu: Sein *Miroir de Mariage* formuliert noch einmal in enzyklopädischer Geschlossenheit all jene Denkmuster, gegen die sich schließlich eine Autorin wie Christine de Pizan auflehnen wird.

54 Simone de Beauvoir, *Le deuxième sexe. 1. Les faits et les mythes*, Paris 1949, neue Ausgabe 1976, S. 175.

55 Dalarun, a.a.O., S. 19.

Danielle Régnier-Bohler
Mann und Frau in der französischen Hausliteratur um 1400
Le Livre du Chevalier de la Tour Landry pour l'enseignement de ses filles (1371)

»[...] und wie die Gelehrten und Prediger sagen, von Anbeginn der Welt an vereinigte Gott Mann und Frau durch die Ehe, und gebot von da an die eheliche Gemeinschaft, und schließlich, als er auf Erden kam, sprach er darüber in einer Rede vor allen, und sagte, daß die Ehe eine Sache sei, die so eng mit Gott verbunden sei, daß sie auf keinen Fall mehr aus verschiedenem Fleisch seien, sondern aus einem Fleisch und eine einzige Liebe und Schwäche, und daß sie einander derart lieben sollten, daß sie darüber Vater und Mutter und jedes andere Lebewesen aufgeben sollten« (Madame de La Tour Landry, im Laufe des Streitgesprächs mit ihrem Ehemann).[1]

Die historischen Normen und die literarischen Bilder können den gleichen Gegenstand haben: die Rollen, die Mann und Frau jeweils im täglichen Leben einnehmen. Die auf der Leuenberger Tagung angestellten Überlegungen über Ehetraktate sind für Literarhistoriker anregend, wenn sie es mit einer Didaxe zu tun

1 »[...] si comme disent les clercs et les prescheurs, Dieu dès le commencemant du monde assembla home et femme par mariaige, et dès lors commanda compaignie de mariaige, et, après ce, quant il fut venu ou monde, il en parla en plain sermon, devant tous, en disant que mariaige est une chose si jointe de Dieu que ilz ne sont mie deux chars, mais une seule chair et une seule amour et fragilité, et qu'ilz se doivent si entra'amer qu'ilz en doivent laissier père et mère et toute autre creature« (zit. nach *Le Livre du Chevalier de La Tour Landry pour l'enseignement de ses filles*, hg. von Anatole de Montaiglon, Paris 1854, S. 258). »Hier geht es um die Debatte zwischen dem Chevalier, der dieses Buch verfaßt hat, und seiner Frau über das Problem, im Guten zu lieben. Zunächst spricht der Chevalier, dann antwortet seine Frau« (»Cy parle du debat qui avint entre le chevalier qui fist ce livre et sa femme, sur le fait d'amer par amours. Le chevalier parle, la femme respont après«).

haben, d. h. einer mit Normen gespickten Textsammlung, die gemäß einer äußerst erfolgversprechenden literarischen Form, der Kurzerzählung, ausgearbeitet wurde. Dies ist der Fall beim *Livre pour l'enseignement de ses filles*, den der Chevalier de La Tour Landry in der zweiten Hälfte des 14. Jahrhunderts schrieb und zusammenstellen ließ: Er ist ein sozialhistorisches Zeugnis insofern, als ein junges Mädchen vernehmen soll, wie ihr mit entschiedener Stimme jene Idealrolle dargelegt wird, die sie zu der ihren zu machen hat. Gleichzeitig ist er aber auch ein Zeugnis für die Bedingungen, die zur Ausarbeitung jenes speziellen Diskurses führen, der die Geschlechterbeziehungen zum Gegenstand hat, die des jungen Mannes und des jungen Mädchens vor der Ehe, die von Ehemann und Ehefrau – in dem Moment, wo sie durch ihre Eheschließung ein Leben lang aneinander gebunden werden. Die Studien, die es bislang über diesen in der französischsprachigen Literatur einzigartigen Text gibt, haben sich im allgemeinen mit Aspekten auseinandergesetzt, über die auch andere historische Dokumente Zeugnis ablegen: die wirklichen oder erdachten Beziehungen der Geschlechter. Denn es ist kein Zufall, daß der *Livre* des Chevaliers von den Historikern generell als ein für die familialen Normen grundlegendes Beweisstück eingestuft wird. Er spiegelt sicherlich, anhand einer Vielzahl kurzer Geschichten, das Profil des Familienlebens im 14. Jahrhundert in einem bestimmten sozialen Milieu wider.[2] Doch birgt der Text eine weitere, bis zum heutigen Tage weniger erforschte Schicht, die einen für jedes Textsystem wesentlichen Aspekt bestimmt, nämlich die Tatsache, daß er sowohl einen Diskurs über die Wirklichkeit als auch einen Diskurs über die Vorstellungen oder gar die Wahnvorstellungen enthält. Wenn der *Livre* des Chevaliers ein sozialgeschichtliches Dokument ist, so ist er zugleich ein wertvolles Dokument für eine im Bereich der Normengebung präsente Schreibweise am Ende des 14. Jahrhunderts. Es ist nicht unerheblich, daß sich diese Normen produzierende Schreibweise auf die beiden Pole des biolo-

2 Zur Biographie des Chevaliers und zum geistigen Umfeld in Anjou vgl. Pierre Boisard, »La vie intellectuelle de la noblesse angevine à la fin du XIVe siècle d'après le Chevalier de La Tour Landry«, in: *Actes du Colloque d'Angers ›La Littérature angevine médiévale‹*, Paris 1981, S. 135–154.

gischen und sozialen Lebens erstreckt, den Mann als Ehemann und Vater, sowie die Frau als Ehefrau und Mutter. Aus diesem Grund habe ich versucht, bei meinem Vorgehen die Entstehung, die Ausarbeitung und den Aussageakt dieses Diskurses über die Geschlechterbeziehungen in den Vordergrund zu stellen.

Insgesamt betrachtet ist die Verbindung zwischen Erzählung und Vorbildlichkeit in der mittelalterlichen Kultur ein untersuchenswertes Phänomen.[3] Auf der Ebene der familialen Normen ist der ergiebigste Erziehungstraktat eben der *Livre du Chevalier de la Tour Landry pour l'enseignement de ses filles*.[4] Man findet – oft auf sehr abwechslungsreiche Art – in dem Textgefüge des *Livre* einen Diskurs, dessen Ziel es ist, das reibungslose Funktionieren des Ehelebens zu gewährleisten. Zum einen ist der *Livre* des Chevaliers ein im französischen Sprachraum einzigartiges und bedeutendes Zeugnis dafür, wie sich die Laienwelt der Modelle bemächtigt, die in dieser Epoche in der Regel aus klerikalem Munde kamen oder aus klerikaler Feder stammten und auf diese Weise ihre Verbreitung fanden. Zum anderen ist er ein äußerst wertvolles sozialhistorisches Zeugnis über die Erziehung der Frauen: über das Idealbild, das man ihnen vorgeschlagen und auferlegt hat, über ihren Zugang zum Wissen, über ihre Einhaltung der Verhaltensnormen im häuslichen und religiösen Leben. Schließlich veranschaulicht der *Livre* durch die Wahl der Stoffe und der Erzählform das Phänomen der paradoxalen Verbindung von – oft sorgfältig abgestimmter – narrativer Spannung und der zu lernenden Norm.[5]

3 Man faßt unter diesem Gesichtspunkt ebenso die umfangreiche Literatur der Exempla wie belehrende Erzählungen aller Art zusammen, z. B. *Dits* und *Miracles*, und schließt auf keinen Fall die romanhafte Literatur aus, die während des sogenannten Spätmittelalters oft die normgebenden Züge des Fürstenspiegels trägt.

4 Zitiert wird hier nach der heute verfügbaren Ausgabe Montaiglons. Ich bereite eine neue Ausgabe des mittelfranzösischen Textes vor, die eine Übersetzung und einen Kommentar enthalten wird. Diese Ausgabe wird in der Reihe »Lettres Gothiques« im Verlag Hachette erscheinen.

5 Obwohl der *Livre* einen größeren Erfolg außerhalb des französischen Sprachraums hatte, so ist doch festzuhalten, daß heute neunzehn Handschriften und drei Drucke vom Beginn des 16. Jahrhunderts aus Frankreich überliefert sind. Außerdem ist in handschriftlicher Form

Die Quelle des Werks ist der *Miroir des bonnes femmes*[6], dem der Chevalier eine beachtliche Anzahl seiner Beispiele entnommen hat.[7] Der *Miroir* ist eine Exempla-Sammlung, die Ende des 13. Jahrhunderts von einem Franziskaner zusammengestellt wurde. Dieser Sammlung gegenüber hat der Chevalier eine originelle Haltung eingenommen, indem er bei seiner Bearbeitung Vorkommnisse, die ihm selbst zugestoßen waren oder Anekdoten, von denen er gehört hatte, einfügte. Den biblischen Modellen wird also eine ganze Reihe aktueller Ereignisse zur Seite gestellt, die ebenfalls eine didaktische Funktion erfüllen. Darin vor allem besteht die Originalität dieses für den privaten Gebrauch bestimmten Buches.[8]

Unter dem Gesichtspunkt der Vorbereitung auf eine glückliche Heirat und Ehe sind die folgenden Punkte von vornherein besonders hervorzuheben: Zunächst ist der *Livre pour l'enseignement de ses filles* ein interessantes Analyseobjekt, insofern er von einer wirklichen Neugestaltung der tradierten Stoffe zeugt; schließlich, und im Vergleich zu seiner Vorlage ist dies eine Neuerung, haben wir es im *Livre* mit genau gekennzeichneten Adressatinnen zu tun, den drei Töchtern des Chevaliers, deren Anwesenheit beständig durch die, die Beispielanekdoten einführenden

eine englische Übersetzung des Textes aus der Zeit Heinrichs VI., des Ehemanns der Margarete von Anjou, erhalten. Eine weitere Übersetzung wurde 1484 von dem renommierten Verleger Caxton gedruckt. Dennoch erfuhr das Buch seine größte Verbreitung in deutscher Sprache: Die Übersetzung des Marquard vom Stein, die 1493 in Basel veröffentlicht wurde, wurde im 15. Jh. zweimal, im 16. Jh. achtmal und im 17. Jh. zweimal wiederaufgelegt.

6 Bekannt auch unter dem Titel *Miroir as preudes femmes.*

7 Insgesamt 85 von 128 Erzählungen. Es handelt sich um die Exempla 37 bis 112. Zur Bearbeitung der Vorlage durch den Chevalier vgl. John L. Grigsby, »A new source of the Livre de La Tour Landry«, in: *Romania* 84 (1963), S. 171–208; ders., »Le Miroir des Bonnes Femmes«, in: *Romania* 82 (1961), S. 458–481 und 83 (1962), S. 30–51. Von den Kapiteln 37 bis 112 waren alle, die mit einem biblischen Beispiel beginnen, auch schon im *Miroir* enthalten.

8 Zur Untersuchung einiger sprachlicher Verfahren, die die Verbindung von moralischer Lektion und Erzählung gewährleisten, vgl. Anne-Marie de Gendt, »Pour ce cy bon exemple: morale et récit dans *Le Livre du Chevalier de La Tour Landry*«, in: *Mélanges W. Noomen* (Medievalia Groningana 5), Groningen 1988, S. 67–79.

Aussagemarkierungen unterstrichen wird. Die autobiographischen Verweise stellen so einen Rahmen zur Verfügung, der die Exempla zusammenhält. Auf dieser Ebene sind die Interventionen des Erzählers nicht selten. Der Vater weist sich als ein Angehöriger des Adels von Anjou aus, mit seiner Erfahrung, seinem Gedächtnis, der ihm eigenen Beziehung zur Familientradition, und all diese Elemente beeinflussen die Versprachlichung des erzieherischen Vorsatzes. Obwohl der *Livre* kein Traktat über die Ehe im engeren Sinne ist, so geht es dort doch sehr wesentlich um die Vorstellung idealer Weiblichkeit im Rahmen der Ehe, um das weibliche Ideal *in* der Ehe und *für* die Ehe. Tatsächlich initiiert der Chevalier seine Töchter in die Verwundbarkeit der weiblichen Natur – ein dauerhafter Topos –, vor allem jedoch fügt er dieses Bild in die Darstellung einer Welt ein, die von Illusion und Lüge beherrscht wird. So tritt er als weltlicher Moralist auf, der aus denselben Quellen schöpft wie die Prediger und zugleich die menschliche Schwäche in einer Weise fokussiert, daß aus seiner Textsammlung eine profane Didaxe wird. Dies tritt übrigens auch in dem Streitgespräch zutage, in dem sich das Elternpaar am Ende des *Livre* gegenübersteht: Die beiden Erzieher, Vater und Mutter, begegnen sich dort in einem Streit ohne Bitterkeit. In ihren Äußerungen geht es dabei im Grunde um die Schwierigkeit, sich Klarheit zu verschaffen über die Undurchschaubarkeit des Realen, das Männer und Frauen für gewöhnlich bewältigen müssen. Die Komplementarität von Vater und Mutter ist hier wesentlich für die Vision des Vaters als Erziehers.

I

»[...] und deshalb, meine lieben Töchter, erinnert Euch an dieses Beispiel [...]«[9]

Unter dem Blickwinkel einer Linguistik der Aussage läßt sich beim *Livre* erkennen, wie der pädagogische Diskurs durch die

9 »[...] et pour ce, mes chieres filles, souviengne vous de cest exemple [...]«, Kapitel III, S. 8 (alle folgenden Kapitelangaben beziehen sich auf den *Livre du Chevalier*).

unmittelbaren Empfänger – hier die Töchter des Autors, »jung und klein und bar jeder Vernunft« (»jeunes et petites et de sens desgarnies«) – bestimmt wird. Er erlaubt außerdem zu beobachten, wie dieser Diskurs des Lehrens, des Lernens und der Initiation funktioniert. Diese Vorgehensweise basiert auf einer Dialektik des Beispiels und der Abschreckung, der Verführung und der Drohung, einer Dialektik, die durch den Übergang von der exemplarischen Anekdote, die zur Identifizierung führt, zur furchteinflößenden und erschreckenden Anekdote über dieses oder jenes verdammenswerte Verhalten entsteht.

Dies betrifft auch den Aufbau des *Livre*. Hier ergibt sich nicht nur eine Zweiteilung in Reihen von ›guten‹ und ›schlechten‹ Frauen, sondern darüber hinaus die paarweise Anordnung der Anekdoten oder gar eine Doppelung innerhalb ein und derselben Geschichte, indem zunächst von einer ›guten‹ Frau und dann von einer ›schlechten‹ Frau berichtet wird, die eine analoge Situation bewältigen müssen.[10] Mehrfach sind es auch die internen Familienkonstellationen, die derartige Gegenüberstellungen ermöglichen, wie in dem Exemplum, in dem es um die zu verheiratenden Töchter geht[11]: Der König Englands hat die Töchter des dänischen Königs aufmerksam beobachtet, er erweist sich als »weiser Mann von gesundem Menschenverstand« (»sages homes et de bon sens naturel«), indem er die wählt, »die von besonnenem Verhalten und standhafter Würde ist, und die ein angenehmes Benehmen hat« (»qui est meure maniere et de ferme estat, et qui a bel maintieng«).[12] Das Exemplum CXX wiederum

10 So z. B. im Kapitel VI »Von den beiden Töchtern eines Ritters, von denen die eine gottergeben war und die andere gefräßig« (»De deux filles d'un chevalier, dont l'une estoit devotte et l'autre gourmandoit«).

11 Kapitel VII, S. 25 ff.: »Hier geht es um diejenige, die wegen ihres törichten Verhaltens den König von England verlor« (»Cy parle de celle qui perdy le roy d'Angleterre par sa fole contenance«).

12 Kapitel XII, S. 27: »[...] ich habe sehr oft gehört, daß es Unglück bringt, eine Frau wegen ihrer Schönheit und Gefälligkeit zu heiraten, statt die zu nehmen, die von besonnenem Verhalten und standhafter Würde ist, und die ein angenehmes Benehmen hat; denn keine Schönheit und kein Adel kommt einem sittlichen Verhalten gleich oder übersteigt es gar, und es gibt auf der Welt kein größeres Wohlbefinden als eine zuverlässige Frau von standhafter Würde und gu-

berichtet von der mißglückten Eheschließung einer Rittersochter, »der es wegen ihrer Putzsucht entging, mit einem Ritter verheiratet zu werden« (»qui perdy à estre mariée à un chevalier pour sa cointise«), während ihre jüngere Schwester, »die gar nicht daran dachte, in nächster Zeit verheiratet zu werden« (»qui ne pensoit pas si brief estre mariée«), sich gemäß der Jahreszeit anzukleiden und ihre frische, rosige Gesichtsfarbe zu wahren verstand.[13] Der Chevalier vertritt also eine weltliche Moral, deren Prinzipien die jungen Mädchen an die Zukunft heranführen sollen: Als zukünftige Ehefrauen und zukünftige Mütter sind sie diejenigen, in deren Händen der Schlüssel zur Ordnung der Welt liegt.

Der eigentliche Ort der Textgenese ist ja das Umfeld der Familie: Der Vater wird aufgrund seiner väterlichen Fürsorge und Wachsamkeit zum Autor. Wie auf einem Genregemälde wird er sich durch die Erscheinung seiner drei Töchter, durch ihr zartes Alter und ihre Unerfahrenheit seiner Rolle als Vater bewußt: Er muß dafür Sorge tragen, sie mit dem nötigen ›Gepäck‹ für ein gutes Leben auszustatten.[14] Der Text enthält von vornherein die

tem Verhalten zu haben, und es gibt keinen schöneren Adel. Und deshalb wähle ich das dritte Mädchen und werde niemals eine andere haben« (»j'ai ouy plus souvent et menu mésavenir de prendre femme par beauté et plaisance, que de celle qui est de meure maniere et de ferme estat, et qui a bel maintieng; car nule beauté ne noblesce ne s'apareille, ne passe bonnes meurs, et n'est ou monde grant aaise comme de avoir femme seure et ferme d'estat et de bonne manière, ne n'est plus belle noblesce. Et pour ce je esliz la tierce fille, ne n'auray ja autre«). Siehe auch Kapitel III »Von zwei Rittern, die zwei Schwestern liebten« (»De deux chevaliers qui amoient deux suers«). Die eine, die regelmäßig für die Toten betet, entgeht der Schande: In dem Moment, in dem er sich hinter den Bettvorhang begibt, entdeckt der, der ihr den Hof macht, tausend männliche Figuren, die mit Leichentüchern bekleidet sind. Er flieht erschrocken, ihre Ehre bleibt unangetastet. Das andere Mädchen empfängt in ihrem Bett ihren Liebhaber und wird schwanger. Ihr Vater ertränkt sie, dem jungen Mann wird bei lebendigem Leib die Haut abgezogen.

13 Kapitel CXX, S. 237: »[...] ich finde das dritte Mädchen schöner und frischer und von besserer Farbe als das zweite, von der man mir erzählte« (»[...] je voy la tierce fille plus belle et fresche et de meilleur couleur que la seconde, dont l'en me parloit«), sagt der Bewerber.

14 Im Prolog und zu Beginn des ersten Kapitels (S. 5) beschreibt sich

Dimension einer Projektion auf die Zukunft, die in den geschilderten Beispielen durch die Aussageweise des *hic et nunc* mitschwingt:

»[...] ich überlegte mir, daß ich ein Büchlein machen sollte, in dem ich die rechten Sitten der guten Damen und das von ihnen getane Gute aufschreiben ließe, um daraus ein Vorbild und schöne Haltung und gutes Benehmen zu schöpfen [...] Und aus den oben genannten Gründen dachte ich, daß ich für meine Töchter, die ich klein vor mir sah, ein Büchlein machen würde, damit sie lernten, auf französisch zu lesen [...].«[15]

So bietet der Akt des Erzählens Beispielen aus vergangenen Zeiten ebenso Raum wie solchen aus der jüngsten Vergangenheit. Der Erzähler vermittelt Erinnerungen an die Lektüre der Heiligen Schrift wie der Chroniken, die er als Quelle angibt; schließlich nimmt er auch auf die jüngste Vergangenheit Bezug. So handelt das Kapitel XXII von »der Dame, die mit dem Marschall von Clermont Streit anfing« (»la dame qui prist tençon au mareschal de Clermont«), das Kapitel XXIII »Von Boucicaut und den drei Damen« (»De Bouciquaut et des trois dames«), und im Kapitel CXXI wird berichtet über den »edlen Herrn Fouques de Laval, der seine Freundin besuchte« (»messire Fouques de Laval qui alla veoir s'amie«). Es handelt sich hier um aktuelle Ereignisse mit Vorbildcharakter.[16] Der *Livre* beruht auf diesen

der Vater sozusagen als Bild im Bild, vor dem Akt des Schreibens; er ergreift das Wort zu didaktischen Zwecken: »Und so sprach ich und sagte ihnen: Meine lieben Töchter, da ich schon sehr alt bin und die Welt schon viel länger kenne als Ihr, möchte ich Euch einen Teil des Schauplatzes des irdischen Lebens zeigen, wenn auch mein Wissen nicht sehr groß ist [...]« (»Sy parlay ainsy et leur diz: Mes chières filles, pour ce que suiz bien vieulx et que j'ay veu le monde plus longuement que vous, vous veuil-je monstrer une partie du siècle, selon ma science qui n'est pas grant [...]«).

15 »[...] je me pensay que je feroye un livret, où je escrire feroye les bonnes meurs des bonnes dames et leurs biens faiz, à la fin de y prendre bon exemple et belle contenance et bonne manière [...] Et pour cestes causes que j'ay dessus dictes, je pensay que à mes filles, que je veoie petites, je leur feroye un livret pour aprendre à roumancer [...].«

16 Foulques de Laval ist ein Nachbar des Chevaliers, und die beiden Männer scheinen sich regelmäßig zu unterhalten: »Und er unternahm

verschiedenen Verankerungen in der Tradition und im Gelebten, und die zeitliche Dimension ist dabei einer der bedeutendsten Aspekte des Diskurses.[17]

Im Vergleich zu traditionellen didaktischen Texten fällt der selbstverständliche Gebrauch der Volkssprache auf, der von einem Modell ausgeht, das bereits in der Volkssprache verfaßt wurde, dem *Miroir des bonnes femmes*. Die Fähigkeit des flüssigen Lesens ist unverzichtbare Voraussetzung dafür, Lehren aus der Vergangenheit ziehen zu können und um der Zukunft wachsam entgegenzusehen. Der Vater als Erzieher bespricht unvoreingenommen auch Texte der profanen volkssprachlichen Literatur, und sei es nur, um ihre Nützlichkeit abzuwägen. Schon im Prolog des *Livre* wird angekündigt, daß die Adressaten, an die er sich richtet, des Lesens kundig sein sollten: »man soll seine Töchter dazu anhalten, die Gelehrsamkeit und die Heilige Schrift zu lernen« (»l'on doit mettre ses filles pour apprendre la clergie et la sainte escripture«), ganz wie Delbora (Deborah) und die Heilige Katharina, von denen im Kapitel XC die Rede ist:

»Und wegen dieses Beispiels und der anderen ist es eine gute Sache, seine Kinder schon klein in die Schule gehen zu lassen und sie aus den Büchern der Weisheit lernen zu lassen [...] und nicht aus den Büchern des Vergnügens und der erdichteten Geschichten der Welt; denn es ist eine bessere und edlere Sache, vom Guten und den guten Lehren zu hören und zu sprechen, die wertvoll sein können und nützen, als Märchen und Lügen zu lesen und zu studieren [...].«[18]

es einmal, wie er mir erzählte, seine Dame aus Liebe zu besuchen« (»Si lui advint, comme il me compta, que une foiz il estoit alé veoir sa dame par amours«).

17 Vgl. D. Régnier-Bohler, »Un traité pour les filles d'Eve: le corps et le temps dans le *Livre pour l'enseignement de ses filles du Chevalier de La Tour Landry*«, in: *Actes du CRISIMA 1* (Ier Colloque de Recherches Interdisciplinaires sur l'Imaginaire et la Société au Moyen Age, novembre 1991), novembre 1993, S. 449–462.

18 »Et pour cest exemple et les autres est bonne chose de mettre ses enffans juennes à l'escolle et les faire apprendre ès livres de sapience [...] non pas les faire apprendre as livres de lecheries et des fables du monde; car meilleure chose est et plus noble à ouyr et parler du bien et des bons enseignemens, qui pueent voloir et prouffiter, que lire et estudier des fables et mensonges [...]«; Kapitel XC »Vom Erlernen der Weisheit und der Gelehrsamkeit« (»De aprendre saigesce et clergie«), S. 178.

Die gewählte Form, die über die Kultur jener Epoche Aufschluß gibt, wird in den Dienst der zu vermittelnden Norm gestellt. Dies geschieht zu einem Zeitpunkt, als sich die Konjunktur der Novelle abzeichnet und die exemplarische Erzählung sich schon weithin etabliert hat. Der *Livre* des Chevaliers bildet – durch das Aneinanderreihen kurzer Erzählungen, die der Bauweise der Novelle entsprechen – einen Wendepunkt in der Kunst des Erzählens und der Kunst des Überzeugens. Dieses Ensemble ist paradoxerweise gleichzeitig homogen und heterogen.[19] Homogen durch die Wahl einer großen Anzahl von Exempla, die dem *Miroir des bonnes femmes* entnommen wurden, heterogen durch die Tatsache, daß manchmal anzügliche Geschichten eingefügt werden, sogar ein *fabliau*, eine Schwanknovelle (Kapitel LXII), die die Version eines anonymen Fabliaus des 13. Jahrhunderts, des *Braies au Cordelier*, ist.[20]

Wo ist in diesem Buch, das an zukünftige Ehefrauen gerichtet ist, von den Beziehungen zwischen den Geschlechtern, der Beziehung zwischen Mann und Frau, Ehemann und Ehefrau die Rede? Wie werden die Geschlechterbeziehungen durch die oben erörterte Textgestalt hindurch ins Werk gesetzt? Bleibt der Untersuchungsansatz von rein sozialen Fragestellungen bestimmt, so erweist sich der inhaltliche Gehalt als schematisch und stereotyp: Der Ehemann läuft Gefahr, zum Narren gehalten zu werden, da die Frau schwach, gierig, geschwätzig, verschwenderisch, kokett, verführerisch ist. Läßt man sich hingegen auf eine genaue Betrachtung des Textes ein, so wird eine unterweisende Schreibweise offenkundig. Dies ist sowohl für den Literarhistoriker als auch für den Historiker interessant, der mit den in der Gesellschaft verbreiteten und geltenden Normen vertraut ist und der sich zu Recht fragen muß, mit welchen Mitteln diese weitergegeben wurden.

Bezüglich der vom Chevalier de La Tour Landry gewählten Stoffe – eine Aneinanderreihung kleiner Geschichten, die ent-

19 Der Chevalier versteht es, dem Exemplum einen sinnlichen Unterton zu geben, er vermeidet den sonst üblichen Schematismus und zögert nicht, pathetische Effekte hervorzurufen, vgl. Régnier-Bohler, »Un traité pour les filles d'Eve«, a.a.O.

20 »Von einem Mann, der Seiler war« (»D'un bon homme qui estoit cordier«), Kapitel LXII.

sprechend dem Modell des *Miroir* zu Reihen von guten und schlechten Frauen angeordnet sind – stellt der *Livre* die guten und die schlechten Frauen einander gegenüber; er kontrastiert die »guten Taten« (»bontés«) der ersteren mit den »moralischen Gebrechen der schlechten unter den ehrbaren Frauen« (»mehaing des maulvaises des honnestes femmes«).[21] Durch dieses Hin und Her zwischen Bewundernswürdigem und Abstoßendem wird das Werk zu einem Vorbild (»exemplaire«), das die jungen Mädchen lehrt, »sich zu benehmen« (»à se gouverner«). Die Struktur des Erziehungsbuches bleibt eng an die aus dem Alten Testament bekannten Figuren gebunden, von denen einige seit der karolingischen Epoche glorifiziert wurden. Sie ist besonders eng verknüpft mit jenen vorbildlichen Frauen und ihren Kontrastfiguren, die schon im *Miroir des bonnes femmes*[22] vorkamen. Nachdem er zunächst die Anordnung des *Miroir* verwerfen wollte, nach der zuerst von einer Reihe von schlechten Frauen und dann von der Kategorie der guten Frauen die Rede ist, folgt der Chevalier schließlich doch seiner Vorlage.

So beleuchtet unsere Analyse verschiedene Aspekte: in erster Linie die auf diesem Gebiet wie auf vielen anderen Gebieten der mittelalterlichen Kultur vorhersehbare Bedeutung der Tradition und die Dauerhaftigkeit bestimmter Themen in der Ideen- und Vorstellungswelt. Hinzu kommt ein Phänomen, das den Weg des Textes vom Sender zu seinen Empfängern beeinflußt, nämlich das persönliche Eingreifen des Chevaliers, des um die Erziehung seiner Töchter besorgten Vaters. Diese persönlichen Interventionen treten deutlich anhand der zahlreichen Aussagemarkierungen zutage, die die Anekdoten einleiten, sie untereinander verbinden, sie abschließen und die sie letztendlich zu einer Einheit zusammenfügen.[23] Dies zeigt sich schon in den einleitenden Äußerungen über die Erziehung: Das pädagogische Vorhaben entsteht beim Anblick der jungen Töchter, die so frisch

21 Prolog, S. 3.

22 Zur genauen Verwendung der Vorlage durch den Chevalier vgl. Grigsby, »A new source«, a.a.O., S. 170.

23 Der Chevalier unterläßt es fast nie, entweder in der Ich-Form einzugreifen oder am Ende oder im Verlauf der Erzählung daran zu erinnern, daß er sich an seine »schönen Töchter« (»belles filles«) wendet – Sprechaktmarkierungen, durch die sich seine Sammlung auszeichnet.

sind wie die Natur »Ende April« (»à l'issue d'avril«) und »bar jeder Vernunft« (»de sens desgarnies«) und deren man sich »gleich zu Beginn« (»tout au commencement«) annehmen muß, um sie »freundlich durch gute Beispiele und Lehrsätze zu unterweisen« (»chatier courtoisement par bonnes exemples et par doctrines«). Den Abschluß bildet das Streitgespräch in Kapitel CXXIV, das den Monolog des Pädagogen-Vaters weiterführt und die Stimme der Mutter einfügt, die man zuvor nur zwischen den Zeilen heraushören konnte. Das Gerüst, das die Anekdoten in ihrer Gesamtheit umschließt – die Formulierung des Vorhabens und die abschließende Debatte –, ist äußerst funktional: Zwar hält der Vater es für richtig, seine Töchter mit Hilfe von Erzählungen zu unterrichten, doch an einem entscheidenden Punkt der Auseinandersetzung läßt er die Mutter der Töchter zu Wort kommen, da nämlich, wo eine Frau – in ihrer Rolle als Frau – über die Schwäche und Verwundbarkeit des weiblichen Geschlechts spricht. Der Standpunkt der Mutter und Ehefrau hat nicht wenig Gewicht für die Bewertung dessen, was der Vater und Ehemann im Verlauf der verschiedenen Anekdoten gesagt hat.

Die im Kreise der Familie ausgearbeitete Abhandlung beabsichtigt also die Vorbereitung der jungen Mädchen auf das Familienleben, auf ihren zukünftigen Stand als Ehefrau und Mutter. Dies schließt zahlreiche Elemente des täglichen Lebens mit ein, zahlreiche Beschwörungen von vorbildhaften und von grenzüberschreitenden Situationen, in denen die Ehefrau bzw. die zukünftige Ehefrau sich Gefahren aussetzt oder Fehler begeht, durch die sie die Welt ins Chaos stürzen könnte. Diese Fehler reichen vom zu gierigen Essen eines ganz jungen Mädchens über die exzessive Koketterie einer anderen bis zu der ausschweifenden Verführungskunst einer verheirateten Frau und dem Ehebruch der Königin von Neapel, der das Land ins Unheil stürzt. Es geht hier um verheiratete Frauen oder Frauen, die zur Ehe versprochen sind. Es handelt sich im *Livre* des Chevaliers niemals um Frauen, die dem sexuellen Umgang entzogen sind oder der weltlichen Gesellschaft entsagt haben. In diesem Sinne ist der *Livre* eine Textsammlung für den Stand der Ehe.

Die textanalytische Annäherung muß uns nicht notwendig von dem Wert des Textes als eines sozialhistorischen Zeugnisses oder von dem damals gültigen gedanklichen Normensystem wegführen. Sie besteht darin, die an die drei Empfängerinnen, die zukünftigen Ehefrauen, gerichtete Botschaft, den Weg der Lektion eines Sprechers, der schon Ehemann und Vater ist, sowie das Streitgespräch zwischen dem Vater und der Mutter der jungen Mädchen nachzuzeichnen. Die Textanalyse verweist den Leser, im Vorhaben des Vaters wie auch in der Debatte mit der Mutter, auf das Phänomen des autobiographischen Schreibens, das vom Ich spricht und von seinem Projekt einer ganz an die »lieben Töchter« (»chieres filles«) gerichteten Rede. Der Chevalier bedient sich seiner Vorlagen, doch versieht er sie mit Aussagemarkierungen, die ihn als Vater, der aus dem Adel von Anjou stammt, mit seiner Erfahrung und seinem eigenen Erinnerungsvermögen ausweisen. Das letztere kann Teile der Familienüberlieferung mit einschließen. All diese Elemente werden bei der Versprachlichung des erzieherischen Vorhabens berücksichtigt: »jetzt, in meiner Jugend, zu Zeiten meines Vaters, damals, zu Zeiten der ›alten Sitten‹ (›anciennes coustumes‹)«.

Mit Hilfe dieser Elemente handelt der *Livre* das eheliche Leben nicht didaktisch ab, sondern der Chevalier hebt statt dessen deutlich hervor, daß ein Paar von Mann und Frau, wenn es eine Familie gründet, eine schwere Verantwortung gegenüber seinen Kindern trägt, die es »vom schlechten Weg abbringen« (»destourner de male voye«) muß, indem es ihnen »den wahren und geraden Pfad« (»le vray et droit chemin«) zeigt. Man weiß übrigens, daß der Vater nicht nur seine Töchter, sondern auch seine Söhne zu erziehen wünschte, doch ist der an seine Söhne gerichtete *Livre* nicht erhalten.[24] Es ist deshalb enttäuschend, die männliche Nachkommenschaft einzig im Prolog und im Kapitel LXXXIX erwähnt zu sehen:

»Und da jeder Vater und jede Mutter Gott und der Natur gemäß seine Kinder unterrichten soll und sie vom schlechten Weg abbringen und ihnen den wahren und rechten Pfad zeigen soll, ebenso sehr für die Rettung der Seele als für die Ehre des irdischen Körpers, habe ich zwei Bücher verfaßt, eines für meine Söhne und das andere für meine Töchter, damit sie lernen, auf französisch zu lesen.«[25]

24 Reinhard Hahn, »Zu Marquards vom Stein ›Ritter vom Turn‹«, in: *Archiv für Kulturgeschichte* 74 (1992), S. 125–146, versucht zu beweisen, daß der Chevalier de la Tour Landry gar kein Buch für seine Söhne verfaßt habe [Zusatz des Herausgebers].

25 »Et pour ce que tout père et mère selon Dieu et nature doit ensei-

Aufgrund dieser Zielsetzung weiß man, daß das Werk nicht von vornherein die Form der kurzen Erzählung erhalten sollte. Als Teilhaber an der Kultur seiner Zeit hatte der Chevalier ursprünglich die Absicht, in Versen zu dichten (»rimer«), wandte sich dann aber der Prosa zu, um sein Ziel besser zu erreichen und sich besser verständlich zu machen.[26] Der Stoff, der sich in die gewählte Form schmiegt, erscheint sedimentär; er besteht aus der Wiederaufnahme schon bekannter Texte und aus persönlichen Interventionen. Der Vater macht geschickt Gebrauch von den überlieferten Schriften, doch wählt er seine Beispiele sorgfältig aus, läßt sie abschreiben und die Aussagemarkierungen einfügen, die seinem »Büchlein« (»livret«), wie er es nennt, eine persönliche Note verleihen. Der Chevalier unterläßt es in der Tat selten, in der Ich-Form einzugreifen oder am Ende eines Exemplums bzw. im Verlauf der Erzählung daran zu erinnern, daß er sich an seine »schönen Töchter« (»belles filles«) wendet. Zwar verallgemeinert ein didaktischer Diskurs anhand von einzigartigen und exemplarischen Fällen, doch der Chevalier wendet sich gerade nicht an die Gesamtheit der Frauen. Indem er verschiedene Formen der Anrede einflicht, läßt der Chevalier eine fiktive Situation des Zuhörens und des Lesens entstehen. Alles in allem verleiht er der Familienszene eine persönliche Note:

»Und deshalb, meine lieben Töchter, erinnert Euch an dieses Beispiel jedes Mal, wenn Ihr aufwacht, und schlaft nicht wieder ein, ohne für die Verstorbenen gebetet zu haben, so wie die Tochter des Kaisers es tat.«[27]

Darauf folgt die Ankündigung einer anderen Erzählung:

gnier ses enfans et les destourner de male voye et leur monstrer le vray et droit chemin, tant pour le sauvement de l'ame et l'onnour du corps terrien, ay-je fait deux livres, l'un pour mes filz et l'autre pour mes filles, pour aprendre à romancier«, Prolog, S. 4.

26 Spuren eines versifizierten Textes finden sich noch am Anfang und in der Mitte des Werkes.

27 »Et pour ce, mes cheres filles, souviengne vous de cest exemple, toutes foiz que vous esveillerez, et ne vous endormez jusques a ce que vous ayez prié pour les deffuns comme faisait la fille de l'empereur«, Kapitel III, S. 8.

»und außerdem möchte ich gerne, daß Ihr von dem Beispiel einer jungen Frau erfahrt, die ein hoher Herr besitzen wollte, zum Guten oder zum Schlechten, um seinen Willen und sein törichtes Vergnügen zu erfüllen.«[28]

Diese durch den Sprecher hergestellte Verknüpfung führt im nächsten Kapitel zum Bericht über eine junge Frau, der eine Vergewaltigung droht. Hinzu kommt die persönliche Erinnerung: Es kann sich dabei um einen Vorfall handeln, von dem er in der Vergangenheit gehört hatte[29], oder auch um einen Heiratsplan, der in seiner eigenen Jugend wieder rückgängig gemacht wurde. An diesem Punkt geht der Chevalier besonders stark auf die gewünschten Eigenschaften einer zukünftigen guten Ehefrau ein. Sie soll

»[...] von sanftem Benehmen sein, von demütiger und standhafter Haltung und ebensolchem Benehmen, wenig gesprächig, freundlich antworten und weder zu ungezügelt noch zu wagemutig sein und auch nicht zu leichtfertig umherschauen.«[30]

Durch die gleichzeitige Verwendung biblischer und weltlicher Beispiele organisiert der Sprecher des *Livre* sie zu einer Struktur des erneuten Einsetzens und der Häufung, wie bei einem Erinnerungsvorgang.[31] Er entfernt sich nie von der Szene, die er zu Beginn mit dem Frühlingsvergleich seiner Töchter gewählt hat. Genauer gesagt, als er im Kapitel XXXVII eine Art zweiter Einführung seines *Livre* unternimmt und ankündigt, über die »schlechten Beispiele der Welt« (»maulvais exemplaires du mon-

28 »et encore vouldroye-je que vous sceussiez l'exemple d'une demoiselle que un grant seigneur vouloit avoir, par beau ou par laist, à faire sa voulenté et son fol plaisir«, Kapitel III, S. 9.

29 Kapitel VII, S. 15: »wie ich es einen Ritter erzählen hörte, der zu einer Schlacht zwischen Christen und Sarazenen aufbrach« (»comme j'ay ouy racompter a un chevalier qui ala en une bataille de Crestiens et des Sarrasins«).

30 »[...] etre de doulces manieres, humbles et fermes d'estat et de manieres, poy emparlees, et respondre courtoisement et n'estre pas trop enresnees, ne surseillies, ne regarder trop legierement«, Kapitel XIII, S. 29.

31 Ich habe diese spezielle Struktur, »une structure de rebond et de cumul«, in meinem Artikel »Un traité pour les filles d'Eve« (a.a.O.) behandelt.

de«) und die »guten Beispiele der Welt« (»bons exemplaires du monde«) sprechen zu wollen, fährt er durch das Skandieren des folgenden Verses und Aphorismus fort:

> »Schöne Töchter,
> wer das Gute sieht, aber das Schlechte tut,
> bereut es dann zu Recht.«[32]

Diese guten und schlechten Beispiele, die der Tradition entlehnt sind, werden oft durch aktuelle Geschehnisse aus einer sehr viel jüngeren Vergangenheit oder gar der Gegenwart erweitert. Schon um das Gewicht seiner Erfahrung einzubringen, rekurriert der Chevalier auf die unmittelbare Vergangenheit seiner Jugend[33]: Er habe, sagt er seinen Töchtern im Prolog, »die Welt viel länger als Ihr gesehen« (»veu le monde plus longuement que vous«). Seine eigene Feststellung der Falschheit der Welt und der verlogenen Worte der jungen Männer, denen die Frauen schon in seiner Jugendzeit zum Opfer fielen, bildet die Ausgangsbasis seiner Überlegungen. Dieser Rekurs auf das Gedächtnis bestimmt seinen erzieherischen Diskurs und unterscheidet ihn damit gleichzeitig von seiner Vorlage, dem *Miroir des bonnes femmes*: Tatsächlich entsteht hier ein völlig neuer Diskurs durch die Inszenierung von Werten und Normen, die durch die Tiefe des Erlebten erfahren, beglaubigt, relativiert und vermenschlicht werden. Das Buch verwendet unveränderbare Vorlagen, die der Projektion einer in der Zukunft vollendeten Erziehung unterworfen werden; sein Schreiben bedient sich dabei sehr geschickt der Tempusmarkierungen. Durch dieses Verfahren wird aus der Moral eine Erzählung, und zwar eine persönliche Erzählung, in der der Sprecher weit mehr ist als nur eine Stimme, die die Norm und ihre Überschreitung veranschaulicht. Der Chevalier wird von dem Moment an selbst zur handelnden Person, wo er versichert, daß der Gang der Geschichte sich seit seiner eigenen Jugend nicht verändert hat.

32 »Belles filles, / qui le bien voit et le mal prent / bon droit puis s'en repent«, Kapitel XXXVII, S. 82. *Le miroir des bonnes femmes* beginnt mit diesem Sprichwort. Der Chevalier verändert es nur geringfügig, wendet sich aber unter Verwendung der Anredeform direkt an die Empfänger. Vgl. Grigsby, »A new source«, a.a.O., S. 176–177.

33 Gemeint ist eine unmittelbare Vergangenheit im Spiegel der biblischen Vergangenheit.

»Deshalb ist es eine bedeutende Sache, die heutige Welt zu kennen […]«[34]

Der Chevalier stellt es sich zur Aufgabe, ein Modell zu beschreiben, mit dem sich zukünftige Ehefrauen identifizieren können. Doch haben sich diese zukünftigen Frauen mit einer bösartigen Natur auseinanderzusetzen, ein altbekannter Topos, von dem der Chevalier – ebenso wie viele andere vor ihm – Gebrauch macht. Dennoch erweist sich sein Vorgehen als optimistisch: Nach der Kategorie der schlechten Frauen widmet sich die binäre Struktur der Textsammlung der Kategorie der Frauen, die in der Vergangenheit »geehrt und gepriesen« (»honnourees et louees«) wurden und es auch in Zukunft sein werden. Obwohl die Geisteshaltung des Chevaliers die eines Moralisten ist, der sich keinerlei Illusionen über die menschliche Schwäche hingibt, plädiert er nichtsdestoweniger für eine Haltung der Klarsichtigkeit in einer stets undurchsichtigen Welt. Von dieser Weltsicht, dieser Undurchschaubarkeit, der ohne Verzweiflung zu begegnen ist, wird das Erziehungsprojekt des Chevaliers mitgetragen.

Und tatsächlich verwendet der Vater eine andere Überlieferung als die biblische, indem er sie in die ihm eigene und in die genealogische Zeit einschreibt: Er beschwört also das Familiengedächtnis, die Generation seines Vaters, kurz: seine eigene Epoche. Im Namen dieses Erinnerungsschatzes, der an seine eigene Wurzeln als Vater rührt, kann er sich an die folgende Generation, d. h. die seiner Kinder, richten.

Indem er sich um die Darstellung der menschlichen, von Schwäche bestimmten Natur und der besonders verletzlichen weiblichen Natur bemüht, schließt er sich dem Aufruf zur Beichte und den Vorschriften an, sich täglich eine angemessene Zeit lang der Andacht zu widmen.[35] Doch geht es dem Chevalier viel kon-

34 »Pour ce forte chose est à congnoistre le monde qui a present est […]«, Prolog, S. 4.

35 Dies wird in vielen exemplarischen Texten und in vielen Aufzeichnungen zur Frömmigkeit eines Helden oder einer Heldin deutlich, z. B. in den *Dits* des Jehan de Saint Quentin und vor allem in den

kreter noch um eine vernünftige Organisation des alltäglichen Lebens: Seine Darstellung entwickelt und erweitert das, was der Frömmigkeit die notwendige Aufmerksamkeit entzieht. Die in seinem *Livre* bevorzugt behandelten Bereiche sind demnach die übertriebene Körper- und Schönheitspflege, das exzessive Schmücken, kurz gesagt: ein Übermaß an Verführungskunst. Seine Aufforderung betrifft alles, was die Menschen einbindet in die Abfolge von Lebensmomenten – den Schlaf, das Erwachen, die Messe, die Beziehungen zur Dienerschaft.

Wie wir gesehen haben, ist die Genese des Buches eng mit der Gesamtstruktur der Erzählung verknüpft, doch kann es seine Wirkung nur entfalten, wenn die Adressatinnen Zugang zur Schrift haben und des Lesens mächtig sind. Der Chevalier ermuntert seine drei Töchter sehr nachdrücklich dazu, weil sie lernen sollen

»auf französisch zu lesen, damit sie lernen und studieren können, und sowohl das Gute als auch das Schlechte sehen, das vergangen ist, um sie für die künftige Zeit zu schützen. Denn die Welt ist sehr gefährlich und voller Mißgunst und wundersam; denn jener lacht Euch freundlich ins Gesicht und tut schön, der sich hinterrücks über Euch lustig macht.«[36]

Dank der Schriftkunst kann die Vergangenheit als die Errungenschaft einer Kultur mit pädagogischer Zielsetzung erscheinen. Dies ist der ausdrückliche Wunsch des Chevaliers, und dies ist auch ein wertvolles Zeugnis über die Frauen. Diese Frauen, die dazu ausersehen sind, gute Ehefrauen zu werden, werden unterrichtet und zu einem klaren Blick geführt, zur »Weisheit und Gelehrsamkeit« (»saigesce et clergie«), deren sich Delbora (Deborah) im Kapitel XC so geschickt bedient:

Journées de vie chrétienne. Vgl. den wichtigen Aufsatz von Geneviève Hasenohr, »La vie quotidienne de la femme vue par l'Eglise. L'enseignement des ›journées chrétiennes‹ de la fin du Moyen Age«, in: *Frau und spätmittelalterlicher Alltag* (Internationaler Kongreß, Krems an der Donau, 2.–5. Oktober 1984), Wien 1986 (Österreichische Akademie der Wissenschaften, Philosophisch-Historische Klasse, Sitzungsberichte, Band 473), S. 9–101.

36 »roumancer, affin que elles peussent aprendre et estudier, et veoir et le bien et le mal qui passé est, pour elles garder de cellui temps qui a venir est. Car le monde est moult dangereux et moult envyeulx et merveilleux; car tel vous rit et vous fait bel devant qui par derriere s'en va bourdant«, Prolog, S. 4.

»Und da einige sagen, daß sie nicht möchten, daß ihre Frauen und ihre Töchter die Gelehrsamkeit und die Schrift gut kennen, so sage ich, daß – was das Schreiben anbelangt – es nicht notwendig ist, daß eine Frau etwas davon versteht; doch, was das Lesen anbelangt, so ist jede Frau, die es beherrscht, mehr wert und sie kennt den Glauben und die Gefahren für die Seele und ihre Rettung besser, und unter hundert Frauen gibt es keine, die mehr wert sei; dies ist eine bewiesene Sache.«[37]

Zu den von der biblischen Tradition bevorzugten Beispielen gesellen sich jene, die aus dem eigenen Erleben stammen und die das Ehepaar in Szene setzen. Dem Chevalier lag daran, dem Schluß seines *Livre* durch ein Streitgespräch, das Teil des Familienalltags sein könnte, einen persönlichen Anstrich zu verleihen. Die Verfehlungen Evas gaben dem Autor bereits Anlaß, eine Warnung auszusprechen. Hat Eva der Schlange »zu leichtfertig« (»trop legierement«) geantwortet? Hat sie doch die Verantwortung auf sich genommen, »für sich selbst« (»de soy meismes«) zu antworten und dem Ehemann damit das Privileg der Sprache entzogen.[38] Obwohl sie Gesetze überschritten hatte, war Eva im *Miroir des bonnes femmes* rehabilitiert worden, indem dieser Text in ihr zwar die erste Sünderin, doch zugleich die Nutznießerin einiger außerordentlicher, von Gott zugestandener Ehrenbezeigungen sah. Diese Frage wird während des ganzen Mittelalters erörtert. Der Chevalier hingegen weicht vom *Miroir* ab. In seinen Augen ist Eva die erste, die sich von einem anständigen ehelichen Verhalten abwendet.
Sehr häufig prangert der aufmerksame Vater »die verkehrte Welt« (»le monde bestourné«) an und bezieht sich dabei auf eine sorgenfreie Zeit im Herzen der Vergangenheit, als man noch die »alten Bräuche« (»anciennes coustumes«) befolgte. Er erzählt, »wie man die guten Frauen ehrte, und wie die schändlichen zu-

37 »Et pour ce que aucuns dient que ilz ne vouldroient pas que leurs femmes ne leurs filles sceussent bien de clergie ne d'escripture, je dy ainsi que, quant d'escripre, n'y a force que femme en saiche riens; mais, quant à lire, toute femme en vault mieulx de le sçavoir, et cognoist mieulx la foy et les perils de l'ame et son saulvement, et n'en est pas de cent une qui n'en vaille mieulx; car c'est chose esprouvée«, Kapitel XC, S. 178.

38 Was wäre wohl geschehen, wenn Eva die Vorrangstellung des Ehemanns im Gespräch respektiert und ihm die Verantwortung für die Entwicklung des Menschen überlassen hätte?

rückgestoßen und von den guten getrennt wurden« (»comment on honnourait les bonnes femmes, et comment les blasmees estoient reusées et separées des bonnes«), und fügt hinzu, »es ist noch keine 40 Jahre her, daß diese Sitte völlig gebräuchlich war, wie man sich erzählt« (»n'a pas encore XL ans que ceste coustume couroit communement, selon ce qu'ilz disoient«).[39] Damals sanktionierte der öffentliche Blick den Wert der Frauen, um gerade zu vermeiden, daß die Welt »verkehrt« (»bestourné«) würde und daß die wenig verdienstvollen Frauen höher gestellt würden als die achtenswerten. Der Chevalier de La Tour erzählt von dem seltsamen Brauch, demzufolge der Raum die Funktion einer Auszeichnung erlangt. Zur damaligen Zeit oblag es den Männern, den Frauen einen Raum zuzuweisen, der dem Verdienst einer jeden entsprach. Als feierliche Erweiterung des Privatraumes, wo Tag für Tag dieselbe Hierarchie sich einstellt, findet das Fest im öffentlichen Raum statt. Hier wird die Vorführung ihrer moralischen Rangordnung durch die Frauen selbst bestätigt und als zulässig anerkannt. Diese Welt des Brauchs war von Klarheit, Durchsichtigkeit, deutlich lesbaren Werten geprägt. Angesichts dieser Utopie der Vergangenheit – der unmittelbaren Vergangenheit, da sie zur lebendigen Erinnerung gehört – sagt der Chevalier deutlich, daß zu Zeiten der Genesis wie auch zu Zeiten der alten Bräuche, über die man in seiner Familie sprach, die Frau eine Kraft darstellte, durch die die Welt in die Katastrophe, in »Abscheulichkeiten und Greuel« (»horreurs et abominacions«) geführt werden kann. Dies sind in den Augen des Chevaliers Gegenbeispiele von unbestreitbarer Gültigkeit, und die derart beschriebenen Katastrophenszenarien haben eine nicht zu vernachlässigende normierende Funktion im Buch.

Hier ist auch der Ort, an dem Alltagsfiguren erscheinen, durch die die Frau in Gegenüberstellung zum Mann deutlich definiert wird, – in einer Literatur, die die gute Führung des familialen Universums zum Ziel hat. Letzteres beruht in erster Linie auf einer guten Beziehung zwischen den Eheleuten. Der Blick des Historikers auf das Buch hat manchmal die eheliche Norm im *Livre* des Chevaliers übersehen. Täuscht die erzählerische Form? Ganz im Gegenteil scheint es, als ob sich das Ehemodell ständig

39 Kapitel CXVI, S. 226.

abzeichnet, doch gegen den Strich, und zwar indem zuerst profane Aspekte des alltäglichen Lebens hervorgehoben werden, vor allem verschiedene Formen der Verführung. Durch den spielerischen Umgang mit dem Körper eine Beziehung zwischen Mann und Frau zu etablieren, ist zunächst einmal eine gute Möglichkeit, seine Wahl zu treffen. Für diese Vorgehensweise fehlen die Kriterien nicht: Sie sind augenscheinlich zwar eher einfach – es geht darum, sich je nach Jahreszeit zu kleiden, keine krankhafte Veränderung des körperlichen Lebens hervorzurufen, zur rechten Zeit zu essen –, denn ein durcheinandergeworfener Zeitplan im Alltag ist immer ein beunruhigender Hinweis auf eine schlechte Ehefrau. Es gibt nicht nur genau einzuhaltende Zeiten, um »seine Stundengebete zu sprechen« (»dire ses heures«) und »die Messe zu hören« (»ouïr messes«), sondern auch Zeitvorgaben für alles Körperliche; so soll getrunken und gegessen werden »zur rechten Stunde gegen 6 und 9 Uhr früh, und zu Abend gegessen zur passenden Stunde, je nach Jahreszeit« (»es droictes heures d'entour prime et tierce, et souper a heure convenable, selon le temps«). In der Darstellung der jungen Heißhungrigen, jener eßgierigen Frau, die zur unangemessenen Zeit die »Gaumenfreuden« (»plaisirs de la gueule«) dem Vergnügen des Ausruhens vorzieht, scheint die Vision einer unheilvollen Verkettung im Hinblick auf das zukünftige Eheleben auf. Denn während der Jugendzeit nimmt man schlechte Angewohnheiten an. Sie formt den späteren Umgang mit der eigenen Person.[40]

In diesem Bereich des konkreten Lebens stützt sich der Chevalier häufig auf die Wirkung von Parallelismen: Das Exemplum des Kapitels VI stellt die zwei Töchter eines Ritters in den Mittelpunkt. Die eine war fromm, die andere »aß gierig« (»gourmandoit«): Nach der raschen Verrichtung ihrer Andachtsübungen begab sie sich »in die Kleiderkammer« (»en la garde robe«), wo sie morgens die Suppe und andere »Gaumenfreuden« (»lescherie«) ißt. Sobald Vater und Mutter zu Bett gegangen sind, stürzt sie sich auf das Essen. Später wird ihr Ehemann versuchen, sie zu bessern, muß jedoch entdecken, daß sie nachts im Kreise der Dienerschaft ein vergnügtes Leben führt. Es handelt sich hier um eine »schlechte Lebensweise« (»mauvaise ordenan-

40 Kapitel IXC, S. 174ff.

ce«), die darin besteht, »morgens und abends ausschweifend und unordentlich zu leben« (»à vivre dissolument et desordonnement le matin et le soir«).

Die Befolgung einer »mittleren Linie« (»du moyen estat«) und »des rechten Maßes« (»de la juste mesure«) ist der Beweis einer guten Erziehung. Das rechte Maß läßt sich täglich anhand der Angemessenheit der Mode ermitteln, die durch die Gefahr der Extravaganz in die Schranken gewiesen wird, jedoch auch, so scheint es, da es sich um ein Vergehen gegen den Zeitplan handelt, einen Angriff auf den rechten Gebrauch der Zeit. Dies wird durch die Erzählung von den Galliern und Gallierinnen im Kapitel CXXII verdeutlicht, in der der Chevalier alle nur möglichen Verkehrungen zusammenfaßt: Lebewesen, die einer bekannten Welt angehören, »Ritter und Knappen, Damen und junge Damen« (»chevaliers et escuiers, dames et damoiselles«) treten in einer halbmythischen Welt auf, in einem Zustand der Andersartigkeit, der in eine nicht näher bestimmte Epoche zurückversetzt ist, »in Teilen Poitous und in anderen Ländern« (»ès parties de Poitou et ès autres pays«). Sie geben sich einer »sehr wilden und gegen die Natur der Jahreszeit gerichteten Lebensweise« (»ordonnance moult sauvaige et desguisée contre la nature du temps«)[41] hin: Sie widersetzen sich systematisch der Strenge oder der Milde der Jahreszeit. Diese »Lebensweise« (»ordonnance«) beruht auf einem regelrechten Dekret: Andere Figuren des *Livre* sind für vergleichbare Vergehen bestraft worden.[42] Hier wird »die schlechte Lebensführung« (»le mauvais gouvernement«) auf die Spitze getrieben: Sich im Sommer warm anzuziehen, das Kaminfeuer anzuschüren, wenn es draußen mild ist, wird zu einer Regel innerhalb der Gemeinschaft; im Winter

41 Kapitel CXXII, S. 241.

42 Vgl. dazu die Kapitel CXX und CXXI. In einem Kapitel geht es um ein junges Mädchen, dem eine standesgemäße Verheiratung entgeht, da es der Kälte nur mit ihrer Eleganz trotzte und »völlig blaugefroren« (»toute noire de froit«) war; ihr Bräutigam wendet sich von ihr ab und der jüngeren Schwester zu, die »von schöner frischer, blühender Gesichtsfarbe« (»de bonne couleur fresche et vermeille«) war. An anderer Stelle setzt sich ein dem Chevalier nahestehender Freund, Foulques de Laval, wegen seiner galanten Treffen großer Kälte aus und erwirbt dadurch ebenfalls eine »schlechte (blasse) Gesichtsfarbe« (»fade couleur«).

hingegen trägt man weder »Hut, noch Handschuhe, noch Fäustlinge, wie eisig und windig es auch sein möge« (»chappeau, ne gans, ne moufles, pour gelée ne vent que il en feist«).[43] Dies bedeutet das pure Vergnügen an der Auflehnung gegen die Norm, was zu der ausgefallensten Inversion führt: der Verpflichtung, die eheliche Treue in ihr Gegenteil zu verkehren. Diese institutionalisierte Untreue wird in allen Einzelheiten geschildert. Wenn ein Gallier die Wohnung einer verheirateten Gallierin aufsucht, geht der Ehemann weg und überläßt ihm seine Frau:

»und es wurde als eine große Schande und Unehre angesehen, wenn der Ehemann in seinem Haus blieb, und er durfte nichts mehr befehlen und anweisen, seit der Gallier gekommen ist, und hatte aufgrund dieser Verordnung keine Macht mehr.«[44]

Was die Gesamtheit der Erzählungen anbelangt, so ist die Verführung, über die der Chevalier berichtet, noch nicht gefährlich: Er malt seinen Töchtern nur Gefahren aus, die ihnen noch fremd sind. Die Darstellungen der schlechten Ehefrauen und Mütter hingegen werden in den Kapiteln L bis LIV deutlich fokussiert. Diese Anekdoten beschreiben den Ritter mit den drei verstorbenen Frauen, die grausam bestraft wurden: die erste wegen ausschweifender Eleganz, die zweite wegen Ehebruch, die dritte wegen übertriebener Körperpflege; sie wird nach ihrem Tod hart gequält für jede überflüssige Pflege, für jedes ausgerissene Härchen. Der Ehemann, dreimaliger Witwer und Opfer der Fehler seiner Ehefrauen, hat das Privileg, als Voyeur an ihrer Bestrafung teilzunehmen. Diese Kapitelsequenz wird durch Rückverweise auf die Zeit der Sintflut eingerahmt. Diese Inszenierung wird um das Exemplum der Prinzessin erweitert, die mit augenblicklicher Fäulnis – der Maske des Todes – bestraft wird. Es handelt sich hier um die »hochmütigen Entstel-

43 Kapitel CXXII, S. 242.

44 »et feust tenu a grant honte et deshonneur se le mary demourast en son hostel, ne commandast ne ordenast riens depuis que le Galois feust venu, et n'y avoit plus de povoir par celle ordenance«, ebd., S. 242. Zu einigen Thesen über den Mikro-Kosmos dieser Gesellschaft vgl. D. Régnier-Bohler, »Galois et Galoises et la nature du temps: le monde *bestourné* chez le Chevalier de La Tour Landry«, in: *Hommage à Jean Dufournet*, Paris 1993, S. 1187–1191.

lungen« (»orgueilleuses deffaictures«) und die »Verkleidungen« (»desguisures«) der »törichten Frauen« (»folles femmes«) vor der Sintflut – ein Kataklysmus, der die Welt reinigt und den Überlebenden, Noah und seiner Familie, die Möglichkeit zu einem besseren Neuanfang bietet.
So wird die Frau in der Darstellung eng mit der Ätiologie des Bösen verknüpft. Über die weltlichen Anekdoten hinausgehend berichten die Kapitel LVII und LVIII aus dem Alten Testament über den Inzest, den Tamar, die Frau Onans, beging. Nach dem Tod ihres Mannes verführt sie ihren Schwiegervater. Die Kinder, die sie von ihm empfängt, sind die Ursache »vielfältiger Leiden« (»de mainte tribulation«):

»[...] denn die Kinder, die im Bösen gezeugt wurden und die nicht einer legalen Ehe entstammen, sind diejenigen, deretwegen es Kriege gibt und durch die die Vorfahren ins Verderben gestürzt werden.«[45]

Im folgenden verweist der Chevalier auf die »Chroniken von Neapel« (»chroniques de Naples«). In diesem Königreich brachte die ehebrecherische Königin ein uneheliches Kind auf die Welt. Nach dem Tode des Königs stürzt das Land in zahlreiche Wirren. Der junge und schlechte Herrscher begeht Vergewaltigungen und erlegt »Strafen und Steuern« (»amendes et tailles«) auf. Es handelt sich hier um die »falsche Abstammung« (»faulce lignie«): Das Königreich muß wieder in die Hände der »rechtmäßigen Erben« (»drois hoirs«) gelangen. Die Anklage der ehebrecherischen Frauen ist unmißverständlich. Diese »unglücklichen Mütter« (»doulereuses meres«) werden für den Betrug, der die widerrechtliche Inbesitznahme des Erbes verbergen sollte, mit »dem großen Höllentod« (»la grant mort d'enfer«) bestraft werden. Es wird deutlich, daß nicht nur die durch übermäßige »Schminke« (»fardemens«) hervorgerufene Fäulnis des Körpers oder die unkontrollierbaren Antrieben unterworfene Nahrungsaufnahme zu Hause, sondern auch der trügerische Schein zur Unordnung und zu einer anstößigen Verkehrung der Machtverhältnisse führen kann. Genau diese trügerische Welt wird von Madame de La Tour während des sie in Szene setzenden Streit-

45 »[...] car les enfans qui sont mal engendrez et qui ne sont de loyal mariage, ce sont ceulx par qui sont les guerres et par qui les ancesseurs sont perdus«, Kapitel LVII, S. 118–119.

gesprächs angeprangert. Auf dem Gebiet des Ehebruchs, im ehelichen Bereich ja tatsächlich das schwerwiegendste Vergehen – die Historiker kennen die Bedeutung von Strafen und Ängsten als Langzeitphänomen –, sind die Frauen Meisterinnen der Täuschung. Auf diese Weise tragen sie dazu bei, die Welt unkenntlich werden zu lassen. Dies verweist wieder auf den Aufruf des Chevaliers zur Klarsichtigkeit, den er im Verlauf des *Livre* unermüdlich wiederholt.

Dem Anschein nach eine aus dem täglichen Leben gegriffene Szene, beruht das Streitgespräch zwischen dem Chevalier und seiner Ehefrau jedoch auf konkreteren Normen und einer weniger strengen Sicht auf das von der Frau verursachte Schlechte. Madame de La Tour Landry zeigt sich dabei weniger flexibel, strenger und vor allem ängstlich, doch vielleicht weitsichtiger als der Vater der drei jungen Mädchen, die man auf das Leben vorbereiten möchte. Das Paar, das mit einer bemerkenswerten Heftigkeit debattiert, ist ein Paar in der Ausübung seiner Pflichten: Mann und Frau der Familienliteratur sind hier fest in ihrer Erfahrung und ihrer Aufgabe als Erzieher verankert. Würde ein Beweis dafür benötigt, daß der *Livre pour l'enseignement de ses filles* eine spezielle Form der Schulung für die Ehe ist, so könnte diese Debatte ihn erbringen.[46]

Diese *querelle* oder Debatte dreht sich wesentlich um die Liebesbeziehungen, die die jungen Mädchen und jungen Frauen zu »führen« (»gouverner«) verstehen müssen. Der Chevalier zeigt sich dabei optimistisch: »in der Liebe erhält nur der Gutes und Ehre, der nicht schlecht darüber denkt« (»en amour n'a que bien et honneur, qui mal n'y pense«). Vor allem in Erwartung der Ehe liege »in guter Liebe nur Gutes« (»en bonne amour n'a que bien«)[47], denn die Liebe sei der Quell aller Heldentaten. Die Dame zweifelt an dieser Wechselbeziehung: Das alles seien nur trügerische Worte, schon komme die doppelzüngige Rede zum Einsatz, die »unredliche Sprache« (»faulx langaiges«) der Männer, die den Frauen ihren guten Ruf raubten. Aus der Sicht der Dame wird sogar die Gültigkeit des Liebesbegehrens in Frage

46 Durch eine wirksame Form, die die Norm aus den Erzählungen ableitet; dadurch, daß er in der Tradition der Exempla steht und durch die Vollendung des lebendigen Stils der Novelle.

47 Kapitel CXXIV, S. 247.

gestellt: »das Sinnen und grüblerische Nachdenken« (»la pensee et la merencolie«) der Liebe lenkten vom Gedanken an Gott ab. Venus stehe mit dem Teufel in Verbindung. Die Unzucht lauere, sie könne an den religiösen Festtagen begangen werden, und diese Überschreitung werde seit langem bestraft. Schließlich und endlich spielten die Männer mit einem »unredlichen Blick« (»faulx regart«), sie seien die »Betrüger der Damen und jungen Frauen« (»deceveurs de dames et de demoiselles«).[48] Diesem kühlen Blick auf die Beziehungen zwischen den Geschlechtern kann der Chevalier zwar entgegensetzen, daß es auch »gegenseitiges Verstehen in der Ehe« (»entencion de mariage«) geben kann. Als Antwort ruft die Dame dem Chevalier seine eigene Erfahrung in Erinnerung: Damals machte er einem jungen Mädchen den Hof, die dies nicht verdiente. Die Gefahren des Ehebruchs werden von der Mutter dreier Töchter nochmals deutlich hervorgehoben. Groß ist das Risiko, die Liebe des Ehemannes zu verlieren. Madame de La Tour stellt hier eine literarische Bildung unter Beweis, die für ihr erzieherisches Vorhaben genutzt wird. Erinnert sich der Vater nicht der tragischen Geschichte des Kastellans von Coucy und der des Ritters, des Liebhabers der Schloßherrin von Vergy? Doch der Chevalier verweist seine Ehefrau auf ihre eigenen Gefühlsregungen: Ist sie selbst immer unempfänglich gegenüber dem Vergnügen geblieben, das eine Liebeserklärung bereitet? Die Dame bleibt unerbittlich: Um an das Geständnis zu glauben, bedarf es einer sehr langen Zeit, einer Probezeit, die in der Dauer jener der Märchen entspricht.

»kein Liebender soll es seiner Freundin sagen, bevor nicht siebeneinhalb Jahre vergangen sind.«[49]

Der Chevalier beglückwünscht sich, daß seine Frau sich in der Vergangenheit nicht immer so unbeugsam gezeigt habe. Am Ende definiert die Dame die Regeln der Geselligkeit: Es gehört sich, »allen einen guten Empfang« (»bon accueil devant tous«) zu bereiten, doch stellt sie Regeln für eine zurückhaltende Gestik auf, indem sie »das Küssen, das Umarmen und solche Arten

48 Ebd., S. 251.
49 »nul amoureux ne le doit dire à sa mie jusques à la fin de sept ans et demy«, ebd., S. 261.

der Lustbarkeit« (»le baisier, le poetriner et tels manieres d'esbatemens«) verbietet und zu diesem Zweck die ehrwürdigen biblischen Figuren Rebekka und die Königin von Saba beschwört.

III

Es ist nicht immer leicht abzuschätzen, welche Grenzen der jugendliche Geist und die kindlichen Phantasien, deren Triebe traditionell verurteilt wurden, akzeptieren. Im *Livre* des Chevaliers werden die Normen durch die konkrete Formulierung der zu vermeidenden oder der nachzuahmenden Verhaltensweisen aufgestellt. Dies geschieht mit einer Menschlichkeit, die diese Textsammlung bereits einer neuen Zeit zuordnet. Der *Livre* ist nicht so starr wie ein Traktat: Er bedient sich der Bausteine einer langen Tradition ebenso wie aktueller Ereignisse aus der zeitgenössischen Welt des Autors. Gibt es ein geeigneteres Mittel, die Norm aus den vielzähligen, aus der Erinnerung und dem Wissen erwachsenen Schichten hervortreten zu lassen, als die im Gedächtnis verwahrte Gelehrsamkeit mit den mündlich überlieferten Bräuchen und den Anekdoten aus der Nachbarschaft zu verbinden?

Wie wurden die gehörten Worte und die gelesenen Seiten rezipiert? Eine Antwort ist hier nicht möglich für den obengenannten geschlossenen Familienkreis. Im Bereich der normativen Texte gibt es jedoch in der französischen mittelalterlichen Kultur wenige Textbeispiele von ebenso großem Interesse. Indem er Stück für Stück biblische Erzählungen und zeitgenössische Ereignisse aneinanderreiht, bedient sich der Chevalier de La Tour Landry geschickt der didaktischen Tradition, fügt dabei aber Aussagemarkierungen ein, die den Weg des Verfassers zu seinen jungen Adressatinnen glaubhaft machen. Diese autobiographischen Markierungen verhindern, daß der *Livre* ähnlich steif wirkt wie viele andere didaktische Texte, und lassen die Vermittlung der Norm sowie ihr Verstehen durch die Empfänger glaubhaft erscheinen.

Aus dem Französischen von R. Böhm

Gerhild Scholz Williams
Der Teufel und die Frau: Textformen und Textaussagen

Das 16. Jahrhundert war das Jahrhundert der Frau. Nie zuvor und – abgesehen von den letzten Jahrzehnten – nie danach standen weibliche Sexualität (*sexuality*) und Geschlechtlichkeit (*gender*) und die Probleme des Zusammenlebens der Geschlechter derart im Zentrum wissenschaftlicher, theologischer und politischer Diskussionen, kaum jemals waren die Resultate dieser Diskussionen so zerstörerisch wie in diesem Jahrhundert. Das Jahrhundert beginnt mit der Öffnung der Klöster und endet mit den großen Hexenverfolgungen, die erst Ende des 17. Jahrhunderts zur Ruhe kommen. Der *Malleus maleficarum* des Heinrich Institoris (1486) setzte noch vor der Wende vom 15. zum 16. Jahrhundert gefährliche und folgenschwere Signale. Mit diesem Traktat war das Bild der Frau als Hexe in der theologischen und juristischen Literatur der folgenden zwei Jahrhunderte festgeschrieben.

Maßgeblich bestimmt von der Aufwertung der Ehe als wichtigster Ordnungsinstanz frühneuzeitlichen Gemeinwesens, ist die Frauenfrage aus dem reformatorischen Selbstverständnis, ganz gleich ob radikal oder orthodox, nicht wegzudenken. Die Frauenfrage begleitet die religiösen und sozialen Umwälzungen des Jahrhunderts in Wort und Bild. In zahllosen Schriften versuchen Reformatoren und Rebellen die Rolle der Frau in Ehe, Kirche und Gemeinschaft klarer zu definieren, damit die Frau – dem potentiell emanzipatorischen Protestantismus und Anabaptismus entgegenwirkend – der gesellschaftlichen, der männlichen Kontrolle auch in Zukunft unterworfen bleibt. Und gegen Ende des Jahrhunderts überschattet die Auseinandersetzung mit der Hexenfrage alle anderen Aspekte der Frauenfrage.[1]

1 Zur Einführung siehe: Steven Ozment, *When fathers ruled: Family life in Reformation Europe*, Cambridge 1983; Merry Wiesner, »Women's response to the Reformation«, in: R. Po-Chia Hsia (Hg.), *The German people and the Reformation*, Ithaca 1988, S. 148–171; Lyndal Roper,

Im folgenden werde ich mich mit zwei Textsorten beschäftigen, in der die Frau in scheinbar gegensätzlichen Rollen, als Teufelsgespielin und als anabaptistische Märtyrerin in den Mittelpunkt des Interesses tritt. Obwohl diese Texte einmal ein negatives und das andere Mal ein positives Frauenbild vermitteln wollen, ist es in unserem Zusammenhang bemerkenswert, daß beiden Frauentypen die angeblich weibliche Neigung zu religiöser, sexueller und gesellschaftlicher Rebellion und die ihr von ihren Gegnern nachgesagte Schwäche für teuflische Unordnung zum Verhängnis werden. Bei den beiden Textsorten handelt es sich zum einen um die von T. J. van Braght gesammelten Berichte über die Anabaptistenverfolgungen in den zwanziger und dreißiger Jahren des 16. Jahrhunderts, *A Martyrs' Mirror.*[2] Zum anderen und stellvertretend für zahllose Texte dieser Art werde ich Johann Fischarts Übersetzung von Jean Bodins Hexentraktat, *De la Démonomanie des sorciers* (1580), aus dem Jahr 1581 auf das Zusammenspiel von Textform und Textaussage untersuchen.[3]

Oedipus and the devil: Witchcraft, sexuality, and religion in early modern Europe, London 1994.

2 T. J. van Braght, *A martyrology of the Churches of Christ commonly called Baptists during the era of the Reformation*, Bd. II, hg. von Edward Bean Underhill, London 1853; der neueste Nachdruck der Ausgabe von 1886: Thieleman J. van Braght, *The Bloody Theatre or Martyrs' Mirror of the Defenseless Christians who Baptised only Upon Confession of Faith, and Who Suffered and Died for the Testimony of Jesus, Their Savior. From the Time of Christ to the Year A.D. 1660*, hg. von Joseph F. Sohm, Scottdale 1994.

3 *De Magorum daemonomania. Vom Außgelaßnen wütigen Teuffelsheer Allerhand Zauberern / Hexen vnnd Hexenmeistern / Vnholden / Teuffelsbeschwerern / Warsagern / Schwartzkünstlern / Vergifftern / Augenverblendern. etc. Wie die vermög aller Recht erkant / eingetrieben / gehindert / erkündigt / erforscht / Peinlich ersucht vnd gestrafft werden sollen. Gegen des Herrn Doctor J. Wier Buch von der Geister verführungen / durch den Edlen vnd Hochgelehrten Herrn Johann Bodin / der Rechten D. vnd des Parlements Rhats inn Franckreich außgegangen. Vnd nun erstmals durch den auch Ernvesten vnd Hochgelehrten H. Johann Fischart / der Rechten D. etc auß Frantzösischer sprach trewlich in Teutsche gebracht / vnd nun zum andernmahl an vilen enden vermehrt vnd erklärt.* Mit Röm: Key: May: Freyheit auff zehen Jar. Getruckt zu Straßburg / bei Bernhart Jobin 1591; Jean Bodin (übers. von Johan Fischart), *Vom aussgelassnen wütigen Teuffelsheer* [...], Graz 1973.

Wir werden sehen, daß Bodin/Fischarts Hexentraktat und die Märtyrergeschichten in mehrerlei Hinsicht vergleichbar sind: Beide Texte beschreiben die Gefährdung der etablierten sozialen, religiösen und wirtschaftlichen Ordnung durch Männer und Frauen, die als gefährliche Außenseiter erscheinen. Die Texte vermitteln einen Einblick in das Welt- und Wissensbild dieser Außenseiter und ihrer Gegner. In der Darstellung der Verfolgungen und in den Vorschlägen zur Lösung des Konflikts zwischen Orthodoxie und Heterodoxie, zwischen Einzelwesen und Gemeinschaft – entweder durch Bestrafung oder durch Reintegration in die Gemeinschaft – liegt das Unterhaltungs- und Erbauungselement dieser Texte.

Der *Märtyrerspiegel* ist eine Kompilation von Verhörberichten, Briefen aus dem Gefängnis, Auszügen aus Urteilssammlungen des Amsterdamer Gerichts und von Geständnissen von 1007 Personen, darunter 288 Frauen und 661 nicht identifizierte Personen.[4] Der in der neuesten Auflage über tausend Druckseiten umfassende *Märtyrerspiegel* im Großformat ist in zwei Teile geteilt. Der erste Teil berichtet von den Märtyrern aus der Zeit der frühen Christen bis zu den ersten Anabaptistenverfolgungen (1526), der zweite Teil ist den wiedertäuferischen Märtyrern gewidmet. So gelingt es dem Autor, die anabaptistischen Märtyrer in die Zahl der Christen einzureihen, die von Beginn der neuen Zeitrechnung bis ins 16. Jahrhundert für ihren Glauben das Leben lassen mußten. Auf diese Weise legitimiert der *Spiegel* die Opfer, die die Anabaptisten um ihres Glaubens willen gebracht haben. Die Märtyrer der Alten Kirche verleihen den Anabaptisten als den Nachfolgern der Urchristen die Aura von Heiligkeit und Unmittelbarkeit zum gekreuzigten Christus, eine in diesem Text erfolgreich inszenierte *imitatio Christi*.

Dieser zweite, den Anabaptisten gewidmete Teil des *Märtyrerspiegels* beginnt mit der Hinrichtung von Hans Koch und Leonhard Meister in Augsburg im Jahre 1524.[5] Die Sammlung endet

4 Merry E. Wiesner, *Women and gender in early modern Europe*, Cambridge 1993, S. 191; John Klassen, »Women and the Family among Dutch Anabaptist Martyrs«, in: *Mennonite Quarterly Review* 60 (1986), S. 549.

5 Der *Martyrs' Mirror* erscheint in Holland im Jahre 1562 unter dem Titel *Het Offer des Heeren*. Neue Auflagen mit Erweiterungen folgen 1567, 1570, 1576, 1580, 1589, 1595, 1599, 1617. Im Jahre 1631 wird

mit der Verfolgung und Vernichtung von 700 »oppressed and persecuted in Berne« im Jahre 1660. Trotz der zuweilen monoton anmutenden Wiederholungen anabaptistischer Glaubenssätze und Gerichtsverhöre gehören diese Berichte zu den wenigen Quellen, die uns einen Einblick gewähren in die Theologie und die religiösen und gesellschaftlichen Praktiken der oft nicht lese- und schreibkundigen Anhänger dieser radikalen Reformbewegungen. Die unbeirrbaren und bibelfesten Glaubensbekenntnisse der Männer und der Frauen lassen die Vertreter der orthodoxen Konfessionen ungelehrt und oberflächlich erscheinen.

Der *Märtyrerspiegel* wurde zwischen 1562 und 1599 neunmal aufgelegt. In dieser Zeit erreicht auch die Produktion und Verbreitung von Hexentraktaten auf dem europäischen Buchmarkt ihren Höhepunkt. Jean Bodins *Démonomanie des sorciers* (1580) ist, zeitgenössischem Zeugnis nach zu urteilen, ein besonders erfolgreiches Beispiel dieser Textsorte, sowohl in Bodins Originalausgabe als auch in Fischarts Übersetzung (1581/86).[6]

Die *Démonomanie* ist, nach den Worten von Verfasser und Übersetzer, als Kritik an Johann Weyers *Praestigiis daemonum* (1563) gedacht; sie stützt sich zum Teil auf Argumente, die auf Heinrich Institoris' *Malleus Maleficarum* (1486) zurückgehen. Johann Weyer argumentierte in den *Praestigiis Daemonum* (1563) als Arzt und als Jurist. Weyers Prämisse, Hexen stellten keine wirkliche oder ernste Bedrohung der Gemeinschaft dar, sie seien eher alte, von der Melancholie gequälte Frauen, lehnten Bodin und auch sein Übersetzer kategorisch ab. Christopher Baxter nennt Bodins Werk »a brilliant refutation of Weyer«, geprägt von »astonished outrage« gegenüber der, im wissenschaftlichen Kontext der Zeit und in Bodins Epistemologie keinesfalls logisch schlüssigen Bemühungen Weyers, das Hexenphänomen zu pathologisieren.[7]

Hans Passchiers *Marteloers Spiegel* in Haarlem gedruckt. Dieses Buch nimmt Braght als Zweiten Teil in den *Martyrs' Mirror* auf.

6 Eine ausführliche Untersuchung zur Fischart-Übersetzung gibt Gerhild Scholz Williams, »Gemeinsame Sache: Johann Fischarts Übersetzung von Jean Bodins *Démonomanie des sorciers* (1580/1581)«, in: dies./Stephan Schindler (Hg.), *Knowledge, science and literature in the early modern period*, Chapel Hill 1997.

7 Christopher R. Baxter, »Jean Bodin's *De la Démonomanie des sorciers*: The logic of persecution«, in: Sidney Anglo (Hg.), *The damned art: Essays in the literature of witchcraft*, London/Boston 1977, S. 77.

Die Wirkung dieser drei Texte – des *Malleus*, der *Praestigiis* und der *Démonomanie* – im 16. Jahrhundert und danach war größer als die Summe ihrer Aussagen. Sie haben die Hexendiskussion in einer Form beeinflußt und geprägt, die dem einzelnen Werk nie vergönnt gewesen wäre. Erst in Bodins Auseinandersetzung mit Weyer fanden diese drei Schriften ein von keinem anderen Text erreichtes Echo in der Hexendiskussion. Die Wirkung dieser Jahrzehnte auseinanderliegenden Texte aufeinander und auf viele der nach ihnen erscheinenden Traktate wurde dadurch verstärkt, daß die als Häretikerin oder als Hexe verdächtigte und verfolgte Frau in den Märtyrergeschichten ebenso wie in den Hexentraktaten theologisch, medizinisch und rechtlich zunehmend ins Licht intensiven wissenschaftlich-theologischen Interesses rückt. Die anabaptistische Märtyrerin und die als Hexe verdächtigte Frau waren gefährlich. Der auch den Frauen von Gott verliehene freie Wille, ihre Fähigkeit, in vollem Bewußtsein der Konsequenzen sündigen zu können, macht sie rechtsfähig, strafmündig und, wie im *Märtyrerspiegel* wiederholt deutlich wird, äußerst bibelfest und diskussionsgewandt. »Although I am a simple person before men, I am not unwise in the knowledge of the Lord [...]. I have resolved to remain steadfast in that to which the Lord has called me« (206*)[8], mit dieser selbstbewußten Aussage begegnet eine holländische, lediglich durch ihren Vornamen als Claesken identifizierte Frau den Fragen des Inquisitors. Er verdächtigt sie, unter satanischem Einfluß zu stehen: »The devil has called you; he transforms himself into an angel of light in your people« (207*). Claeskens unfreiwilliger Eintritt in die theologischen Diskussionen ihrer Zeit macht sie wehrlos gegenüber den Inquisitoren und den Theologen. Ihre Festigkeit im Glauben wird genau wie die angebliche Satansverfallenheit der Hexe grausamsten Prüfungen unterzogen. Am Ende opfern viele von ihnen das Leben für ihren Glauben.

Der *Märtyrerspiegel* berichtet von Inquisitionsverhören und Folterungen, die später in den Hexenprozessen üblich wurden. Zu den dem Opfer zugefügten körperlichen Schmerzen kam oft die psychische Peinigung hinzu, so etwa die Schamverletzung und Hilflosigkeit des vor dem Gericht und bei der Folter oft

8 Mit * indizierte Seitenzahlen sind der alten Edition von 1853 (vgl. Anm. 2) entnommen.

nackten Opfers, wie es am Beispiel der Maeyken Doornaerts erkennbar ist: »Maeyken Doornaerts also had to lie naked on the rack, and when they by no pain or suffering could cause her to apostasize, they began to accost her with asking her, whether she was not ashamed to lie there so nude [...]. And though she was tortured to such degree, that her blood flowed down by the rack, she, nevertheless, remained by the grace of God [...] steadfast in the faith« (553). Im Jahre 1557 wurden drei Frauen im Gefängnis ertränkt und danach »ignominously thrown naked into thc Scheldt; but they shall be clothed [...].« (569). Die Standhaftigkeit und der Bekennermut der Märtyrer werden, der heuristischen Funktion des *Spiegels* entsprechend, in zahllosen Beispielen zelebriert. Die Auflagenzahl spricht für nicht unerhebliches Leserinteresse, selbst dann noch, als die Anabaptisten nach der Katastrophe von Münster aus dem Rampenlicht religiöser Auseinandersetzungen in die Obskurität sektiererischen Außenseitertums gedrängt werden.

Auch Fischarts Übersetzung von Bodins Werk war ein Verlegererfolg. Fischart beginnt die Edition von 1581 mit einer Erklärung der Genese seines Unterfangens. In einer Marginalnotiz heißt es: »Dieweil Doctor Weier seim Buch ein milten Titul geben *De praestigijs, etc.* von betrug vnnd blendung der Hexen etc. hat man den Titul hie gescherpft« (Vorred von Hexenwerck 3). Fischart tut das Seine, den Text hier und da zusätzlich zu »scherpfen«. So übersetzt er Bodins *assemblees des Sorcieres* als *Hexenreichstag* und stellt damit von Anbeginn fest, daß er, wie Bodin, das Hexenunwesen als organisierte, subversive Aggression gegen die geistliche und weltliche Ordnung fürchtet und zu bekämpfen sich anschickt (Vorred 3; 109). In ähnlich staatsgefährdendem Licht erschienen den kirchlichen und weltlichen Mächten auch die Anabaptisten, und aus diesem Grund sind Vertreter der weltlichen Regierungsmacht bei den Hexenprozessen häufig zugegen. Manchmal disputieren sie selbst mit den Gefangenen. Auch wird zuweilen angedeutet, daß man die Anabaptisten als aufwieglerisch fürchtet und sie deshalb oft im geheimen verhört und sie im Schutze der Dunkelheit hinrichtet (473, 544, 546, 555).

Fischarts Übersetzungsarbeit wurde offensichtlich geschätzt. Schon fünf Jahre nach der Erstausgabe, im Jahr 1586, ließ Fischart beim gleichen Verleger, Jobin, eine von ihm selbst durchgesehene und verbesserte Neuausgabe folgen.[9] Er halte es, so in der Vorrede, »wie bei gewissen Völckern [wo] man je von fünf zu fünff Jaren pflegt die Tempel auff ein newes zu reinigen / weißgen / vnnd zuschmucken / vnnd die darein auffgehenckte Opffer oder verehrungen zuernewern vnd zuerfrischen« (Vorrede iii). Ein unveränderter Nachdruck dieser Ausgabe, der auch meiner Arbeit zugrunde liegt, erschien 1591 in Straßburg, ebenfalls bei Jobin.

In Fischart fand Bodin einen in jeder Hinsicht kongenialen Übersetzer. Die Hexer der *Démonomanie* vervielfältigen sich in Fischarts Titel und dringen in wilden und bedrohlichen Worthäufungen auf den Leser ein, als wollten sie ihn überwältigen: *Vom außgelaßnen, wütigen Teufelsheer Allerhand Zauberern / Hexen / vnnd Hexenmeistern / Vnholden / Teuffelsbeschwerern / Warsagern / Schwartzkünstlern / Vergiftern / Augenverblendern, etc.* ... Der auf Furcht und Schrecken, aber auch auf Instruktion und Unterhaltung vorbereitete Leser kommt voll auf seine Kosten. In seiner Vorrede erklärt Fischart, er habe den Text »ins Deutsche gebracht vnd nun zum andernmahl an vilen enden vermehrt vnd erklärt.« Auch habe er sich bemüht, für jeden Leser etwas darzubieten, »daß jhm mundet vnd schmecket.« Als Jurist habe er anfangs gezögert, das Werk »zu transferieren vnnd dem Teutschen Leser gemeyn zumachen«, denn man solle bei dem bleiben, was man gelernt habe (ii). Bodin sei jedoch ein Jurist, der »als ein Rechtsgelehrter / [ihme] diese Matery nicht weniger dann anderer Scientz zugethane vnnd Verwandte / zu tractieren [hat] gemäß vnd fugsam geachtet.« Er, Fischart, habe demzufolge das Ganze so ausgeführt, »daß (gleichwol) andern Künsten vnd Faculteten jhre *Iudicia* darbei vnabgestrickt vnnd vnbenommen bleiben.« Niemand solle ihm deshalb vorwerfen, er habe »inn frembde vnd [s]einer Profession vngemäße Tractation vnd handlung hiemit händ eingeschlagen« (ii). Es ging also nicht darum, mit der Übersetzung zum Kommentar in weniger geachtete Wissensgebiete auszuweichen oder gar hinabzusteigen,

9 Negative Beurteilungen von Bodin gab es schon sehr bald; diese scheinen aber hauptsächlich auf seine »jüdischen« Einflüsse konzentriert zu sein. Im Jahre 1596 kommt das Werk auf den Index. Fritz von Bezold, »Jean Bodin als Okkultist und seine *Démonomanie*«, in: *Historische Zeitschrift* 105 (1910), S. 20–21; 54.

sondern darum, ob ein Jurist zur Stützung seiner Thesen Information aus Quellen auswerten konnte, die außerhalb seines Expertentums lagen. Und offensichtlich konnte er – wie Bodin vor ihm auch. Die Übersetzung sollte in Hexenfragen Klarheit schaffen zum gemeinen Nutzen »vnnd Vatterland zu vorstand« und vor allem für die Obrigkeit »so den Gesatzen / sie in Würden vnd kräften zuerhalten / vorgesetzt / [...] von Gott zu trost den Frommen / vnnd zu trotz den vnfrommen ist geordnet / vnd deßhalben mit Schwerdt vnd Stab Inthronisiert vnd Investiert.«

Damit sind wir wieder bei der gesellschaftlichen Ordnung, die auch im *Märtyrerspiegel* eine so große Rolle spielt, besonders da, wo es um die Frage geht, wie Frauen zu behandeln seien, die sich in ihrer Lebensform oder Glaubenspraxis der gesellschaftlichen und religiösen Orthodoxie verweigern. Melanchthon nannte sie die »grausame Teufelssekte der Anabaptisten.« Seine Invektiven gegen Häretiker sind die üblichen: »teaching and implanting outright rebellion, robbery, and murder, as well as indecency and adultery.«[10] Die Zunahme der Sekten sei ein weiteres Zeichen der allenthalben herrschenden Unordnung. Die Anabaptisten entzögen sich geistlich und räumlich – so wird ihnen immer wieder vorgeworfen – der ordnenden Hand öffentlicher Gewalt. Man weiß, sie treffen sich außerhalb der Stadt, hinter den Hecken, im Wald, im Feld, in den Bergen, auf Booten und manchmal auch heimlich in Häusern von Glaubensbrüdern oder -schwestern (557). Sie geben vor, nur die Vornamen ihrer Mitbrüder und -schwestern zu kennen und wenig über die Mitglieder ihrer oft kleinen Gemeinschaften zu wissen. Ihre Glaubenssätze zur Taufe, zu den Sakramenten, der Natur Christi verkünden sie jedoch ohne Zögern, verteidigen sie mit beispielhafter Bibelfestigkeit und, wie es dem Medium des *Märtyrerspiegels* entspricht, ohne Furcht: »He [the Inquisitor] spoke so long, that he sometimes already fancied that I would heed him; hence I had to speak now and then, because I did not want him to think this.« Die hier sprechende Claesken und ihr Mann wurden 1559 in Leeuwarden ertränkt (613; 616).

10 Marion Kobelt-Groch, »Why did Petronella leave her husband? Reflections on marital avoidance among Halberstadt Anapabtists«, in: *The Mennonite Quarterly Review* 62 (1988), S. 26.

Die Verhöre der Männer und Frauen unterscheiden sich wenig in ihrem theologischen Gehalt. Obwohl vielfach eher aus unteren gesellschaftlichen Kreisen, erscheinen manche der Frauen lese- und schreibkundig und – was ihre religiöse Überzeugung betrifft – von großer Redegewandtheit. In der Art, wie sie von ihren Richtern behandelt werden, zeigen sich jedoch klare, geschlechtsdifferenzierende Unterschiede. Neben dem Versuch, die Frau aus Scham über ihre Nacktheit zum Abschwören zu bewegen, erscheinen geschlechtsdeterminierte Unterscheidungen auch in den Hinrichtungsmethoden. Frauen wurden zumeist – häufig heimlich – ertränkt, Männer in der Mehrzahl verbrannt. Diese Unterscheidung war den Verurteilten durchaus bewußt; einer von ihnen, ein körperbehinderter Mann namens Tij, verlangt den Flammentod, denn »nur Hunde und Katzen« und natürlich Frauen würden ertränkt (540). Der Grund für die weniger spektakulären, oft geheimen Urteilsvollstreckungen war offensichtlich. Die Märtyrer benutzten das Spektakel der öffentlichen Verbrennung immer zugleich auch als eine Gelegenheit, Zeugnis abzulegen für ihren Glauben, »that people present might hear and see for what cause they died.« Das als ehrlos, d. h. weibisch empfundene, häufig heimlich vonstatten gehende Ertränken erschien demgegenüber als ein Tod ohne Öffentlichkeitswirkung, dem damit ein wichtiger Aspekt des Märtyrerleidens und -sterbens verlorenging. Im Gegensatz zu diesen häufig geheimen Hinrichtungen der Anabaptisten war der Strafvollzug der Hexe in den meisten Fällen ein öffentliches Ereignis; sie hatte nichts zu verkündigen als ihre Unschuld, an die die wenigsten glaubten. Ihr Tod wurde verstanden als eine Geste der persönlichen Buße und der öffentlichen Belehrung und Warnung, kaum als politisch-religiös potente Kritik an der bestehenden Ordnung.

Ähnlich wie die oft mechanisch anmutenden, wenig persönliche Information preisgebenden Hexenverhöre bietet der *Märtyrerspiegel* kaum Einblick in das tägliche Leben der hier beschriebenen Männer und Frauen. Im Mittelpunkt des Interesses steht nicht die Person, sondern die Selbstbehauptung der Gläubigen angesichts des Todes, die Auseinandersetzung mit der kirchlichen und weltlichen Gewalt und die Einordnung in die Reihe derer, die für den wahren Glauben ihr Leben lassen mußten. Der Tod historisiert, mythologisiert und heiligt dieses Leben. Nur hin und wieder erfahren wir etwas über das Unstete ihrer Existenz, über die heimlichen Treffen, die kleinen Gemeinden, die eheliche Gemeinschaft: »He [der Inquisitor] asked how long had I been married. I said: ›Not very long.‹ He asked me in what church and by what parish priest I had been married. I asked him where he found anything in the Scriptures that a parish priest was required for it. He said that in the world whores and knaves came together without parish priests« (620). Manchmal erfährt der Leser, daß vertraute Bande von Freundschaft und gegenseitiger Hilfe sich in der Isolierung und Schutzlosigkeit als nutzlos erweisen, und welcher Gefahr besonders die Frauen ausgesetzt waren: »She entreated [a former master and mistress] whether they would not please give her [Hadewijk] shelter in this distress, but they refused« (547). Ein Pfarrersknecht versteckt sie im Boden des Pfarrhauses, »but in the night he came to her, and made indecent advances, [...] strong of body and passions, with whom reasoning had little influence« (547). Trotz des Dramas, das in diesen knapp erzählten Episoden durchscheint, gilt das Erzählinteresse hauptsächlich der Glaubenswahrheit, die gegen jegliche Bedrohung aufrechterhalten und mit dem Leben als wahr bezeugt werden muß. Alles andere ist nur soweit erwähnenswert, wenn es diesem Ziel dient.

Der wiederholt geäußerte Wunsch der Angeklagten nach öffentlichen Verhören und, wenn verurteilt, nach ebenso öffentlichen und würdigen Hinrichtungen verdeutlicht, wie das individuelle Leiden dem geschichtlichen Zeugnis untergeordnet ist. Aus diesem Grund werden vielfach die Namen, Orte und Daten, die die Ereignisse besser in den Kontext einfügen sollen, angegeben. Im Gegensatz zur didaktischen Einseitigkeit und narrativen Monotonie des *Spiegels* wird die geschichtliche Glaubwürdigkeit des hier Berichteten mit Hilfe von Gerichtsprotokollen mit Datum und Ort, zeitgenössischen Historien – wir finden mehrere Franck-Zitate – und Augenzeugenberichten untermauert. Sollte der Leser trotzdem an der Wahrheit des Erzählten zweifeln, so wird er sich von den Strafen, wie etwa dem plötzlichen, grausamen Tod oder einer geheimnisvollen Krankheit, denen so mancher Richter, Kirchenmann oder zuweilen selbst die adligen Zeugen zum Opfer fallen, eines Besseren belehren lassen. Der Eingriff Gottes in die Gegenwart und historisch korrektes Erzählen sind, auch für die Anabaptisten und dem Genre der Mär-

tyrererzählung entsprechend, keinesfalls unvereinbar. Im Gegenteil, je näher Gottes Wirken und die Geschichte aneinanderrücken, desto überzeugender wird die Glaubensbotschaft.
Fischarts Bodin-Übersetzung spannt den narrativen Bogen um einiges weiter, als es die Legenden des *Märtyrerspiegels* tun. Der juristische Traktat wird mit vielen Exempla aus der Vergangenheit und Gegenwart, mit wundersamen Geschichten, historischen Ereignissen und unerhörten Begebenheiten erzählerisch aufgelockert. Fischarts Übersetzungs- und Editionstätigkeit und die rege Produktion ähnlicher Schriften bestätigen deren Beliebtheit und das Bedürfnis der gelehrten und lesekundigen europäischen Öffentlichkeit, ihren Informationshunger zu stillen.[11] Die schnelle Genese der Dämonologie, dieses Subgenres der gelehrten Literatur, zeigt, daß derartige Texte mehreren frühneuzeitlichen Erwartungen und Bedürfnissen entsprachen. Die Kompilation und Organisation alten und neuen Wissens und die Diskussionen über die wissenschaftlichen, politischen und gesellschaftlichen Konsequenzen der Hexengefahr, führten

11 Fischarts Bearbeitung der Bodinschrift war keinesfalls ein Ausrutscher in einer, von dem modernen Leser ansonsten bewunderten literarischen Karriere. Von der Übersetzung und Kommentierung und dem Verkaufserfolg des Bodinschen Hexentraktats beeindruckt, drängte der mit Fischart befreundete Straßburger Verleger Zetzner auf eine Neuherausgabe des *Malleus maleficarum.* Zum Osterfest 1582 legte Fischart den *Malleus* als Teil einer zweibändigen Hexenausgabe der gelehrten Öffentlichkeit vor. Band 1 enthielt den *Malleus* und Niders *Formicarius*, Band 2 neun lateinische Abhandlungen über das Hexenwesen, darunter Traktate von Molitor, Thomas Murner und Bartholomeus de Spina. Nachdem einige dieser Schriften viele Jahrzehnte nicht mehr gedruckt worden waren, erregten sie nun, zweifellos in Reaktion auf die Bodin-Weyer-Kontroverse und auf die in den achtziger Jahren des 16. Jahrhunderts in Südwestdeutschland und Frankreich stark zunehmenden Hexenverfolgungen, die Aufmerksamheit der europäischen Rechtswissenschaftler und Gelehrten. Neuauflagen dieser Sammlung erscheinen in den Jahren 1588 und 1600. Die Popularität des Sammelsuriums bestätigend werden 1614 und 1669 zwei unautorisierte Ausgaben auf den Markt gebracht (Hauffen 259, 261). André Schnyder, »Der *Malleus Maleficarum*: Fragen und Beobachtungen zu seiner Druckgeschichte sowie zur Rezeption bei Bodin, Binsfeld und Delrio«, in: *Archiv für Kulturgeschichte* 74 (1992), S. 323–64.

dazu, daß die frühneuzeitlichen misogynen Obsessionen mit der Frau als Hexe den Rang laikaler wissenschaftlicher Theoriebildung erreichen konnten. Die Frage, »warum derartig monströse Vorstellungen große Teile der kulturellen Elite dieser Zeit so plagten, daß sie sich mit größter Akribie einer Systematisierung des Schreckens widmeten«, ist nicht allzu schwer zu beantworten, wenn man beide Werke als Teil der Verwissenschaftlichung und Politisierung der Hexendebatte akzeptiert. Fischarts Arbeit an und mit Bodins Vorlage ist ein überzeugendes Beispiel dafür, daß, wie Walter Rummel festellt, führende Intellektuelle »eine wissenschaftliche Teildisziplin, die Dämonologie, form[t]en, und ihr eine Methodik angedeihen« ließen.[12] Damit ist die Frage nach dem Warum der Hexenverfolgungen zwar keinesfalls gelöst; wohl aber sehen wir mit größerer Klarheit die aktivierende Rolle, die die tödliche Kollaboration von Wissenschaft, Recht, Theologie, Politik und Medizin in der Gattungs- und Funktionsgeschichte der Hexentraktate spielte. Bodins Werk und Fischarts Übersetzung repräsentieren das frühneuzeitliche Informations- und Wissenschaftssystem, das sich die Ausrottung einer Irrealität, der als Hexen angeklagten Frauen, zur Aufgabe gemacht hatte. Und wie, unerwartet und ungeplant – in den hier zur Debatte stehenden Texten jedoch unüberhörbar –, die Frau unabhängig und im Sinne des auch ihr von Gott verliehenen freien Willens rechtlich mündig zu ihrer Zerstörung beizutragen gezwungen werden konnte.[13] Die Unausweichlichkeit der Zerstörung in den Mühlen frühneuzeitlicher kirchlicher und weltlicher Jurisprudenz übernahm die Hexe von ihren anabaptistischen Leidensgenossen. Beide unterlagen dem Zwang der Selbstbezichtigung, der auch den Anabaptisten den Vorwurf der Satansverfallenheit eintrug, wie das etwa im Verhör von Claes de Preat deutlich wird: »›you persist obstinately in your belief; you are like your master.‹ I asked: ›Who is my master?‹ He replied: ›The Devil‹« (557).

12 Walter Rummel, »Gutenberg, der Teufel und die Mutter Gottes von Eberthausen: Erste Hexenverfolgung im Trierer Land«, in: Andreas Blauert (Hg.), *Ketzer, Zauberer, Hexen: Die Anfänge der europäischen Hexenverfolgung*, Frankfurt am Main 1990, S. 93.
13 Andreas Blauert, »Die Erforschung der Anfänge der europäischen Hexenverfolgungen«, in: ders. (Hg.), *Ketzer*, a.a.O., S. 27.

Die historisierende und authentisierende Form der Berichterstattung des *Märtyrerspiegels* – Gerichtsakten, beglaubigte Berichte, Briefe aus dem Gefängnis, Historien – zeigt, daß die Wiedertäufer nicht nur als im Glauben gefestigt, sondern auch in den Nuancen anabaptistischen Dogmas bewandert sind. Die Frauen erscheinen im Text nicht nur sicher, beherrscht, redegewandt, sondern zuweilen auch leicht ironisch und jederzeit bereit, ihren Glauben mit dem Tod zu heiligen, »to testify with blood«, wie es heißt. Geschickt umgehen sie die rhetorischen und die theologischen Fallen, die die Richter ihnen stellen. Dabei gelingt es ihnen nicht selten, die orthodoxe Religiosität ihrer Peiniger bloßzustellen, denen es lediglich auf die Form und nicht auf den wahren Glauben anzukommen scheint: »Would you have just these words; they are not here; why make so much ado about it [...]. They [the theologians] would not hear but adhered to their dead text« (545–6).
Waren sie verheiratet, wie die meisten Märtyrer beiderlei Geschlechts, muß die Frau oft nicht nur das eigene Glaubensbekenntnis verteidigen, sondern auch das ihres Mannes. Auch war es für sie besonders schwierig und gefährlich, die Ablehnung der Taufe ihrer Kinder und – in den Augen der sie Befragenden – deren Verdammnis zu erklären und zu verteidigen:

»Inq. ›Why were you baptized?‹
Claesken. ›The Scriptures speak of a new life [...] thus did I repent, was converted, and then baptized.‹ To this he said very little.
Inq. ›Why have you not had your children baptized?‹
Claesken. ›I cannot understand from the Scriptures that they ought to be.‹ [...] He [the Inquisitor] would have it that we had it all from the devil, and that a proud devil was in us.« (204, 210)

Claeskens Ehemann, der ebenfalls mehrere Male im Gefängnis verhört wird, bleibt beständig in seinem Glauben. Die Hinrichtung beider wird beschlossen. Der Inquisitor verkündet, daß Claeskens Verdammnis schwerer wiege, da sie lesen könne und ihren Mann verführt habe. Ähnlich wie die Hexe trägt sie die größere Schuld an der Verführung des Mannes. Zu den Anklagepunkten eines weiteren Opfers, der am 15. Januar 1549 hingerichteten Elisabeth, gehört der Vorwurf, sie habe als Lehrer die Gläubigen verführt: »We say that you are a teacher, and that you seduced many« (481).

Das komplexe Zusammenspiel von juristischem und theologischem Anliegen, kennzeichnend für die anabaptistischen Verhöre, ist ebenfalls typisch für die Hexentraktate. Hexen und Häretiker müssen identifiziert und unschädlich gemacht werden. Die weltlichen und kirchlichen Mächte bemühen sich, den Kampf gegen diese gesellschaftsbedrohenden Gruppen in die ordnenden Bahnen wissenschaftlicher Erklärungen, theologischer Argumentationen und juristischer Maßnahmen zu lenken. Im *Märtyrerspiegel* sind diese Mächte als Inquisitoren, Prokuratoren, Ratsmitglieder oder auch Mitglieder des Adels zugegen: »The Palsgrave was terrified and troubled by various ways, that afterwards he had no longer a desire to wash his hands in innocent blood« (438). Der Korrespondenz des Grafen von Cleve ist zu entnehmen, daß er die Täufer, deren Verhören er dem *Spiegel* nach oft beiwohnte, als Initiatoren eines möglichen reichsweiten Aufstandes des ›gemeinen Mannes‹ fürchtete. Deren Wunsch sei es, »to eradicate and suppress completely all authority and honesty, Christian religion, concord and peace«.[14] Die Furcht vor einem derartigen Aufstand beherrschte auch die Diskussion auf dem Reichstag in Worms im April 1535; die Niederlage der münsterischen Bibliokratie im Juni des Jahres stand unmittelbar bevor; Unruhe machte sich breit.

Die Nachrichten und öffentlichen Diskussionen über die Vielweiberei und die gotteslästerliche Regierung des anabaptistischen ›Königs‹ Johann von Leyden haben viel gemeinsam mit Bodins und Fischarts Vorstellungen von der satanischen Auflehnung der Hexen gegen die Obrigkeit. Wie die Zeitgenossen die Anabaptisten als Vorläufer der nahenden Apokalypse fürchten, sehen sie auch in der Hexengefahr ein dringendes Anliegen der Staats- und Kirchengewalt. Fischarts Adressat, Eberhard Herr zu Rapoltsstein Hohenack und Geroltseck am Wasichin, als auch Bodins Widmungsträger, der Erste Präsident des Parlaments zu Paris, Monseigneur M. Christofle de Thou, erscheinen stellvertretend für die politische und juristische Führungsschicht, die

14 Günter Vogler, »The Anabaptist Kingdom of Münster in the tension between Anabaptism and Imperial Policy«, in: Hans J. Hillerbrand (Hg.), *Radical tendencies in the Reformation: Divergent perspectives*, Kirksville 1988, S. 114.

Bodin und Fischart ansprechen wollen, um ihren Forderungen nach öffentlicher Ordnung Nachdruck zu verleihen.[15]
Trotz der Dringlichkeit dieses Anliegens soll der Leser nicht nur belehrt, sondern auch unterhalten werden. Dieser Agenda entsprechen in der *Démonomanie* und deren deutscher Übersetzung die thematische Vielfalt und die wissenschaftliche Stringenz, die in einem akribisch alphabetisierten Index am Ende der Fischart-Übersetzung offensichtlich wird. Die Vielzahl von Stichwörtern und Namen spiegelt eine Wissensfülle und Detailfreude wider, die in diesem Genre ihresgleichen sucht, und die ebenfalls die Vermutung bestätigt, daß der Traktat neben der juristischen Anleitung auch der Vermittlung allgemeinen Wissens dienen sollte, »dem Leser munden und schmecken«, wie Fischart dem Leser versprochen hatte.[16]
Der Traktat hält sich nicht lange mit einleitenden Formalitäten auf; das erste Kapitel des ersten Buches beginnt mit der alles Folgende bestimmenden Definition, »Sorcier est celuy qui par moyens Diaboliques sciemment s'efforce de paruenir à quelque chose« (1).[17] Diesem Hexer, der, wie nicht anders zu erwarten, auf den folgenden Seiten meist zur »Hexe« mutiert, gilt die Aufmerksamkeit der »escole souueraine de Iustice«, der »premiers Orateurs de l'Europe«, der Versammlung der Richter und Advokaten des Parlaments von Paris.
Bodins Hexenfurcht und die Dringlichkeit seines Anliegens werden von vielen, aber keinesfalls von allen Zeitgenossen geteilt. Den Zweiflern, ganz besonders den Anhängern von Johann Weyer, begegnet Bodin mit juristisch präziser Beweisführung und einer spannenden Hexengeschichte gleich zu Beginn seines Traktats. Es ist der Bericht eines Sensationsprozesses, dem er im Jahre 1575 selbst beigewohnt hatte. In dessen Verlauf wurde Johanna Hartwielerin, die Hexe von Compiegne, in Laon lebendig verbrannt. Bodin versteht sein Werk als dringend not-

15 Zachary S. Schiffman, *On the treshold of modernity: Relativism in the French Renaissance*, Baltimore 1991, S. 82.

16 Marie-Thérèse Isaac, »*De la Démonomanie des Sorciers*: Histoire d'un livre à travers ses éditions«, in: Georges Cesbron (Hg.), *Jean Bodin: Actes du Colloque Interdisciplinaire d'Angers 24 au 27 Mai 1984*, Bd. 2, Angers 1985, S. 377–91.

17 Jean Bodin, *De la Démonomanie des Sorciers*, Paris: Iacques du Puys Libraire Iuré, à la Samaritaine, 1580. Nachdruck Hildesheim 1988.

wendige Aufklärung für diejenigen Richter, Gelehrten und Herrscher, »welche schreiben / lehren / publicieren vnnd vorgeben / daß es [das Hexenwesen] nichts zu bedeuten hab[e].« Selbst Priester predigten, daß »Hexen sag / Fabelwerck vnd vnmöglich ding seie / vnnd deßhalben kein glauben drauffzusetzen« (4). Gegen die Skeptiker und gegen die ständig zunehmende Zahl der Hexen richtet sich seine Schrift, denn schwerer noch als die Berichte von sexuellen und kannibalistischen Ausschweifungen der Hexen und Zauberer wiegt auch für ihn die Angst, daß Hexen geschworen hatten, die Ordnung der Familie und damit die der staatlichen Gemeinschaft zu untergraben. Bei aller Ähnlichkeit des Schicksals sahen sich die Anabaptisten in einem völlig anderen Licht, als die Hexen: »We do not suffer as witches or other criminals, [...] we will not be separated from God« (467).

Um die Beweiskraft seiner Hypothesen zu stärken, mobilisiert Bodin sein gesamtes Wissen, wie Fischart übersetzt und erweitert: »unzählige Historien / Urtheil / Vergichten / Uberwesungen / Verzeugung / Bekanntnusse / vnnd Exequierung [...]« (113) werden in den Dienst der Hexenbekämpfung gestellt. Die Zeitgenossen konnten sich offensichtlich der Schlüssigkeit dieser Argumentation, einer Zusammenstellung von Texten aus autorisierten Quellen der Antike und der neueren Geschichte, aus Augenzeugenberichten und Geständnissen der Hexen, schwer entziehen. »Zweiffelklüglinge«, so in Fischarts Übersetzung, »sollen gleichwo diß wissen / daß nicht weniger Gottlosigkeit ist / inn zweiffel ziehen / ob möglich / das Zauberer vnnd Hexen seien / als inn Zweiffel ziehen / ob ein Gott sey, der durch sein Wort vnd Gesatz das ein so wol als dz ander hat vergewisset vnd verifiziert« (16). Häresie, so Bodin und Fischart, sei bei aller Abscheulichkeit dem Atheismus, der grundsätzlichen Gottesleugnung, vorzuziehen.[18] Anapabtisten wären leichter zu ertragen als Atheisten, denn sie gehorchten einer religiösen Ordnung, auch wenn es die falsche war. Die vielfach erhobene Beschuldigung, die der Häresie verdächtigten Anabaptisten hätten möglicherweise Sympathien für die Atheisten oder Libertiner, erklärt die Unnachgiebigkeit, mit der die Inquisitoren des *Mär-*

18 Gilles Roussineau, »Peur et répression du mal dans *La Démonomanie des Sorciers*«, in: Cesbron (Hg.), *Jean Bodin*, a.a.O., S. 411–19, S. 413.

tyrerspiegels ihre Opfer verhörten, und mit welchem Engagement kanonische Dogmatik anabaptistischer Buchstabentreue entgegentrat. Immer wieder wird dem Leser vor Augen geführt, daß selbst die unnachgiebigsten Inquisitoren und Richter den anabaptistischen Märtyrern zwar unautorisierten Umgang mit den heiligen Texten, kaum jedoch Unglauben vorwerfen können. Ein Gefangener names Jacques versichert im Laufe eines längeren Verhörs: »I search for nothing but what it is permitted me to believe, and I am well content simply to believe what a good Christian is bound to believe.« Auf die Frage, wie er das Wort Gottes verstehe, antwortet er: »just as it is written.« Die Frage nach dem Glaubensbekenntnis seiner Frau weist er mit der Feststellung zurück, diese müsse für sich selbst antworten. Der Inquisitor tadelt Jacques' religiöse Diskursfestigkeit: »›You must not study so high, but suffer yourself to be instructed by those who are more learned and wise than you [...].‹ Jac.: ›My Lord, you cannot prove to me by the Holy Scriptures, nor can anyone else [...].‹« (593). Am Ende oft unfähig, die Anabaptisten im Disput zu besiegen, flüchten sich die Inquisitoren in fadenscheinige Gegenargumente. Manchmal, so eine Beweisführung, seien selbst die Heiligen Schriften (als Drucktexte, nicht als Institution) unzuverlässig. Grund dafür seien Fehler, die beim Druck unterliefen: »The printer had a boy, who misprinted [the Holy Scriptures], when his master was gone out of town« (542). Unbeirrt bestehen die Angeklagten auf ihrem persönlichen Glaubensbekenntnis; und ebenso unfehlbar werden sie hingerichtet.

Um die Frage, wer was wann wissen kann oder darf und wer zu welchen Quellen Zugang hat – wiederholt Thema der Anabaptistenverhöre – geht es auch häufig in den Hexentraktaten. Wie die Anabaptisten in den Augen der orthodoxen Kirche theologische Argumentationen usurpieren, so wirft man den Hexen Wissensmißbrauch vor, und warnt, daß ihre teuflische *curiositas* sie in die Verdammnis führen werde. Bodin und Fischart teilen mit ihren Zeitgenossen die Überzeugung, daß Hexen, ohne je Bücher gelesen zu haben, Zugang zu geheimem Wissen gewinnen können, weil »alte Weiber, die keinen Plutarch gekannt oder mit den Hexen in Frankreich [direkt] gesprochen haben, so artlich inn allen sachen vnd puncten vberein stimmen«, und daß »dergleichen Historien / so sich auch bei vnderschiedenen Völkkern / vnd zu weit vnterschiedlichen Zeiten begeben / allezeit zusammen treffen vnd stimmen« (10, 11). Es sei vielfach bezeugt, daß Besessene Griechisch, Latein und andere Sprachen lesen und sprechen können. Als Gewährsmann wird wiederum Melanchthon zitiert, der die Hexen und die Anabaptisten als Teufelsbrut verdammt hatte. Er habe in Sachsen eine Frau, die weder lesen noch schreiben konnte, Latein sprechen und den Krieg mit Sachsen voraussagen hören (189).

Bodin und Fischart verstehen sich als Informationsvermittler und als Experten im Kampf gegen die Hexenbedrohung. Der Buchdruck, ohne den die Geschichte der radikalen Reformation und der Hexenverfolgungen sicher andere Formen angenommen hätte, hat auch das Medium der Hexenschrift, der Dämonologie, maßgeblich beeinflußt und geprägt. Die vorherrschenden Informationsverarbeitungssysteme, der Kommentar, die Summa, die Florilegien, wurden im 16. Jahrhundert erweitert und teilweise verdrängt von Enzyklopädien und Miszellensammlungen. Man wollte und mußte Ordnung in das Informationschaos bringen und die »expandierende Textvielfalt« für eine weite, nun nicht mehr klar zu identifizierende Leserschaft, zusammenstellen und ordnen.[19]

Diese wissensorganisierenden Texte signalisieren schon in ihren Titeln den Ordnungsimperativ, dem die Strukturierung und Hierarchisierung der Information gehorcht. Beispiele sind Jakob Zwingers vielbändiges *Theatrum vitae humanae* (zuerst 1565) oder Crolls *Basilica chymica* (1609), auch Bodins Schrift *Universae naturae theatrum* (1596). Diese Texte vermitteln den Eindruck, daß Geschichts- und Naturerkenntnis und die Geschichten vom Leiden und Sterben moderner Märtyrer dem ordnenden und legitimierenden Zugriff und der menschlichen Organisationsgabe gehorchen. Im *Methodus ad facilem historiarum cognitionem* (1566), seiner vielgelesenen geschichtstheoretischen Schrift, erklärt Bodin programmatisch, »nach denselben Grundsätzen und Methoden (der Ordnung), wie sie bei der Vermittlung der Wissenschaften zur Anwendung kommen, müssen wir, denke ich, auch bei den Wissenschaften der Geschichte handeln« (13). Am Ende

19 Helmut Zedelmaier, *Bibliotheca universalis und Bibliotheca selecta: Das Problem der Ordnung gelehrten Wissens in der frühen Neuzeit* (Beihefte zum Archiv für Kulturgeschichte 33), Köln 1992, S. 242.

seines Lebens definiert er zusammenfassend seine Vorstellung von der Natur als höchstem Ausdruck dieser Ordnung. Im *Theatrum* (1596) heißt es: »Il n'y a rien au monde qui soit plus plaisant à voir, ou qui recrée avec plus grand volupté l'esprit de l'homme, ou qui soit plus commode que l'ordre.«[20]

Diesem Ordnungsbedürfnis – und somit auch dem Zeitgeist – entsprach die *Démonomanie*. Zwischen 1560 und 1630 ergoß sich eine Flut ähnlicher Veröffentlichungen auf den europäischen Markt.[21] In deren Ordnungssystem liegt ihr Wahrheitsanspruch, dem sich weder die Juristen noch die Hexen entziehen konnten.[22] Die Texte gewinnen Überzeugungskraft nicht nur, weil sie als Zeichen für furchterregende und bedrohliche Phänomene gelten, sondern weil ihre Informationsfülle als Beweis für diese akzeptiert werden müssen.[23]

Die wissenschaftlichen und rhetorischen Argumente für die Realität der Hexengefahr folgen im großen und ganzen einem festen Schema. Damit eine Aussage als wahr akzeptiert werden kann, reiht Bodin eine Anzahl von Beweisen, Argumenten und Historien aus der Vergangenheit und Gegenwart aneinander, bis Gegenargumente unmöglich und unnötig scheinen. Er berichtet

20 Philippe Dejan, »Jean Bodin et l'idée de méthode au XVIe siècle«, in: Cesbron (Hg.), *Jean Bodin*, a.a.O., S. 124.

21 Eine sechs Jahre später erscheinende Hexenenzyklopädie indiziert mit der Titelmetapher ein ähnliches Bestreben. Es ist dies das *Theatrum de veneficiis*, »das ist: Von Teufelsgespenst, Zauberern vnd Giftbereitern, Schwartzkünstlern, Hexen vnd Vnholden, vieler fürnemmen Historien vnd Exempel [...] Sampt etlicher hingerichteter zaüberischer Weiber gethaner Bekanntnuß, Examination, Prob, Vrgicht vnd Straff [...]. Allen Vögten, Schuldtheissen, Amptleuten des weltlichen Schwerdts, &c. sehr nützlich vnd dienstlich zu wissen, vnd keines wegs zu verachten.«, in: Diane M. Del Cervo (Hg.), *Witchcraft in Europe and America: A guide to the microfilm collection*, Reading 1983, S. 49.

22 Robert Markley, »Representing order: Natural philosophy, mathematics, and theology in the Newtonian revolution«, in: N. Katherine Hayles (Hg.), *Chaos and order: Complex dynamics in literature and science*, Chicago 1991.

23 Brian P. Copenhaver, »Natural magic, hermetism, and occultism in early modern science«, in: David Lindberg/Robert Westman (Hg.), *Reappraisals of the scientific revolution*, Cambridge 1990, S. 265, 269; Lindberg, ebd., S. xxiv.

zum Beispiel, daß es nicht nur in Frankreich, sondern auch in Schweden, Norwegen, in der Neuen Welt und auf den Vulkanischen Inseln Hexen gäbe. Gewährsmann ist u. a. Bischof Oleus Magnus von Norwegen, bei dem zu lesen sei, daß »bey den Völckern gegen Mitternacht man an sehr viel Orten diese Täntz der Teufel und Hexen erfahre«. Fischart fügt in einer Marginalglosse »Deutschland im Schwarzwald« hinzu (104). Diese geographische Beweisführung wird durch eine klimatische gestärkt: Im Norden ist es dunkler, die Nächte sind länger, die Hexen haben mehr Zeit für ihr Zerstörungswerk. Ein Zitat aus dem Alten Testament stützt diesen Punkt, der Teufel habe zu Jesaja gesagt, er wolle auf den Nordwind steigen »vnd Gott gleich sein«. Satan habe »Gewalt vber die Völcker / so gegen Nord gelegen: Welche von Bösen Geistern vnnd Zauberern sehr vbel verschreit sein« (114).

So wie Briefe, Augenzeugenberichte und Gerichtsprotokolle die Wahrheit der Märtyrergeschichten bezeugen, zeigen die Dämonologien, daß selbst zweifelhafte Geschichten glaubwürdig werden, wenn mehrere Berichterstatter in den grundsätzlichen Prämissen übereinstimmten. Kompilationen von Fakten – und die hier zu Debatte stehende Schrift und der *Märtyrerspiegel* wollen gerade dies sein – verbürgen die Wahrheit und Wahrhaftigkeit der menschlichen Erfahrung und göttlichen Vorsehung (Bodin 79). »Sehen« ist Lesen, und Gelesenes wird durch Erfahrung bestätigt. Von Caspar Peucer, »Melanchthons Tochtermann«, wird gesagt, er habe »allzeit gemeint / es sey mit der Verwandlung [von Menschen in Werwölfe] eine Fabel«, er habe sich jedoch von vielen Kaufleuten, die im Norden Europas, ganz besonders in Livland herumgekommen seien, eines Besseren belehren lassen müssen (122; 126). Theologische Wahrheit und geschichtliche Fakten – die Existenz des Bösen in der Welt in der Form von Hexen und Werwölfen – werden auf der Grundlage von Erfahrungen als Wissen autorisiert, damit man Strategien zur Bekämpfung von solchen bedrohlichen Phänomenen entwickeln kann.[24]

Der *Märtyrerspiegel* folgt vergleichbaren Legitimierungsstrategien. Die unermüdliche Wiederholung der im Tod der Märtyrer

24 Amos Funkenstein, *Theology and the scientific imagination from the middle ages to the seventeenth century*, Princeton 1986, S. 3.

geheiligten anabaptistischen Glaubensätze liefert dem Leser eine »Laientheologie«, in der die persönliche Auseinandersetzung mit der Schrift und der Aufruf zur Beständigkeit und Festigkeit im Glauben im Mittelpunkt stehen. Die Vorsehung steht auf der Seite der Verfolgten; sollte der Leser daran zweifeln, so kann er sich an den wenigen, doch eindrucksvollen Beispielen göttlicher Vergeltung gegenüber Verrätern davon überzeugen. Lepra zerfrißt den Leib eines Pfarrers: »His flesh became putrified that pieces fell off from his body [...]. It once happened, that a large piece of putrid flesh, which had fallen or was cut from his body, was eaten up by a dog before his eyes [...] the fulfillment of a curse« (341*; auch 201*). Ein Henker stirbt völlig unerwartet auf dem Heimweg nach einer Hinrichtung (416). Eine Brücke, über die ein Märtyrer zu seinem Tod geleitet wurde, bricht zusammen (440). Ein Bürgermeister, der einen Unschuldigen gequält hatte, »was visited by the avenging hand of the Lord, so that he was tormented by lice, and lost his speech for a time and thus died in great misery« (525). Erfahrungswissen und Wirklichkeitserkenntnis – Dämonen gab es schon immer, auch heute; in allen Ländern, zu allen Zeiten fallen Verräter der Rache Gottes anheim – verbinden sich zu einem nahtlosen Verweis- und Beweissystem.[25] Das Bestreben, Hinrichtungen geheim zu halten, helfen dabei wenig, im Gegenteil, die Opfer verlangen nach Öffentlichkeit, »seeing that they were about to be murdered privately, [she] complained; for she would rather have publicly borne witness to the truth by her death« (334).

Fischarts grundsätzliche Übereinstimmung mit Bodins Beweisführung und mit seiner Weltanschauung ist von Anbeginn klar. Er habe, so sagt er, die vier Bücher der *Démonomanie* voll von »unzahlige[n] frembden fragen / Disputationen / fäll / Geheimnussen vnnd Erklärungen der Rechten / ja bei nahe der Welt lauff innhalten« mit zusätzlichen Marginalien und intratextuellen, mit Klammern angedeuteten Kommentaren versehen, um seiner Leserschaft das Verständnis zu erleichtern. Auch ist er an Sprachgeschichte, Etymologien und mündlich tradierter Information sehr interessiert. So erklärt er, daß Weissagen von dem alten »Gewißsagen / oder sächsisch / Witsagen / nach dem Spruch, das wir wissen oder witen« käme, »aber weil sie [die

25 Zedelmaier, *Bibliotheca universalis*, a.a.O., S. 7, 8, 21.

Deutschen] für Weißheit vnnd weiß / mehrtheils schwartze sagten / bekamen sie den Namen Schwartzkünstler« (26).
Bodin und Fischart haben mit ihren Schriften zur Verfolgung der Frau als Hexe entscheidend beigetragen. Der Grund lag nicht nur in der Misogynie dieser Zeit, die beide Männer teilten. Er ist vielmehr darin zu suchen, daß sie die Hexenproblematik in einer Form präsentierten, die sie als Wissenschaft im Sinne dieser Zeit annehmbar machte. Dieser Aufgabe widmeten sie sich mit ihrer ganzen Gelehrsamkeit und Eloquenz. Information über Hexen fand man nun nicht mehr nur in Zauberbüchern oder Neuen Zeitungen oder in theologischen Traktaten und Pönitenz- und Inquisitionshandbüchern – Dämonologien schlossen die ganze Fülle laikalen Wissens, aller politischen, religiösen und geschichtstheoretischen Erkenntnisse ein. Die Produktion und Verbreitung von Druckerzeugnissen und die in der Renaissance klar erkennbare Aufwertung der Magie als legitime Wissenschaft kamen dieser Neuformulierung der Dämonologie sehr entgegen. Ganz gleich, ob sie in der Vernichtungsmaschinerie ihr Leben verlor oder nicht, die Frau konnte der gelehrten Aufmerksamkeit in den meisten Fällen genausowenig entkommen, wie die Gelehrten, Theologen, Beamten, Richter oder interessierten Laien sich ihrer aus Angst und Informationshunger gemischten Faszination, die von den Hexenverhören ausgingen, zu entziehen in der Lage waren.
Die Verfolgung und schließliche Marginalisierung der Frau als Teilnehmerin und Opfer der radikalen Reformation folgte Wegen, die, wie wir gesehen haben, in mancher Hinsicht die Hexenverfolgungen ankündigten. Auch sie wird – trotz ihres öffentlichen Glaubenseifers – bald an den Rand der Bewegung gedrängt. Ihr theologisch-gläubiges Selbstbewußtsein, ihre Fähigkeit, zu predigen, zu prophezeien, mit den Inquisitoren unerschrocken über Glaubenssätze zu disputieren, bescheren ihr keine Emanzipation, sondern erneute und in manchen Fällen verschärfte Marginalisierung. Sie teilt mit den männlichen Glaubensgenossen das Exil, die Folter, den Tod, und doch wird noch im Tod zwischen Mann und Frau unterschieden; ihr droht des öfteren das Ertränken, ihm die Verbrennung oder Enthauptung. Die Entscheidung der münsterischen Anabaptisten, im Augenblick höchster Bedrohung ihres kurzlebigen Sakralreiches die Polygamie einzuführen, erstaunt von daher gesehen nicht mehr,

auch wenn man diese Entscheidung sicher teilweise bevölkerungspolitisch begründen kann.[26] Die Frau, deren freie Glaubensentscheidung in der bibelgeleiteten Theologie der Anabaptisten eine so bedeutende Rolle spielt, wird im pseudo-göttlichen Größenwahn der münsterischen Rebellen auf ihre Gebärfunktion reduziert. Die Niederlage der Eingeschlossenen war letztendlich auch die Niederlage einer auf die Spitze getriebenen Bio-Biblokratie, einer Form von Misogynie, die in den Hexenverfolgungen ihre extreme Auswirkung fand.

26 Lyndal Roper, *Oedipus and the devil*, a.a.O., S. 84–87.

Margarete Zimmermann

Gamologien und Geschlechtertänze

Ehereflexionen französischer und italienischer Autorinnen des 15.–17. Jahrhunderts

I

In einem Brief aus dem Jahre 1925 an Hermann Graf Keyserling definiert Thomas Mann die Ehe als »die unverbrüchliche Zusammensperrung zweier Menschen fürs Leben«, die »eigentlich nur bei altväterlicher Einfalt des Gemüts, der Sinne, der Nerven beiderseits möglich«[1] sei. In *Die Ehe im Übergang* (so lautet der endgültige Titel dieses zunächst in Briefform veröffentlichten Essays) verbindet er die diachrone mit der synchronen Ebene, allerdings unter deutlicher Privilegierung zeitgenössischer Entwicklungen. Die Aktualität des Themas verweist auf neue Geschlechterrollen und gewandelte Geschlechterverhältnisse im Europa nach dem Ersten Weltkrieg[2], auf die Entstehung neuer Bilder von ›Mann‹ und ›Frau‹. Hören wir dazu noch einmal Thomas Mann: »[...] das urtümlich-patriarchalische Verhältnis des ›Weibes‹, der ›Hausfrau‹ zum Manne« ist »nicht nur biblisch, sondern auch altfränkisch«, denn: »was wir erleben oder schon gründlich zu Ende erlebt haben, ist die sozialkritische Unterminierung dieser biblisch-bürgerlichen Gegebenheit durch die Verselbständigung und Befreiung der radfahrenden, chauffierenden, studierenden, starkgeistig gewordenen, in gewissem Sinne vermännlichten Frau«.[3] Zugleich entsteht ein neues Männerbild, denn: »[...] ein gewisser Begriff von Männlichkeit – galant, hah-

1 Thomas Mann, »Die Ehe im Übergang. Brief an den Grafen Hermann Keyserling«, in: Graf Hermann Keyserling (Hg.), *Das Ehe-Buch*, Celle 1925, S. 212–226, Zitat S. 223.

2 In der französischen Literatur spiegeln sich diese Veränderungen sehr deutlich in der frühen Prosa Louis Aragons (etwa in seinem Erzählband *Le libertinage* von 1923) oder in Paul Morands Novellensammlung *L'Europe galante* (1926).

3 Thomas Mann, a.a.O., S. 214.

nenmäßig, roh, gebläht, dumm-herablassend und dumm–venerierend zugleich; die Atmosphäre des bürgerlichen Tanzsaals, gespannt und albern, erotisch, steif, förmlich, schlüpfrig und töricht – das kommt abhanden. Der Vorgang, so läßt sich sagen, läuft auf eine Art von beiderseitiger Vermenschlichung hinaus.«[4] Angesichts dieser Veränderungen gerate auch die Ehe in eine Situation des »Übergangs«, in ein Konkurrenzverhältnis zur freien Liebe und zur »Knabenliebe«.[5] Jedoch sei die »gründende Liebe«[6] als Fundament der ehelichen Verbindung jenen beiden anderen Formen der Liebe unendlich überlegen und die Ehe als Institution wandlungs- und deshalb überlebensfähig.[7]

Bemerkenswert an dieser Ehereflexion aus dem Deutschland der zwanziger Jahre ist nicht nur die präzise Beobachtung eines tiefgehenden Wandels der Lebensformen und der Geschlechtermoral, sondern auch und vor allem die Tatsache, daß Thomas Mann diese Veränderungen akzeptiert, sich aktiv mit ihnen auseinandersetzt, statt sich zum Sprecher einer »Restauration« des unwiederbringlich Vergangenen zu machen[8]; er akzeptiert damit die gerade in den zwanziger Jahren höchst umstrittene, zum Teil vehement bekämpfte Moderne.[9]

4 Ebd., S. 215.

5 Thomas Manns Ausführungen zu diesem Problem sind S. 216–218 nachzulesen.

6 Siehe dazu S. 225: »Die Ehe ist ›gründende Liebe‹, das heißt: die geschlechtliche Verbindung wird zur sakramentalen Grundlage einer dauernden, sie überlebenden Lebens- und Schicksalsgemeinschaft.«

7 Ebd., S. 225: »[...] das Ewig-Menschliche aber ist wandlungsfähig. Es muß und wird sein, es kann nicht untergehen, sondern nur übergehen in neue Lebensformen [...]. Sein Unmöglichwerden in der Zeit ist nur Schein; es hat in sich selber die Kräfte, aus denen es sich nach aller Entheiligung neu zu heiligen weiß.«

8 Siehe dazu ebd., S. 226: »[...] das Schlimmste und Falscheste aber in allen Stücken ist Restauration. Die Zeit, der vor sich selber graut, ist voll von Restaurationsverlangen, von Velleitäten der Rückkehr, der Wiedereinsetzung des Alten und Würdigen, der Wiederherstellung zerstörter Heiligkeit. Umsonst, es gibt kein Zurück. Alle Flucht in lebensleer gewordene historische Formen ist Obskurantismus [...].«

9 Diese Zusammenhänge untersucht Otto Gerhard Oexle in »Das Mittelalter und das Unbehagen an der Moderne. Mittelalterbeschwörungen in der Weimarer Republik und danach«, in: Susanna Burghartz u. a. (Hg.), *Spannungen und Widersprüche. Gedenkschrift für František Graus*, Sigmaringen 1992, S. 125–153.

Zugleich läßt sich aus diesem Text eine erste Arbeitshypothese ableiten. Jede historisch jeweils zu differenzierende Ehereflexion steht in einem engen Zusammenhang zu den zeitgenössischen Geschlechterverhältnissen; zu vermuten ist ferner, daß Texte dieser Art sich in Perioden von *gender trouble* verstärkt nachweisen lassen, daß also ein Zusammenhang bestehen könnte zwischen Wendepunkten (Krisen?) innerhalb der Geschlechtergeschichte einerseits und Eheschriften andererseits. Diese Annahme einer wie auch immer zu definierenden Korrelation zwischen Text und Geschlecht ist im folgenden mittels einiger historischer Querschnitte und Sondierungen zu überprüfen.

Dies provoziert eine weitere zentrale Frage: Ab wann gibt es die (Sub-)Gattung Eheschrift? Läßt sich diese überhaupt verläßlich definieren? Im Falle einer Bejahung ergibt sich ein weiteres Problem: Können wir eine epochenüberschreitende Gattungsdefinition erstellen, oder hat dieser Definitionsprozess von Epoche zu Epoche neu einzusetzen? Es scheint mir in diesem Zusammenhang sinnvoll, zunächst von einem gattungsspezifischen Merkmalskatalog auszugehen. Dieser wäre nicht bei jedem Wendepunkt vollständig zu erneuern, sondern lediglich partiell zu modifizieren. Veränderungen innerhalb verschiedener Modelle der Wirklichkeitsdeutung lassen sich zum Beispiel mit Hilfe der Stoffgeschichte untersuchen. Besonders ergiebig für unseren Zusammenhang ist der Amazonenmythos. Der Rekurs auf die wehrhaften, vor allem aber männer- und ehelos lebenden Amazonen stellt in der Mehrzahl der Ehe- und Geschlechterdebatten des 15.–17. Jahrhunderts eine beinahe obligatorische Referenz dar[10], und zwar unabhängig davon, ob wir es mit Texten männlicher oder weiblicher Provenienz zu tun haben. Aber auch die Untersuchung verschiedener Bearbeitungen *eines* Exemplums (Tobias, Lukrezia, Griselda, aber auch anderer, weniger opulent dokumentierter Stoffe) ist in dieser Hinsicht aufschlußreich. –

10 Diesen Bezug, allerdings unter Beschränkung auf »Athenian mythmaking concerning marriage« (p. xiii/xiv), unterstreicht auch William Blake Tyrrell in seiner Studie *Amazons. A study of Athenian mythmaking*, Baltimore/London 1984. Einen sehr brauchbaren Überblick über die Rezeptionsgeschichte des Amazonenstoffes bietet Abby Wettan Kleinbaum, *The war against the Amazons*, New York u. a. 1983.

Ich arbeite im folgenden überwiegend mit dem gattungsindifferenten Begriff der Ehereflexion, da er mir mehr Spielraum für eine Privilegierung literarischer Werke und für eine stärkere Berücksichtigung von Texten der *dames de lettres* gibt.
Einige weitere Probleme und Fragen: Ab wann beginnt das, was man als Popularisierung und Trivialisierung der Ehereflexion bezeichnen könnte?[11] Wann findet die Aufspaltung in zwei verschiedene Genres, eine ›hohe‹ und eine ›niedere‹ Eheliteratur, statt? Ab wann gibt es Texte wie etwa den Lebenshilfe-Bestseller von Rolf Hertog aus den fünfziger Jahren, *Die Kunst sich zu verheiraten* (Brüssel/Berlin 1953)?[12] Innerhalb der französischen Literatur lassen sich diese Vorgänge spätestens seit dem 17. Jahrhundert beobachten[13]; hierbei sind natürlich auch buchgeschichtliche Entwicklungen zu berücksichtigen.[14] Neben einer solchen Unterscheidung von ›hohen‹ und ›niederen‹ Gamologien[15] stellt sich die Frage, ab wann eine Auffächerung nach

11 Siehe dazu auch Heide Wunder, *»Er ist die Sonn', sie der Mond«. Frauen in der Frühen Neuzeit*, München 1992, S. 74: »›Ehe‹ wurde aber auch in den Medien der populären Literatur und Druckgraphik thematisiert. Davon zeugt z. B. das Werk von Hans Sachs mit den vielen Illustrationen, die es veranschaulichen.«

12 Aus dem Werbetext auf der Buchklappe: »Jede Ehe steht täglich vor Entscheidungen, die diese erhalten, vertiefen oder zerstören können. Anhand von Ehescheidungsprozessen und mit hervorragender Menschenkenntnis öffnet uns das Buch die Augen über *Gefahrenquellen* des ehelichen Glücks.« (Hervorhebung vom Verfasser, M.Z.). An dieser Stelle möchte ich Monika Kopyczinski (FU Berlin) dafür danken, daß sie mir auf Kreuzberger und anderen Flohmärkten Texte dieser Art aufstöberte.

13 Reiches Material an populärer Eheliteratur seit dem 17. Jahrhundert enthält die von Arlette Farge zusammengestellte Anthologie *Le miroir des femmes*, Mayenne 1982.

14 Ich verweise in diesem Zusammenhang auf das von Roger Chartier und Henri-Jean Martin herausgegebene Standardwerk *Histoire de l'édition française*, 4 Bde., Paris 1982 ff.

15 *La Gamologie* (1772) ist der Titel einer Ehelehre für junge Mädchen des 18. Jahrhunderts aus der Feder eines gewissen Chevalier de Cerfvol (es handelt sich um ein Pseudonym; die Identität des Verfassers ist bis heute ungeklärt). Den Hinweis auf diesen Text verdanke ich Nadine Bérenguier (Harvard) und ihrem Aufsatz »Contrat et promesse dans des manuels de comportement du dix-huitième siècle«,

inhaltlichen Schwerpunkten und eine Verselbständigung all jener Themenbereiche stattfindet, die wir in dem spätmittelalterlichen *Ménagier de Paris* noch vereint fanden.[16] Mit anderen Worten: Ab wann – wahrscheinlich seit den zwanziger Jahren – gibt es zum Beispiel eine ausschließlich auf die Sexualität zentrierte Eheliteratur, die wiederum eigenen Entwicklungsgesetzen folgt – man denke nur an den Erfolg der Schriften eines Walther von Hollander seit den vierziger und Oswalt Kolle seit den sechziger Jahren.

Eine andere Fragestellung, mit deren Hilfe wir unsere literaturwissenschaftlichen Erkenntnisse erweitern und vertiefen können, ist jene der kunstgeschichtlichen Implikationen unseres Themas: zur Geschichte des europäischen Ehepaarbildes verweise ich auf die Publikationen von Berthold Hinz und Dagmar von Gersdorff.[17] Unser Verständnis spätmittelalterlicher und frühneuzeitlicher Ehereflexionen könnte durch eine solche Einbeziehung der Ikonographie vertieft und präzisiert werden. Literarische und künstlerische Auseinandersetzungen mit dem Thema Ehe, desgleichen theologische, juristische und medizinische Texte, partizipieren an einem umfassenden »imaginaire du mariage«[18], dessen gemeinsame Erforschung ein reizvolles interdisziplinäres Unterfangen wäre.

in: Renate Kroll/Margarete Zimmermann (Hg.), *Feministische Literaturwissenschaft in der Romanistik. Theoretische Grundlagen – Forschungsstand – Neuinterpretationen*, Stuttgart/Weimar 1995, S. 114–134.

16 Siehe dazu meine Studie *Vom Hausbuch zur Novelle. Didaktische und erzählende Prosa im Frankreich des späten Mitttelalters*, Düsseldorf 1989.

17 Berthold Hinz, »Studie zur Geschichte des Ehepaarbildes«, in: *Marburger Jahrbuch für Kunstwissenschaft* 19 (1974), S. 139–218; sowie: Dagmar von Gersdorff, *Liebespaare – Eheleute. Aus den Sammlungen der Berliner Museen*, Berlin 1987.

18 Siehe dazu auch Sara F. Matthews Grieco, »Art, social ideology and the representation of marriage and conjugal life in early modern Italy« (im Druck).

II

Im folgenden beschränke ich mich darauf, unter Rückgriff auf französische und italienische Ehereflexionen vom 15. bis zum Ende des 17. Jahrhunderts eine geschlechtsspezifische Problematik und hier insbesondere die kritischen Positionen von Autorinnen herauszuarbeiten. Die Ehefeindlichkeit oder Misogamie, zu deren Ursprüngen und Spielarten Katharina M. Wilson und Elizabeth M. Makowski eine anregende Untersuchung vorgelegt haben[19], wird gemeinhin allzu schnell und selbstverständlich als *männliche* Position vereinnahmt, zumindest für die Epochen Spätmittelalter und Frühe Neuzeit. Hierbei gerät indes aus dem Blick, daß es in den Schriften der französischen und italienischen *dames de lettres*[20], und zwar spätestens seit Christine de Pizan, eine differenzierte weibliche Ehereflexion gibt[21]; und daß sich, ausgehend von Christines Schriften bis zu jenen von Autorinnen des späten 17. Jahrhunderts, eine Entwicklung von der Abwehr männlicher Ehefeindlichkeit zu einer eigenständigen weiblichen Misogamie und schließlich dem Lobpreis des femininen Zölibats nachzeichnen läßt. Ich will versuchen, dies im Wechselspiel der Texte männlicher und weiblicher Provenienz deutlich zu machen, allerdings unter Privilegierung der weiblichen Perspektive. Epochenspezifische und epochentypische »Geschlechtertänze«[22], oder: jeweils als historische ›Momentaufnahme‹ zu erfassende Geschlechterkonstellationen können in einer solchen dialogischen Zuordnung von ›männlichen‹ und ›weiblichen‹ Texten unterschiedlicher Gattungen angemessener erfaßt werden als mittels eines Vorgehens, das nur *eine* dieser sich über

19 *Wykked wyves and the woes of marriage: Misogamous literature from Juvenal to Chaucer*, Albany 1990.

20 Diese Bezeichnung übernehme ich von Renate Baader, *Dames de lettres. Autorinnen des preziösen, hocharistokratischen und ›modernen‹ Salons (1649–1698)*, Stuttgart 1986.

21 Implizite Stellungnahmen zur Eheproblematik, wie sie im Werk von Autorinnen vor Christine de Pizan – also etwa im *Liber manualis* der fränkischen Adligen Dhuoda (9. Jh.), in den *Lais* der Marie de France oder in der Lyrik der provenzalischen *trobairitz* – zu finden sind, kann ich hier nicht berücksichtigen.

22 Ich übernehme diesen Begriff dem Titel des Fotobandes von Elliott Erwitt, *Geschlechtertanz*, Zürich/Berlin/New York 1994.

Texte artikulierenden Stimmen berücksichtigt. Alle Autorinnen nach Christine de Pizan, deren Positionen hier kommentiert werden sollen, gehören in den Kontext der *Querelle des femmes*[23] des 16.–17. Jahrhunderts, jenes umfassenden literarischen Geschlechterstreits, der ein zentrales Moment der europäischen Ideen- und Geschlechtergeschichte der Frühen Neuzeit darstellt. Es handelt sich um die französischen Schriftstellerinnen Madeleine und Catherine des Roches und Nicole Liébault, um die beiden Venezianerinnen Moderata Fonte und Lucrezia Marinella und schließlich um die französische Philosophin Gabrielle Suchon.

Daß es legitim ist, eine solche Verbindungslinie zwischen Eheliteratur und literarischem Geschlechterstreit zu konstruieren, läßt sich nicht zuletzt damit rechtfertigen, daß es kaum einen frauenapologetischen oder einen misogynen Text aus dem Umkreis der *Querelle des femmes* gibt, in dem die Reflexion über die Über- oder die Unterlegenheit des weiblichen Geschlechts nicht mit der Diskussion über das Für und Wider der Ehe verbunden wäre. Aus der Fülle des Materials lediglich einige wenige Beispiele: Gratien du Ponts vehement misogyne Schrift *Controuerses*

23 Eine präzise begriffsgeschichtliche Studie zur *Querelle des femmes/des dames* steht bislang noch aus. Gemeinhin wird auf die wissenschaftliche Verwendung dieses Terminus in literaturhistorischen Untersuchungen (Abel Lefranc, Georges Ascoli, Emile Telle) seit dem Beginn des 20. Jahrhunderts verwiesen. Indes findet sich die Bezeichnung *querelle des dames* (allerdings im Sinne von: ›Klage der Frauen‹) bereits in einem frauenapologetischen Text des späten 15. Jahrhunderts. Siehe dazu Margarete Zimmermann, »Vom Streit der Geschlechter. Die französische und italienische *Querelle des femmes* des 15.–17. Jahrhunderts«, in: Bettina Baumgärtel/Silvia Neysters (Hg.), *Die Galerie der Starken Frauen/La Galerie des Femmes Fortes. Die Darstellung der Heldin in der französischen Kunst des 17. Jahrhunderts und ihrer Vorbilder* (Katalog der Ausstellung des Kunstmuseums Düsseldorf), München 1995, S. 14–33. Ich verweise des weiteren auf den Sammelband *Die europäische ›Querelle des femmes‹* (hg. von Gisela Bock/Margarete Zimmermann), der 1997 als zweiter Band des Jahrbuchs für Frauenforschung *Querelles* erscheinen wird. Siehe zu diesen Problemen auch: Claudia Opitz, »Streit um die Frauen? Die frühneuzeitliche *Querelle des femmes* aus sozial- und frauengeschichtlicher Sicht«, in: Bea Lundt (Hg.), *Wege der Historischen Frauenforschung.* Schwerpunkt der *Historischen Mitteilungen* 8 (1995), Heft 1, S. 15–28.

des sexes masculin et féminin von 1534[24] enthält eine sehr umfangreiche misogame Tirade[25], in der sowohl Klassiker der antiken misogamen Literatur als auch volkssprachliche Autoritäten wie die *Quinze joies de mariage* (um 1400) aufgelistet und alle nur erdenklichen Argumente gegen die Ehe zusammengetragen werden. Symphorion Champier dagegen, Autor der Anne de France gewidmeten Prosaschrift *La Nef des Dames vertueuses* (1503)[26], verbindet das Lob des weiblichen Geschlechts mit dem Lob der Ehe: »mariage est de tout fondation« (»die Ehe ist der Grund aller Dinge«).[27] Champier praktiziert des weiteren die in Texten der *Querelle des femmes* eher seltene Verbindung von Frauenlob und Ehelehre (für Frauen). Zuweilen gibt es auch Autoren, die an *beiden* Texttraditionen teilhaben: So veröffentlicht zum Bei-

24 Es existiert keine moderne Edition dieser sehr umfangreichen Apologie des männlichen Geschlechts. In der Bibliothèque Nationale sind die Originalausgabe (Toulouse 1534), ferner eine Ausgabe ohne Nennung des Verlagsorts von 1536 sowie ein Nachdruck (Paris 1555) zu konsultieren. Der Text ist formal höchst originell: Es handelt sich um eine Frauen-Schmähschrift in Versen, ein metrisches Bravourstück insofern, als Gratien Du Pont mit Balladen unterschiedlichen Typs, Rondeaux, Virelais, gereimten *caquets* unterschiedlicher Länge, etc. arbeitet. In dieser misogynen und misogamen Summe fließen antike, mittelalterliche und frühneuzeitliche Traditionen zusammen. Das Werk dürfte in dieser Funktion für das 16. und 17. Jahrhundert eine ähnliche Bedeutung gehabt haben wie für das Mittelalter der zweite Teil des *Roman de la rose* von Jean de Meun oder die *Lamentations de Matheolus.*

25 Siehe dazu Gratien Du Pont, *Les Controuerses des sexes masculin et féminin*, Toulouse 1534, S. 151–213. Außer dieser ›kompakten‹ misogamen Passage enthält das Werk zahlreiche weitere misogame Aussagen.

26 Auch von diesem Text gibt es keine moderne Ausgabe. Ich habe mit der Ausgabe Paris 1515 gearbeitet; in der Bibliothèque Nationale sind des weiteren die Ausgaben Lyon 1503 sowie Paris 1531 zugänglich. Eine ähnliche Verbindung von Frauen- und Ehelob findet sich in Pierre de Lesnauderies Traktat *Louange de Mariage et Recueil des Hystoires des bonnes, vertueuses et illustres Femmes* (Paris o. J., um 1525). Zu diesen Texttraditionen siehe die Untersuchung von Kurt König, *Die literarische Ehrenrettung der Frau in Frankreich während der ersten Hälfte des 16. Jahrhunderts*, Dresden 1909.

27 Symphorion Champier, *La Nef des Dames vertueuses*, Paris 1515, S. i.iiii^{v}.

spiel der Jesuit Giuseppe Passi einige Jahre nach seiner misogyn-misogamen Schrift *I donneschi difetti* (Venedig 1599)[28] den ehefreundlichen Traktat *Dello stato maritale* (Venedig 1612).[29]

III

Auch im Bereich einer literarisch vermittelten Ehereflexion nimmt Christine de Pizan eine Sonderstellung ein, denn kein anderer zeitgenössischer Autor entwickelt eine so differenzierte und facettenreiche, sich zudem in verschiedenen Gattungen artikulierende Ehereflexion. »Doulce chose est mariage«[30]: Unter diesem Motto und damit unter dem Zeichen der Vereinbarkeit von Liebe und Ehe, des zärtlichen ehelichen *pas de deux*, stehen zahlreiche Gedichte Christines in ihrer ersten Lyriksammlung, den *Cent Balades* (1399), sowie andere frühe Gedichte. Bei genauerem Hinsehen erkennt man indes, daß diese Aussage nur eine sehr bedingt allgemeine Gültigkeit besitzt: zum einen aufgrund der Wahl einer ›subjektiven‹ Gattung, der Lyrik, zum anderen aufgrund der in zahlreichen Gedichten, vor allem in ihren »poèmes de veuvage«, deutlich erkennbaren autobiographischen Züge.[31]

28 Diese Schrift wird im 18. Jahrhundert ins Deutsche übersetzt und erscheint unter dem Titel *All-erdenckliche, wahrhaffte Weiber-Mängel* (Köln 1705 und 1722). Siehe zu Passi und zur venezianischen *Querelle des femmes* insgesamt Esther Lauer, *Der geschmückte Körper. ›Bellezza‹ und ›Ornamenti‹ im italienischen Geschlechterstreit um 1600*, Magisterarbeit FU Berlin (unveröffentlicht).

29 Passis Verfahren ist (im Hinblick auf die Geschlechterthematik) eher kurios zu nennen. Er beginnt auch diesen Text mit einer Zusammenstellung misogyner Zitate (S. 1–15), um dann doch *für* die Ehe zu plädieren. Diese Position versucht er dann mittels einer unbeholfenen Materialsammlung zur »nobiltà della donna« (S. 22) zu rechtfertigen. Eine ähnliche Verbindung findet sich bei Pierre Lemonnier de Lesnauderie, *La Louenge de mariaige et Recueil des hystoires des bonnes, vertueuses et illustres femmes* [1523], Paris o. J.

30 Mit diesem Vers beginnt die 26. Ballade der »Autres Balades«; in: Christine de Pizan, *Œuvres poétiques*, hg. von Maurice Roy, 3 Bde., Paris 1886–1896; dort in Bd. 1, S. 237.

31 Siehe dazu Friedrich Wolfzettel, »Zur Poetik der Subjektivität bei Christine de Pisan«, in: Franz V. Spechtler (Hg.), *Lyrik des ausgehenden 14. und des 15. Jahrhunderts*, Amsterdam 1984, S. 379–396.

Ziehen wir zwecks weiterer Präzisierung ihrer Position ihr großes geschichtsphilosophisches Gedicht *Le livre de la mutacion de fortune* (»Das Buch von den Wechselfällen des Schicksals«) (1402/03)[32] heran. In den autobiographischen Passagen des 1. Teils findet sich erneut ein Lob der Ehe, genauer gesagt: der Ehe des Text-Ich.[33] Eine andere Beurteilung der Ehe entwickelt Christine jedoch im Kontext der generalisierenden Reflexion über verschiedene Formen des Unglücks und hier insbesondere im Zusammenhang der »infortunes des femmes«.[34] Eheliches Leid im Zusammenleben mit dem ›mal mari‹ steht dort an erster Stelle: Es sind gewalttätige, aggressive, eifersüchtige, dem Glücksspiel oder der Trunksucht verfallene Männer, die die Bezeichnung der Ehe als »doulx paradis«[35] zu einer höchst ironischen Antiphrase werden lassen.[36]

Wenn wir uns noch einmal auf die Ebene des Text-Ich begeben, so verdienen die Schlußverse der *Mutacion* (V. 23633–23636) besondere Aufmerksamkeit. Dort erfolgt der entschiedene Entwurf des Ich als »femme solitaire« (dies wird außerdem durch die zweimalige Formulierung in dieser sehr kurzen Passage besonders betont): »J'ay choisie pour toute joye / [Quelqu'aultre l'ait], telle est la moye, / Paix, solitude volumtaire, / Et vie astracte [et] solitaire.« (»Ich habe mir als einzige Freude erkoren / [Welche anderen es auch noch geben mag], dies ist die mir

32 Der Text liegt in einer vierbändigen, von Suzanne Solente betreuten kritischen Augabe (Paris 1959–1964) vor.

33 Siehe dazu Kapitel 10 des 1. Teils (»Ci dit comment Fortune l'envoya en un sien message«).

34 Dies ist das Thema des 21. Kapitels des 1. Teils.

35 »Ha! Dieux! Que c'est doulx paradis!« (V. 6971) heißt es am Ende dieser Aufzählung schlechter Ehemänner und deren Umgang mit den Frauen.

36 Ich halte es für wenig erhellend, in diesem Zusammenhang auf die Tradition der »Chanson de mal-mariée« und auf die Topik bestimmter Eheklagen aus weiblicher Perspektive zu verweisen. Dies trifft eher auf die *Lais* der Marie de France zu, wo zahlreiche Protagonistinnen in der bekannten *mésalliance* einem »vieil gelus« ehelich verbunden sind und deshalb auf Abhilfe sinnen. Christines *Mutacion* gehört dagegen einer völlig anderen Gattung und Tradition, jener des geschichtsphilosophischen Lehrgedichts, an. Ferner rücken in ihrem Entwurf des ›mal mari‹ zahlreiche alltagsweltliche Bezüge ins Blickfeld.

gemäße, / Frieden, freiwillige Einsamkeit / Und ein vergeistigtes [und] einsames Leben.«)[37] Ähnlich wie Christine auf der ikonographischen Ebene sich als weiblichen »clerc« entwirft (bzw. abbilden läßt)[38] und auf diese Weise einen bis dahin überwiegend maskulin besetzten *imaginaire* erobert, so vollzieht sie hier eine analoge Bewegung auf der Text-Ebene und stilisiert sich zur gelehrten »femme solitaire«.[39]

Sowohl Christines in den Jahren 1400–1402 verfaßte Briefe gegen den Zweiten Rosenroman des Jean de Meun[40] als auch ihre Streitschrift *Le livre de la cité des dames* (1404/05) entstehen als direkte ›Antworten‹, als Gegentexte nicht nur zu misogynen, sondern auch zu misogamen Schriften. Im ersten Falle setzt sie sich gegen die misogame (und misogyne) Tendenz des *Roman de la rose* zur Wehr, im zweiten gegen die Schrift des ehefeindlichen Klerikers Matheolus. Diese Zusammenhänge sind hinreichend bekannt, und ich kann mich mit einigen Überlegungen zu der *Cité des dames* begnügen.[41] Männlicher Misogamie begegnet die Autorin mit zahlreichen Beispielgeschichten vorbildlicher Ehefrauen, aber auch mit der realistischen Vision ehelichen Lebens aus weiblicher Perspektive: Wir finden hier wiederum jene neuartige Akzentuierung der *mal mariée*-Problematik, die uns bereits aus dem *Livre de la mutacion de fortune* vertraut ist. Das Thema der Gewalttätigkeit in der Ehe spielt auch hier eine wichtige Rolle,

37 Christine de Pizan, *Le livre de la mutacion de fortune*, hg. von Suzanne Solente, Paris 1964, Bd. 4, S. 80.

38 Ich verweise auf die grundlegende Untersuchung von Bärbel Zühlke, *Christine de Pizan in Text und Bild. Studien zur Ikonographie einer frühhumanistischen Intellektuellen*, Stuttgart 1994.

39 Die Kühnheit dieses Verfahrens betont Friedrich Wolfzettel in seinem Aufsatz »Spätmittelalterliches Selbstverständnis des Dichters im Zeichen von Fortuna: Guillaume de Machaut und Christine de Pizan« (im Druck).

40 Die Texte Christines, ihrer Verbündeten und ihrer Gegner wurden ediert von Eric Hicks, *Le débat sur le ›Roman de la Rose‹*, Paris 1977; zu dieser Kontroverse siehe auch meine Studie *»Wirres Zeug und übles Geschwätz«. Christine de Pizan über den Rosenroman*, Frankfurt am Main 1993.

41 Siehe hierzu Christine de Pizan, *Das Buch von der Stadt der Frauen*, hg., übers. und komm. von Margarete Zimmermann, Berlin 1986 u. ö., Buch 2, S. 149ff.

desgleichen das der unverbrüchlich loyalen Ehefrauen, z. B. der Frauen von Leprakranken, die ihren Männern bis in die Verbannung folgen. Die Autorin weist zudem darauf hin, wie wichtig das Geschlecht des Autors – gerade im Bereich der Eheschriften – ist: »Du kannst sicher sein, daß die Bücher, die so etwas [das heißt: misogame Äußerungen, M.Z.] verbreiten, nicht von Frauen verfaßt wurden. [...] Wenn jemand wirklich über das Für und Wider der Ehe informieren und ein neues Buch schreiben wollte, das sich an der Wahrheit orientierte, dann stieße man auf ganz andere Geschichten!«[42] Christine akzentuiert auf diese Weise die Zusammenhänge zwischen ›Text‹ und ›Geschlecht‹: letzteres ist eine Kategorie, die einen erheblichen Einfluß auf die Beurteilung und Darstellung der Ehe ausübt. Eine männliche Monopolisierung des Ehediskurses impliziert, so die Autorin, eine notwendige Ausblendung des weiblichen Standpunktes. Modern formuliert: Christine unterstreicht die Bedeutung von *gender* sowohl auf der Ebene der Rezeption (indem sie ihre Reaktion auf von Männern verfaßte misogyne und misogame Texte thematisiert) als auch jener der Produktion von Texten.[43]

Ein ›neues Buch‹ über die Ehe, wobei ›Buch‹ in einem umfassenden Sinne als eine Texttradition zu verstehen ist, beginnt mit der *Cité des dames*. Ebenso wie mit diesem Traktat die europäische *Querelle des femmes* initiiert wird, so setzt mit ihm auch eine neue Phase der Ehereflexion ein. Diese Zusammenhänge werden deutlicher, wenn man die *Avision Christine* (1405)[44], eines ihrer komplexesten und interessantesten Werke, hinzuzieht. Es handelt sich um einen dreiteiligen Prosatraktat mit zahlreichen zeit-

42 Ebd., S. 150.

43 Diese Zusammenhänge akzentuiert auch die Studie von Claudia Probst, »La vertu féminine de l'obéissance dans *Le Livre des Trois Vertus*, *Le Livre du Chevalier de La Tour Landry* et *Le Ménagier de Paris*«, in: Bernard Ribémont (Hg.), *Actes du Deuxième Colloque International sur Christine de Pizan*, Orléans, 11–14 juillet 1995 (im Druck).

44 Dieser Text liegt in einer Ausgabe von Sister Mary Louis Towner, Washington 1932, vor, ferner in der englischen Übersetzung von Glenda McLeod, *Christine's vision*, New York/London 1993. Eine neue Edition des mittelfranzösischen Textes wird von Christine Reno und Liliane Dulac vorbereitet und 1996 erscheinen.

kritischen Passagen in den beiden ersten Büchern und einem für unsere Zusammenhänge besonders wichtigen dritten Buch mit deutlichen autobiographischen Bezügen. Hier argumentiert die Autorin erneut aus der Perspektive eines Text-Ich und stellt wie bereits in der *Mutacion de fortune* eine enge Beziehung her zwischen *vita solitaria* und Gelehrsamkeit: »[...] loccupacion des affaires que ont communement les mariees / Et aussi la charge de souvent porter enfans«[45] (»die Erledigung jener Aufgaben, die gemeinhin Ehefrauen obliegen, sowie die Last des häufigen Kindergebärens«) wird als hinderlich für intellektuelle Arbeit angesehen, eine Aussage, die kurz darauf noch deutlicher – allerdings vermittelt über die Allegorie der Philosophie (»dame Philosophie«) – formuliert wird: »Kein Zweifel, lebte Dein Ehemann jetzt noch, dann hättest Du nicht Studien betreiben können, so wie Du es jetzt getan hast, denn die Anforderungen des Hauswesens hätten es Dir nicht erlaubt.«[46] Die Autorin steht damit in einer gewissen Nähe zu Eustache Deschamps' *Le miroir de mariage* (um 1380)[47] oder, in der Begrifflichkeit von Wilson/Makowski, zur Tradition der »asketischen Misogamie« – die Christine allerdings, und dies ist eminent wichtig, feminisiert, zu einem Anliegen auch des weiblichen *clerc* macht. Sie bereichert auf diese Weise die Ehe-Debatte um die Perspektive der weiblichen Gelehrten/Intellektuellen und weist voraus auf die *Querelle des femmes* des 16. Jahrhunderts.

Die Frage bleibt offen, ob die von Christine in Auseinandersetzung mit zeitgenössischen Denkweisen und misogamen Texten entwickelten Positionen in einer Beziehung stehen zu sozial- bzw. geschlechtergeschichtlichen Entwicklungen oder lediglich Ausdruck individueller Befindlichkeiten und Bedürfnisse sind. Sozialhistorikerinnen wie Martha Howell[48] oder Christiane Klapisch-Zuber haben hinsichtlich des ökonomischen und sozialen

45 Christine de Pizan, *L'Avision Christine*, hg. von Sister Mary Louis Towner, Washington 1932, S. 161.

46 Ebd., S. 175 (meine Übersetzung); der mittelfranzösische Originaltext: »Il nest mie doubte que se ton mary te eust dure uisque a ore / lestude tant comme tu as ne eusses frequente. car occupacion de meisnage ne le teust souffert.«

47 Siehe dazu den Beitrag von Karin Becker in diesem Band.

48 Ihre Position wird referiert bei Wilson/Makowski (wie Anm. 19), S. 163.

Status von Frauen im Spätmittelalter auf eine deutliche »dépossession« spätmittelalterlicher Ehefrauen, auf die Minderung ihrer Verfügungsgewalt über das eigene Vermögen hingewiesen.[49] Aus diesem ökonomischen »Wertverlust« des Weiblichen leitet Klapisch-Zuber dessen Ansehensverlust ab[50], und beide Historikerinnen postulieren einen Zusammenhang zwischen dieser Situation und einer epochenspezifischen, virulenten Frauen- und Ehefeindlichkeit.

IV

Wir werfen nun zunächst einen Blick auf jene Normierungen ehelichen Lebens, wie sie sich im dritten Buch von *Della famiglia* (*Liber tertius familie: Economicus*), in der berühmten Hauslehre Leon Battista Albertis, entstanden von 1432–1434, finden, dann auf die Diskussion von Geschlechterrollen in der Ehe in einem Dialog von Sperone Speroni, *Della dignità delle donne* (1542).[51] Dieser Text ist insofern besonders interessant, als die dort formulierten Positionen um 1600 die Reaktion einer venezianischen Autorin, Lucrezia Marinella, provoziert haben, die in der zweiten Auflage ihrer Streitschrift *La nobiltà e l'eccellenza delle donne* (1601) unmittelbar auf diesen Text antwortet. Auch hier läßt sich also eine Beziehung zwischen Ehereflexion und Argumentationen der *Querelle des femmes* feststellen. Explizit misogame Tendenzen, verbunden mit einer Diskussion des Problems weibli-

49 Christiane Klapisch-Zuber, »Les femmes et la famille«, in: Jacques Le Goff (Hg.), *L'homme médiéval*, Paris 1989, S. 315–343, hier v. a. S. 321f.

50 C. Klapisch-Zuber, a.a.O., S. 321f.: »La détérioration de leur rôle économique et de leur capacité à administrer leur fortune ne manque pas de se traduire par la dépréciation de leur ›valeur‹.«

51 Der Text ist in einer modernen Edition zugänglich in dem von Mario Pozzi herausgegebenen Band *Trattatisti del Cinquecento*, Bd. 1, Mailand/Neapel 1978, S. 565–584. Erstaunlich ist allerdings, daß Sperone Speroni heute ausschließlich als Sprachtheoretiker rezipiert wird, während dieser für die Geschlechtergeschichte höchst aufschlußreiche, zudem literarisch anspruchsvolle Text kaum Interesse gefunden hat. Gleiches gilt für seinen Traktat *Contra le cortigiane* (Venedig 1598).

cher Freiheit, finden sich in Moderata Fontes einige Jahre zuvor entstandener Frauenverteidigungsschrift *Il merito delle donne*[52] sowie in Texten französischer Autorinnen des 16. und 17. Jahrhunderts.

Im 3. Buch von Albertis Schrift *Della famiglia* (1433–34) führen zwei männliche Angehörige der *casa Alberti*, der ältere Giannozzo und der jüngere Lionardo, einen Lehr-Dialog über das Hauswesen und die Ehe, genauer: über die Definition einer idealen Ehefrau und ihre Erziehung zu einem Rollenverhalten, das den Erfordernissen eines frühhumanistischen Hauswesens entspricht. Die Vermittlung dieser Regeln erfolgt über Giannozzo an Lionardo und in formaler Hinsicht über zwei ineinander verschachtelte Dialoge, das heißt: Adressat dieser Regeln ist zunächst nicht die Frau, sondern der potentielle Ehemann Lionardo. Diesem wiederum erläutert Giannozzo im männlichen Zwiegespräch seine Vorstellungen idealen weiblichen Verhaltens in der Ehe, indem er dem jüngeren Gesprächspartner darlegt, wie er selbst in ›ehelichen Lehrgesprächen‹ seine Ehefrau zu dem von ihm gewünschten Verhalten erzogen habe. Die weiblichen Redeanteile in diesen gamologischen Exkursen sind minimal; die Ehefrau hat hier lediglich die Rolle der Besprochenen, nicht die der Sprechenden inne. Das in diesen Gesprächen entwickelte Ideal einer Ehefrau ist jenes einer jungen, dümmlichen und stummen *donna*, einer blind gehorsamen Hausverwalterin und Söhnegebärerin.

Insgesamt sind die Äußerungen beider Männer durch deutliche Frauenverachtung gekennzeichnet, abzulesen aus der begrifflichen Differenzierung in »donna« und »femmina«. Das generalisierende Sprechen über das weibliche Geschlecht bedient sich in der Mehrzahl der Fälle der pejorativ konnotierten Bezeichnung »femmina«, meist in Verbindung von Attributen wie »pazza« (»verrückt«), »stultissima« (»äußerst dumm«) oder »vana« (»eitel«). Ein solches Sprachverhalten verweist in aller Deutlichkeit auf das Vorhandensein eines misogynen Subtextes. In diesem Zusammenhang erfolgt auch die Abwertung des häuslichen Be-

52 Zu diesen und anderen Traktaten der italienischen *Querelle des femmes* um 1600 siehe meinen Aufsatz »Die italienische *Querelle des femmes*: Feministische Traktate von Moderata Fonte und Lucrezia Marinella«, in: *Trierer Beiträge*, Sonderheft 8, Oktober 1994, S. 53–61.

reichs und der »faccenduzze di casa« (»die kleinen Angelegenheiten des Hauses«).[53] Der Innenraum wird als genuin femininer Raum definiert und deshalb abgewertet. Parallel dazu erfolgt die Einsetzung von *fama* und der Teilnahme am öffentlichen Leben als Leitwerte einer neuen Zeit, als deren Verfechter allerdings allein Lionardo auftritt: »Non in mezzo agli ozii privati, ma intra le publiche esperienze nasce la fama; nelle publiche piazze surge la gloria [...].« (»Nicht inmitten privater Muße, sondern in öffentlicher Erprobung bildet sich der Ruf; auf öffentlichen Plätzen erwächst der Ruhm [...].«)[54] Besonders aufschlußreich für unseren Zusammenhang ist das radikale Verbot eines Zugangs der Ehefrau zu Büchern und zu jeder Form von Geschriebenem, die in einer Art Blaubartkammer, an unerbittlich verteidigten ›männlichen Orten‹ aufbewahrt werden, zu denen selbst die Ehefrau keinen Zugang hat. Es ist Giannozzo, der dieses Verbot mit besonderem Nachdruck formuliert: »Einzig die Bücher und meine sowie meiner Vorfahren Schriften gefiel mir sowohl damals als auch später immer dergestalt eingeschlossen zu halten, daß meine Frau sie nicht zu lesen, sondern nicht einmal zu Gesicht bekommen konnte. Stets habe ich die Schriften nicht in den Ärmeln des Gewands getragen, sondern nach ihrer Ordnung in meinem Studierzimmer aufgestellt gehabt, wie etwas Heiliges und Ehrwürdiges, und habe meiner Frau nie erlaubt, weder mit mir noch allein, diesen Ort zu betreten, mehr noch, ihr aufgetragen, wenn ihr je etwas von meinen Schriften in die Hand fiele, es mir sogleich zu übergeben.«[55] Giannozzo entwik-

53 Leon Battista Alberti, *I libri della famiglia*, hg. von Ruggero Romano u. Alberto Tenenti, Mailand 1972, S. 266. Deutsche Übersetzung: *Vom Hauswesen (Della Famiglia)*. Übers. von Walter Kraus, eingeleitet von Fritz Schalk, München 1986; alle übersetzten Textstellen aus *I libri della famiglia* sind dieser Ausgabe entnommen.

54 *Vom Hauswesen*, S. 236.

55 Ebd., S. 284. »Solo e' libri e le scritture mie e de' miei passati a me piacque e allora e poi sempre avere in modo rinchiuse che mai la donna le potesse non tanto leggere, ma né vedere. Sempre tenni le scritture non per le maniche de' vestiri, ma serrate e in suo ordine allogate nel mio studio quasi come cosa sacrata e religiosa, in quale luogo mai diedi licenza alle donna mi né meco né sola v'intrasse, e piú gli comandai, se mai s'abattesse a mia alcuna scrittura, subito me la consegnasse« (L. B. Alberti, *I libri della famiglia*, S. 267).

kelt an dieser Stelle außerdem das Schreckbild »jene[r] vorwitzigen und verwegenen Frauen«[56], die sich allzu sehr für die »Angelegenheiten ihres Gatten außerhalb des Hauses und die der anderen Männer«[57] interessieren. Halten wir zunächst fest, daß diese Verteidigung des Zugangs zur Schrift in ihren verschiedenen Formen (Hausbücher, Familienchroniken, tagebuchähnliche Aufzeichnungen, andere Bücher) als männliches Privileg jenen Ort des Sprechens und des Denkens markiert, an dem *donna* und *femmina* eins werden. Verwehrt wird mit diesem Verdikt der Zugang zur Überlieferung und die Möglichkeit, diese mitzubestimmen, ferner jener zu einer Außenwelt, zu einer anderen Welt als zu der des Hauses und schließlich die Partizipation an Verschriftlichung und Schriftkultur generell. Es erübrigt sich zu sagen, daß diese vehemente Verteidigung der schriftlichen Kultur als ›luoghi suoi‹ des männlichen Geschlechts in einer Epoche der zunehmenden Bedeutung der Schriftlichkeit eine besondere Bedeutung besitzt. So wird zum Beispiel gerade im Kontext der europäischen *Querelle des femmes* seit dem 15. Jahrhundert von Autoren wie Christine de Pizan oder Martin Le Franc immer wieder der mangelnde Zugang der Frauen zur Schriftkultur beklagt.[58]

Weniger vehement im Ton, dafür rhetorisch unendlich geschickter verfährt Sperone Speroni in seinem rund hundert Jahre später entstandenen Dialog *Della dignità delle donne*, in dessen Mittelpunkt die Rolle der Frau als Ehefrau steht. Die folgende sehr stark verknappend-reduktive Darstellung wird dem subtilen Spiel des Autors mit insgesamt sieben Sprecherpositionen sicher nicht gerecht. Ungeachtet aller Versimpelungsrisiken hier nur folgendes: In einer ersten Phase des Dialogs werden zwei von Männern formulierte Standpunkte einander gegenübergestellt. Der »conte«, Vertreter eines höfischen Liebesideals, bezeichnet die Ehe als Erfindung des »vulgo«, als größtes Verhängnis für die Liebe zwischen Mann und Frau, das zu der unumgänglichen Unterdrückung der »donna« führe. Im Gegensatz dazu singt der

56 Ebd.

57 Ebd.

58 Siehe dazu M. Zimmermann, »Vom Streit der Geschlechter« (wie Anm. 23); ferner: Tilde Sankovitch, *French women writers and the book. Myths of access and desire*, New York 1988.

»amico« das uneingeschränkte Lob der Ehe und des »governo della casa« durch die Frau. Ihr komme dank der Oikos-Fixiertheit des Mannes eine Vorrangstellung und Herrscherinnenrolle zu, und in ihr, »quasi gemma in anello« (»wie in dem Edelstein eines Ringes«)[59], schlössen sich alle Kreise. Die dritte wichtige – und überraschendste – Position wird von der einzigen Frau in dieser Gesprächsrunde, von Beatrice degli Obizzi, formuliert. Diese diffamiert mit Vergnügen ihr eigenes Geschlecht, indem sie die Frau als weit »weniger vollkommenes« (»men perfetta«) Wesen und deshalb als prädestiniert für eine eheliche Dienerinnenrolle bezeichnet. Diese Ausführungen versetzen alle anwesenden Männer in größte Verwunderung – und der Dialog endet just an dieser Stelle. Der subtile Kunstgriff des Autors besteht darin, der Ehefrau eine von der Natur vorgegebene und von einer weiblichen Stimme formulierte Position der Unterlegenheit nahezulegen.[60]

Wie provozierend dieser Entwurf auf zeitgenössische Frauen gewirkt haben muß, dazu gibt es ein höchst aufschlußreiches Rezeptionsdokument, den Traktat *La nobiltà e l'eccellenza delle donne* der venezianischen Autorin Lucrezia Marinella.[61] »Bella

59 Sperone Speroni, a.a.O., S. 579.

60 Aufschlußreich ist ferner, daß auch in diesem Dialog mit seiner impliziten Ehelehre das Schreckbild der aufsässigen Frau nicht fehlt. Wir begegnen ihr – in Gestalt freiheitsliebender Frauen – in der Rede der Beatrice: »[...] e guai a quelle ch'insuperbendo il [= die absolute Unterwerfung unter den Willen des Ehemannes, M.Z.] dispregiano e, scordate del grado loro, di viver libere hanno ardire di procurare« (Ebd., S. 581). – Speronis Verfahren wird übrigens (wenn auch in abgeschwächter Form) von einem anderen Autor übernommen. Giacomo Lanteri, Autor des Dialogs *Della Economica* (Venedig 1560), läßt nicht Männer, sondern Frauen über weibliche Pflichten in der Ehe diskutieren – und legt diesen das Postulat einer völligen Unterwerfung, eines freudigen Verzichts auf aufwendige Kleidung und Schminke u. a. in den Mund.

61 Lucrezia Marinella (um 1571–1653) war die Tochter des angesehenen Arztes Giovanni Marinello, der unter anderem die Schriften *Gli ornamenti delle donne* (Venedig 1562 u. ö.) und *Le medecine partenenti alle infermità delle donne* (Venedig 1563) verfaßte, medizinisch-diätetische Ratgeber für Frauen, die im 16. Jahrhundert auch ins Deutsche übersetzt wurden. Lucrezia Marinella hinterläßt ein umfangreiches, vielseitiges Werk, das neben ihrer mehrfach aufgelegten Frauenver-

finzione«[62] – »was für eine schöne Erfindung«, kommentiert Lucrezia Marinella spöttisch jenen Kunstgriff Sperone Speronis und demontiert seine Position unter Rückgriff auf die Hauslehre des Aristoteles. Am Schluß ihrer Auseinandersetzung führt sie an, die Position des Autors entbehre jeglicher realistischen Fundierung und verweise höchstens auf die »insolenza tirannesca di molti Huomini, i quali si fanno servire non solo dalla moglie; ma dalla madre, e dalle sorelle con tanta ubbidienza, e con tanto timore, che con minore servono le fanti vili, & le Schiave i lor Signori, & padroni«[63] (»die herrschsüchtige Unverfrorenheit zahlreicher Männer, die sich nicht nur von ihren Ehefrauen bedienen lassen, sondern auch von ihrer Mutter und ihren Schwestern, und dies mit einer solchen Unterwürfigkeit und Furchtsamkeit, wie sie noch nicht einmal den gewöhnlichen Knechten oder Sklavinnen im Umgang mit ihren Herren und Herrschern eignet«).

Doch verlassen wir die streitbare Lucrezia Marinella, deren Text eine zunehmende Beteiligung der Frauen an Ehediskussionen dokumentiert und damit eine generelle Tendenz des 16. Jahrhunderts verdeutlicht. Bei diesem verstärkten Zugriff von Autorinnen auf die Ehethematik sind die dominierenden Gattungen der Dialog und das Lehrgedicht. In inhaltlicher Hinsicht erfolgt eine aktualisierende Erweiterung jenes Eigenschaftenkatalogs des »mal mari«, wie ihn bereits Christine de Pizan entwickelt hatte. In den Texten der venezianischen Autorinnen bekommt die Mitgift-Problematik eine besondere, sozial- und rechtsgeschichtlich zu erklärende Bedeutung. Moderata Fonte formuliert dies ebenso pointiert wie witzig, wenn sie Corinna, eine der in *Il merito delle donne* diskutierenden Frauen, resümieren läßt: »Da seht ihr, was die Frau von der Eheschließung hat: sie verliert ihr Vermögen, sie verliert sich selbst und gewinnt nichts als Kinder, die ihr Mühe bereiten, und die Herrschaftsgewalt

teidigungsschrift religiöse Lyrik, Epik und arkadische Dichtung umfaßt.

62 Lucrezia Marinella, *La nobiltà et l'eccellenza delle donne*, 2. Aufl. Venedig 1601, S. 126; die Autorin widmet dem Text von Speroni ein separates Kapitel: »Opione dello Sperone raccontata & distrutta« (S. 126–128). Eine deutsche Übersetzung dieses Traktats wird von Dina De Rentiis und mir vorbereitet.

63 Ebd., S. 128.

eines Mannes über sie, der sie nach seinem Gutdünken unterdrückt.«[64] Dies wiederum veranlaßt die spöttische Witwe Leonora zu dem folgenden Kommentar: »Oh wieviel besser [...] handelten die Frauen, wenn sie, statt einen Ehemann zu nehmen, sich jedes Jahr zur Karnevalszeit ein stattliches Schwein kauften: auf diese Weise blieben sie das ganze Jahr über hübsch rund, da sie dann ja jemanden hätten, der sie mit guten Dingen versorgte, statt sie ohne Unterlaß zu piesacken.«[65]

Neben dieser quantitativen Zunahme, der verstärkten Auseinandersetzung von Autorinnen mit dem Ehethema, ist für das 16. Jahrhundert eine qualitative Veränderung von Bedeutung. Immer wieder wird die Ehe- mit der Freiheitsthematik verbunden; Freiheit öffnet den Weg zu Gelehrsamkeit und diese wiederum zu dem humanistischen Leitwert der Fama. In welchen argumentativen Verbindungen die Bereiche Ehe/Freiheit/Gelehrsamkeit auftauchen, hängt von der jeweiligen Textsorte und der Position der Autorin ab.

So versucht Catherine Des Roches in ihrem 1583 publizierten Doppeldialog, dem *Dialogue de Placide et de Sévère* und dem *Dialogue d'Iris et Pasithée*[66], diese beiden Bereiche miteinander zu verbinden. Wir finden hier die uns bereits aus anderen Traktaten des 15. und des 16. Jahrhunderts vertraute Koppelung von Ehetraktat und Frauenapologie. Neu ist allerdings, daß hier das Phänomen der gelehrten Frau, der »femme savante«, im Zusammenhang der Erörterung des traditionellen Eheschriften-Themas

64 Moderata Fonte, *Il merito delle donne*, hg. von Adriana Chemello, Venedig 1988, S. 69 (alle deutschen Übersetzungen aus diesem Werk von mir). Zu diesem Text siehe das sehr informative Vorwort von Adriana Chemello zu der von ihr besorgten Ausgabe sowie Bodo Guthmüller, »Non taceremo più a lungo. Sul dialogo *Il merito delle donne* di Moderata Fonte«, in: *Filologie e critica* 17,2 (1992), S. 258–279.

65 Moderata Fonte, *Il merito delle donne*, a.a.O., S. 69.

66 Der erste Dialog ist in Auszügen zugänglich in: Luce Guillerm-Curutchet u. a. (Hg.), *La femme dans la littérature française et les traductions en français du XVIe siècle*, Lille 1971, S. 280–283. Beide Dialoge sind nachzulesen in: Madeleine et Catherine Des Roches, *Les secondes œuvres*, Paris 1583, S. 35r–53r. Eine moderne Teiledition der Werke der Dames Des Roches ist seit kurzem zugänglich: Madeleine Des Roches/Catherine Des Roches, *Les œuvres*, hg. von Anne R. Larsen, Genf 1993.

›Wahl der richtigen Ehefrau‹ diskutiert wird. Dies geschieht im ersten Dialog, in dem zwei Männer aufeinandertreffen, der aufgeklärt-frauenfreundliche Placide und der finster-misogyne Sévère. Sie erörtern den Nutzen und Schaden der Buchgelehrsamkeit für Ehefrau und Tochter.[67] In dem sich unmittelbar anschließenden, nach den beiden Töchtern benannten *Dialogue d'Iris et Pasithée* treffen die kluge Pasithée und die törichte Iris aufeinander und diskutieren den Nutzen von Lektüre und Intellektualität; eng damit verbunden ist eine Reflexion über Zeit, Vergänglichkeit und über verschiedene Formen der Liebe. Catherine Des Roches verfaßt mit diesem Text einen Erziehungstraktat, in dem die Belehrung der Frau durch eine andere Frau erfolgt, und sie konstruiert zugleich mit der Figur der Pasithée eine äußerst selbstbewußte junge Intellektuelle, deren Vorbild die Italienerin Cassandra Fedele ist. Interessant für unseren Zusammenhang ist vor allem die Tatsache, daß hier der Versuch einer Verbindung von Gelehrsamkeit und Ehe gemacht wird, wenngleich auch diese Position deutlicher in dem Väter-Dialog als in jenem der Töchter formuliert wird.[68]
Während hier eine den Humanisten verwandte Haltung eingenommen wird, bezieht Moderata Fonte in *Il merito delle donne* eine ungleich radikalere Position. Sie stellt Ehe und Gelehrsamkeit als unvereinbare Gegenpole dar und läßt ihre diskutierenden Venezianerinnen das »star liberamente in pace« (»das Leben in Freiheit und Frieden«) als Lebensform und Lebensideal der weiblichen Gelehrten in der Nachfolge Christines ins Auge fassen. Sie kündigt eine Beteiligung an der literarischen Ehereflexion auf, indem sie einen radikalisierten Freiheitsbegriff entwikkelt, der sich im Zusammenleben, im gemeinsamen ›Tanz der Geschlechter‹ nicht mehr verwirklichen läßt. Zugleich verweist jener Entwurf weiblicher Freiheit auf die französische Philoso-

67 Das im Dialog erwähnte weibliche »Lektüreprogramm« (Plutarch, Seneca, Xenophon, Römisches Recht) besitzt zwar eine Anbindung an die Lebensform Ehe, scheint mir aber über das hinauszugehen, was Erasmus und Vives der Frau konzedieren: vgl. Linda Timmermans, *L'accès des femmes à la culture (1598—1715). Un débat d'idées de Saint François de Sales à la Marquise de Lambert*, Genf/Paris 1993, S. 28–37.

68 Die Nähe dieser Position zu Erasmus betont L. Timmermans, ebd., S. 50ff.

phin Gabrielle Suchon, die am Ende des 17. Jahrhunderts freiwillige Ehelosigkeit (»le célibat volontaire«) auch und gerade von Frauen zur Grundlage femininer Freiheit machen und damit einen Endpunkt innerhalb der weiblichen Ehereflexion der Frühen Neuzeit markieren wird.

Doch zunächst zu Nicole Liébault[69], einer Schriftstellerin des späten 16. Jahrhunderts, die sich eines anderen Verfahrens, einer anderen literarischen Strategie bedient. In ihrem Lehrgedicht *Les misères de la femme mariée, où se peuvent veoir les tourmens qu'elle reçoit durant sa vie* (postum Rouen 1595) haben wir es mit einem eindeutig misogamen Text zu tun. Er steht zudem in der kritischen Nachfolge der anonymen *.XV. joies de mariage*. Ist es lediglich ein editionsgeschichtlicher Zufall, wenn ebenfalls 1595 in Rouen eine hinsichtlich ihrer Textqualität bis heute wichtige Ausgabe der *.XV. joies de mariage* erscheint, deren Präsentation durch den Verleger deutlich auf den zeitgenössischen Kontext der *Querelle des femmes* verweist?[70] Liébault übernimmt die paradigmatische Darstellungstechnik des anonymen Autors der *.XV. joies de mariage*, ferner die systematische Behandlung häuslicher »misères«, vor allem aber die starke Akzentuierung der Freiheitsthematik. Allerdings definiert sie Freiheit als ›weibliche Freiheit‹ und stellt, im Gegensatz zu dem spätmittelalterlichen Autor, keine Bezüge zur zeitgenössischen politischen Diskussion her. Und schließlich findet sich auch bei Liébault das Verfahren der »dissuasion by inversion«[71], allerdings feminisiert sie es. Im Gegensatz zu den *.XV. joies de mariage* leidet hier nicht der Mann an einer ihm im Geschlechterkampf stets überlegenen Frau, sondern dieser werden durch einen ›mal mari‹ zahlreiche »misères« zugefügt. Wir kehren mit dieser ›Umkehr‹, diesem

69 Zu Nicole Liébault und ihrem Lehrgedicht siehe Ilana Zinguer, *Misères et grandeur de la femme au XVIe siècle*, Genf/Paris 1982 (dort auch eine Edition dieses Textes). Der Text ist ebenfalls abgedruckt in Luce Guillerm-Curutchet, a.a.O., S. 284–289. Liébaults Vater Estienne ist der Autor der *Maison rustique* (1564), einer bedeutenden frühneuzeitlichen französischen Ökonomieschrift (vgl. Irmintraut Richarz, *Oikos, Haus und Haushalt. Ursprung und Geschichte der Haushaltsökonomik*, Göttingen 1991, S. 81–87).

70 Zu diesem Zusammenhängen verweise ich auf meine Studie *Vom Hausbuch zur Novelle*, a.a.O., S. 89–91.

71 K. M. Wilson/E. M. Makowski, *Wykked wyves*, a.a.O., S. 149.

›Umschreiben‹ und ›Zer-Schreiben‹ eines bis heute beliebten Klassikers der Eheliteratur zu unseren spätmittelalterlichen Anfängen zurück. Der Kreis der hier präsentierten Texte schließt sich, die »Geschlechtertänze« des 15.–16. Jahrhunderts haben mit der frühen Phase der *Querelle des femmes* einen vorläufigen Endpunkt erreicht. Aber schon bald entstehen neue Formationen und Figuren.

Mit der Misogamie der französischen Preziösen des 17. Jahrhunderts, jener *dames de lettres*, deren Bedeutung lange Zeit durch das Zerrbild der »lächerlichen Preziösen« Molières verstellt wurde, bekommt die Ehedebatte in der französischen Literatur eine neue Qualität und Ausrichtung. Schriftstellerinnen wie Madeleine de Scudéry oder Madame d'Aulnoy entwickeln eine neues Liebesideal, bestimmt von »amitié tendre«, gegenseitiger Achtung und der geselligen Begegnung beider Geschlechter im Salon, unter Befolgung der Spielregeln einer elaborierten Konversationskultur.[72] Vielleicht noch bemerkenswerter ist jedoch eine andere Form der weiblichen Ehereflexion, die am Ende jener Traditionslinie weiblicher Misogamie stehen soll, die wir hier nachgezeichnet haben. Es handelt sich um einen höchst originellen Traktat, verfaßt am Ende des 17. Jahrhunderts von der französischen Philosophin und ehemaligen Dominikanernonne Gabrielle Suchon. In *Du célibat volontaire ou La vie sans engagement* (»Vom freiwilligen Zölibat oder Das Leben ohne Bindung«) (1700)[73] plädiert sie für den (männlichen und weiblichen) Zölibat als eine bewußt und freiwillig gewählte Lebensform und widmet ihr Werk Jesus Christus, dem Schutzpatron aller Junggesellen.[74] Suchon unterscheidet insgesamt zwischen drei Lebensformen: dem Ehestand, dem Leben in einer monastischen Gemeinschaft und einer dritten Möglichkeit, die sie als »neutra-

72 Siehe dazu Renate Büff, *Ruelle und Realität. Preziöse Liebes- und Ehekonzeptionen und ihre Hintergründe*, Heidelberg 1979; R. Baader, *Dames de lettres*, a.a.O.; sowie Carolyn C. Lougee, *Le paradis des femmes. Women, salons, and social stratification in seventeenth-century France*, Princeton 1976.

73 Die zweibändige Originalausgabe erscheint 1700 in Paris. Seit 1995 gibt es einen stark gekürzten modernen Nachdruck, erschienen bei *indigo & côté femmes*, Paris, und herausgegeben von Séverine Auffret.

74 Siehe dazu die ihrem Traktat vorangestellte »Oraison dédicatoire à Jésus, Marie et Joseph«.

lité« bezeichnet. Deren Anhänger, die »Neutralisten«, haben sich aus eigenem Antrieb für die Ehelosigkeit entschieden. Besonders den Frauen legt sie diese Lebensform ans Herz: »Die Frauen sind aufgrund der ehelichen Bindung ihren Männern unterworfen und ihren Kindern verbunden; sie werden außerdem von ihren Dienstboten und den Anstregungen beansprucht, die mit dem Erwerb weltlicher Güter einhergehen. Dies alles ist mühselig und dornig, und die daraus erwachsenden Anstrengungen und Qualen sind kaum vorstellbar. Deshalb vermittele ich eine Vorstellung vom Glück freier Menschen, die frei sind von so vielen Kümmernissen.«[75] Suchon plädiert zum einen für die soziale Anerkennung dieses weltlichen Zölibats, zum andern hebt sie unermüdlich die Vorteile dieser Lebensform gerade für Frauen mit intellektuellen Neigungen hervor, so zum Beispiel im 16. Kapitel des 2. Buchs, in dem es um die Freuden der Lektüre geht und wo es dann heißt: »Da Ausdauer und Konzentration untrennbar miteinander verbunden sind, ist es unabdingbar, über seine Zeit in ihrer Gesamtheit und über eine Muße zu verfügen, die nicht gestört wird durch dem Ehemann geschuldete Gefälligkeiten, die Erziehung, die man seinen Kindern angedeihen lassen muß, und durch die Wachsamkeit, die der Umgang mit Dienstboten verlangt, sowie durch tausend andere Dinge, die untrennbar mit dem Ehestand verbunden sind. Man kann zwar durchaus Zeit für die Lektüre abzweigen und von ihr einen heiligen Gebrauch machen und sich bilden, zerstreuen oder trösten lassen. Aber das alles ist nur in heimlichen Momenten und Stunden möglich; die Aufmerksamkeit wird hierbei oft abgelenkt und unterbrochen. Im Stand der Ehelosigkeit jedoch kann man diesen Dingen beträchtliche Zeit widmen, ohne jemals befürchten zu müssen, durch eine Unzahl verschiedenster Dinge ständig abgelenkt zu werden.«[76] Eine Lebensform, die bei

75 Gabrielle Suchon, *Du célibat volontaire ou La vie sans engagement*, Paris 1700, Bd. 1, »Avertissement«, S. a vii: »Et comme par les liens du mariage les femmes sont sujettes à leurs maris, attachées à leurs enfans, inquiétées par leurs domestiques, & par les soins d'acquerir [sic] des biens temporels, qui sont des épines si fâcheuses, qu'il est difficile d'en comprendre les peines et les travaux: je fais connoître le bonheur des personnes libres, qui sont exemptes de tant de chagrins.«

76 G. Suchon, a.a.O., Bd. 2, S. 338: »Comme l'assiduité & l'attention

Christine noch als Resultat eines Zufalls, einer »mutacion de fortune«, dargestellt und zugleich *a posteriori* als notwendige Etappe auf dem »chemin de long estude« präsentiert wurde, erlangt mit dem philosophischen Traktat der Gabrielle Suchon seine Berechtigung als eigenständiger Existenzentwurf. Er bedarf nun nicht länger der nachträglichen Rechtfertigung durch das Walten einer blinden Schicksalsmacht. Wir haben mit diesem Traktat eine neue Stufe der femininen Ehereflexion erreicht, die den Weg zu einer neuen weiblichen Lebensform eröffnet.

sont deux choses qui doivent estre inseparable [sic]; il est necessaire d'avoir le temps tout à soi, & de posseder un loisir, qui ne soit pas interrompu par les complaisances que l'on doit à un mari, par l'instruction qu'il faut donner à des enfans, par les soins que l'on doit avoir des Domestiques, & par mille autres choses qui sont inséparables du mariage, où l'on peut à la vérité, donner du temps à la lecture, & en faire un saint usage pour s'instruire, se divertir, & se consoler; mais cela ne se fait qu'en des momens ou en des heures dérobées, & par une attention souvent distraite & interrompuë: au lieu que dans le Celibat [sic] l'on y peut emploïer un temps considerable, sans crainte d'estre détourné par une si grande diversité d'objets.«

Hinweise zu den Autoren und Autorinnen

Karin Becker, geb. 1962, Dr., Lehrbeauftragte am Romanischen Seminar der Westfälischen Wilhelms-Universität Münster, Stipendiatin des Landes Nordrhein-Westfalen (Lise-Meitner-Habilitationsstipendium). Forschungsschwerpunkt: Verhältnis von Fachschrifttum und Dichtkunst im Mittelalter.
Publikationen: *Amors Urteilssprüche. Recht und Liebe in der französischen Literatur des Spätmittelalters*, Bonn 1991; *Les Arrêts d'Amour. Die Urteile Amors*. Übers., eingel. u. mit einem Glossar vers., München 1995; *L'état actuel de la recherche sur Eustache Deschamps*, Orléans, im Druck; Mithg. einer Deschamps-Anthologie (Paris, in Vorbereitung) sowie Aufsätze zu seiner pragmatischen Dichtung. Daneben Studien zur Schwanktradition (Fabliaux, Boccaccio), zu La Fontaine, André Gide und Italo Calvino.

Walter Behrendt, Deutschlehrer am Goethe-Institut Mailand und Lektor an der Universität Mailand; seit 1988 Mitarbeiter im Berliner Forschungsprojekt »Bilder von Liebe, Ehe und Familie in der Literatur des 15. und 16. Jahrhunderts«; Mitautor des *Repertoriums deutschsprachiger Eheschriften der frühen Neuzeit*, hg. von Erika Kartschoke, Berlin (Akademie-Verlag) 1996. Dissertationsprojekt: »Haustafelliteratur im 16. und frühen 17. Jahrhundert«.

Danielle Régnier-Bohler lehrt Romanistische Mediävistik an der Universität Paris III – Sorbonne nouvelle. Im Zentrum ihrer Forschungen steht einerseits der Zusammenhang zwischen anthropologischen und poetologischen Aspekten in der mittelalterlichen Literatur, andererseits die Rolle der gelehrten Frau im Mittelalter (in diesem Zusammenhang bereitet sie eine Neuausgabe des *Livre du Chevalier de La Tour Landry pour l'enseignement de ses filles* vor). Im Akademischen Jahr 1995/96 war sie Fellow (Wissenschaftliches Mitglied) im Wissenschaftskolleg zu Berlin.

Tobias Brandenberger, geb. 1965 in Basel, Dr., Studium der Iberoromanistik und der Germanistik in Basel, Madrid und Coimbra, seit 1992 wiss. Assistent für Iberoromanische Philologie am Romanischen Seminar der Universität Basel; promovierte 1996 mit einer Arbeit über iberoromanische Eheliteratur des Spätmittelalters und der Frühen Neuzeit.
Verschiedene Veröffentlichungen zur älteren spanischen und portugiesischen Literatur.

Ingrid Hotz-Davies, Dr., Studium der Anglistik und Germanistik in München, ab 1988 Studium der Anglistik in Kanada, dort 1993 PhD der Dalhousie University mit einer Dissertation zum Thema des Widerstands in der Literatur der englischen Renaissance, zur Zeit wissenschaftliche Assistentin am englischen Institut der Universität München. Derzeitiges Forschungsinteresse: Modalitäten religiösen Schreibens englischer Autorinnen zwischen 1640 und 1940.

Helmut Puff, geb. 1961, Dr., Studium der Germanistik, Geschichte und Pädagogik an den Universitäten Tübingen und Hamburg sowie an der University of Michigan, Ann Arbor (USA); 1988 bis 1996 wiss. Assistent für Ältere deutsche Literatur an der Universität Basel; jetzt Assistant Prof. an der University of Michigan, Ann Arbour. Arbeitsschwerpunkte: Humanismus; Geschlechterverhältnisse in der Literatur des Spätmittelalters und der Frühen Neuzeit; Geschichte der Sexualität.
Veröffentlichungen: (Hg.) *Lust, Angst und Provokation. Homosexualität in der Gesellschaft*, Göttingen 1993; *»Von dem schlüssel aller Künsten / nemblich der Grammatica«. Deutsch im lateinischen Grammatikunterricht 1480–1560*, Tübingen 1995.

Rüdiger Schnell, geb. 1942, Ordinarius für Deutsche Philologie an der Universität Basel. Forschungsschwerpunkte: Sozial-, rechts-, medizin- und mentalitätsgeschichtliche Aspekte der mittelalterlichen Literatur; Antikenrezeption im Mittelalter; Vergleichende Literaturwissenschaft; Geschlechtergeschichte.
Wichtigste bzw. neueste Publikationen: *Zum Verhältnis von hoch- und spätmittelalterlicher Literatur*, Berlin 1978; *Andreas Capellanus*, München 1982; *Causa amoris*, München 1985; *Suche nach Wahrheit*, Tübingen 1992; »Rechtsgeschichte, Mentalitäten und Gattungsgeschichte«, in: J. Heinzle (Hg.), *Literarische Interessenbildung im Mittelalter*, Stuttgart/Weimar 1993; *Unterwerfung und Herrschaft. Zum Liebesdiskurs im Hochmittelalter*, in: J. Heinzle (Hg.), Modernes Mittelalter, Frankfurt am Main/Leipzig 1994.

Gerhild Scholz Williams, Professorin für Germanic Languages and Literatures and Comparative Literature an der Washington University, St. Louis. Forschungsschwerpunkte: Reformationsliteratur; Magie, Wissenschaft und Religion in der Frühen Neuzeit; Literatur in deutschen Städten des 16. Jhs.; Narrativik und Historiographie.
Publikationen: (Hg. mit Lynne Tatlock), *Literatur und Kosmos. Innen- und Außenwelten in der deutschen Literatur des 15. bis 17. Jhs.*, 1986; »Magie entzaubert: Melusine, Paracelsus, Faust«, in: J. Poag/Th. Fox (Hg.), *Entzauberung der Welt. Deutsche Literatur 1200–1500*, 1989; »Das rechte Wort. Hexerei und Diskurse der Dissidenz und der Entdeckung im 16. Jh.«, in

W. Herget (Hg.), *Die Salemer Hexenverfolgungen. Perspektiven – Kontexte – Repräsentationen*, 1994; »Altes Wissen – Neue Welt. Magie und die Entdeckung Amerikas im 16. Jh.«, in: H. Wenzel (Hg.), *Gutenberg und die Neue Welt*, 1994; *Defining Dominion. The discourses of magic and witchcraft in early modern France and Germany*, 1995.

Johannes Schwitalla, geb. 1944, Professor für deutsche Sprache an der Universität Würzburg. Arbeitsschwerpunkte: Sozio- und Textlinguistik, Textsortengeschichte, Sprache der Medien, linguistische Dialoganalyse. Buchveröffentlichungen: *Dialogsteuerung in Interviews*, München 1979; *Deutsche Flugschriften 1460–1525*, Tübingen 1983; *Kommunikative Stilistik zweier Sozialwelten in Mannheim-Vogelstang*, Berlin/New York 1995.

Rudolf Weigand, geb. 1929, Dr. theol. 1961, Lic. iur. can. 1963, Habilitation Würzburg 1966, ord. Universitätsprofessor in Würzburg seit 1968. Forschungsschwerpunkte: Geschichte des Kirchenrechts, bes. im 12. Jh.; Geschichte des kirchlichen Eherechts und der Familie im Spätmittelalter. Buchpublikationen: *Die bedingte Eheschließung im kanonischen Recht*. 1. Teil: München 1963, 2. Teil: St. Ottilien 1980; *Die Naturrechtslehre der Legisten und Dekretisten*, München 1967; *Die Glossen zum Dekret Gratians* (Studia Gratiana 25 u. 26), Rom 1991; *Liebe und Ehe im Mittelalter* (Bibliotheca Eruditorum 7), Goldbach 1993; *Glossatoren des Dekret Gratians*, Goldbach 1996. Außerdem zahlreiche Artikel in Sammelwerken und wiss. Zeitschriften.

Margarete Zimmermann, geb. 1949; Professorin für Romanische Philologie an der FU Berlin; Mitherausgeberin der »Ergebnisse der Frauenforschung« (Metzler) und des Jahrbuchs *Querelles*. Arbeitsschwerpunkte: französische und italienische Literatur des Spätmittelalters (Didaxen, Ökonomieschriften, Narrativik; Boccaccio; Christine de Pizan); literaturwissenschaftliche Frauen- und Geschlechterforschung; die *Querelle de femmes* des 15.–17. Jhs.; Frauenliteratur des 16.–17. Jhs.; französische Literatur und Geschichte der ersten Hälfte des 20. Jhs.
Buchpublikationen (Auswahl): *Die Literatur des französischen Faschismus. Untersuchungen zum Werk Pierre Drieu La Rochelles 1917–1942*, München 1979; (Hg. u. Übers.) Christine de Pizan, *Das Buch von der Stadt der Frauen*, Berlin 1986 u. ö., München 1990 u. ö.; *Vom Hausbuch zur Novelle. Didaktische und erzählende Prosa im Frankreich des späten Mittelalters*, Düsseldorf 1989; *»Wirres Zeug und übles Geschwätz«. Christine de Pizan über den Rosenroman*, Frankfurt am Main 1993; (Hg. mit Dina De Rentiis) *The City of Scholars. New Approaches to Christine de Pizan*, Berlin/New York 1994; (Hg. mit Renate Kroll) *Feministische Literaturwissenschaft in der Romanistik*, Stuttgart/Weimar 1995.

205/1/8.92

suhrkamp taschenbücher wissenschaft
Soziologie, Theorie der Gesellschaft

205/2/8.92

suhrkamp taschenbücher wissenschaft
Soziologie, Theorie der Gesellschaft

Greiffenhagen: Das Dilemma des Konservatismus in Deutschland. stw 634

Groethuysen: Die Entstehung der bürgerlichen Welt- und Lebensanschauung in Frankreich. 2 Bde. stw 256

Groh: Anthropologische Dimensionen der Geschichte. stw 992

Habermas: Strukturwandel der Öffentlichkeit. stw 891

– Zur Logik der Sozialwissenschaften. stw 517

– Zur Rekonstruktion des Historischen Materialismus. stw 154

– *siehe auch Edelstein/Habermas*

– *siehe auch Honneth/Joas*

Haferkamp (Hg.): Sozialstruktur und Kultur. stw 793

Haferkamp/Schmid (Hg.): Sinn, Kommunikation und soziale Differenzierung. Beiträge zu Luhmanns Theorie sozialer Systeme. stw 667

Hahn/Kapp (Hg.): Selbstthematisierung und Selbstzeugnis: Bekenntnis und Geständnis. stw 643

Halbwachs: Das Gedächtnis und seine sozialen Bedingungen. stw 538

Haupert/Schäfer: Jugend zwischen Kreuz und Hakenkreuz. stw 952

Hausen/Nowotny (Hg.): Wie männlich ist die Wissenschaft? stw 590

Heinsohn: Privateigentum, Patriarchat, Geldwirtschaft. stw 455

Hirschauer: Die soziale Konstruktion der Transsexualität. stw 1045

Hörning/Gerhard/Michailow: Zeitpioniere. stw 909

Honig: Verhäuslichte Gewalt. stw 857

Honneth: Kritik der Macht. stw 738

Honneth/Joas (Hg.): Kommunikatives Handeln. Beiträge zu Jürgen Habermas' »Theorie des kommunikativen Handelns«. stw 625

Institut für Sozialforschung (Hg.): Kritik und Utopie im Werk von Herbert Marcuse. stw 1037

Jäger (Hg.): Kriminologie im Strafprozeß. stw 309

Jaeggi: Theoretische Praxis. stw 149

Joas: Pragmatismus und Gesellschaftstheorie. stw 1018

– Praktische Intersubjektivität. stw 765

Joas (Hg.): Das Problem der Intersubjektivität. stw 573

Joas/Steiner (Hg.): Machtpolitischer Realismus und pazifistische Utopie. stw 792

Joerges (Hg.): Technik im Alltag. stw 755

Jokisch (Hg.): Techniksoziologie. stw 379

Jung/Müller-Doohm (Hg.): Wirklichkeit im Deutungsprozeß. stw 1048

Kempski: Schriften 1-3. stw 922- 924

205/3/8.92

suhrkamp taschenbücher wissenschaft
Soziologie, Theorie der Gesellschaft

– Brechungen. stw 922
– Recht und Politik. stw 923
– Prinzipien der Wirklichkeit. stw 924
Kern/Schumann: Industriearbeit und Arbeiterbewußtsein. stw 549
Kettler/Meja/Stehr: Politisches Wissen. stw 649
Kippenberg/Luchesi (Hg.): Magie. Die sozialwissenschaftliche Kontroverse über das Verstehen fremden Denkens. stw 674
Kocka (Hg.): Interdisziplinarität. stw 671
Korte: *siehe unter Elias*
Lenhardt: Schule und bürokratische Rationalität. stw 466
Lenski: Macht und Privileg. stw 183
Lepenies: Melancholie und Gesellschaft. stw 967
Lepenies (Hg.): Geschichte der Soziologie. 4 Bde. stw 367
Löwenthal: Schriften 1-5. stw 901-905
Luckmann: Die unsichtbare Religion. stw 947
Lüderssen/Sack (Hg.): Vom Nutzen und Nachteil der Sozialwissenschaften für das Strafrecht. 2 Bde. stw 327
– Seminar: Abweichendes Verhalten I-IV. 4 Bde. stw 84-87
Luhmann: Funktion der Religion. stw 407
– Legitimation durch Verfahren. stw 443
– Soziale Systeme. stw 666
– Die Wissenschaft der Gesellschaft. stw 1001
– Zweckbegriff und Systemrationalität. stw 12
– *siehe auch Haferkamp/Schmid*
– *siehe auch Welker; Welker/Krawietz*
Luhmann/Fuchs: Reden und Schweigen. stw 848
Luhmann/Pfürtner (Hg.): Theorietechnik und Moral. stw 206
Luhmann/Schorr: Reflexionsprobleme im Erziehungssystem. stw 740
Luhmann/Schorr (Hg.): Zwischen Absicht und Person. stw 1036
– Zwischen Anfang und Ende. stw 898
– Zwischen Intransparenz und Verstehen. stw 572
– Zwischen Technologie und Selbstreferenz. stw 391
Luhmann/Spaemann: Paradigm lost: Über die ethische Reflexion der Moral. stw 797
Mannheim: Konservatismus. stw 478
– Strukturen des Denkens. stw 298
– *siehe Kettler/Meja/Stehr*
Mead: Geist, Identität und Gesellschaft. stw 28
– Gesammelte Aufsätze. Bd. 1. stw 678
– Gesammelte Aufsätze. Bd. 2. stw 679
– *siehe auch Joas*
Meja/Stehr (Hg.): Der Streit um die Wissenssoziologie. stw 361

205/4/8.92